权威·前沿·原创

皮书系列为
"十二五""十三五""十四五"时期国家重点出版物出版专项规划项目

B

BLUE BOOK

智 库 成 果 出 版 与 传 播 平 台

妇女蓝皮书

BLUE BOOK OF WOMEN

新时代中国妇女发展报告（2023）

REPORT ON THE DEVELOPMENT OF CHINESE WOMEN IN THE NEW ERA (2023)

妇女参与科技发展分析

主　　编／刘利群　张　立
副 主 编／周应江
执行主编／魏开琼　李慧波

社会科学文献出版社
SOCIAL SCIENCES ACADEMIC PRESS（CHINA）

图书在版编目（CIP）数据

新时代中国妇女发展报告.2023：妇女参与科技发展分析/刘利群，张立主编；周应江副主编；魏开琼，李慧波执行主编.--北京：社会科学文献出版社，2023.12

（妇女蓝皮书）

ISBN 978-7-5228-2651-6

Ⅰ.①新… Ⅱ.①刘… ②张… ③周… ④魏… ⑤李… Ⅲ.①妇女工作-研究报告-中国-2023 Ⅳ.①D442.6

中国国家版本馆 CIP 数据核字（2023）第 197857 号

妇女蓝皮书

新时代中国妇女发展报告（2023）
——妇女参与科技发展分析

主　　编／刘利群　张　立
副 主 编／周应江
执行主编／魏开琼　李慧波

出 版 人／冀祥德
责任编辑／薛铭洁
责任印制／王京美

出　　　版／社会科学文献出版社·皮书出版分社（010）59367127
　　　　　　地址：北京市北三环中路甲 29 号院华龙大厦　邮编：100029
　　　　　　网址：www.ssap.com.cn
发　　　行／社会科学文献出版社（010）59367028
印　　　装／天津千鹤文化传播有限公司

规　　　格／开本：787mm×1092mm　1/16
　　　　　　印张：31　字数：468 千字
版　　　次／2023 年 12 月第 1 版　2023 年 12 月第 1 次印刷
书　　　号／ISBN 978-7-5228-2651-6
定　　　价／198.00 元

读者服务电话：4008918866

编　委　会

主编简介

刘利群　二级教授、博士生导师，现任中华女子学院（全国妇联干部培训学院）党委书记兼院长。担任全国妇联第十三届常委、中国妇女研究会副会长、中国婚姻家庭研究会副会长，联合国教科文组织"媒介与女性"教席主持人，北京市人大代表。担任国家文旅部公共服务专家委员会委员，教育部新闻传播学专业教学指导委员会委员。曾获全国"三八红旗手"。兼任中国传媒大学博士生导师、媒介与女性研究中心主任。

张　立　国务院妇女儿童工作委员会办公室原副主任、一级巡视员，中华女子学院荣誉教授。主要从事妇女发展相关政策的研究制定工作。参加国务院发布的《中国妇女发展纲要（2001—2010年）》、《中国妇女发展纲要（2011—2020年）》和《中国妇女发展纲要（2021—2030年）》的编制。参加国务院新闻办公室2005年发布的《中国性别平等与妇女发展状况》白皮书、2015年发布的《中国性别平等与妇女发展》白皮书和2019年发布的《平等 发展 共享：新中国70年妇女事业的发展与进步》白皮书的起草。2003~2005年参加《中华人民共和国妇女权益保障法》修订工作，并执笔《妇女权益保障法释义》、《妇女权益保障法100问》和《妇女权益保障法读本》部分内容。是2017年人民出版社发行的《男女平等基本国策的贯彻与落实》一书主要编委之一。

摘　要

　　本报告由中华女子学院（全国妇联干部培训学院）全球女性发展研究院组织高校和科研院所的专家学者撰写。党的二十大擘画了全面建成社会主义现代化强国、以中国式现代化全面推进中华民族伟大复兴的宏伟蓝图。习近平总书记关于推动妇女走在时代前列、让性别平等落到实处以及推动妇女与经济社会同步发展的重要论述，是在中国式现代化进程中促进性别平等与妇女全面发展的根本遵循。本报告在梳理归纳新时代新征程性别平等与妇女全面发展取得最新进展的同时，根据所能收集到的相关性别信息资料，认真分析研究新时代女性参与科技发展的总体趋势、女性科技人才的科学贡献并针对性提出进一步促进女性科技人才高质量发展的策略措施。全书分为总报告、政策篇、专题篇、实践篇四部分。其中，总报告分析了新征程妇女发展的新成就与挑战、新时代妇女参与科技强国建设的总体情况与发展趋势；政策篇分析了新时代促进女性科技人才成长相关政策；专题篇分析了不同领域和区域女性参与科技发展情况、女性科技人才发展现状、科协组织对女科技工作者的支持情况、媒体引导女性参与科技强国建设路径等；实践篇介绍了部分省（区、市）女性参与科技发展状况、女性科技人才发展状况及对策建议。

　　本报告认为，新时代以来，科技创新战略和男女平等基本国策深入实施，男女同行科技强国之路成为中国式现代化高质量发展的性别特征和时代特色。党和国家支持女性科技人才发展成长的政策密集出台，地方因势利导、因地制宜的政策不断落地并打牢根基。不同政策的实施为广大女科技工作者发挥"半边天"作用创造条件、搭建平台、提供服务，将"营造促进女科技人才发展的制度环境，激励广大女科技工作者肩负历史使命"的工作扎实推进。妇女的科研实力不断增强，贡献率不断攀升，为中国式现代化科技强国建设积极贡献"她"力量。本报告发现，女科技人才参与各类科技计划项目的机会还有待进一步增加，在职称评聘、职务晋升等方面的发展评价机制还有待进一步完善，在科技决策咨询中的作用还有待进一步加强。本报告认为，随着党和国家对女科技人才发展的不断重视，女性参与科学研究的平台会更大、机会会更多、渠道会更宽、环境会更优，广大女科技工作者荣誉感、获得感、认同感将不断增强。

关键词： 新时代　科技发展　妇女发展　女性科技人才

目 录 ⟋

Ⅰ 总报告

Ⅱ 政策篇

Ⅲ 专题篇

Ⅳ 实践篇

皮书数据库阅读 **使用指南**

总 报 告
General Report

B.1

中国式现代化进程中的性别平等与妇女
全面发展报告（2020~2023）

张 立[*]

摘　要： 习近平总书记关于推动妇女走在时代前列、让性别平等落到实处
　　　　 以及促进妇女和经济社会同步发展的重要论述，为加速推动中国
　　　　 式现代化进程中的性别平等与妇女全面发展提供了根本遵循和科
　　　　 学指引。本报告认真梳理提炼新时代性别平等与妇女全面发展取
　　　　 得的最新成就，积极展示中国"妇女能顶半边天"的社会贡献，
　　　　 充分彰显中国特色社会主义促进妇女全面发展的制度优势；按照
　　　　 全面贯彻落实男女平等基本国策的时代要求，客观分析在中国式
　　　　 现代化进程中持续推动性别平等与妇女全面发展面临的新情况新
　　　　 挑战，中肯指出当前还存在着一些落后的性别观念和陈规旧俗等
　　　　 对男女平等发展的不利因素和现实阻碍，社会性别意识需要深入

---

* 张立，国务院妇女儿童工作委员会办公室原副主任、一级巡视员，中华女子学院荣誉教授，
研究方向为妇女发展相关政策的制定实施。

法律政策和制度机制建设；持续完善实施男女平等基本国策的体制机制，进一步推动妇女和经济社会同步发展，使"半边天"妇女人力资源真正成为推动中国式现代化建设的伟大人才资源。

关键词： 中国式现代化　性别平等　妇女发展

一　性别平等与妇女全面发展的最新成就

2023 年是为全面建设社会主义现代化国家奠定基础的重要一年。中国式现代化是一种先进的现代化，本质要求是在实现共同富裕、物质文明和精神文明相协调发展中促进人的全面发展，在实现人与自然和谐共生中充分发挥人的主观能动性，积极推动绿色发展，促进物质全面丰富、社会全面进步，最终实现人的全面发展。推进中国式现代化是一项前无古人的开创性事业，离不开亿万妇女的拼搏奋斗和力量奉献。目前中国女性对 GDP 的贡献率为 41%，劳动参与率达到 70%，在助力经济社会高质量发展中肩负着历史使命、奉献着"半边天"巾帼力量。

（一）新时代妇女参与科技强国建设前景广阔，对科技发展贡献成就显著

党的十八大以来，以习近平同志为核心的党中央加快推进科技强国建设，加快实施高水平科技自立自强，科技事业取得了历史性新成就，进入了创新型国家行列。世界因科技而精彩，科技因女性而美丽。女性科技人才是推动科技创新的重要力量。"妇女是人类文明的开创者、社会进步的推动者，在各行各业书写着不平凡的成就。"[1]

---

[1] 中共中央党史和文献研究院编《习近平关于妇女儿童和妇联工作论述摘编》，中央文献出版社，2023，第 34 页。

1. 中国女性科技人力资源总量丰富，女性科技人才队伍规模不断扩大

女性科技人力资源是构建国家人力资源庞大总量不可或缺的重要组成部分。2012 年以来，中国女性科技人才年均增长速度大于男性，女性科技人才队伍规模持续扩大，发展态势良好。《中国科技人力资源发展研究报告（2020）》显示，截至 2019 年底，中国科技人力资源总量为 1.1 亿人，规模居世界第一。女性科技人力资源增长迅速，达到 3997.5 万人，占总量的 40.10%，显示出性别比更加均衡。在 2018~2019 年新增女性科技人力资源中，学历层次越高，女性所占比重越大，研究生层次的新增女性科技人力资源比重超过 50%，成为名副其实的"半边天"。女性科技人才影响力稳步提升的核心因素之一，是高等教育招生中女性比例不断攀升，走向科研岗位的女性人数不断增长。2015~2021 年，全国高等教育招生人数中女性占比基本保持在 50% 以上，全国女性科技人力资源储备充足。2018~2019 年，全国共培养本科层次女性科技人力资源 231.3 万人，占两年间本科层次新增科技人力资源总量的 40.6%，全国研究生层次新增女性占比为 53.3%，超过一半。新增女性科技人力资源的学历层次不断提升。[1] 从全国科研人员性别结构看，2021 年，研究与开发机构 R&D 人员中女性占比为 33.8%，高等学校 R&D 人员中女性占比为 38.2%，两项指标数据均高于目前全球女性科研人员 33% 的比例。[2] 从本科层次看，2018~2019 年，新增本科层次科技人力资源中女性占比为 40.58%；从研究生层次看，2018~2019 年，新增研究生层次科技人力资源中女性占比为 53.30%。[3] 从全球本科和研究生女性人数比例看：2021 年，中国普通、职业本专科毕业生中的女性占比为 53.4%，超过韩国、德国、日本和瑞士；中国研究生在校生中的女性占比为 51.5%，超过日本、英国、瑞士和巴西。中国女性科研人员

---

[1] 中国科协调研宣传部、中国科协创新战略研究院：《中国科技人力资源发展研究报告（2020）：科技人力资源发展的回顾与展望》，清华大学出版社，2021，第 56~65 页。

[2] 国家统计局社会科技和文化产业统计司编《中国妇女儿童状况统计资料 2022》，中国统计出版社，2022，第 76~80 页。

[3] 中国科协调研宣传部、中国科协创新战略研究院：《中国科技人力资源发展研究报告（2020）：科技人力资源发展的回顾与展望》，清华大学出版社，2021，第 58~59 页。

活跃在科技强国建设的各行各业，成为推动中国式现代化科技强国建设的重要力量。

2.中国女性科研人员创新业绩辉煌，积极奉献"半边天"巾帼力量

妇女在各行各业科技强国建设中积极奉献，彰显出新时代科技女性的巾帼奋进风采。新时代以来，女性科研人员涉足的领域逐步扩展，贡献率稳步上升。优秀女科学家和女科技工作者入选"改革开放40周年先锋人物"、获得"共和国勋章"等，女性在天宫、蛟龙、天眼、悟空、墨子、大飞机等重大科技成果和高铁、石油等重要基础设施领域贡献巾帼力量。[1] 2022年，中国科学院和中国工程院院士中的女性占比分别为6.64%和5.35%[2]，与往年相比均有增长趋势。同年3月，中国科协十届常委会女科技工作者专委会、中国女科技工作者协会联合推出《她有一种力量》科技女性形象宣传片，王亚平、梁建英、次旦央吉、郭素萍、张弥曼、李静等六位科技女性闪亮登场，从不同职业、不同角度充分展示了她们自信、向上、知性、阳光、执着的新时代科技女性形象，激励女科技工作者更加踔厉奋发，撑起科技进步与科技为民"半边天"。2023年5月，中国第七个"全国科技工作者日"来临之际，中国科协常委会女科技工作者专委会拍摄制作《如愿》女科技工作者主题MV，充分展现出新时代中国科技女性大力弘扬科学家精神，立足岗位实干担当，面向世界科技前沿勇攀高峰、面向经济主战场创业创造、面向国家重大需求聚智献力、面向人民生命健康勇担使命，坚定科技自立自强信念、奋勇实现中华民族伟大复兴伟大梦想的家国情怀和巾帼风貌。

3.女性科研人员获得各类奖项的人数比例增加，青年女科学家正在茁壮成长

截至2022年，世界杰出女科学家成就奖举办了24届，每年评选5位科学家，目前中国有7位女科学家获奖，她们是物理学领域的李方华、神

---

① 项丹平：《回望2021：科技"她力量"绽放璀璨光芒》，《中国妇女报》2022年1月7日，第8版。

② 国家统计局社会科技和文化产业统计司：《2022中国妇女儿童状况统计资料》，中国统计出版社，2022，第74页。

经生物学领域的叶玉如、无机化学领域的任咏华和谢毅、兽医学领域的陈化兰、古脊髓动物学领域的张弥曼、神经科学领域的胡海岚。新时代以来，国家五大科技奖项中的女性获奖人数比例增长趋势明显。国务院设立的国家科学技术领域五大权威奖项分别为国家最高科学技术奖、国家自然科学奖、国家技术发明奖、国家科学技术进步奖、国际科学技术合作奖。国家最高科学技术奖每年获奖人数基本为 2 人，2016 年屠呦呦荣获该奖项。2020 年，27 名女性获得国家自然科学奖，30 名女性获得国家技术发明奖，176 名女性获得国家科学技术进步奖，与往年相比均有大幅增长。2021 年，女科学家入选"长江学者奖励计划"数量同比增长 67.3%。专门为中国女性科研人员设立的奖项，有中国青年女科学家奖、未来女科学家计划和中国女医师协会的五洲女子科技奖。截至 2023 年，中国青年女科学家奖共举办了 18 届，共有 184 名女科技工作者获奖。中国青年女科学家获奖者众多，以下列举一二。1977 年出生的青年女科学家颜宁是清华大学教授、美国科学院外籍院士，曾荣获美国霍华德·休斯医学研究所国际青年科学家奖、求是杰出科学家奖等，2023 年当选中国科学院院士。1983 年出生的青年女科学家付巧妹，是中国科学院古脊椎动物与古人类研究所古 DNA 实验室主任、博士生导师，主要从事东亚古人类遗传学研究。曾荣获美国霍华德·休斯医学研究所国际青年科学家奖、腾讯科学探索奖等。1986 年出生的青年科学家杨璐菡，曾因第一个利用 CRISPR-Cas9 技术修改细胞基因组和领导 eGenesis，被福布斯杂志评为 2014 年 30 岁以下 30 个科学医疗领域领军人物之一。2017 年带着研究成果回国成立启函生物，同年 3 月入选世界经济论坛（World Economic Forum）评出的 2017 年度"全球青年领袖"，2020 年在《自然》杂志发表最新研究成果——"大规模猪种系"基因工程，彻底将异种移植从理论变为现实。1989 年出生的青年科学家黄芊芊，是北京大学集成电路学院研究员、博士生导师，30 岁荣获美国电气与电子工程师协会电子器件学会青年成就奖、求是杰出青年学者奖，31 岁荣获第二届腾讯"科学探索奖"，是 50 名获奖者中年龄最小的一位。1990 年出生的青年女科学家万蕊雪，是西湖大学实验室主任、博士生导师，主要从事剪接体三维结构及 RNA 剪接分子机理研究，曾获 Science & SciLifeLab 青年科学家奖、瑞士乔诺法青年研究奖、亚太地区蛋白质学会青年科学家奖等。

4. 支持女性科技人才成长政策措施持续出台，女性参与科技强国建设的社会环境更加优化

为落实国家"十四五"规划纲要目标，助力国家从科技大国向科技强国的战略性转变，积极调动女性科技人员的聪明才智，2021 年 8 月，全国妇联等 7 部门共同发起《关于实施科技创新巾帼行动的意见》，从强化责任担当、大力弘扬科学家精神、矢志不移自主创新等 8 方面进行规划，作为凝聚女性科技力量奋斗新征程的重要措施强力推进。同年 9 月，科技部、教育部等 13 部门联合印发《支持女性科技人才在科技创新中发挥更大作用的若干措施》，以充分激发女性科技人才创新活力为目标，要求深刻认识支持女性科技人才在科技创新中发挥更大作用的重要意义，从培养造就高层次人才、大力支持创新创业、完善人才评价激励机制、支持孕哺期女性科研工作、加强后备科技人才培养和基础工作 6 方面提出具体措施。2022 年 7 月，科技部等 4 部门发布《关于开展减轻青年科研人员负担专项行动的通知》，对孕哺期女性科研人员开展科研工作提出多项保护措施，鼓励有条件的科研单位通过实行弹性工作制、建设母婴室、提供儿童托管服务等为孕哺期女性科研人员开展科研工作创造有利条件；在考核评价、岗位聘用等环节对孕哺期女性科研人员适当放宽期限要求、延长评聘考核期限。2023 年 7 月，国家自然科学基金委员会关于进一步加强对女性科研人员支持的建议，明确从 2024 年起女性科研人员申请国家杰出青年科学基金项目的年龄限制将由 45 周岁放宽至 48 周岁。这一举措将进一步解放因年龄而"冗余"的科研生产力，为培养造就更多女性科技领军人才提供强力支撑，使更多女性科研人员不受年龄限制的掣肘，有更多机会凭借自身沉淀和积累继续释放科研潜能，勇做科研路上的孤勇者，为科技强国建设打基础、强动力、激潜力、做贡献。此前，国家自然科学基金委员会采取了同等条件下"女性优先"、允许孕哺期女性延长项目周期、提升女性专家评审参与度等措施，特别是放宽女性申请青年科学基金项目、优秀青年科学基金项目的年龄限制，为女性科研人员获得项目资助、开展基础研究提供了强有力的政策支持。2021年《支持女性科技人才在科技创新中发挥更大作用的若干措施》出台后，全国各地陆续出台相关政策措施，加强对女性科技人才的政治思想引领和专业技术培养，集聚资源倾斜支持培养科技人才及后备力量；建立有利于女性科技人才发展的长效机制，鼓励支持女性科技人员参与各类项目计划、重大课题研究和参与社会事务管理和民主决策等。这些政策既体现了中国式现代化进程中科技领域重视促进男女平等发展的时代性和引领性，也体现了科技领域发展的公平性、系统性和精准性，为最大程度促进女性科研人员参与科技强国建设提供了有效的制度保障。

5.加强科技特派员政策支持帮扶，充分发挥科技女性在乡村振兴中的"半边天"作用

2022年，中组部、科技部等6部门联合印发《关于向国家乡村振兴重点帮扶县选派科技特派员的通知》，要求以"一县一团"方式向160个国家乡村振兴重点帮扶县选派科技特派团，支持一批女科技特派团成员深入基层，精准开展科技服务和人才培养帮带。2023年有关部门编制《新时代深入推进科技特派员制度工作指南》，支持更多女性科技人员深入一线在乡村振兴中发挥更大作用、做出更大贡献。2021年9月，全国"巾帼科技助农直通车"进乡村活动启动，地方妇联积极跟进，依托"巾帼科技助农团""科技工作者协会"等，通过送课下乡、集中培训、田间指导、集市咨询、网络直播等方式，为农村妇女常态化学技术提供专业培训。截至2023年上半年，全国累计开展巾帼助农活动1200期之多，服务妇女35.72万人次。2021年，福建省五级妇联在全国首创"碳汇+女科技特派员联盟"，联动科技、农业农村等部门，汇集省级巾帼科技特派员，为农村提供源源不断的智力支持。联盟成员通过"课堂教学+基地实训+互动交流+线上直播"方式，向农村妇女开展农林绿色发展、生态治理、高效节水等实用技术培训1085期，有4.8万多名妇女参训，带动农村妇女懂科技、用科技，助力培育可持

续、可循环的绿色经济发展模式。[①]

6. 以科技女性发展为主题的论坛应运而生，彰显科技女性的科技力量和社会影响力

讲好巾帼创新故事，女科学家当仁不让。2022 年以来，各地有关部门和单位举办了不同领域、不同行业女性科学家创新发展论坛，凝聚更多女性科技人才创新创业，为中国式现代化强国建设贡献力量。2022 年 8 月 29 日，"2022 浦江创新论坛首届女科学家峰会"在上海举行，海内外科技领域女性精英共话参与全球创新发展的新使命、新担当、新作为。同年 9 月 2 日，以"科技女性·共创未来"为主题的中日韩女科学家论坛在北京举行，倡议科技女性汇聚精神力量，在科学舞台闪耀巾帼之光。2023 年 5 月 28 日，首设以"前沿科技她力量"为主题的彰显女性科技力量论坛在北京中关村论坛举行，来自各个领域的 130 余位女科学家、女科技工作者围绕各自研究领域、最新成果、科研之路等开展交流对话，通过女性在国际合作与交流中的经验、案例及成果，积极展现人类科技创新征途中的包容力、凝聚力以及应对多元挑战的能量与动力，充分展示促进全球和中国科技创新发展的"她力量"，强力激发女性科技人才创新活力，激励鼓舞更多女性投身科技领域，在科技强国建设中发挥"半边天"作用。6 月 28 日，2023 天津夏季达沃斯论坛的分论坛——"亚洲女性企业家"举行，优秀女企业家们围绕"女性领导力、消除性别差距、性别平等的可持续进展"等议题分享成就与观点，提出企业家不分性别，创新才能更好应对挑战。

（二）中国妇女健康水平持续实现高质量发展，与全球提高孕产妇和儿童生存率进展停滞不前形成鲜明对比

妇幼健康水平集中反映一个国家或地区全民健康水平、生活质量和文明程度。进入新时代，国家着力推进健康中国建设，推动中国妇女发展纲要健

---

① 《五级妇联精准联动 科技助农直通田间地头》，中国妇女网，2022 年 8 月 8 日，http：//www.womenofchina.com/flsy/2022/0808/7495.html，最后检索时间：2023 年 11 月 14 日。

康目标任务落实，全面开展妇幼健康促进行动，实施母婴安全行动、健康儿童行动和出生缺陷防治能力"三提升"行动计划；实施消除艾滋病、梅毒和乙肝母婴传播和加速消除宫颈癌"两消除"行动计划；实施促进母乳喂养和生殖健康"两融合"行动计划，妇幼健康服务从"有没有"向"好不好"转型，妇幼健康服务能力和水平大幅提升。"健康中国 母亲行动"宣传活动普遍开展，亿万妇女健康意识不断提升，健康是人全面发展的基础逐渐成为妇女群体的健康生活追求。妇幼健康制度建设进一步完善，妇幼健康服务能力进一步提高，妇幼健康均等化水平不断提升，妇女健康持续保持高水平。

1. 妇女人均预期寿命持续提高，孕产妇死亡率持续降低

世界卫生组织将人均预期寿命、孕产妇死亡率和婴儿死亡率作为衡量一个国家人民健康水平的主要指标。国家持续完善妇幼健康服务体系，将预防母婴传播服务、妇幼保健常规工作和孕产期全程服务有机融合，强化孕产妇安全保障，加强全生育周期管理，提供一站式服务、线上线下多途径就医方式，优化孕产妇就诊感受与体验，不断满足妇女群众对生育安全与生命健康感受的更高向往和期待。2000 年中国进入长寿国家行列后，女性人均预期寿命从 2015 年的 79.43 岁提高到 2020 年的 80.88 岁。联合国《世界人口展望》测算结果显示，2020 年中国女性人均预期寿命水平在 184 个国家中位列第 62 位，比世界女性平均预期寿命水平高出 4 岁。[①] 上海、北京、天津、浙江、海南、山东、广西、重庆 8 省（市）女性人均预期寿命均高于全国的 80.88 岁。2021 年，城市和农村孕产妇死亡率分别为 15.4/10 万和 16.5/10 万，城乡差距由 2020 年的 4.4 个 10 万分点缩小为 1.1 个 10 万分点。2022 年，全国孕产妇死亡率下降至 15.7/10 万，为历史最低。力争到 2030 年再创历史更低，全国孕产妇死亡率下降至 12/10 万以下。全球在减少孕产妇、母亲和婴儿过早死亡方面近八年未有起色，与中国孕产妇和婴

---

① 《国家统计局：我国女性平均预期寿命突破 80 岁》，中新网，2021 年 12 月 21 日，http://www.sohu.com/a/510436923_ 119038，最后检索时间：2023 年 11 月 14 日。

儿死亡率持续降低形成反差。世界卫生组织 2023 年上半年发布《改善孕产妇和新生儿健康和存活率并减少死产》报告，评估具有类似风险因素和原因的最新事实数据，跟踪提供关键卫生服务情况。2015 年以来，全球提高生存率的进展停滞不前，每年约有 29 万名产妇死亡，190 万例死产（怀孕 28 周后死亡的婴儿）和 230 万名新生儿在出生后一个月内死亡。每年有 450 多万名妇女和婴儿在怀孕、分娩或出生后的头几周死亡，相当于每七秒钟就有一人死亡，而这些死亡是可预防或可治疗的，如果能得到适当护理，悲剧就能避免。世界卫生组织母婴、儿童及青少年健康问题负责人班纳吉（Anshu Banerjee）博士说："全世界孕妇和新生儿的死亡率仍然高得令人无法接受，新冠疫情在为她们提供所需的医疗保健方面造成了进一步的挫折。"[1]根据目前发展趋势，到 2030 年，60 多个国家将无法达到联合国《2030 可持续发展议程》关于降低孕产妇、新生儿和 5 岁以下儿童死亡率的目标。

2. 妇女宫颈癌和乳腺癌预防纵深推进，妇女"两癌"筛查率不断提升

宫颈癌、乳腺癌是危害妇女健康的两大恶性肿瘤。国家制定实施《加速消除宫颈癌行动计划（2023—2030 年）》，推动建立分工协作、上下联动的宫颈癌防治体系，促进宫颈癌早诊早治，诊疗不断规范。到 2025 年，试点推广适龄女孩 HPV 疫苗接种服务，适龄妇女宫颈癌筛查率达到 50%，宫颈癌及癌前病变患者治疗率达到 90%。到 2030 年，持续推进适龄女孩 HPV 疫苗接种试点，适龄妇女宫颈癌筛查率达到 70%，宫颈癌及癌前病变患者治疗率达到 90%。2022 年，国家实施《宫颈癌筛查工作方案》和《乳腺癌筛查工作方案》，筛查服务对象范围由农村适龄妇女扩大为城乡适龄（35～64 周岁）妇女，筛查服务优先保障农村妇女、城镇低保妇女。同年，国家发布《中国女性乳腺癌筛查指南（2022 年版）》，明确推荐乳腺超声为中国女性乳腺癌的首选筛查手段。截至 2022 年，宫颈癌和乳腺癌检查项目覆

---

[1] 《世卫组织最新报告显示：全球每 7 秒就有一名孕妇或新生儿死亡》，新浪网，2023 年 5 月 17 日，https：//finance. sina. com. cn/jjxw/2023 - 05 - 17/doc - imyuaqhw5566584. shtml？cref = cj，最后检索时间：2023 年 11 月 14 日。

盖了全国 2600 多个县区市，其中县（区）级覆盖率超过 90%；累计开展宫颈癌免费筛查 1.8 亿人次，乳腺癌免费筛查近 1 亿人次。

3. 妇幼保障水平持续提高，母婴生命安全和身体健康得到保障

2022 年，《关于进一步优化落实新冠肺炎疫情防控措施的通知》印发，要求进一步做好当前孕产妇和儿童健康管理与医疗服务保障工作，切实维护母婴安全，最大限度保护孕产妇和儿童生命安全与身体健康。提出加强健康宣教指导、强化主动服务随访、保障正常医疗服务、确保绿色通道畅通、优化门诊就医流程、严格住院安全管理等八项工作措施。2021 年，全国婚前医学检查率为 70.9%，比 2020 年提高 2.5 个百分点；孕产妇系统管理率、产前检查率分别为 92.9% 和 97.6%，与 2020 年相比均有提高，前一项指标高于全国平均水平的有北京、上海等 17 个省（区、市），后一项指标高于全国平均水平的有北京、天津等 23 个省（区、市）；孕产妇住院分娩率继续保持在 99.9% 的高标水平，其中北京、天津、重庆 3 个直辖市和河北、山西、内蒙古、宁夏等 20 个省（区）孕产妇住院分娩率均为 100%，占 31 个省（区、市）的 74.2%。2021 年，全国艾滋病母婴传播率从干预前的 34.8% 下降到 3.3%。全国孕产妇艾滋病、梅毒、乙肝检测率均保持在 99% 以上，艾滋病母婴传播率下降至 3.3%。制定实施《消除艾滋病、梅毒和乙肝母婴传播行动计划（2022—2025 年）》，提出力争在全国范围内实现艾滋病母婴传播率下降至 2% 的目标。

（三）男女平等基本国策纳入国民教育体系，开创了新时代中国教育领域性别平等教育的新局面新气象

妇女平等接受教育不仅关乎妇女自身全面发展，更是实现人类社会可持续发展的关键因素。性别平等教育是社会公平的一项重要价值共识，教育对性别平等理念的传播与性别平等社会的建构起着引领文化思想的关键性作用，有利于从灵魂深处破除传统的男女不平等思想根源。为了实现教育中的性别平等并通过教育实现更广泛的性别平等，中国坚持将女童和妇女教育摆在优先位置，大力推动男女平等教育，把消除性别差距、促进教育公平作为国家发展的重要目标任务。国家"十四五"规划纲要关于全民受教育程度不断提高的目标任务，旨在推动解决教育领域的不平衡不充分问题，其中包含促进性别平等教育。《中国妇女发展纲要（2021—2030年）》妇女与教育领域提出"教育工作全面贯彻男女平等基本国策"的主要目标和《中华人民共和国妇女权益保障法》"将男女平等基本国策纳入国民教育体系"的法律规定，重在强调将国策落实到教育法规政策和规划制定、修订、执行和评估各方面，落实到各级各类教育内容、教学过程、学校管理各环节，真正实现教育中的性别平等。

1. 男女平等接受教育的权利基本实现，男女受教育的性别差距基本消除

新时代以来，国家持续促进义务教育优质均衡发展，印发《关于开展县域义务教育优质均衡创建工作的通知》，明确优质均衡基本要求和攻坚清单，确定了135个义务教育优质均衡教育先行创建县。印发《关于开展县域义务教育优质均衡发展督导评估办法》，明确了督导评估认定内容和程序。不断完善控辍保学工作台账管理，健全联控联保和控辍长效机制。2000~2022年，小学学龄女童净入学率持续保持在99.9%以上；2022年，九年义务教育巩固率达到95.4%。近十年，高中阶段男女在校生比例持续保持在46%以上，高等教育中的女生占比持续超过半数。2020年，全国15岁及以上人口男女平等受教育水平的性别差距缩小为0.6年，全国文盲率中的性别差距缩小2.8个百分点。

2. 性别平等教育政策先行，法律施行提供制度保障

从2021年始，国家通过政策和法律的双向刚性规定促进性别平等教育进校园、进课堂，推动男女平等教育成为新时代中国特色社会主义先进性别文化建构的标志性工程，开创了中国共产党成立百年来坚持男女平等政治意愿、在教育领域开设国民教育课程的新气象。2021年，国务院发布《中国妇女发展纲要（2021—2030年）》，提出主要目标是"大中小学性别平等教育全面推进，教师和学生的男女平等意识明显增强"，旨在推动各级各类学校广泛开展性别平等教育，因地制宜开发性别平等课程，大力促进性别平等教育融入学校教学内容、校园文化、社团活动和社会实践，探索推动构建学校教育、家庭教育、社会教育相结合的性别平等教育模式。近年来，教育部门通过对道德与法治、语文、历史课标修订及三科教材的统编、统审、统用，在教育教学中引导教师和学生树立男女平等观念，有效加强男女平等、互相尊重、共同成长的校园文化建设，为性别平等教育进校园、进课堂奠定了初步基础。从 2022 年始，教育部在义务教育课程方案中规定，为地方和学校开展性别平等教育留出 14%～18% 比例的弹性课时。从 2012 年国家开始探索推动性别平等教育进校园、进课堂的地方试点，到性别平等教育被写入《中国妇女发展纲要（2021—2030 年）》，历经试点先行探索经验、学习辐射带动促进、扩面推动提质发展的创新之路。2022 年 10 月《中华人民共和国妇女权益保障法》修订实施，明确规定"国家将男女平等基本国策纳入国民教育体系，开展宣传教育，增强全社会的男女平等意识，培育尊重和关爱妇女的社会风尚"。国家以立法形式将国策教育纳入国民教育体系，在不同层次、不同形态和不同类型教育中融入男女平等观念，有力支撑起更具有普遍遵循、强制遵守的法律规范效力，有利于持续发力、矫正观念、推动男女平等思想更加深入人心，更深层次推进性别平等理念进入社会各层次决策主流，实现以文化人的最新教育模式和成果，制度化、法治化推动让性别平等真正成为全社会共同遵循的行为规范和价值标准。

（四）妇女在中国式现代化进程中的经济赋权进一步拓展，参与经济发展的能力和水平全面提升

参加社会劳动是妇女实现经济独立自主、自我生存、自我发展的关键因素，参与经济建设是妇女全面发展的重要基础。马克思主义认为"妇女的解放，只有在妇女可以大量地、社会规模地参加生产，而家务劳动只占她们极少的工夫的时候，才有可能"。[①] 促进男女平等就业是妇女参与经济社会发展的法律保障和政策支持。新时代新征程，妇女在中国式现代化进程中充

---

① 中华人民共和国全国妇女联合会编《马克思 恩格斯 列宁 斯大林论妇女》，人民出版社，1978，第 152 页。

分发挥主人翁创新创业精神，用不负时代不负我的使命担当积极进取，在改革发展稳定第一线建功立业，为中国经济腾飞贡献巾帼力量。

1. 妇女就业人数持续增长和比例保持平稳，妇女新业态就业创业态势趋于旺盛

国家和地方多措并举促进妇女就业创业，持续开展"巾帼金融扶持行动"、创新巾帼建功活动、巾帼电商扶贫、巾帼消费扶贫行动等，着眼于提升妇女创业就业能力，助力经济发展。积极消除性别歧视，促进女大学生充分就业，促进妇女参与数字经济新业态发展，支持农村妇女在乡村振兴中大展身手。2021年，全国农民工中的女性占比为35.9%，比2020年提高1.1个百分点；全社会就业人员中的女性比例保持在43.1%，城镇非私营单位就业人员中的女性占比达到40.3%，比2010年增长3.1个百分点。2021年，中国女性劳动参与率为70%，位居世界第一，这说明妇女在中国式现代化进程中发挥着显著"半边天"作用。

2. 大力消除就业中的性别歧视，努力促进妇女特别是女大学生充分就业

高校毕业生是国家宝贵的人才资源，是实现高质量充分就业的重要群体。2020年，全国公务员工作推进会议特别强调公务员报考资格条件设置必须公平公正，不得带有歧视性。2020年度全国31个省（区、市）公务员招考公告没有出现任何形式的性别歧视现象。微视频《说说就业性别歧视那些事儿》在新媒体平台广泛传播，国家九部门的《关于进一步规范招聘行为促进妇女就业的通知》有序落地。《人力资源市场暂行条例》和《网络招聘服务管理规定》明确规定：用人单位向人力资源服务机构提供的招聘信息不得含有性别等方面的歧视内容，并配套开展清理整顿人力资源市场秩序专项行动。2022年，国家多部门联合发布《工作场所女职工特殊劳动保护制度（参考文本）》和《消除工作场所性骚扰制度（参考文本）》，从政策源头对用人单位内部规章制度进行规范指引。有关部门开展"建筑行业男女同工同酬问题研究"和"《女职工劳动保护特别规定》实施评估研究"，强化劳动领域的法律监督。2023年，聚焦就业总量压力、青年人就业压力较大和"求职难""招工难"并存问题，国务院办公厅印发《关于优化调整稳就业政策措施全力促发展惠民生的通知》，围绕多方位扩大就业容量、多渠道促进青年就业创业、多层次兜牢民生底线综合施策，带动就业能力强的行业企业扩岗激励释放红利，努力稳住包括女大学生在内的毕业生就业水平。同时，开展高校毕业生等青年就业服务攻坚行动，部署结对帮扶、密集招聘等系列务实举措；对多省青年就业开展督导，稳定扩大政策性就业岗位规模，全面落实实名制就业服务，对困难毕业生实施"一人一档""一人一策"精准帮扶，依法打击虚假招聘、中介乱象、培训贷等违法行为，切实保障包括女大学生在内的高校毕业生就业等合法权益。围绕推动落实《中国妇女发展纲要（2021—2030年）》"促进女大学生充分就业"目标，多部门联合印发《关于做好女性高校毕业生就业创业工作的通知》，完善支持女大学生就业创新政策措施。各地积极开展女大学生就业创业巾帼护航计划，把帮助女大学生创业就业纳入当地促进妇女发展的实事项目，深入开展巾帼就业创业促进行动，用心用情用力做好女大学生就业创业服务。2022年开展的女性线上招聘专场服务，提供就业岗位4000余个。央视财经频道录播的《创业英雄汇》妇女就业创业节目，在2023年2~3月两次播出的同时段频道统计热点均排名第二。2023年大学生毕业季，福建宁德市"书记市长送岗留才进校园"专项活动举行，对接市女企业家协会、巾帼示范基地等用人企业，设立女大学生招聘专区，提供了230余个就业岗位，并通过组织宣讲、"春风送岗"、鼓励参赛促进女大学生就业创业。

3. 数字经济发展红利覆盖妇女群体，妇女参与数字经济新业态发展成就显著

新时代以来，亿万妇女在促进数字经济包容性发展、推动性别平等、缩小性别鸿沟方面发挥着越来越重要的作用。数字经济带动了生产、分配、交换或消费等一系列经济活动，成为推动中国经济增长的主要引擎之一。2022年，中国数字经济规模达到50.2万亿元，同比增长10.3%，占GDP的比重提升到41.5%。妇女群体作为数字经济的生产者、创造者角色越来越精彩，通过使用各种数字工具和软件进行生产创作活动：一些女性直接参与人工智能的开发和利用；一些女性从事在线教育，通过知识付费获得经济收入；一些女性进行网络文学创作，实现作家梦想并提升经济地位；一些农村女性从事直播带货，推广家乡农特产品增收致富；一些全职妈妈在线分享育儿经验，稳固家庭建设增加收入来源。各地"妇联+电商"模式的创新发展为妇女群体获得数字红利搭建了更多创业就业平台，一些地方通过零工市场数字化平台构建全数字化用工生态，把岗位匹配、考勤打卡、保险购买、薪资结算以及用工评价环节全部纳入数字化管理，平台上工作地点按照距离推荐，包括从服务员、营业员、后厨、理货员，到商务、文员、主播等多门类岗位、工作内容和工资待遇明确，只需要点击报名就可与用工主体取得联系，符合条件即可上岗。

4. 社会公益组织积极开发妇女发展项目，为县域妇女创业就业带来新机遇

科技助力打破地域壁垒，小县城数字标注企业也能走上大舞台。2023年7月6日举办的2023世界人工智能大会迎来"最接地气"参展商，由蚂蚁集团"数字木兰｜AI豆计划"支持的17个县域数字就业中心组团参加。2019年始，蚂蚁集团、蚂蚁公益基金会联合中国妇女发展基金会等共同发起"数字木兰｜AI豆计划"，发挥数字技术和平台优势，助力乡村留守女性、返乡青年等通过订单引入、技能培训、社会企业孵化等实现就业创业，助力中西部欠发达县域女性就业和产业发展。截至2022年底，该计划支持在陕西、山西、甘肃、贵州、宁夏等地建立了17个县域数字就业中心，累计帮助4000人在地就业，成为"人工智能训练师"，超六成员工为女性。"没想到在小县城的我们也能成为人工智能产业链上的一环。"这是县城女性就业群体和就业中心负责人发自内心对数字经济发展带给她们帮助最真诚的表达。友成企业家乡村发展基金会在乡村振兴实验室项目中设立香橙妈妈乡村女性经济赋能品牌项目，让每一位乡村女性经济独立、实现自我价值，成为乡村振兴的社会创新力量，共创富足、自信、有爱的美好生活。2019年以来通过线上线下创业技能培训+女性创业孵化指导+创业运营资源对接的创新模式，采用学习、练习、实践合一的赋能教学体系，全面提升女性的内生动力和外在能力，帮助返乡妇女创业增收致富，67%的受益人通过电商领域的就业创业增加了经济收入。友成企业家乡村发展基金会与明德公益研

究中心联合发布了《农村妇女经济赋能研究报告》，为公益组织及其他社会力量关注农村女性群体发展提供了有益的借鉴指导。还有更多社会公益组织为女性返乡就业和县域经济发展不断开发妇女发展项目，促进更多妇女成为中国县域经济发展的主力军。

5. 新时代乡村振兴大发展，农村妇女大显身手做贡献

中共中央、国务院印发《乡村振兴战略规划（2018—2022年）》，积极鼓励社会人才投身乡村建设，大力实施乡村振兴"巾帼行动"。国家发展改革委、农业农村部会同29个部门建立规划实施协调推进机制，逐年逐项推动落实。2022年规划实施总结评估显示，鼓励社会人才投身乡村建设等重点任务稳步落实，乡村振兴"巾帼行动"扎实推进，妇女在实施乡村振兴战略中有效发挥作用取得了新成效。近年来，国家实施"农村妇女素质培训计划"，在全国31个省（区、市）广泛开展高素质女农民培育，如全国妇联女性之声网站开设的"乡村振兴巾帼行动"网络课程、"妇联喊你来学农"官方快手号都成为农村妇女学习现代农业技能的好帮手。2021年以来，高素质农民培育学员中女性学员人数达到37.8万人次，占比为40%。2021~2022年"百优保供先锋"女性学员活跃在农业生产各领域。国家积极扩大农村劳动力就地就近就业规模，加强返乡入乡农村女性创业就业技能培训，各类返乡入乡创业创新人员超1100万人次。2017~2021年，连续5年开展全国农村创业创新优秀带头人典型案例推介工作，挖掘、梳理农村女性创业创新典型案例150个，仅2021年就推介"巾帼新农人"典型案例99个。2017~2021年，连续5年举办全国农村创业创新项目创意大赛，获得一、二、三等奖中的47项是由返乡入乡农村女性创办的项目。2023年暑期，各地围绕产业振兴、人才振兴、文化振兴、生态振兴等因地制宜开展暑期实践项目，引导大学生在乡村振兴的沃土上挥洒青春。浙江义乌千万妇女共创业"五大行动"之一的"木兰创客"携带12个共富项目奔赴山区26县开展暑期实践。

6. 各类创新创业大赛接连举办，妇女尽展"半边天"亮丽风采

近年来，全国妇联引领支持妇女参与乡村手工业发展，建立各级各类妇

女手工协会等行业组织 1300 多家、手工基地 7000 多个，带动千万农村妇女将"指尖技艺"转变为"指尖经济"，培育了一批妇女手工品牌，在 2023 年举办的第一届全国农村技能大赛上妇女撑起了半边天。2023 年，国家在江西、宁夏、海南分别举办女性创新创业大赛，促进更多妇女参与创业创新。其中，2023 海南自贸港女性创新创业大赛主题为"聚巾帼力量 创自贸未来"。大赛设创新组、创意组、手工组、省外组和海外组五个组别进行比赛，奖金总额超过 90 万元。大赛服务模式为"1+1+10"，两个"1"分别是："一场大赛"——举办海南自贸港女性创新创业大赛，"一项提升计划"——开展"陪伴成长"乡村振兴巾帼创业品牌提升计划。"10"就是"十项配套"活动，即女性创新创业峰会、女性创新创业成果展示集市、《创业海姑娘》展播、"凤凰商学院"女性创业培训、女性创业资源对接平台、企业资本赋能平台、导师智库把脉问诊、整体宣传、女性创新创业示范基地和女大中专学生社会实践基地创建等 10 个项目。大赛从 6 月底持续到 9 月，分为省内赛、省外赛和海外赛，行业领域涉及旅游业、现代服务业、高新技术产业和热带特色高效农业。

7. 稳妥推进第二轮土地承包到期再延长30年试点，努力保障农村妇女平等享有农村集体经济组织收益分配等权益

2021 年，中央农办、农业农村部等 10 部门联合印发《关于扎实做好当前重点工作如期完成农村集体产权制度改革阶段性任务的通知》，要求各地充分认识维护农村妇女合法权益的重要性，深入排查妇女在娘家、婆家"两头空"等问题，重点关注离婚、丧偶妇女等群体；规范成员（含份额、股份）证书内容，努力做到已确认为成员的妇女"证上有名、名下有权"。2022 年，多部门联合印发《关于做好农村集体产权制度改革成果巩固提升工作的通知》，再次强调切实维护农村妇女、入赘婿等群体的成员权益。同年组织开展 16 个省 27 个试点地区并选择河北、安徽和云南三省 5 个县（区）整县试点，指导地方探索离婚妇女、外嫁女等特殊群体承包地延包路径等问题。自 2023 年 5 月 1 日施行的《农村土地承包合同管理办法》，再次重申"妇女与男子享有平等的承包农村土地的权利"。

（五）妇女积极参与国家各级决策和管理，为中国式现代化进程中的社会治理贡献巾帼力量

新时代新征程开启，为妇女平等参与国家和社会公共事务提供了新机遇、拓展了新途径、搭建了新平台，在推进国家治理体系和治理能力现代化进程中妇女参与决策管理的能力水平不断提升，在国家和地方民主政治建设以及各行各业决策管理中积极建言献策，成为最广泛、最真实、最管用的社会主义民主建设的参与者、推动者和见证者。

1. 大力激发妇女加入中国共产党的政治意愿，妇女纲要关于女党员保持合理比例目标取得新进展

《中国妇女发展纲要（2021—2030年）》妇女参与决策和管理领域新增主要目标"中国共产党女党员保持合理比例"，并在策略措施中强调重视发展中国共产党女党员，扩大党的妇女群众基础，激发妇女入党的政治意愿，注重从各行各业青年女性中发展党员。2023年6月30日，中央组织部公布的最新党内统计数据显示：全国女党员2930.2万名，占比为29.9%，比2021年的2843.1万名增加了87.1万名，提高了0.5个百分点；比2012年的2026.9万名增加了903.3万名，提高了6.1个百分点。

2. 国家培养选拔女干部工作力度持续加大，优秀女干部为国家决策管理积极奉献聪明才智

有关部门深入开展"新时代培养选拔女干部工作研究"，积极培养忠诚干净担当的高素质专业化女干部，不断优化女干部成长路径，努力为女干部成长成才打造多维化平台。北京市在积极培养选拔女干部工作中创新优先，区级女干部快速成长。东城区和顺义区在培养选拔女干部工作中敢于突破，坚持动态更新优秀年轻干部人才库。目前东城区优秀年轻女干部占比为63.7%。2021年，全国省、市、县三级政府领导班子配有女干部的班子比例分别为61.3%、86.5%和96%，省、市、县级政府工作部门领导班子配有女干部的班子比例分别为53.6%、55.7%和50.8%，均超过半数。北京市东城区的党政工作部门领导班子中女干部配备率分别为100%和84.9%，街道

党政领导班子女干部配备率达到100%，在全国同级领导班子女干部配备率中居于领先水平。

3. 国家不断深化企业人事制度改革，妇女参与企业决策管理的人数比例提升

新时代以来，有关部门和单位不断促进更多优秀妇女进入企业董事会、监事会和管理层，妇女参与企业经营管理的广度和深度不断拓展。2021年，企业职工董事和职工监事中的女性比重分别为37.6%和40.5%，分别比2020年提高2.7个和2.3个百分点；企业职工代表大会中的女性比例为30.6%，提高了0.4个百分点。

4. 新时代基层社会治理更加深入，妇女积极参与奉献巾帼力量

新时代以来，各地通过项目支持开展面向可持续发展的农村妇女带头人领导力培训，在性别平等与可持续发展理念框架下提升农村妇女参与公共事务和社会治理的意识和能力，让"她力量"在乡村振兴中发挥更大作用，贡献更大力量。2022年，全国31个省（区、市）和新疆建设兵团全部完成了新一轮村委会和（社区）居委员换届，在换届工作推进中不断完善女性"专职专选"等增加女性人数比例的办法，支持引导基层女性积极参与竞职村委会和居委会成员。据初步统计，2022年，各居委会、村委会成员中的女性比例大幅提高，居委会成员中女性比例达到62.6%，比2021年的54.4%提高了8.2个百分点，比2020年提高了10.5个百分点；居委会主任中的女性比例达到46.4%，比2021年的41.4%提高了6.0个百分点，比2020年提高了8.4个百分点。2021年，村委会成员中的女性比例达到32.9%，比2021年提高6.1百分点，比2020年提高8.7个百分点；村委会主任中的女性比例为11.1%，比2020年提高1.3个百分点。截至2022年11月23日，全国有38.5万个村、9.0万个社区建立了妇女和儿童工作委员会，覆盖率分别达到78.7%和75.9%，内蒙古、辽宁、山东、海南和重庆实现了妇女和儿童工作委员会机制全覆盖。

5. 新时代社会组织纵深发展，妇女在社会组织中发挥着重要作用

国家鼓励支持并引导更多妇女参与社会组织的管理与发展，社会组织从业人员中的女性比例不断提高。2021年以来，各级民政部门积极开展社会组织"邻里守望"关爱行动，超过9万家包括社区社会组织在内的社会组织开展各类社区服务活动26.3万项，服务受益群众9336万人，截至2022年底，各地的社区社会组织超过175万个。2021年，社会组织从业人员中的女性比例为39.2%，比2020年提高了2.2个百分点；社会组织负责人中的女性比例为26.7%。地方积极创新推动社会组织发展并促进女性社会组织快速成长，据统计，山东淄博市在全市各级民政部门登记注册的社会组织有4000余家，其中女性社会组织和女社工占比均近50%。淄博全市及各区县基本形成了"1+N"格局，直接引领联系服务全市300余家女性社会组织。

（六）新时代社会保障制度和体系不断完善，为妇女群众提供了更多更好的社会保障与福利

新时代以来，为多谋民生之利、多解民生之忧，国家全面建成多层次社会保障体系，各项社会保障实现了制度性全覆盖，不断增进人民生活福祉，重视关切和保障妇女的特殊利益和现实需求，努力缩小社会保障领域的性别差距，妇女的社会保障水平稳步提升，获得感、幸福感、安全感与日俱增。

1. 增强生育政策的包容性和开放性，多措并举提升妇女参加生育保险的人数增加

2019年《关于全面推进生育保险和职工基本医疗保险合并实施试点办法》规定，参加职工基本医疗保险的在职职工同步参加生育保险，同步享有生育费用和生育津贴。这一规定体现在三方面利好：一是生育保险覆盖范围明显扩大，更多育龄妇女受益；二是制度运行成本降低，服务水平提高；三是基金共济能力增强，妇女受益风险降低。随着生育保险与职工基本医疗保险合并实施的深入推进，各类保险制度不断完善，妇女各类保险权益不断得到保障。2022年，国家多部门联合印发《关于进一步完善和落实积极生育支持政策措施的指导意见》，明确了国家统一规范并制定完善生育保险生

育津贴支付政策，将灵活就业人员纳入生育保险覆盖范围，逐步将适宜的分娩镇痛和辅助生殖技术项目按程序纳入基金支付范围等。指导地方全面清理因非婚生育等影响生育保险待遇享受的限制性规定，研究完善全国生育保险政策措施及实施情况，对典型地区进行专项调查，不断增强生育保险政策的包容性和可持续性。2021 年末，妇女参加生育保险的人数为 1.05 亿人，比 2020 年末增加了 159.1 万人。

2. 妇女参加基本养老保险的范围持续扩展，妇女参保人数持续增加

国家加大力度推进社会保险法定人员全覆盖政策的落实到位，推动放开外地户籍灵活就业人员在就业地参加职工养老保险的户籍限制，组织未参加企业职工基本养老保险的灵活就业人员按规定参加城乡居民基本养老保险。开展全民参保计划扩面专项行动，以养老保险为重点实行精准登记、广泛宣传和专项服务。2021 年末，全国妇女参加基本养老保险的人数为 4.9 亿人，比 2020 年末增加了 1897.1 万人，占比为 47.1%，比 2020 年提高 1.4 个百分点。其中，参加城镇职工基本养老保险、城乡居民基本养老保险的人数分别为 2.3 亿人和 2.6 亿人，分别增加了 1798 万人和 99.1 万人。

3. 国家基本医疗保险制度不断完善，妇女参加基本医疗保险的人数稳步增加

国家大力推动医保关系转移接续经办落地，为参保人员提供高效的便捷服务，覆盖全民的基本医疗保险制度更加完善，政策和机制的推动促进作用使更多女职工和城乡女居民参加了基本医疗保险。2021 年末，全国妇女参加基本医疗保险的人数为 6.6 亿人，比 2020 年末增加了 820.6 万人。其中，参加职工基本医疗保险、城乡居民基本医疗保险的人数分别为 1.7 亿人和 4.9 亿人，分别增加了 788.9 万人和 31.8 万人。

4. 失业保险和工伤保险制度建设稳步推进，妇女参加失业保险和工伤保险的人数均有增加

2021 年，妇女参加失业保险的人数为 9817 万人，比 2020 年增加了 610 万人，占失业保险人数的 42.8%，比 2020 年提高了 0.8 个百分点；妇女参加工伤保险的人数为 1.06 亿人，增加了 361.4 万人。2021 年，全国共向 1542 万人次失业妇女发放失业保险金，占总领金人次数的 47.4%。2022 年 1~9 月，全国共向 1188 万人次失业妇女发放失业保险金，占总领金人次数的 47.9%。

5. 困难人群救助制度不断完善，困难妇女群体的救助水平稳步提升

国家持续巩固拓展脱贫攻坚成果，切实兜住兜牢困难群众基本生活底线，为困难妇女可持续发展提供了基本生活保障。目前，国家已建成覆盖 6299 万人口的低收入人口动态监测信息平台，其中，妇女 3565.38 万人，占低收入人群的 56.60%。截至 2022 年 9 月底，全国共有城乡低保对象 4015 万人，其中妇女 1886.41 万人，占城乡低保对象的 46.98%；全国共有特困人员 467.7 万人，其中妇女 49.7 万人，占特困人员的 10.63%。与 2021 年各项指标相比，其均有一定程度提高。

6. 全社会养老服务基本供给能力不断增强，妇女享有养老服务水平节节提升

2021 年以来，国家推动实施积极应对人口老龄化战略，创新居家社区养老服务模式，养老服务体系更加健全，为老年妇女提供了更好更方便的养老条件和人性化服务。国家多部门印发《关于深入推进智慧社区建设的意见》、《关于健全完善村级综合服务功能的意见》和《关于开展完善社区建设试点工作的通知》等政策文件，推动基本公共服务资源向村（社区）下沉，重点增强养老、托育等社区服务借给能力。目前，农村社区综合服务设施覆盖率为 79.5%，城市社区综合服务设施实现全覆盖。制定出台《国家养老服务清单》，实行部门重点任务分工责任制，到 2022 年底，全国各地均出台了相关配套政策。制定出台《老年人能力评估规范》国家标准，统筹研究评估制度和评估结果的全国范围内认定和部门按需使用政策。截至 2021 年底，机构养老服务妇女享有人数为 73.3 万人，比 2020 年末增加 5 万人；社区养老服务机构和设施数为 31.8 万个，比 2020 年增加 2.6 万个。各地积极开展养老特色服务。北京市在全国首创养老服务合同网签，从 2023 年 3 月 10 日起全市推行，到 6 月底全市养老服务实行网上线下运行，北京养老服务网、北京养老服务小程序和北京养老服务管理信息系统可以"一

网通查"，让老年人在平台根据价格、区域等因素筛选出最适合自己的养老机构。数字化时代合同网签业务落地，不仅为老年妇女享受养老服务提供了更多便利，而且还能对养老服务机构进行"保险"监管。截至2023年3月底，北京全市签订网签合同6800余份。

7. 长期护理保险制度试点稳步推进，为老年失能妇女提供了更多温暖服务

长期护理保险是妥善解决失能老人护理问题、积极应对人口老龄化的重要制度安排。国家有关部门健全完善长期护理保险失能等级评估标准体系，印发《长期护理保险失能等级评估操作指南（试行）》，在健康照护师职业下设长期照护师工种。研究制定《长期照护师职业技能标准》和《国家长期照护保险基本服务项目目录》，统一服务项目，规范服务标准。自2016年开始，国家在青岛、上海等15个城市开展了长期护理保险制度试点，探索建立为长期失能人员基本生活照料和医疗护理提供资金或服务保障的社会保险制度。到2022年底，长期照护保险制度试点覆盖了49个城市、约1.5亿人，累计有超过180万人享受待遇。2022年，居家和社区基本养老服务提升行动项目深入推进，面向经济困难的失能和部分失能老人建设了10万个家庭养老床位，提供了20万人次的居家养老上门服务。国家医保局最新数据显示，截至2022年底，长期护理保险参保人数达到1.69亿人，累计有195万人享受待遇。全国多地长期护理保险试点成效明显，积极创新探索服务新模式。与此同时，多家保险公司启动人寿保险与长期护理保险责任转换业务，更好助力失能老人"老有所护"。

（七）促进家庭建设的政策措施不断出台，支持家庭发展的社会环境持续优化

家庭发展对于人口发展和经济社会发展有着基础性、长期性和根本性影响，对于促进男女平等和妇女全面发展有着重要支撑作用。新时代以来，国家将促进家庭发展和提高家庭发展能力作为明确工作目标要求，相继写入国民经济和社会发展五年规划及国家中长期人口发展战略，成为实现和保障国家长治久安、社会和谐稳定以及包括妇女在内的人民安居乐业的重要指引。妇女与家庭建设

作为《中国妇女发展纲要（2021—2030年）》优先发展领域提出了明确的目标任务，成为新时代新征程建设和谐家庭、促进性别平等的主要目标任务。

1. 促进家庭政策和相关经济社会政策相衔接，为妇女更好平衡家庭与职业提供基本政策支持

2022年以来，全国各地陆续修订人口与计划生育条例，出台财政、税收、教育、住房、就业等新的与生育相关联的配套措施，积极探索减轻家庭生育、养育、教育的"三育"负担，把降低"三育"成本作为新时代优化和完善家庭发展和家庭福利政策的出发点和落脚点，推动社会化分担家庭"三育"负担，健全家庭发展和家庭福利政策与相关经济、社会政策配套相衔接的体制机制，重点加强育幼、教育、就业、户籍、住房、扶贫和救助等制度建设，促进各项政策的相互协调和联动调整。与此同时，加速建立健全家庭发展与家庭福利政策，并重视政策体系的系统性和完整性。2023年6月，全国用人单位托育服务工作现场推进会召开，围绕落实积极生育支持配套措施构建普惠托育服务体系和协同推动用人单位托育服务工作高质量发展目标，总结交流经验，提升服务水平。积极推动职家平衡、家企平衡，为妇女就业提供更多政策支持。鼓励企业支持男职工承担育儿责任，促进夫妻在育儿和家务上的合理性别分工。支持和鼓励企事业单位实行适宜政策和相关措施，推动员工更好平衡家庭与工作。山东省港口集团积极响应国家促进生育的相关政策，在全省企业中率先增加30天产假，并为返岗且处于哺乳期的女职工每人每月发放100~500元生育津贴，500余名女职工受益，300余名男职工享受到生育假和护理假。集团增设了育儿假，明确子女满6周岁前，家有儿童的父母每人每年可享受12天育儿假。

2. 大力发展增强家庭发展能力的组织机构和相关服务，全方位丰富家庭儿童照顾以减轻妇女家务负担

根据当前出生人口形势，国家有关部门统筹安排6岁以下儿童公共照顾资源，重点以社区为依托，以租代建、回收闲置空间、盘活学前教育资源，提供与常住人口规模相适应的公共托育服务及配套安全设施。目前，全国各级社会组织登记管理机关登记以妇女、女性、女性职业等为名称的社会组织

2400 余家，托育服务机构 100 余家，未成年人保护领域的社会组织 680 余家。2022 年，全国社会工作者职业水平评价考试指导报名人数约 89 万人。加快 3 岁以下婴幼儿照护服务体系建设，持续补齐婴幼儿无人照料短板。目前，全国提供托育服务的机构有 7.5 万多家，提供托位数 360 多万个。2023 年 4 月，国家卫健委和全国总工会公布了 75 家用人单位为 2022 年全国爱心托育用人单位，总工会以每个用人单位 10 万元的标准为全国爱心托育用人单位提供资金补助。浙江省单位上榜数量稳居 2022 年全国爱心托育用人单位名单首位，机关、企事业单位、产业园区等各类用人单位共建成 57 家符合规范建设标准的托育机构。杭州市聚焦职工托育服务期盼，率先将单位嵌入式办托模式纳入普惠型托育服务体系，全市共有托育服务机构 1158 家，可提供托位 4.9 万个，入选了第一批全国婴幼儿照护服务示范城市。南宁市以"幼有善育"为目标，坚持做强普惠、做优示范，推动用人单位托育服务全面发展，被命名为第一批全国婴幼儿照护服务示范城市，建有市、县、乡医疗卫生机构主办的托育机构 6 家，建成用人单位普惠托育园 11 个。截至 2023 年 5 月，全市共有各类托育机构 1142 家，托位 29174 个。福建厦门市充分发挥特区工会组织特色，真抓实干、先行先试，积极开展职工子女托育服务，在全省率先推动职工亲子园（暑托班）建设，2020 年试点探索将托管服务延伸到 3 岁以下低龄幼儿。积极探索企业办托、园区共享办托以及社区共建办托新模式。

3. 家庭家教家风建设不断深化，大力促进家庭建设领域的性别平等

文化和传媒领域通过优秀影视作品、网络作品倡扬新型婚育文化观，积极回应现代化进程中产生的一些家庭责任意识薄弱、个人享乐主义泛滥等问题，积极传播以男女平等为核心的先进性别文化。文明家庭创建活动广泛深入，以建设好家庭、涵养好家教、传承好家风为重点实施"家家幸福安康工程"，鼓励家庭成员积极履行家庭和社会责任。2021 年，各级妇联组织共表彰五好家庭 49858 户，寻找推荐各级各类最美家庭 178.6 万户；家风家教主题宣传月期间，开展红色家风故事宣讲活动 11.3 万场，参与群众 3400 万人。2022 年以来，山西省妇联利用广播电视等优势媒体，开展"童心向党童声朗朗"亲子诵读、《家风故事》系列展播、家规家训征集、"二十大"

代表进家庭、基层妇联主席谈学好讲好用好《习近平走进百姓家》等形式多样的家风宣传活动，以家庭喜闻乐见的参与方式、受众广泛的传播途径、潜移默化的教育影响，精准拓宽新时代家风传播渠道，为山西高质量发展汇聚磅礴"家"力量。

4. 加强婚姻家庭纠纷预防化解制度机制建设，在家庭"小平安"促进社会"大平安"中保障妇女合法权益

2019年"家家幸福安康工程"实施以来，通过建立健全党委领导、政府主导、多方联动工作机制、探索多元化解婚姻家庭矛盾纠纷新路径，坚持预防为主、关口前移、源头治理，婚姻家庭纠纷人民调解委员会规范化、专业化建设程度不断提高。2021年，人民调解委员会"县级全覆盖"，有条件的地方还建立了社区工作室，按照《婚姻家庭纠纷调解工作指南》等提供服务。2022年，《妇联组织常态化开展婚姻家庭纠纷预防化解定期报告制度》和《关于把维护妇女权益工作做在平常抓在经常落到基层的指导意见》先后印发，进一步提升服务能力和服务水平。目前，全国84%的县级以上婚姻登记机关设置有婚姻家庭辅导室，重点做好婚前辅导服务和探索离婚冷静期婚姻家庭辅导服务。

（八）男女平等发展的社会环境持续优化，妇女享有生态文明和性别平等文化环境的程度不断提高

社会环境是妇女全面发展的外在条件，也是影响男女平等发展的重要因素。文化环境、制度环境、生态环境等都与妇女发展有着千丝万缕的联系，促进社会各领域的性别平等，为妇女全面发展提供高质量的文明生态环境和性别平等的文化环境，是新时代实现可持续发展的现实要求，也是促进妇女与经济社会同步发展的战略要求。

1. 男女平等基本国策教育蓬勃开展，先进性别文化建构进一步厚植社会发展环境

《中国妇女发展纲要（2021—2030年）》实施以来，全国各地相继印发了推进男女平等基本国策教育培训进党校（行政学院）、社会主义学院的

实施意见，将国策纳入教育培训课程体系，列入主体班次，以及国家治理体系和治理能力建设、积极应对人口老龄化战略等相关专题培训计划。一些地方根据学制长短灵活安排培训课程，采用专题讲座、辅导报告、实践分享、集中研讨、视频授课等方式提升培训实效。妇联组织率先开展干部系统培训，号召干部职工学习国策、宣传国策、贯彻国策、落实国策，从观念改变、制度创新、环境优化等方面深入营造男女平等发展的社会文化环境。截至2022年底，黑龙江省实施的男女平等基本国策教育培训实现了市地级党校（行政学院）和妇联系统全覆盖，全省13个市（地）级党校均将国策纳入党校教育培训体系。辽宁、重庆、海南等地的实施意见明确提出了分阶段推动男女平等基本国策课程体系的建立健全完善、培训效果显著、长效机制形成、师资队伍壮大等目标要求。辽宁省相关部门提出到2023年底，男女平等基本国策教育培训纳入全省各级党校（行政学院、社会主义学院）教学内容和各级干部教育培训规划，实现全省县级以上党校（行政学院、社会主义学院）全覆盖，到2025年，男女平等基本国策进党校（行政学院）形成长效机制，师资队伍逐步发展壮大，教学水平和培训效果显著提升。海南省相关部门提出，通过宣传培训促进全社会对妇女社会价值的认同和尊重，全省乡村"重男轻女"现象得到有效遏制。

2. 传媒领域性别平等文化建构深入推进，男女平等主题宣传和影视作品创作层出不穷

近年来，新闻战线自觉承担"举旗帜、聚民心、育新人、兴文化、展形象"使命，不断巩固壮大奋进新时代男女平等的主流思想舆论，通过专题宣传和普遍宣传不断深化全社会的性别平等意识。2021年以来，中央和地方文化机构创作播出了一批展现新时代妇女独立自主和勇敢自信形象的优秀电视作品，积极传播倡导男女平等观念，推出《大山的女儿》《幸福到万家》《女士的法则》等一批展示新时代妇女自尊自信自立自强精神、促进男女平等发展的高质量精神文化产品，在全社会产生了强烈思想共鸣。中央媒体精心开展了"最美巾帼奋斗者""三八红旗手"等先进典型宣传，生动展示了新时代中国妇女奋斗进取和敢于追梦的典型形象。《中国妇女报》开设的长期栏目《两纲之窗》聚焦各地实施妇女儿童发展纲要取得的新措施新成效新亮点，稿件刊发贯穿全年形成规模；《法治权益周刊》每年推出《妇女权益年度新闻报告》；《新女学周刊》聚焦两性平等发展议题，通过理论探讨和实践探索，积极推进以男女平等为核心的先进性别文化构建。国家制度性开展治理网络、媒体及出版作品中有损妇女形象、歧视妇女人格和危害社会公德等侵害妇女权益的相关内容，妇女发展的传媒环境更加友好、网络空间更加晴朗。

3. 性别友好的生态环境建设进一步完善，妇女参与生态文明建设更加积极

随着"绿水青山就是金山银山"理念的不断深入，全国生态环境质量得到明显改善，城市和农村环境"颜值"持续提升。2021年，全国城市建成区绿化覆盖率为42.4%，城市污水处理率达到97.5%，城市生活垃圾无害化处理率达到99.9%。乡村振兴农村环境大改善、美丽乡村处处显文明。2022年，全国农村自来水普及率达到87.0%，规模化供水覆盖农村人口比例为56%，更加便利农村妇女生活，影响妇女身体健康因素的风险显著降低。"厕所革命"使农村卫生厕所普及率大幅提高，不仅改善了家庭生活环境和卫生状况，也减轻了农村妇女家务劳动负担。2021年，实施《农村人居环境整治提升五年行动方案（2021—2025年）》，务实推进农村厕所革命，截至2021年底，农村卫生厕所普及率超过70%。在新发展观指引下，妇女以更加积极的姿态参与生态文明建设，充分发挥"半边天"力量的独特优势，与男性共筑生态文明之基、同走绿色发展之路，共享宁静、和谐、美丽的自然环境。各地妇联每年组织开展"绿色生活·最美家庭""美丽家园"建设等主题活动，引导妇女和家庭成员提升生态文明素养、清洁生活环境、节约家庭资源、践行绿色消费、倡导绿色出行、开展垃圾分类等。

4. 妇女积极活跃在国际事务领域，有效推动全球性别平等与世界和平发展

新时代以来，在国家整体外交事务框架下，妇女及妇女组织积极推动外交事务审议范围内的性别平等优先事项，努力促进男女平等参与全球和平发展与政治进程。妇女是国家外交的重要力量，更是新时代外事活动的积极参与者和见证者。1979年12月联合国大会通过的《消除对妇女一切形式歧视公约》，是联合国核心国际人权公约之一。1980 年中国签署公约，同年递交批准书，是公约最早的缔约国之一。随着中国人权事业的健康发展，《消除对妇女一切形式歧视公约》在中国社会中为越来越多的民众所了解。2023 年 5 月 12 日，中国代表团在瑞士日内瓦联合国总部就中国执行《消除对妇女一切形式歧视公约》第九次定期报告情况接受联合国消除对妇女歧视委员会的审议，受到了全社会的高度关注就是最好的例证。无论是政府代表团的参与、非政府代表的参与，还是国内外民众和国际社会的关切都是史无前例的，充分说明中国妇女对推动国家外交事务发挥的作用越来越显著。中国执行《消除对妇女一切形式歧视公约》第九次定期报告全面反映了 2014 以来中国促进男女平等和妇女全面发展的政策、实践和历史性成就，让联合国消除对妇女歧视委员会的委员们深入了解了一个真实、立体、全面的中国，了解了中国在推动妇女目标成为联合国 2030 年可持续发展议程早期收获的信心和决心。5 月 10 日，由中国牵头主办的"性别平等和妇女赋权：推动妇女走在时代前列"主题活动在联合国日内瓦总部举行，中国以平等、包容、可持续方式致力于推动国际社会共同落实《北京宣言》和《行动纲领》行动受到国际社会的广泛好评。

（九）保障男女平等的法治体系不断完善，为妇女平等参与经济社会发展筑起牢固的法治屏障

加强对妇女各项合法权益的保障，是中国式现代化进程中加快法治社会建设的重要内容，是中国特色社会主义法治文明的重要内容，是社会文明进步的重要标志。新时代以来，党和国家不断完善促进性别平等和妇女全面发展的法律法规体系，通过科学民主立法、严格严肃执法、公平公正司法让妇女群体享有最神圣最普遍最管用的法治环境，保障妇女的基本人权不受侵犯。

1. 法规政策性别平等评估机制建设不断向前推进，法治中国建设中的性别平等审查取得新进展

性别平等是社会公平正义的重要内涵，是法治中国建设的重要内容。2020 年国家层面建立法律政策性别平等评估机制后，全国初步形成了国家

和省级性别平等评估的制度体系框架。2020~2023年，国家和地方积极研究并探索性推进机制建设的规范化发展。国家层面多方组织专家和机构开展性别平等评估的指标体系研究，推动各成员单位开展法规政策性别平等的自我评估，并结合推动出台支持女性科技人才发挥作用的政策措施开展专项评估，开展与生育政策相配套措施的专题评估。2022年，国务院妇女儿童工作委员会作为国家层面机制的组织者，就《中华人民共和国村民委员会组织法》向民政部提出建议。上海、天津和山东等地通过性别平等评估机制推动将《反家庭暴力条例》《家庭教育促进法实施办法》等地方法规列入当地立法项目，上海市将性别平等评估作为部分法规政策出台的前置条件，主动委托研究机构参与《城市公共厕所规划和设计标准》修订，男女厕位比例设置意见被立法部门采纳。天津市、山东省以法规政策性别平等评估机制联席会议为抓手，运用重点评估、过程评估、效果评估、自主评估等方式，对列入立法计划的地方性法规和政府规章、正在实施的地方性法规和政府规章、正在制定及正在实施的规范性文件，进行调研论证、分析评估，推动立法和行政机关在出台法律、制定政策、编制规划、决策部署时充分考虑男女两性的现实差异，确保法规政策能够体现性别平等原则。

2. 重视保障妇女的人身权利，预防和制止家庭暴力取得新成效

针对妇女的暴力行为阻碍妇女人权的实现，不利于促进全社会的可持续和包容性发展。消除针对妇女的暴力行为是联合国《2030年可持续发展议程》目标5下的具体目标之一。《中华人民共和国反家庭暴力法》颁布施行以来，国家不断推动强制报告制度、告诫书、人身安全保护令、反家庭暴力庇护中心等干预手段的升级，反家暴法治体系日益完善，职能部门依法处置家暴工作取得成效，受害人得到及时保护救助，社会公众反家暴意识显著提升。2022年9月，国家多部门联合出台《关于进一步加强婚姻家庭纠纷人民调解工作的通知》。2022年2月25日，联合国妇女署与最高人民法院签署谅解备忘录，以进一步探索推动中国在民事和刑事案件中保护家庭暴力受害者和幸存者权益的司法实践。2023年6月15日，最高人民法院与联合国妇女署共同举办涉家暴案件审判的司法理念与实践经验暨中国反家暴十大典

型案例发布国际研讨会，首次发布人身安全保护令典型案例，以促进地方法院在审理家暴案件中正确适用法律。2020 年第四期中国妇女社会地位调查显示，与 2010 年第三期地位调查相比，在婚姻生活中妇女遭受配偶身体暴力和精神暴力的比例为 8.6%，比 2010 年下降了 5.2 个百分点。[①] 2016 年至 2022 年底全国共签发人身安全保护令 1.5 万份，依法维护家庭暴力受害人的合法权益。2022 年，全国人身安全保护令签发数量比 2021 年提高了 34.2%。2023 年，北京西城区法院签发的保护令数同比上升 29%。2023 年，江苏无锡多部门联合出台《关于对举报或制止家庭暴力行为的人员实施见义勇为奖励的通知》，对举报或制止家暴人员实施见义勇为奖励，对于举报或制止家庭暴力行为，一经查证属实，举报人员被公安机关确认为见义勇为人员的，按照《无锡市奖励和保护见义勇为人员条例》予以褒扬奖励；举报人员未被确认为见义勇为人员的，也可视情况一次性奖励人民币 500～1000 元。该文件的出台标志着无锡市反家暴全过程服务进一步优化，建立起完备的"举报奖励、风险评估、法律咨询、伤情鉴定、心理疏导、法律援助、矛盾调解、依法告诫、人身保护令、临时庇护、困难救助、关爱帮扶"受家暴者全过程服务的法治"工具箱"。无锡市这一做法为全国反家暴工作创新发展做出了良好的示范引领。

3. 严厉打击利用网络实施的违法犯罪行为，最大程度保障包括妇女在内的人民群众网上合法权益

"严厉打击利用网络对妇女实施的违法犯罪行为"是《中国妇女发展纲要（2012—2030 年）》妇女与法律领域的主要目标之一。策略措施提出要保障妇女免遭利用网络实施违法犯罪行为的侵害，加强对网络平台的规范管理，保护妇女个人信息安全。截至 2023 年 6 月，互联网用户规模已达 10.97 亿人[②]，

---

① 第四期中国妇女社会地位调查领导小组办公室：《第四期中国妇女社会地位调查主要数据情况》，《中国妇女报》2021 年 12 月 27 日，第 4 版。

② 《第 52 次〈中国互联网络发展状况统计报告〉发布：我国网民规模达 10.79 亿人》，人民网，2023 年 8 月 28 日，http://finance.people.com.cn/n1/2023/0828/c1004-40065362.html，最后检索时间：2023 年 11 月 15 日。

保障网上合法权益是增强人民群众获得感、幸福感、安全感法治领域的重要内容。2022年，公安机关聚焦网络攻击活动新动向，跟踪网络攻击技术新特点，深入推进"净网2022"专项行动，组织开展打击危害网络和数据安全犯罪等系列专项行动，依法严惩非法侵入、控制、破坏计算机信息系统等行为，侦办案件8.3万起，切实维护网络秩序和人民群众合法利益。加强国际执法合作，联合打击境外黑客对中国网络的攻击活动，有力保障关键信息基础设施、重要信息系统和数据安全。

4.严厉打击针对妇女的拐卖、性侵等违法犯罪行为，保障妇女群众的人身权利和生命安全

2021年，国家发布《中国反对拐卖人口行动计划（2021—2030年）》，进一步预防和打击拐卖、性侵、组织卖淫等各类违法犯罪行为。严厉打击拐卖妇女、性侵害妇女等违法犯罪行为，加大对组织、强迫、引诱、容留、介绍卖淫等犯罪行为的打击力度，依法加大对强迫、引诱幼女和智力残疾妇女卖淫的打击力度，建立常态化整治机制，是《中国妇女发展纲要（2012—2030年）》主要目标和策略措施的硬性要求。截至2022年10月底，全国妇联转送有关部门涉及家庭暴力、强奸猥亵等维权舆情个案111件。2021年，公安机关共破获拐卖妇女案件251起，破获强奸案件3.5万起，破获组织、强迫、引诱、容留、介绍妇女卖淫案件1.5万起，办理性骚扰损害责任纠纷案数88件。

5.公共法律服务机制建设更加完善，妇女获得法律服务的可及性和普遍性增强

近年来，国家持续完善法律援助和司法救助制度，援助覆盖范围不断扩大，妇女自身维护权益意识明显提升。国家印发了《全国公共服务体系建设规划（2021—2025年）》，将妇女儿童作为重点服务对象，并充分依托公共法律服务实体、热线和网络三大平台，为妇女儿童提供高质量法律服务。目前，全国共有婚姻家庭纠纷人民调解组织7100余个。2021年10月至2022年6月，全国人民调解组织共调解婚姻家庭纠纷92.2万件，其中涉及妇女儿童的纠纷24.2万件。截至2022年底，全国共建成省、市、县、乡、村五级公共法律服务实体平台 57 万个，设立公共法律服务热线 2000 个。中国法律服务网、各省级法律服务网全面建成，分别依托妇联组织、共青团组织设立法律援助工作站 2700 余个、2100 余个，所有平台均免费向妇女提供法律咨询等服务。深入开展"乡村振兴 法治同行""法援惠民生"等活动，加大对妇女的法律援助力度。截至 2021 年底，全国共有法律援助机构 2629 个，法律援助工作站点 7.5 万个。2021 年，全国法律援助机构共组织办理妇女儿童法律援助案件 44.8 万件，妇女获得法律援助 32.9 万人次，分别有 1.6 万名、1.6 万名和 141 名妇女得到人民法院、人民检察院和司法行政系统提供的司法救助。

6. 持续深化保障妇女权益的法治宣传，促进性别平等的价值观深入民心

各地各部门认真贯彻落实中共中央、国务院转发的《中央宣传部、司法部关于开展法治宣传教育的第八个五年规划（2021—2025 年）》，根据妇女群体特点开展针对性法治宣传教育活动。认真贯彻落实中共中央办公厅、国务院办公厅印发的《关于实行国家机关"谁执法谁普法"普法责任制的意见》，把妇女权益保障法律法规列入普法责任，并以案释法强化法律宣传效应。组织开展第二个"民法典宣传月"专题活动，以"美好生活·民法典相伴"为主题，以"民法典进农村"为重点，在全国组织录制 16 集"法在你身边"三分钟案说民法典系列短视频全网推送，突出宣传《中华人民共和国民法典》关于保障妇女合法权益的有关规定。利用新媒体开展法治宣传教育，2021 年 9 月以来，中国普法微信公众号共发布妇女儿童权益保护相关文章 43 篇，阅读量共计 648.7 万次。继续深化"建设法治中国·巾帼在行动"活动，开展"维权周周有声音"经常性宣传。大力宣传《中华人民共和国民法典》，开发录制线上课程和 9 个微视频，通过"女性之声"新媒体平台、央视网、"妇联通"云平台等普遍推广。深化反家庭暴力经常性宣传，在反家庭暴力法实施 4 周年之际联合最高人民法院、公安部开展宣传；编发相关法律法规和政策文件汇编、开发反家暴海报、在"学习强国"App 等平台组织答题活动。《中国妇女报》和中国妇女网开设《妇儿维权实践者》栏目，集中宣传法官、检察官、公安民警、律师队伍保障妇女权益的先进典型。

二 性别平等与妇女全面发展面临的新挑战

妇女事业发展状况是衡量一个国家社会文明进步的重要标尺。坚持男女平等基本国策和保障妇女合法权益是中国共产党一以贯之的政治主张和价值追求。新时代以来，国家持续推动完善实施男女平等基本国策的体制机制，做实做深做细妇女权益保障服务，为妇女全面发展营造环境、扫清障碍、创造条件，亿万妇女的获得感、幸福感、安全感不断提升，妇女发展事业取得了历史性新成就，充分彰显了习近平新时代中国特色社会主义思想的真理力量和实践伟力。身处利益诉求多样化的新时代，面对妇女权益保障方面存在的新情况新问题，需要坚持问题导向，分析研究找准保障妇女权益的着力点、关键点和热点、难点，促进问题解决，引领亿万妇女积极投身中国式现代化伟大实践，为强国建设、民族复兴凝聚起磅礴的巾帼力量。

（一）科技强国建设是中国式现代化建设的关键，妇女参与科技发展的水平关系到科技强国建设发展的全局，在中国式现代化进程中女性参与科技强国建设依然面临新的挑战

总体分析研究，妇女融入科技新世界较为直观的性别差距是隐藏在科技领域背后的性别刻板印象和较为普遍的性别偏见。长期以来，受男女不平等性别文化观念的影响，在社会范围内存在着对女性从事科学技术研究职业的性别偏见和传统固化思维，认为女性不具有从事科学技术研究的天赋。这种偏见一定程度上影响了女性在大学选择专业和大学毕业选择职业中的自我认知，女性发展空间受限。在中国式现代化科技强国建设进程中，忽视女性蕴含的科技力量，等于浪费一半的人类智慧。新时代以来，虽然中国科技领域的女性人力资源大幅增长，但与男性相比仍然处于劣势，在社会资源积累、职业发展前景、重要岗位任职、重大项目参与、科技成果转化等方面都与男性存在很大或比较大的差距。

1. 科技女性人才"高位缺席"，学科结构性别差异较大

院士是国家战略科技力量的最高层次和国家高端智库的重要人才。2022年，中国科学院和中国工程院的女院士占比分别为6.64%和5.35%，相比男院士的93.36%和94.65%差距巨大。2010～2017年，国家自然科学基金评议专家中女性比例仅为13.3%。女性科技人才主要集中在生物学和临床医学领域，从事天文学、力学等自然科学，机械工程、能源科学技术等工程技术学科的女性占比较低。

2. 女性参与科技公共事务管理和团体活动的人数占比较低，直接影响了女性科研人员的职业发展

相关调查显示，59.1%的女性科研人员对国家出台政策方针非常关注或比较关注，低于男性7.1个百分点；66.3%的女性科研人员非常愿意或比较愿意参与公务事务管理，低于男性的67.6%。2021年，担任全国学会理事会理事的女性比例为15.8%，与男性的84.2%相比差距巨大；参加全国学会在册个人会员数的女性比例为29.7%，与男性的70.3%相比差距较大。[①]女性参加的学术团体主要以省（区、市）级为主，占比为13.2%，参加国际或海外学术团体的比例仅为2.3%。

3. 女性科研人员在社会资本积累中处于劣势，高位职业发展直接受阻

新时代，科学研究与创新活动不再是少数天才独立思考和探索的活动，更多依赖研究者与其他行动互动以及互动形成的社会网络。有调研表明，女科学家在科研网络建设和科研社会资本积累上明显处于劣势，在项目申请、团队建设以及职业纵深发展方面处于不利地位。2017年全国科技工作者状况调查显示，79.3%的女性表示非常需要或比较需要进修或学习，34.9%的女性反映缺乏业务/学术交流是当前工作中遇到的主要困扰，25.7%的女性反映职称/职务晋升难，这三类困扰均高于男性。[②]

---

① 国家统计局社会科技和文化产业统计司编《中国妇女儿童发展状况统计资料2022》，中国统计出版社，2022，第82页。

② 全国科技工作者状况调查课题组：《第四次全国科技工作者状况调查报告（2017）》，科学技术出版社，2018，第412页。

4. 女性在职称和管理职务上随着层级升高所占比例下降，形成参与决策和管理的渠道不够畅通

2017 年全国科技工作者状况调查显示，从职称上看，随着职称级别升高，女性科研人员所占比例逐渐降低。副高级职称女性占比为 43.4%，高级职称女性占比仅为 35.2%，从副高到正高女性占比下降了 8.2 个百分点。从职务上看，在中层和高层管理人员中，女性占比分别为 37.5% 和 24.5%，从中层到高层女性占比下降了 13 个百分点。调查数据还显示，有 37.1% 的女性科研人员认为科技领域女性参与决策管理的渠道不够畅通或者是很缺乏。[①]

5. 在性别分工不平衡状态下实行"非升即走"制度，影响了女性科研人员的积极向上发展

近年来，一些大学和科研院所在科研人员聘用工作中试行"非升即走"制度，要求研究人员在一定聘用期内完成职业晋升，否则就转岗甚至解聘。这一制度的好处是能够激发研究人员创新活力，更有效筛选优秀科研人才，但同时也给女性科研人员带来了职业发展的压力。面临更为激烈的学术竞争，女性科研人员特别是处于职业生涯早期的女性还承担着生育政策调整等带来的生育压力，生育与职业发展矛盾凸显。有数据显示，36.1% 的婚育阶段女性科研人员反映生育及孕哺一定程度上阻碍了其职业发展，30~39 岁年龄段女性反映孕哺阻碍职业发展的比例高达 45.0%。[②]

（二）健康是人全面发展的基础，妇女健康水平的提高关乎全民健康水平的提升与保障，在中国式现代化进程中持续提高妇女健康水平依然面临新的挑战

进入新时代，中国人口老龄化人群中的女性占比较高，疾病谱变化中妇

---

① 全国科技工作者状况调查课题组：《第四次全国科技工作者状况调查报告（2017）》，科学技术出版社，2018，第 412 页。

② 全国科技工作者状况调查课题组：《第四次全国科技工作者状况调查报告（2017）》，科学技术出版社，2018，第 412 页。

女健康需求的多元化和个性化以及生态环境与生活方式变化等因素,给妇女健康发展带来诸多问题和挑战。实现健康中国提出的健康公平,对妇女健康高质量均衡发展提出了新的更高标准和更高要求。

1. 从妇女健康需求总体看,存在供求不平衡和区域性发展不平衡问题

全面建设社会主义现代化国家对妇女健康高质量发展提出了新要求,区域发展的不平衡不充分依然是影响妇女健康高质量发展的突出问题,区域间、城乡间、医防间、中西医间、学科间不平衡矛盾仍然较为突出,妇幼健康热点问题时有发生,妇女日益增长的健康需求与妇幼健康事业发展态势间依然存在着一定差距。

2. 从妇女健康领域区域性发展指标看,城乡发展差距仍然明显

人均预期寿命的地区差距明显,从 2020 年妇女人均预期寿命看,上海最高为 84.87 岁,北京位居第二为 84.62 岁,天津位居第三为 83.40 岁,而西藏最低为 74.75 岁,青海、甘肃分别为 76.43 岁和 77.85 岁,最高的上海和最低的西藏相差 10.12 岁。从 2021 年监测地区孕产妇死亡率指标数据看,2021 年城市孕产妇死亡率为 15.4/10 万,农村为 16.5/10 万,依然相差 1.1 个 10 万分点。2021 年,孕产妇系统管理率北京最高为 97.9%,西藏最低只为 75.1%,相差 22.8 个百分点;2021 年,孕产妇产前检查率北京为 98.4%,西藏仅为 86.6%。

3. 从一些指标的内在因素分析看,孕产妇系统管理水平和急救管理水平有待进一步提高

2021 年,全国孕产妇系统管理率和产前检查率分别为 92.9% 和 97.6%,仍有进一步提升的空间。孕产妇死亡主要原因的第一死因是产科出血,第三死因是妊娠期高血压疾病,第四、第五死因分别为羊水栓塞和产褥感染。生育政策调整使高龄高危孕产妇人数明显增多,保障母婴安全仍然面临巨大压力。这些问题与障碍表明,目前妇幼健康技术水平与妇女健康需求之间仍有一定差距。

4. 从男女性别差距看,女性抑郁症患病率高于男性

据联合国世界卫生组织估计,全球目前有 3.5 亿人正为抑郁症所苦,当前抑郁症与心脏病共同成为影响人类生活质量的两大疾病。女性抑郁症发病率比男性高，一项研究显示，女性终身抑郁症患病率达20%~26%，几乎是男性8%~12%的2倍。在中国，各年龄段妇女中约有1/5不同程度的心理健康问题，孕产妇心理健康问题最为突出，产后抑郁症发病率有逐渐增高趋势。

5. 从人口政策红利落地看，不孕症困扰着希望生育的妇女群体

中国不孕不育发病率从20年前的2.5%~3%攀升到12.5%~15%。随着生育年龄的推后，环境、压力等因素的影响，不孕不育患者数量已有5000万人[1]，即每8对夫妇中就有1对有不孕不育。30%~40%女性不孕原因是平时不注重妇科病检查，比如输卵管感染后的损伤。衣原体感染治疗不当的妇女，10%~40%发展为有症状的盆腔炎症。不孕不育夫妇人数不断增加，不孕不育患者成为不容忽视的群体。

（三）国民教育是人获得知识的主要渠道，妇女受教育水平关乎全民素质和全民教育水平的提升，在中国式现代化进程中教育工作全面贯彻男女平等基本国策依然面临新的挑战

教育作为赋权最基本工具，对妇女全面发展起着关键性基础作用，或将影响妇女个体的终身发展水平。新时代以来，妇女平等接受教育的机会显著增加，各级各类在校生的性别差距显著缩小或基本平衡，但在教育教学、校园文化以及在教育结果上的性别差距仍然存在；城乡之间妇女群体受教育差距由显性转为隐性；妇女在高等教育、职业教育和专业选择上仍与男性存在差距。

1. 从义务教育阶段的男女平等分析看，农村女童受教育水平和质量需要进一步保障

义务教育阶段的公平是一个国家公平教育的直接体现，是男女平等受教育权体现的最直接反映。新时代以来，中小学男女生平等接受教育水平持续

---

[1] 《辅助生殖被催热 试管中的生育较量》，人民网，2021年4月13日，http://js.people.com.cn/n2/2021/0413/c360299-34671766.html，最后检索时间：2023年10月5日。

提高，在校生比例和适龄儿童人口数量比例基本平衡，但在城乡之间、不同地区之间，义务教育普及水平仍有差距，受传统观念影响较重地区的女童比男童更容易辍学或受教育程度偏低，随着人口城镇化流动加速，农村生源向城镇流动，一定程度上会影响农村教育设施和教师队伍建设，势必增大城乡义务教育差距，进而影响农村女童受教育水平和质量的优化提升。

2. 从高中和高等教育的性别平等分析看，男女受教育人数比例基本平衡，但性别平等差距并未真正消除

从 2012~2021 年高中和高等教育在校生的性别比看，女性比例逐年上升，甚至超过 50%，但性别差距逐渐由显性转向隐性，教育不公平逐渐从起点不公平转向教育过程和结果的不公平。其主要反映在农村女性和城市女性受教育水平的不平衡、大学学科专业中的性别结构不平衡、女性教育回报率低于男性等问题。表面看农村女性和城市女性受教育机会均等，但在公办和重点高中以及大学接受教育的农村女性人数比例并不高；在所学专业选择上，受传统性别观念影响女性更多选择文科、男性更多选择理工科，限制了女性未来就业的广泛性和职业选择的多元化，致使高科技领域和高薪行业中女性就业人数比例低于男性，也使国家科技领域中的女性高层次人才偏低，固化了传统性别角色；受就业市场、性别观念和生育问题影响，接受高等教育女性就业门槛多数高于男性，工作的稳定性和工资报酬等方面低于男性，不仅影响女性自身发展，更会削弱女性对教育公平和社会公平的信心，也使家庭对投资女性接受高等教育更加保守。

3. 从职业教育的公平公正分析看，职业教育中的性别隔离和性别歧视现象明显，影响国家职业教育发展对未来人才培养的需求

在教育部《职业教育专业目录（2021 年）》中有 19 个专业大类和 97 个专业类，专业性别隔离更为明显，女生若选择男生主导的专业需要跨越的专业壁垒高于男生。一些职业学校的专业设置遵循市场的性别逻辑，将所谓的"女性特色"作为办学特色，课程设置沿袭传统性别观念角色功能。从教育部公布的中国特色高水平高职学校和专业建设计划的院校和专业看，女子高职院校几乎没什么人选择。

4. 从大中小学性别平等教育进程分析看，男女平等基本国策纳入国民教育体系的法律规定有待深入推进

从 2012 年至 2020 年，全国 17 个省（区、市）不同程度地开展了中小学性别平等教育，实现了历史新突破。但 2021 年《中国妇女发展纲要（2021—2030 年）》发布实施后，全国中小学性别平等教育进展缓慢，与 2020 年前相比，纲要提出的扩面提质要求没能真正落实，或者说没有一个良好开端。大学性别平等教育呈现不明显态势，还处在原有女性学教育状态。2022 年 12 月《中华人民共和国妇女权益保障法》修订实施以来，推进男女平等基本国策纳入国民教育体系的力度不够，目前还未看到相关部门具体要求和明确规定。

5. 结合《中国妇女发展纲要（2021—2030年）》目标任务分析看，妇女与教育领域的分性别指标还存在空白

分析对比 2021 年版《中国教育统计年鉴》和《中国妇女儿童状况统计资料 2022》后发现，新时代以来，教育部门在分性别教育指标扩展深化方面很有成效，分性别教育指标呈现越来越多的趋势。但也存在需要进一步开发的性别指标，在梳理研究的 355 项与性别相关计指标数据中，尚有 135 项指标需要分性别而未分，特别是涉及《中国妇女发展纲要（2021—2030年）》目标落实需要监测的指标还有空白。

（四）妇女参与经济发展态势更加多元的集中表现，也反映出妇女在经济参与渠道和参与结果上与男性存在差距，在中国式现代化进程中妇女经济权益保障依然面临新的挑战

妇女参与经济活动是妇女社会地位提升的重要表现形式之一，是实现自身价值的重要方式；促进妇女参与经济发展也极大提升了社会生产力和经济活力。新时代以来，妇女参与经济活动的方式途径更加多元化，但也反映出一些现实问题和男女在经济领域发展的差距。主要表现在妇女参与经济活动的人数不断增加，但与男性参与比例却有拉大趋势；灵活就业拓展了妇女参与经济发展的行业和领域，但就业的稳定性和工资薪酬与男性差距拉大；妇女在就业过程中的性别歧视依然存在。在乡村振兴战略实施中，进一步保障农村妇女土地权益也面临挑战。

1. 就业中的性别歧视依然存在，妇女生育与就业及职业发展冲突明显加剧

近年来，党和国家在积极推动男女平等就业方面力度很大，成绩也有目共睹。但在就业过程中仍然存在男女不平等的录用机会、男女同岗不同工资待遇等歧视现象，特别是全面三孩政策实施后，由于受传统性别观念文化、家庭责任分工和生育政策配套措施落实不到位或还有空白的影响，一些用人单位在录用女性时更加谨慎，或提高录用标准，就业招聘中的"限男性"或"男性优先"现象时有发生，从显性歧视转变为隐性歧视，或在女性生育阶段规避法律法规和政策想方设法辞退怀孕女职工，或在提拔晋升中提出"用男""用女"的不同隐性要求。2020年应届大学生毕业调查数据显示，女大学生就业概率比同类男大学生低40.4个百分点。2021年杭州市钱塘区某街道村级后备干部公开招考公告中，20个村社就有19个村社限定男女性别，12个村社只招男性。智联招聘《2020中国女性职场现状调查报告》显示，职场女性处于普通员工层次级的占46.3%，比同类男性高出15.3个百分点。

2. 新业态中女性劳动权益保障相对不足，存在明显的男女同工不同酬现象

近年来，电商行业发展迅速，其非全日制和弹性工作形式等更多符合了一些女性照顾家庭与平衡工作的就业需求，有50%以上女性从事电商相关工作，但这些行业相关就业的法规政策和社会保障方面存在空白或不完善，造成一些灵活就业女性无法参加生育、医疗、养老等保险，国家推行的"五险一金"社会保障制度不能很好落实到位。有调查发现，男女骑手同工不同酬问题突出，平台根据骑手工作时间设置不同配送价格，女骑手月薪在5000元以上的不足四成，男骑手月薪在5000元以上的占七成。

3. 男女退休年龄差距拉大，女性人力资源浪费较为严重

现行退休相关法律政策实行男性60周岁退休，处级以下女干部55周岁退休，女工人50周岁退休。国家虽然对县处级以上女干部和有高级职称的专业技术人员有专项政策规定为60周岁退休，但仅限于公务员、参公人员

和事业单位。现实中一些企业或高校、研究机构等对待具有高级职称的女性没有严格执行国家退休政策，致使女性遭受同单位同职称男女不同龄退休的不公平待遇。与此同时，男女退休年龄的现实差距，影响了女性参与经济活动的主观能动性和退休后的养老金待遇，影响了女性人力资源的充分挖掘和对国家经济社会发展的贡献率。

4. 在农村"三权分置"法律政策背景下，土地流转中的妇女权益受损问题依然存在

拥有土地是农村妇女最基本的经济权益。近年来国家及有关部门多次修订法律法规、出台相关政策措施，明确要求保障农村妇女合法土地权益。但在法律政策实施中，仍然有落实不到位或政策理解存在瑕疵的现象。目前农村集体经济组织成员资格认定工作中，一些女性农民因婚姻变动而无法获得或享有成员资格的情况时有发生，在村规民约或分配方案中出嫁女会丧失成员资格，进而失去土地。

（五）妇女参与决策管理是妇女政治权利的集中表现，也反映出妇女在国家治理中的整体参与能力和水平，在中国式现代化进程中全面提高妇女参政水平依然面临新的挑战

1. 从法律政策落实分析看，原则性要求削弱了执行力的考评标准

从国家到地方保障妇女平等享有政治权利的法律法规和政策措施不断出台实施，为妇女平等参与国家和社会事务管理提供了法律依据和政策保障。但是，从妇女参政的现实情况看，法律政策如何落实到国家政治生活各领域各方面，还需要深入研究和不断推动。目前，法律政策的倡导性、原则性规定较多，明确的目标比例和硬性要求不够，削弱了法律政策的执行效力和考评标准。

2. 从文化观念倡导分析看，男女平等的价值观还没有完全落实落地

当前社会上针对妇女的性别偏见和歧视仍然存在，对妇女参政的重要性认识不够、必要性认识不足，在培养选拔女干部和推进基层社会治理工作中，一些地方还存在参政是男人的事、妇女没必要参与的错误认识。家庭领域传统观念导致的不平等性别分工，也一定程度上限制和影响了妇女广泛参与社会管理特别是基层社会治理的潜力和主体意识，进而影响了她们政治参与的积极性和主动性，在权衡工作和家庭照顾时，女性更多不愿意减少家庭责任选择去异地工作，失去了一定的参政机会和发展空间。

3. 从高层妇女参政情况分析看，全国人大女代表和政协女委员的人数比例有待进一步提高

1978 年改革开放以来，全国人大女代表比例始终在 20%～25%，40 余年间只增长了 2.3 个百分点。在各国议会联盟中全国人大女代表比例排名位次持续下降，从 1997 年的第 16 位降到 2021 年的第 86 位。全国省部级以上女干部比例偏低，在全球女部长排名中位列第 164 位，与新时代中国经济社会发展水平和国际影响力的显著增强不相适应。

4. 从基层民主参与情况分析看，妇女参与程度和参与水平仍然偏低

在农村基层社会治理中，村委会成员中的女性比例十年间未突破 30% 国际目标的低限要求，村民女代表人数比例从 2012 年开始呈下降趋势，2021 年仅占村民代表总数的 18.0%，与法律规定的 1/3 比例有明显差距，反映出农村妇女参与社会治理的水平与妇女群体人数比例不相适应。2012～2021 年，企业职工代表中的女性人数比例从 29.8% 增长到 32.9%，仅增长了 3.1 个百分点；企事业职工代表大会中女代表比重从 2012 年的 29.2% 增长到 2021 年的 30.6%，仅增长了 1.4 个百分点。以上两组数据反映出妇女参与企事业民主管理的人数比例增长缓慢，所占比例与女职工 1.3 亿人数不相适应。

（六）在社会保障实现制度性全覆盖背景下，妇女的享有程度和水平与男性相比存在一定差距，在中国式现代化进程中提高妇女社会保障水平依然面临新的挑战

新时代以来，党和国家高度重视人民的社会保障，建立了覆盖全民的多层次基本保障体系，民生保障持续改善，妇女群体成为最直接受益群体。但现实情况是女性就业、职业发展与男性相比处于弱势，社会保障方面也存在差距，特别是城镇非农就业妇女的社会保障受劳动力市场的性别隔离影响明显，体制外的就业女性还处于社会保障制度覆盖的保护边缘，男女平等分享改革发展成果方面依然存在一定的差距。

1. 生育保障制度的条块分割造成了制度执行中的不平衡，影响了女性生育权益的充分保障和就业中的平等待遇

尽管生育保险和职工基本医疗保险制度合并实施有很多优势，但两项保险制度设计上存在许多不同步地方，加上生育保险制度的"碎片化"现象，不同职业身份的女性社会成员适用不同的生育保险政策，不同地区和不同制度的享有者待遇水平差异较大，城镇职工生育保险制度的缴费以用人单位为主体，农村女性参加城乡居民医疗保险的和未参加生育保险的生育女性只能享有生育费用报销的待遇，且生育费用自付比例较高，更是不能享有生育津贴，形成了生育女性群体在享有生育保险待遇方面的不公平现象。

2. 医疗、养老和失业及工伤保险的制度有待完善，男女平等享有存在差距

从社会层面看，医疗保险待遇水平的差异主要表现为不同保险类型的差异，城镇职工医疗保险待遇水平较高，城乡居民医疗保险待遇相对较低。从用人单位看，一些企业还有补充型医疗保险，员工享有水平更高。但问题是女性连续性就业、全日制就业比例整体低于男性，造成了男女享有上的差距，从而形成了女性群体整体享有水平低于男性的不平衡现象。养老保险方面存在的问题是城乡差距、区域和性别差距较大，缴费比例、退休年龄、职务岗位等多重因素造成了女性群体整体养老金月标准明显低于男性。女性参加失业保险和工伤保险的人数虽然每年都在递增，但女性参保比例仍然低于男性。

3. 社会救助和福利享有中的现实差距，制约或影响妇女的全面发展

从贫困人口数量看，男女并无明显差距。但从城乡最低生活保障人数看，男女享受程度存在明显差距，2012~2021年，城乡女性享有最低生活保障的人数占比为40%左右，每年略有上升，但比男性少6个左右的百分点。农村特困人员救助供养的男女占比差距较大，2021年分别为89.6%

和 10.4%。医疗救助相对不足影响了女性健康权益保障。有调查表明，与男性相比，女性更容易有病拖着不去看而错过最佳治疗期。目前，国家整体社会救助和福利享有的对象是面向特殊人群特别是弱势群体，还处于福利补缺型阶段，水平相对较低。一个家庭中的重病患者或重度残疾人可以在经济上压垮一个城市的中产家庭，农村相对贫困家庭就更加艰难。照顾病患者和残疾孩子的多数是妻子，她们基本失去了独立的经济收入，家庭和社会地位受到影响。若是单亲家庭妇女就会陷于经济和精神方面的双重困境。

4. 长期护理保险对老年女性的生存发展更为重要，相关制度需要进一步完善

2020 年出台《关于扩大长期护理保险制度试点的指导意见》，推进"社保第六险"扩围提速，使长期护理保险进入了基本保险体系，纳入了社会保障范围。2022 年 9 月发布的《长期护理失能等级评估标准（试行）》，从待遇均衡性、制度公平性方面考虑，使长期失能人员的评估指标、评估实施和评估结果有据可依、有规可循，促进长期护理保险实施更加规范，为更多更好助力失能老年妇女"老有所护"提供服务。但从目前一些地方试点情况看，长期护理保险制度还存在制度基础不完善、经办管理专业化程度不高，以及商业化长期护理保险市场培育不充分等问题。这一制度与人口老龄化快速发展的新趋势和老年人快速增长的护理服务需求不相适应，迫切需要进一步加强制度设计和实践探索。

（七）家庭建设对促进妇女全面发展具有重要的支撑作用，构建以男女平等为核心的家庭文化环境需要加大力度，在中国式现代化进程中推动家庭建设领域的男女平等依然面临新的挑战

新时代以来，家庭结构和生活方式、婚育和家庭观念、婚姻家庭关系都发生了深刻变化，带来了家庭建设领域的许多新情况和新问题，家庭养老育幼功能、家庭责任伦理和经济纽带的相对松弛，特别是功利主义和个人本位主义价值观对新型家庭观的树立发扬造成了重大冲击，导致婚姻家庭领域男女平等的和谐关系受到不利影响。

1. 家庭领域政策的性别平等水平相对低于就业、教育等公共领域的性别平等水平，现有家庭发展政策还不能很好支持妇女平衡工作与家庭

虽然生育政策调整以来，国家出台了一系列支持生育的政策措施，但仍然没有形成提升生育率的积极效应，育龄夫妇的平均生育意愿显著低于更替水平，实际生育子女数明显少于期望生育子女数量，加之育龄女性规模逐渐缩小和年龄结构老化，对未来生育率和新生人口数量产生了负面影响。这说明激励生育的积极政策还不够完善，或者说还不能有效调动育龄夫妇的生育意愿，同时也说明政策的性别敏感性不足，有可能导致生育率持续降低。以产假为例，延长产假看似为女性提供了更加充分的育儿时间，但在客观上也强化了女性的生育和养育责任，提高了女性的生育成本。休产假导致女性竞争力下降直接影响其职业发展，造成职业女性生与不生的现实困扰。未来需要针对生育行为影响机制和家庭实际需求制定促进家庭发展和提高生育率的科学有效的支持政策。

2. 女性承担家庭责任的范围大于男性，一定程度上影响了女性职业选择和事业发展，也说明家庭领域贯彻落实男女平等基本国策任重道远

现实中，多数家庭的生育责任更多由女性承担，养老、育幼和教育子女的责任主要是女性。2020年第四期中国妇女社会地位调查数据显示，在业女性工作日平均总劳动时间为649分钟，其中有酬劳动时间为495分钟，照料家庭成员和做饭/清洁/日常采购等家务劳动时间为154分钟，约是男性家务劳动时间的2倍。这从另一方面也说明家庭领域的性别平等发展水平偏低。

3. 婚姻家庭纠纷呈现多元化趋势，新型家庭观培树需要进一步加大力度

当前婚姻家庭纠纷成因包括：夫妻长期分居造成感情破裂；因时代变迁上一代人和下一代人的家庭观念冲突，父母干涉过多时常引发家庭矛盾；夫妻感情不和引发矛盾纠纷或离婚率上升等。家庭暴力一定程度存在，直接影响女性的人身和生命安全；离异或问题婚姻对儿童身心健康造成负面影响。目前农村富余劳力大部分在外务工，许多夫妻长期分居，双方缺乏感情交流与沟通，再加上彼此生活环境变化，渐渐产生距离，感情日益生疏，直至难以维系夫妻关系而产生矛盾。婚姻家庭矛盾频发影响了人们的家庭幸福感和安全感，特别是对妇女在家庭建设中充分发挥重要作用造成了不利影响。

4. 家务劳动社会化程度还不够高，家庭照料的社会化服务体系还不健全，老年女性较多承担了照料配偶及孙辈的家庭责任

中国城乡空巢家庭占比超过50%，部分大中城市达到70%；农村留守老人约4000万人，占农村老年人口的37%，家庭照料功能弱化，老年人照料问题日益突出，年轻老人照顾年老老人现象有一定的代表性。另外是家庭照料社会化服务还不能满足现实需求，农村和城市有更多老年妇女在照顾配偶的同时还要照顾下一代，严重影响了她们的老年生活质量，也影响到家庭的和谐和夫妻的和美。

（八）环境是促进妇女全面发展的重要影响因素和外在条件，当前文化、传媒和生态文明建设等方面性别平等意识水平与新时代促进男女平等发展理念的要求存在差距，在中国式现代化进程中全面优化妇女发展的社会环境依然面临新的挑战

1. 文化和传媒领域的性别平等观念存在一定偏差或误解，文艺作品和媒体中的性别偏见或性别歧视现象时有发生

近年来，一些影视作品表面看是在传播男女平等思想，实质是在宣传封建时代传统的男尊女卑思想。网络上也存在一些涉及保障妇女权益和性别平等的相关议题，经由互联网传播，往往迅速发酵成为引发社会普遍关注的舆情事件，很多时候成为传播性别不平等观念的温床。这说明文化环境领域男女平等基本国策的贯彻落实还需要更加深入推进。

2. 生态文明建设中的性别敏感性较弱，妇女参与生态文明建设的能力水平有限

从社会方面讲，妇女参与生态文明建设的层次还处于较低水平，参与的渠道有限，特别是妇女群体参与生态环境决策管理的人数比例还不高，生态文明建设中的性别敏感性不够，妇女群体整体处于环境政策和话语权的边缘。从妇女主体性方面讲，妇女参与生态文明建设的自觉性还不足，积极性、主动性和能动性尚未充分调动，妇女在生态文明建设中的作用和贡献还没有得到社会层面的充分认识和肯定。这些现象都不利于妇女平等参与环境

建设和为可持续发展做出更大贡献。

3. 公共文化服务均等化普及程度还不够高，特殊妇女群体的文化需求还不能得到很好满足

《中国妇女发展纲要（2011—2020年）》终期统计监测报告显示，2020年全国城市和农村社区综合服务设施覆盖率分别达到100%和65.7%，农村比城市低34.3个百分点，城乡差距明显。第49次《中国互联网发展状况统计报告》显示，截至2021年12月，全国城镇地区互联网普及率高于农村地区23.7个百分点；60岁及以上老年人口的互联网普及率仅为43.2%，人数未过半数。一些农村地区特别是边远地区老年妇女受教育程度较低，其使用互联网的普及率更低。

（九）法律是保障男女平等和妇女权益最基本的社会规范，现实中妇女权益受侵害现象时有发生，在中国式现代进程中进一步提高妇女权益保障水平依然面临新的挑战

1. 从科学立法分析，促进男女平等的立法仍有缺失，保障妇女权益法律法规的操作性还不够强

从性别平等观念看，立法领域仍然存在着将男女平等的社会问题单纯地看作妇女自身的问题，或看作妇联工作。现实中以村规民约和传统习俗为代表的"民间法"与保障妇女权益的国家法律之间存在冲突，以"民间法"侵害妇女合法权益的情况时有发生。从法律规定看，也存在不足，如《中华人民共和国妇女权益保障法》第十条规定："制定法律、法规、规章和公共政策，对涉及妇女权益的重大问题，应当听取妇女联合会的意见。"但在立法过程中如何确定何为涉及妇女权益的重大问题，难以明确界定，实际操作中只能由相关部门工作人员自我认定，容易造成主观性认定偏差，会影响到法律的公平公正和有效落实。

2. 从严格执法分析，侵犯妇女人身权利的违法犯罪行为有时候会被执法者认为是家务事，影响严格执法效力

在执行法律过程中，一些执法人员对法律的理解和掌握还存在偏差或误解，如在反家暴工作中，执法人员没有充分认识到家庭暴力与家庭纠纷的本质差异，将家庭暴力视为家务事或私事的观念、想法和行为在执法部门一定程度存在，调研数据显示，家庭暴力犯罪中施暴人绝大多数是男性。家庭暴力犯罪的罪名主要集中在故意伤害罪和故意杀人罪，两类案件总占比超过60%，这说明家庭暴力行为上升到刑事犯罪，成为严重侵害公民人身权利的犯罪。在现实执法中，将性骚扰、强奸、性侵等归咎于女性受害者自身问题的看法也一定程度存在，容易给受害人造成二次伤害，也使法律执行中的以法律为准绳落实不到位，一些问题被推诿或搁置。

3. 从公正司法分析，保障妇女权益的法律适用还存在空白

就目前来看，涉及保障妇女合法权益的司法解释越来越多、越来越细，但也还有不相适应的空白。对一些原则性规定的内容还需要强化司法机关加大法律解释的力度。

4. 从性别平等审查分析，法规政策性别平等评估机制建设的规范化和科学化进展缓慢

从2020年起，虽然国家和省级均建立了法规政策性别平等评估机制，为推动男女平等基本国策全面纳入法治中国建设搭建了新的平台，提供了制度保障，但目前来看，这项制度的推进落实存在不平衡不充分问题。评估指标体系建设、评估程序制定、评估队伍的专业化是促进机制规范化和科学化发展的三个重要环节和关键所在，但目前三项制度建设还处在研究中或地方探索阶段。

三 未来促进性别平等与妇女全面发展的对策建议及展望

2023年5月，中共中央党史和文献研究院在《习近平关于妇女儿童和妇联工作论述摘编》出版说明中指出："习近平同志围绕妇女儿童和妇联工作发表的一系列重要论述，立意高远，内涵丰富，思想深刻，对于新时代新征程发展妇女事业、做好妇女工作，坚持男女平等基本国策，保障妇女儿童合法权益，引导广大妇女为全面建设社会主义现代化国家、全面推进中华民

族伟大复兴作出新贡献，具有十分重要的意义。"未来促进性别平等与妇女全面发展需要严格遵循习近平总书记关于男女平等和妇女全面发展的重要论述精神，在全社会和各行业各领域进一步贯彻落实男女平等基本国策，把性别平等落到实处，推动妇女与经济社会同步发展，让妇女人力资源成为推动中国式现代化国家建设的"半边天"人才资源，男女携手共同推动中华民族伟大复兴中国梦的实现。

（一）妇女与科技发展领域的对策建议及展望

1. 从宏观和微观两方面协同推进国家和地方现有政策措施的落实到位

支持女性科技人才发展政策措施的落实将为中国人力资源性别平衡带来新的发展前景。在高层女性人才培养上加大力度，"要重点抓好完善评价制度等基础改革"，"在人才评价上，要'破四唯'和'立新标'并举"①，给予女性更多的发展机会和能力认可，探索建立多层次女性科技人才培养体系，培养具有国际竞争力的女性科技人才。进一步完善女性科技人才评价激励机制，多举措深挖女性人力资源和优势培养，不论资历、不设门槛，让有真才实学的女性科技人员有英雄用武之地，让想干事、能干事、干成事的女性科技领军人才挂帅出征。

2. 建立健全女性科技人才职业生涯全周期的政策支持体系

数字经济时代，在数字性别鸿沟加剧的现实情况下，需要更多培养女性科技人才。在职业上升渠道，婚育是女性科技人才遭遇事业发展瓶颈的首要因素，需要增强女性科技人才岗位和发展的稳定性，支持女性科技人才发展政策需要从培养、使用、基础等环节覆盖女性从进入科技领域到成长为优秀女性科技人才的全过程和各环节，努力建造更加友好的生育型科研环境。在培养政策方面，需要从女性科技人员入职开始到职业发展的各个环节进行精准化培养流程的制定和实施，重点加强与数字经济密切相关的科学、技术、工程和数学等领域的女性人才培养。在使用政策方面，从职业早期适应阶段、职业维持阶段到职业

---

① 习近平：《论科技自立自强》，中央文献出版社，2023，第10页。

发展和职业上升阶段建立全方位支持政策，鼓励支持更多女性科技人员逐步走向高层，成为学科领军人物、女科学家，走在中国和世界的科技前沿。

3. **全面提升决策层和管理层的女性科技人才比例**

从全国科技女性人才和科研队伍结构情况看，40%的女性科技人才呈现金字塔分布，初级职位女性人才居多，高层次女性科技人才数量偏少。未来增加高层次女性科技人才数量，提升女性科技人才上升渠道至关重要。加大女性科技高层次人才培养，同步提升科技领域决策管理层的女性比例。加强女性创业创新领导力建设，拓展女性科技领导人才发展的阶梯和通道。进一步落实习近平总书记关于"要改革重大科技项目立项和组织管理方式，实行'揭榜挂帅'、'赛马'等制度"。深入激发女性科技人才创新活力，深度培养高层次女性科技人才，大幅提高女院士的人数比例，明显提高中高级女性科技人员的人数比例。

4. **探索建立女性科技人才发展和分性别数据库**

目前一些国家政策制定的通常做法，是以实证数据为基础进行前期支持女性科研人员发展的政策研究。研究发现，《中国科技统计年鉴2022》中的指标数据还有相当多涉及人的发展指标没有分出性别。作者在研究国家性别统计指标体系工作中，共梳理出52项涉及科技人员发展的指标与数据，其中有16项指标进行了性别分类，还有36项指标应当分性别而未分性别，而且绝大多数指标与《中国妇女发展纲要（2021—2030年）》妇女与教育、妇女与经济领域的相关目标和策略措施有直接关联或间接关联，还有一些与当前促进科技强国建设中的男女平等发展密切相关。借鉴国际和国外经验，科技领域可以探索设立专门针对女性科技人才发展的数据库和分性别数据库，在现有指标统计基础上加强分性别指标和数据的开发与使用，适时动态掌握女性科技人才发展现状和男女性别差距，定期发布女性科技人才发展报告。

5. **帮助女性科技人员更好平衡家庭与职业发展**

科技领域需要推动全面三孩政策与男女平等基本国策协同落实，针对孕哺期女性科技人员提供有效政策保障，在考核评价、职称评审、非升即走聘任等工作环节，除认真执行现有政策适当放宽对孕哺期女性科研人员的期限要求外，还可以探索建立形式多样的弹性工作制度，优化聘期评价和绩效考核方式，保障女性科研人员生育阶段的各项合法权益。加强对用人单位孕哺期妇女权益的专项考评和监督，为孕哺期妇女提供全方位的哺乳室、托儿所（育婴室）等需求服务，确保其科研工作能够正常推进和运转。关爱女性科研人员的身心健康，对孕哺期妇女加强心理疏导和各项健康指导与服务。

（二）妇女与健康领域的对策建议及展望

1. 进一步完善保障妇女健康的制度机制，提高妇女全生命周期的健康管理水平

扎实推进妇幼健康全程服务，从生命起点守护妇女健康安全。持续加强妇幼健康服务体系建设，深入推进妇幼保健机构标准化建设，开展专项制度建设调研工作，加强妇幼保健机构绩效考核，构建优质高效妇幼健康服务体系，推动优质资源扩容和区域均衡布局，对现有存量的妇幼保健机构标准化建设不达标地区开展专项促进行动。为妇女提供全方位卫生健康服务，针对青春期、育龄期、孕产期、更年期和老年期妇女的健康需求，保障妇女获得高质量、有效率、可负担的医疗和保健服务，全面提升妇幼健康服务供给能力和水平。强化县、乡、村三级妇幼卫生服务网络建设，进一步完善基层网底和转诊网络，有效提高乡村妇女健康水平。完善医疗机构产科质量规范化管理体系，提供生育全程基本医疗保健服务，持续推进高龄孕产妇等重点人群的分类管理和优质服务，有效运行危重孕产妇救治网络，提高危急重症救治能力。深入加强艾滋病、梅毒、乙肝母婴传播防治，为孕产妇感染者及其家庭提供多形式健康咨询、心理和社会支持等服务。

2. 进一步完善宫颈癌和乳腺癌综合防治体系，特别加强对困难患者的经济救助和精神关怀

针对性开展普及宣传专项活动和经常性宣传，尤其是提高农村地区妇女的宫颈癌和乳腺癌防治意识。进一步强化妇女宫颈癌和乳腺癌健康服务的科技支撑，加强宫颈癌和乳腺癌筛查和诊断技术创新应用，提高筛查能力和服务水平。落实基本公共卫生服务对农村妇女宫颈癌和乳腺癌的检查项目，督

促用人单位落实女职工保健工作规定，定期进行女职工宫颈癌和乳腺癌筛查。通过综合施策有效提高妇女群体的整体筛查率。多措并举、因地制宜推进适龄妇女人乳头瘤病毒疫苗接种试点工作的不断深入。进一步强化筛查和后续诊治服务的衔接，促进早诊早治，对农村贫困家庭妇女的救治提供经济帮助和精神抚慰。进一步落实宫颈癌和乳腺癌的三级防控策略，通过一级防控努力实现不得病，通过二级防控努力实现少得病，通过三级防控使患病妇女能够实现早治疗和早康复，力争如期实现妇女纲要提出的宫颈癌患者治疗率达到90%以上的目标要求。

3. 进一步加大妇女健康知识普及力度，全面提升妇女群体的生殖健康和健康素养水平

持续深入开展健康科普宣传教育，规范发布妇女健康信息，引导妇女树立科学的健康理念，学习健康知识，提高妇女参与传染病防控、应急避险的意识和能力。将生殖健康服务融入妇女健康管理全过程，落实基本避孕服务项目，加强产后和流产后避孕节育服务，提高服务可及性，保障妇女享有避孕节育知情自主选择权。推进婚前医学检查、孕前优生健康检查、增补叶酸等婚前孕前保健服务更加公平可及。预防非意愿妊娠，减少非医学需要的人工流产。规范不孕不育症诊疗服务和人类辅助生殖技术应用。

（三）妇女与教育领域的对策建议及展望

1. 进一步保障女童平等接受义务教育的权利和机会

按照《中国妇女发展纲要（2021—2030年）》妇女与教育领域提出的策略措施要求，在加快城乡义务教育一体化发展中，有效均衡配置城乡教育资源，确保所有女童都能平等接受公平优质的义务教育。在农村地区和边远地区，要进一步健全精准控辍保学长效机制，督促法定监护人依法保障女童接受义务教育的权利，切实解决义务教育女童失学和辍学问题，进而保障欠发达地区女童、留守女童、农业转移人口随迁子女以及残疾女童的受教育权利和机会。尤其需要帮助家庭经济困难女童完成学业，进一步提高农村女童接受义务教育的巩固率。

2. 进一步重视推动解决高等教育学科专业性别隔离问题

在中小学教育阶段需要引导中小学女生参加各类科普活动和科技竞赛，培养她们的科学兴趣、创新精神和实践能力。在高中教育阶段特别是高年级职业规划中，需要有针对性地面向女生开展性别平等的学科选择和职业生涯规划指导，提高女性自主选择能力，破除性别因素对女性学业和职业发展的不利影响。在高等院校招生过程中需要严格控制特殊专业范围，强化监管，建立约谈、处罚机制。在高等教育阶段需要有效保持高校在校生男女比例基本在均衡状态；要采取有效激励奖励措施和相关支持政策，大力提高女性在科学、技术、工程、数学等学科中的人数比例，支持数理化生等基础学科基地和前沿科学中心建设，加强对基础学科拔尖女生的积极培养和优质培养。鼓励女大学生积极参与项目设计、社会实践、创新创业、科技竞赛等活动。大力推动开展女科学家进校园活动，充分发挥优秀女科技人才的榜样示范作用，引领和培育更多女性学习科学和从事科技研究，让更多女性走上科研之路成为栋梁之才。

3. 进一步大力推进大中小学性别平等教育提质扩面

按照《中国妇女发展纲要（2021—2030年）》妇女与教育领域提出的策略措施要求，各级政府教育部门要大力推动各级各类学校广泛开展性别平等教育，促进性别平等教育融入学校教学内容、校园文化、社团活动和社会实践活动全过程和各方面。教育及有关部门应当适时出台性别平等教育工作指导意见或大纲，指导各级各类学校的性别平等教育有序有效开展。教育部门要支持鼓励各级各类高等院校推陈出新开发性别平等教育课程，可以将性别平等理论与实践相结合开发课件，通过现实中的性别不平等问题引导大学生思考男女平等发展的现实意义和重要性；推动各省（区、市）因地制宜开发中小学性别平等相关课程，强化现在融合课的开发深度和广度，把性别平等理念嵌入语文、数学、生物、英语等各科教学中；加强性别平等专题的师资力量培训和使用，通过奖励措施和考评制度促进教师主动开发课程。推广广东等地区在构建学校教育、家庭教育、社会教育相结合性别平等教育模式方面的经验。

4. 进一步完善教育领域的分性别指标与数据

从2021年版《中国教育统计年鉴》《2022中国妇女儿童状况统计资料》

和《2021—2030 年中国妇女发展纲要中国儿童发展纲要统计监测培训教材》三种资料中的性别指标数据对比情况看，教育领域分性别指标需要完善的空间很大。建议结合推动实施《中国妇女发展纲要（2021—2030 年）》教育领域目标要求，在现有 100 项与性别相关的尚未分性别统计指标中，各级教育毛入学率、小学学龄儿童净入学率、初中和高中净入学率、各级各类民办教育在校学生数、各级各类学历教育学生数等都需要分性别列出。建议对教育工作全面贯彻落实男女平等基本国策贯彻情况进行定量分析评估：先行探索设置开展男女平等基本国策教育培训的各级各类高等院校数、培训机构数；课程设置和校园文化建设中贯彻国策的情况统计数；针对大中小学性别平等教育情况，可以探索设置开展大中小学性别平等教育的学校数；31 个省（区、市）开展教育教学的基本情况数。探索在高等教育中把各学科的人数分性别列出，为推动"高等教育学科专业的性别结构逐步趋于平衡"目标落实奠定数据基础。建议将 2021 年版《中国教育统计年鉴》中的高等教育分学科门类研究生数（总计）、高等教育分学科门类研究生数（普通本科学校）、高等教育分学科门类研究生数（培养研究生的科研机构）、高等教育工科分大类本科学生数和高等教育分举办者研究生数（总计）、高等教育分举办者研究生数（普通本科学校）、高等教育分举办者研究生数（培养研究生的科研机构）、普通高等教育工科分大类本科学生数等 8 项统计指标进行分性别，动态监测发展情况，逐年推动解决当前高等教育中男女生学科结构性别不平衡问题。

（四）妇女与经济领域的对策建议及展望

1. 进一步完善保障妇女平等获得经济资源和参与经济建设的法律法规和政策措施

尽快修订完善《中华人民共和国社会保险法》，进一步扩大生育保险的覆盖范围，提高对新业态就业创业女性劳动者的权益保障水平。修订并完善《劳动保障监察条例》，明确将性别歧视列入劳动保障的监察范围。推动将性别平等理念纳入经济制度改革创新各项工作，在新制定出台的各项经济政策中，充分考虑男女经济发展的现实差距，积极保障妇女在就业创业、职业健康与生产安全、职业发展与退出等方面享有与男子平等的经济权益，保障新业态女性从业劳动者的各项劳动权益，在实施延长退休年龄政策中适时考虑不同妇女群体的现实需求，既不浪费女性劳动力资源，也要保障女性劳动者的经济权益，为缩小男女现有收入差距奠定前提条件。

2. 进一步加大消除就业性别歧视工作力度，切实保障妇女就业创业各项权益

建议有关部门进一步推动全面落实消除就业性别歧视的法律法规政策，为妇女平等参与高质量经济社会发展创造性别平等的就业市场环境。有关部门需要充分发挥劳动保障法律监督作用，进一步加强对就业性别歧视的事前、事中和事后监管，对在招聘、录用环节涉嫌性别歧视的用人单位坚决依法依规惩处。同时督促各类用人单位加强就业性别歧视的自查自纠，提高保障妇女权益的社会责任感和自觉性。充分发挥党政机关、国有企事业单位在招录（聘）和职工晋职晋级、评定专业技术职称等方面保障坚持男女平等基本国策、保障妇女合法权益的示范引领作用，为全社会经济领域消除性别歧视树立榜样、做出表率。

3. 进一步拓展妇女就业创业渠道，持续提高妇女就业的人数比例

充分发挥现代服务业和新业态吸纳妇女就业的功能，加强妇女参与新业态新模式从业的技能培训。继续出台支持帮扶政策，大力发展农村电子商务，鼓励外出务工妇女返乡就地就近就业。多形式支持有意愿妇女下乡创业，相应拓宽妇女创业融资渠道。加强职业生涯规划指导服务，引导女大学生树立正确的择业就业观，持续完善高校和属地政府为女大学生提供不断线就业服务，深入拓宽女大学生市场化社会化就业渠道。实施好利用好"特岗计划""三支一扶""西部计划""城乡社区专项计划"等基层项目，拓宽女大学生服务基层渠道，鼓励女大学生服务基层、服务西部。进一步畅通就业渠道，加强就业的专业化指导，围绕毕业生求职就业中的重点难点问题深入开展就业指导服务，做到岗位推送不断线、就业服务不断线、重点帮扶不断线，确保未就业女大学生及时享受公共就业服务。大力培育知识型、技能型、创新型女性劳动者，不断提高妇女在高新技术产业、战略性新兴产业和现代服务业从业人员中的比例。

4. 进一步加大对生育女性职业发展的支持力度，充分释放妇女参与经济社会发展的潜能

持续加大《女职工劳动保护特别规定》宣传执行力度，坚决禁止用人单位因女职工怀孕、生育、哺乳而降低工资、恶意调岗、予以辞退、解除劳动（聘用）合同，全面推动落实国家法律法规政策有关生育奖励假期间的工资待遇，统筹协调多部门定期开展女职工生育权益保障的专项督查，特别是对在岗怀孕、产后返岗女性合法劳动和经济权益进行有效保障，并为生育女性回归岗位或再就业提供专业化培训。

5. 进一步完善经济领域的分性别指标与数据，坚持动态监测评估妇女参与经济发展状况及性别平等状况

《中国劳动统计年鉴 2022》中的分性别统计指标，集中反映在城镇非私营单位女性就业人员和以劳动力为基础的抽样调查资料中，将性别作为一个分组进行了呈现，与落实《中国妇女发展纲要（2021—2030 年）》妇女与经济的目标要求需要建立的性别统计指标还有相当差距。建议在经济领域进一步加强分性别统计指标建设，如全社会就业人员的分性别统计指标、分城乡就业人员的分性别统计指标、城镇单位就业人员的分性别统计指标、专业技术人员的分性别统计指标等都需要开发利用，以适应新时代监测评估经济领域男女平等状况和妇女发展状况的现实需要。建议开展全国性的薪酬调查，加强对收入的分性别统计；探索开展分性别非私营单位就业人员平均工资收入情况调查，动态掌握男女两性整体收入状况，为缩小男女收入差距提供数据支撑和决策依据。

（五）妇女参与决策管理领域的对策建议及展望

1. 进一步加大对妇女参政的支持力度，充分发挥妇女参与国家和社会事务管理的重要作用

在推进国家治理体系和治理能力现代化进程中，进一步拓展妇女参政途径和渠道，充分发挥妇女在政治参与中的"半边天"作用。加大政治和业务培训力度，提高各级领导干部贯彻落实男女平等基本国策的全局意识，把推动妇女参政纳入干部工作的重要议程，提出具体的目标要求和政策举措。深入开展女领导干部的政治素质和领导能力培训，培养年轻女干部的政治素养及参与决策和管理的意识和能力。通过采取各项有效措施，不断提升各级党委、人大、政府、政协和党政工作部门以及企事业单位、基层群众自治组织和社会组织中的女性人数比例。加大以男女平等为核心的先进性别文化的宣传力度，全面推动男女平等基本国策的社会认同和认知普及，积极破除制约妇女参与决策和管理的思想障碍，通过先进性别文化建构破除妇女参政的制度机制障碍，进一步营造男女平等的参政环境，促进妇女参与决策管理水平与妇女社会地位作用的相适应、相匹配。

2. 进一步加大对企事业单位妇女骨干的培训力度，提高妇女参与民主管理的能力水平

通过专项培训和持续培训，有效提高企事业单位妇女在法治和德治中的参与意识和能力，推动妇女积极参与企事业单位的决策管理。将女干部选拔配备纳入企事业领导班子和干部队伍的建设规划，逐步加大培养、选拔、使用力度。采用组织推荐、公开招聘、民主推荐等方式，大力选拔优秀女性专业技术人员进入决策层和管理层，进一步促进优秀女性进入企业董事会、监事会和各管理层。进一步完善企事业民主管理制度，促进企事业职工代表大会中女职工代表比例与企事业女职工人数比例相适应，积极支持女职工通过职工代表大会等形式参与企业民主决策、民主管理和民主监督，让女职工真正成为企事业单位发展的重要力量。

3. 进一步加强对农村妇女的宣传培训，促进其积极参与乡村振兴的基层社会治理

在农村社区，基层干部、乡贤和致富能手是最具影响力的人才，紧紧抓住乡村振兴为妇女发展带来的发展契机，加强农村妇女带头人的重点培养，注重从女致富能手、经商务工女性、乡村女教师、女医生、女社会工作者、女大学生村官、女退休干部职工等群体中培养选拔村（社区）干部。通过综合能力的集中培训和专业指导，大力增强其性别平等意识和农村公共生活

带头人的角色意识，激发其内生学习动力、发展动机和主动发声的积极性，在乡村公共领域治理中展现领导力，推动更多农村妇女在乡村治理和乡村建设中发挥"半边天"作用。

（六）妇女与社会保障领域的对策建议及展望

1. 进一步完善惠及妇女群体的社会保障体系，不断提高妇女的社会保障水平

在制定社会保障相关法律法规工作中，应当更加重视关切和保障妇女的特殊利益和现实需求。持续提高妇女参与各项社会保险的参保率，特别是支持灵活就业女性参加相应的社会保险，努力实现应保尽保，缩小社会保障领域的男女性别差距。在建立国家级社会保险全民参保登记信息库工作中，加强社会保障的分性别统计，完善信息动态监测和管理工作。拓展 60 周岁及以上老年人口享有社会福利的各项津贴补贴分性别指标与数据，即高龄补贴老年人数、护理补贴老年人数、养老服务补贴老年人数、老龄综合补贴老年人数中的女性人数比例；完善保障妇女享有社会服务的社会工作师、助理社会工作师分性别指标等。

2. 进一步完善覆盖城乡妇女的生育保障制度，逐步提高生育保障的待遇水平

推动全民生育保障制度建设，建立国家、单位、个人三位一体的缴费和责任分担机制，强化政府主体责任，加大财政投入，减轻用人单位负担，解决当前生育政策碎片化现象，提高生育女性人人享有公平同等的待遇水平，逐步消除由职业不同、岗位不同和城乡差距、地区差距带来的生育保障水平差距，使符合条件的生育女性都能及时获得相应保障，并同时推动人口红利的实现。重视妥善解决妇女在就业和领取失业金期间的生育保障问题。继续提高生育保险与职工基本医疗保险合并实施成效。

3. 进一步提高养老金基础账户水平，缩小养老金的性别差距和城乡差距

增强社会保障再分配功能，减少劳动力市场的性别差距，在实行延迟退休政策中重视提高女性的法定退休年龄，促进法定退休年龄的性别平等。对承担家庭照护责任的女性实行养老金缴费减免政策，弥补其因家务照顾而带来的职业收入损失，解决其养老金账户余额偏低问题。通过激励政策促进城乡居民积极参保，逐步提高城乡居民养老保险待遇水平。探索建立遗属养老保险制度，解决现有遗属只能获得配偶个人账户养老金保障水平偏低问题，提高老年丧偶女性的基本生活水平。

4. 进一步加强长期护理保险制度建设，为老年失能妇女提供基本生活保障

学习借鉴发达国家成功经验，加快推动中国长期护理保险的立法进程。大力推进长期护理保险制度的健全完善，推动《长期护理保险失能等级评估操作指南（试行）》在地方的有效实行，将符合条件的失能妇女按规定全部纳入保障范围，妥善解决其护理保障问题。加强长期护理保险制度与长期照护服务体系有机衔接，探索建立相关保险、福利、救助相衔接的长期照护保障制度，扩大养老机构护理型床位供给，不断提高护理服务水平。在推进立法、完善"保基本、多层次"制度设计基础上，采取多渠道筹资方式，筹资标准秉持适度原则，适应当地经济水平、消费水平以及服务水平，保证整体资金的可持续性运转。强化财税支持政策，鼓励社会资本投向相关养老产业。比如，可以参照企业补充医疗保险对单位和个人购买商业补充的长期护理保险给予税收优惠。推动建立子女护理假制度，进一步建立完善社区老年人关爱服务机制，让居家养老服务真正成为新时代老年妇女的幸福生活供给。

（七）妇女与家庭建设领域的对策建议及展望

1. 进一步加大制定促进男女平等和妇女全面发展的家庭政策的力度，推动生育政策与经济社会政策配套衔接

积极应对人口老龄化和生育政策调整的现实需求，继续推动人口生育相关法律法规政策的制定完善，减轻生育家庭的生育、养育、教育负担。继续完善幼儿养育、青少年发展、老人赡养、病残照料等相关政策，逐步形成支持完善家庭基本功能、促进男女平等发展的家庭政策体系，进一步增强家庭各项发展能力。探索建立促进家庭全面发展的政策评估机制，把家庭建设纳入社会建设体系，与社会发展同步规划、同步推动和同步落实。坚持保障生育政策全面贯彻婴幼儿照护"家庭为主，托育补充"原则，提高祖辈托育照护等家庭托育服务的社会化发展水平。鼓励有条件地区探索以家庭为单位实施差异化租赁和购买房屋优惠政策，为同一家庭多代人就近居住提供购房或租房优惠支持。

2. 大力发展家庭公共服务，全面提升家庭公共服务的社会化水平

进一步完善普惠托育服务体系，综合运用各项支持政策，扩大托育服务能力供给。加快完善养老、家政等服务标准，推动婚姻家庭辅导服务、家庭教育指导服务普惠享有，通过政府购买服务等方式，引导社会力量开展家庭服务，满足家庭日益增长的个性化、多元化发展需求，重点为经济困难、住房困难、临时遭遇困难的家庭和残疾人家庭等提供支持，加大对计划生育特殊家庭的帮扶保障力度。加大社区托育服务设施建设，持续完善社区养老托育、家政物业等服务网络。出台鼓励儿童家庭照顾责任代际共担的激励性政策措施。例如，为员工提供灵活的工作时间安排，允许员工在哺乳期以及儿童生病期间可以自主选择居家办公，尽可能方便陪护和照料儿童。

3. 进一步创造生育友好的工作环境，提高男女平等分担家务劳动的性别平等水平

督促用人单位落实探亲假、职工带薪休假、配偶陪产假等制度，倡导夫妻家务劳动的分工配合，共同承担照料陪伴子女老人、教育子女、料理家务等，缩小男女两性家务劳动的时间差距。鼓励用人单位实施灵活休假和弹性工作制度，推动用人单位鼓励男职工享有育儿假，支持男女共同分担育儿责任，帮助女性平衡工作与家务劳动，降低用人单位招录生育女性的社会成本。加强激励引领机制建设，评选表彰执行育儿休假制度、保障生育女性职业发展等方面有突出成绩的家庭友好型用人单位。

4. 进一步加强婚姻家庭纠纷预防化解机制建设，促进家庭建设的健康发展

加强婚姻家庭纠纷预测预防预警，健全纠纷排查调处制度。深入推进县（市、区、旗）建立健全婚姻家庭纠纷人民调解委员会，加强人民调解员队

伍建设，搭建"互联网+"纠纷预防化解工作平台，支持社会力量提供多元便捷服务。针对性开展面向家庭的法律法规和政策宣传，促进男女平等观念在婚姻关系和家庭建设中落实，反对一切形式的针对妇女的家庭暴力。深入推广婚姻登记、婚育健康宣传教育、婚姻家庭关系辅导等"一站式"服务，广泛宣传生育政策，提高出生人口数量和质量。大力推进移风易俗，坚决抵制高价彩礼，大力选树婚事新办典型，积极推动构建新型婚育文化，让性别平等理念成为引领家庭建设健康发展的时代风尚。

（八）妇女与环境领域的对策建议及展望

1. 持续广泛开展中国特色社会主义和中国梦的宣传教育，坚持用习近平新时代中国特色社会主义思想引领妇女

充分发挥新时代文明实践中心、主流媒体、妇女之家等阵地作用，推动理想信念教育的常态化制度化，弘扬党和人民在各个历史时期奋斗中形成的伟大精神，激发妇女的历史责任感和主人翁精神，深入引导妇女听党话、跟党走。通过联系服务有效活动的针对性，进一步凝聚青年女性、知识女性、新兴产业从业女性和活跃在网络空间的妇女群体。利用妇女之家、图书馆、网络课堂等开展面向妇女的媒介素养培训和指导，加强妇女网络素养教育，提升妇女网络安全意识和能力，持续消除男女两性的数字鸿沟。重点帮助老年妇女、困难妇女和残疾妇女群体掌握网络基本知识技能。充分发挥妇联组织在营造男女平等和妇女全面发展环境中的积极作用，开展争做"巾帼好网民"活动，进一步推动广大妇女弘扬网上正能量。

2. 持续开展以男女平等为核心的先进性别文化宣传教育，让性别平等成为全社会共同遵循的行为规范和价值标准

将构建先进性别文化纳入繁荣社会主义先进文化的制度体系，提升文化与传媒领域性别平等的传播能力与影响力，积极有效正面引导舆论，进一步优化有利于男女平等和妇女全面发展的社会舆论环境，努力消除网络媒体、影视产品、公共出版物等出现的歧视贬抑妇女、侮辱妇女人格尊严、物化妇女形象等不良现象。进一步深入推进男女平等基本国策进机关、进学校、进

企业、进城乡社区、进家庭，深化国策课程标准和授课方式的灵活多样性，形成全方位、立体化学习宣传和普及教育格局，让国策意识进一步深入人心，成为新时代经济社会发展考核的重要内容和工作要求。多形式大力宣传新时代妇女在社会生活和家庭生活中的独特作用，大力宣传优秀妇女典型和性别平等优秀案例，在全社会形成男女平等发展携手共建中国式现代化强国的文化环境。

3. 持续促进妇女参与精神文明和生态文明建设，充分发挥妇女"半边天"重要作用

不断丰富优质文化产品和公共文化服务供给，鼓励妇女积极参与城市文明建设，并将妇女群体参与程度和满意程度纳入文明城市评选内容，并提高考核分值。推进城乡公共文化服务体系一体化建设，创新实施文化惠民工程，广泛惠及妇女群体。进一步促进妇女参与文明村镇创建，广泛开展生态文化宣传教育和实践活动，引导妇女树立生态文明意识，提高环境科学素养，掌握环境科学知识，全面提升妇女生态环境保护的意识和能力，促进妇女主动参与农村人居环境整治提升、农村文化发展、文明乡风培育和乡村社会治理各项活动。支持鼓励妇女引领绿色生产生活，养成节约适度、绿色低碳、文明健康的生活方式和消费模式，做坚决杜绝浪费的引领者和带头人。

（九）妇女与法律领域的对策建议及展望

1. 全面提升立法、执法、司法和全民守法进程中的性别平等意识，持续提高保障妇女合法权益的法治水平

将男女平等基本国策落实到法律、法规、规章、政策制定实施的全过程和各环节，进一步完善促进男女平等和保障妇女合法权益的法律体系，加强法律法规和政策的性别平等评估制度机制，加强性别平等专业化队伍建设，加强法规政策制定前研判、决策中贯彻、实施后评估的制度化和规范化建设。进一步加大《中华人民共和国民法典》《中华人民共和国妇女权益保障法》等法律法规的实施力度，加强妇女权益保障领域的执法检查和督查督办，促进开展妇女权益保障领域的公益诉讼，保障侵害妇女权益案件获得公平公正处理。将保障妇女权益相关内容纳入基层社会治理体系和制度建设，纳入法治队伍建设、全民普法规划和群众性法治文化活动，增强全社会的男女平等法治意识和法治素养，推进男女平等宪法原则和基本国策贯彻落实到法治中国建设的全过程和各方面。

2. 加快法规政策性别平等评估机制运行的规范化建设，让性别平等真正成为法治中国建设的价值标准和考核重点内容

抓好事前评估，把好法规政策的立项关；抓好事中评估，对涉及性别平等和妇女权益保护方面的内容积极听取各方意见，进行合法性审查，严格把好法规政策的起草、审核关；抓好事后评估，凡涉及性别平等问题新制定的法规政策，主要实施部门应在一年内就法规政策实施后是否有利于消除性别歧视，实现性别平等进行立法后评估。一是推进机制建设的法律依据层面，要进一步明确法定程度，建议在《中华人民共和国立法法》中增加相关条款，对法律条款有关问题涉及特定妇女群体权益的内容，明确规定开展性别平等评估，召开专题座谈会听取有关性别平等专家、评估机构责任主体和有关部门的意见。二是在评估技术层面，进一步明确评估的理念和维度、评估方法和评估工具，从统一思想认识到统一评估流程，再到统一评估指标体系，加强性别平等评估的规范化和科学化制度。在思想认识方面，严格按照男女平等基本国策的价值观念以及性别平等指标提供的技术标准，对政策法规的制定、实施及效果进行评价判断，通过评估法规政策是否直接或间接对女性与男性产生不同影响，使法规政策在制定及实施过程中能够做出必要调整，避免、减少直至消除由性别差异性影响产生的制度不平等问题。三是在执行层面，进一步提高全社会特别是有关执行部门和专项工作人员对性别平等评估重要意义和必要性的深度理解和认识，增强工作的性别敏感性，消除性别中立或性别盲点对法规政策制定的影响，最大限度消除法规政策制定的性别对立情绪，避免法规政策在制定与执行过程中可能由性别中立的刻板印象，导致其"男性"价值和标准对妇女群体发展产生的制度歧视，特别是因忽略妇女弱势地位和经验而给妇女带来不利后果，让法规政策性别平等评估真正成为促进法治中国建设的有力工具，成为促进中国式现代化法治建设的创新模式和创新典范。

3. 进一步加强妇女人身权利保护机制建设，有效控制和严厉惩处侵犯妇女人身权利的违法犯罪行为

深入实施反对拐卖人口行动计划，有力打击拐卖妇女犯罪团伙，整治"买方市场"，坚决打击拐卖妇女的犯罪行为。分地区分人群开展防性侵教育的宣传普及，提高妇女尤其是女童的防性侵意识和能力。建立完善重点人群和家庭关爱服务机制、侵权案件发现报告机制、多部门联防联动机制和侵权案件推进工作督查制度。进一步完善立案侦查制度，及时、全面、一次性收集固定证据，避免受害妇女遭受"二次伤害"。进一步建立健全性侵害违法犯罪人员信息查询系统，全面完善和落实从业禁止制度。多形式多渠道传播防治性骚扰知识和方法途径，提升妇女防范和制止性骚扰的意识和能力。进一步推动完善预防和制止性骚扰工作机制，充分发挥典型案例示范指引作用，预防和制止公共场所和工作、学习等场所发生的性骚扰。提高妇女防范电信网络诈骗的意识和能力，进一步保障妇女免遭利用网络实施违法犯罪行为的侵害。

4. 进一步加大反家庭暴力法实施力度，坚决打击针对妇女一切形式的暴力行为

全面深入推进建立和完善反家暴多部门联动机制，推动将家庭暴力防控纳入社会治安综合治理体系，多部门共同推动反家暴工作联动工作的有效开展，从案件办理信息共享、精准跟踪和实施监督等环节有效遏制家庭暴力现象，让弱势家庭成员的合法权益得到充分保障。制度化发布反家庭暴力的典型案例或指导性案例，进一步促进地方法院在审理家暴案件过程中正确适用法律。加强宣传教育、预防排查，建立社区网格化家庭暴力重点监控机制。开展反家暴一线工作实务层面的能力培训，促进反家庭暴力一线执法及相关人员准确掌握家庭暴力及其防治相关理论知识和法律制度。在更大范围内扩展反家暴宣传，提升机构和工作者的实务能力，培养一支由不同部门组成的反家暴实务骨干团队，使反家暴工作更加规范有效，更能满足受害人的救助服务需求。完善落实家庭暴力发现、报告、处置机制，强化相关主体强制报告意识，履行强制报告义务。加大接处警工作力度，开展家庭暴力警情、出具告诫书综合情况统计。对构成犯罪的施暴人依法追究刑事责任，从严处理重大恶性案件。进一步研究完善证据审查、法律适用、政策把握的尺度，完善民事审判实践中人身安全保护令使用标准，继续提高人身保护令审核签发率，从更早、更快、更有效上加大执行力度，联动处置违反人身安全保护令的行为，对被申请人的跟踪骚扰行为，及时通知公安机关出警控制，并将违反保护令的被申请人交由法院进行处罚。落实相关司法解释不同责任主体的强制报告制度，着力在及时发现和帮助潜在的受害者快速启动程序上下功夫。持续开展家庭暴力案件跟踪回访。

5. 持续为妇女提供优质高效的公共法律服务，让妇女群体更多感受到法治中国建设的公平正义力量

大力推进公共法律服务实体、网络、热线三大平台融合发展，进一步加强维护妇女合法权益的法律援助类社会组织和专业律师、基层法务工作者队伍建设，为妇女群体特别是低收入妇女、老年妇女等提供更加便捷高效、均等普惠的公共法律服务，保障特定案件中生活困难妇女能够获得及时和便捷的司法救助。探索逐步放宽法律援助条件，增加面向妇女群体的法律援助事项，进一步保障妇女在刑事、民事、行政等案件中享有诉讼代理和适宜的维权指导服务，切实让妇女亲身感受到法律的公平正义，感受到法律服务就在身边的美好。

参考文献

中共中央党史和文献研究院编《习近平关于妇女儿童和妇联工作论述摘编》，中央文献出版社，2023。

国家统计局社会科技和文化产业统计司编《中国妇女儿童状况统计资料2022》，中国统计出版社，2022。

国家统计局：《2021年〈中国妇女发展纲要（2021—2030年）〉统计监测报告》，2023。

B.2

新时代男女同行科技强国之路报告

——科技强国建设中的"半边天"力量分析

张 立[*]

摘　要： 新时代以来，科技创新战略和男女平等基本国策深入实施，男女同行科技强国之路成为中国式现代化高质量发展的性别特征和时代特色。本报告认真梳理所能收集到的相关性别信息资料，分析研究新时代女性科技人才发展的总体趋势、科学贡献及面临的困境与挑战，针对性提出进一步促进女性科技人才高质量发展的策略措施。本报告认为国家和地方密集出台支持女性科技人才发展成长的政策措施，为女性深入参与科学研究提供了更大平台、更宽渠道、更优环境，女性参与科技强国建设的实力明显增强，贡献率不断攀升，积极为中国式现代化科技强国建设贡献"她"力量。同时指出，男女平等的制度机制建设需要进一步完善，女性参与科技创新发展的渠道需要进一步畅通，性别平等的社会文化环境需要进一步优化。

关键词： 中国式现代化　科技强国　性别平等　妇女发展

　　党的十八大以来，以习近平同志为核心的党中央加快推进科技强国建设，加快实现高水平科技自立自强，科技创新成为引领高质量发展、提高社会生

---

[*] 张立，国务院妇女儿童工作委员会办公室原副主任、一级巡视员，中华女子学院荣誉教授，研究方向为妇女发展相关政策的制定实施。

产力和综合国力的战略支撑，成为推动社会生产方式、生活方式变革与进步的强劲动力，科技事业取得了历史性新成就，跻身全球创新型国家行列。"妇女是人类文明的开创者、社会进步的推动者，在各行各业书写着不平凡的成就。"[①] 女性科技人才是推动科技强国建设和科技创新发展的重要力量，科技因女性而美丽。"中国将更加积极贯彻男女平等基本国策，发展妇女'半边天'作用，支持妇女建功立业、实现人生理想和梦想。"[②] 新时代，国家积极实施促进妇女平等参与科技创新的政策措施，全面推动妇女参与科技强国建设，为科技创新贡献巾帼力量，发挥"半边天"作用，男女同行科技强国之路。

一　新时代中国妇女参与科技强国建设的总体情况分析

新时代以来，中国女性科技人员以巾帼不让须眉的豪情壮志积极投身科技创新事业，以自尊自信自立自强的精神风貌扛起科技强国的历史使命，大力弘扬科学家精神，在追求真理的勇攀高峰中彰显女性作为，在攻关前沿的科技创新中彰显女性智慧，在破解难题的共创未来中彰显女性力量，她们是无愧于时代的伟大事业的建设者、文明风尚的倡导者、敢于追梦的奋斗者，为建设世界科技强国做出了"半边天"巾帼贡献。

（一）中国女性科技人力资源总量丰富

进入新时代，中国经济社会由高速增长转向高质量发展，拥有规模充足和结构合理的科技人力资源，是实施创新驱动战略、强化创新第一动力和建设科技强国的人才保障。研究和把握女性科技人力资源的总量和结构特征，是积极培养、充分开发和有效使用女性人力资源的先决条件，是为科技创新发挥女性"半边天"力量的重要基础。

[①] 中共中央党史和文献研究院编《习近平关于妇女儿童和妇联工作论述摘编》，中央文献出版社，2023，第34页。

[②] 中共中央党史和文献研究院编《习近平关于妇女儿童和妇联工作论述摘编》，中央文献出版社，2023，第94页。

1. 中国女性科技人才队伍规模不断扩大，性别结构逐步向均衡化方向发展

女性科技人力资源是构建国家人力资源庞大总量不可或缺的重要组成部分，是科技领域贯彻习近平总书记关于"让性别平等落到实处"的国家意愿和时代要求。2012 年以来，中国女性科技人才队伍规模持续扩大，女性科技人才年均增长速度大于男性，发展态势良好。《中国科技人力资源发展研究报告（2020）》显示，截至 2020 年底，中国科技人力资源总量为 1.1 亿人，规模居世界第一。女性科技人力资源增长迅速，达到 3997.5 万人，占总量的比重为 40.10%，性别结构更加趋向均衡。在 2018～2019 年新增女性科技人力资源中，学历层次越高，女性所占比重越大，特别是研究生层次的女性科技人力资源比重超过 50%，成为名副其实的"半边天"力量。从本科层次看，2018～2019 年，新增本科层次科技人力资源中女性占比为40.58%；从研究生层次看，2018～2019 年，新增研究生层次科技人力资源中女性占比为 53.30%。① 从全球的本科和研究生女性人数比例看：2021 年，全国普通、职业本专科毕业生中的女性占比为 53.4%，超过韩国、德国、日本和瑞士；全国研究生在校生中女性占比为 51.5%，超过了日本、英国、瑞士和巴西。从全球本科层次学科性别结构比例看，2017 年，中国理学、工学、农学和医学中的女性占比为 40.4%，居全球第 17 位，高于俄罗斯、日本和德国。其中：理学本科女性科技人力资源占比为 49.9%，超过了德国、荷兰、瑞士、比利时、奥地利和日本；农学本科女性科技人力资源占比为 53.4%，超过了日本、韩国、法国、德国、瑞士、挪威等 9 个国家；医学本科女性科技人力资源占比为 59.6%，居全球第 3 位；工学本科科技人力资源占比为 29.9%，同样位居全球第三。② 从全国科研人员性别结构情况看：2021 年，全国研究与发展（R&D）人员中女性占比为 25.9%；研究与开发机构 R&D 人员中女性占比为 33.8%；高等学校 R&D 人员中女性占比为

---

① 中国科协调研宣传部、中国科协创新战略研究院：《中国科技人力资源发展研究报告（2020）：科技人力资源发展的回顾与展望》，清华大学出版社，2021，第 58～59 页。
② 中国科协调研宣传部、中国科协创新战略研究院：《中国科技人力资源发展研究报告（2020）：科技人力资源发展的回顾与展望》，清华大学出版社，2021，第 61 页。

38.2%。后两项指标数据均高于目前全球女性科研人员 33% 的比例。① 2021 年，受表彰奖励科技人员中的女性占比为 26.3%。② 全国女性科研人员活跃在科技创新领域的各行各业，成为推动中国式现代化科技强国建设的主体力量。

2. 教育事业高质量发展带来女性科技人力资源快速增长，高学历女性人才增长势头旺盛

女性科技人才影响力稳步提升的核心因素之一，就是高等教育招生中女性比例的不断攀升，走向科研岗位的女性人数跨越式增长。2015~2021 年间，全国高等教育招生人数中女性占比基本保持在 50% 以上，全国女性科技人力储备力量充足。2018~2019 年，全国共培养本科层次女性科技人力资源 231.3 万人，占两年间本科层次新增科技人力资源总量的 40.6%，全国研究生层次新增女性占比达到 53.3%，超过一半。新增女性科技人力资源的学历层次呈现不断提升态势。③ 2021 年，普通、职业本专科在校生中的女性占比为 50.2%，成人本专科在校生中的女性占比为 57.7%，网络本专科在校生中的女性占比为 42.6%。2020 年和 2021 年的两年间，全国共有 824.9 万名本科女大学生毕业，其中普通、职业本科女大学生 468.5 万人，成人本科女大学生 165.2 万人，网络本科女大学生 90.3 万人。2012~2021 年，高等教育研究生在校生中女性比重始终保持在 51% 左右。2021 年，高等教育研究生在校生中的女性比重为 51.5%，其中：博士生中的女性比重为 42.2%，超过日本和韩国；硕士生中的女性比重为 53.2%，超过日本、韩国、瑞士和德国。④

---

① 国家统计局社会科技和文化产业统计司编《中国妇女儿童状况统计资料 2022》，中国统计出版社，2022，第 76~80 页。
② 国家统计局社会科技和文化产业统计司编《中国妇女儿童状况统计资料 2022》，中国统计出版社，2022，第 82 页。
③ 中国科协调研宣传部、中国科协创新战略研究院：《中国科技人力资源发展研究报告（2020）：科技人力资源发展的回顾与展望》，清华大学出版社，2021，第 56~65 页。
④ 国家统计局社会科技和文化产业统计司编《中国妇女儿童状况统计资料 2022》，中国统计出版社，2022，第 33 页。

3. 女性占全部科研人员的比重呈上升趋势，各学科专业研究人员有增有降，区域特征表现为东高西低态势

近十年，从事科学技术工作的女性人数比例呈上升趋势，女性数量涨幅高于男性。从科学研究与发展（R&D）人员及性别构成情况看：2012年女性 R&D 人员为 115.4 万人，占总量的 25.0%；2021年女性 R&D 人员达到 222.4 万人，占总量的 25.9%，十年增长了 0.9 个百分点，男性 R&D 人员从 2012 年的 75.0% 降为 74.1%，下降 0.9 个百分点。[①] 从全国人口普查专业技术人员数量规模看，2010 年第六次全国人口普查数据显示，女性在卫生技术、教学、科学研究、农业技术和工程技术人员中的比例分别为 61.4%、57.1%、39.9%、36.9% 和 24.0%。2020 年第七次全国人口普查数据显示，女性在卫生技术、教学、科学研究、农业技术和工程技术人员中的比例分别为 68.7%、67.4%、41.6%、30.6% 和 17.1%，十年间，科学研究、卫生技术和教学人员中的女性比例均有增幅，工程技术、农业技术人员中的女性比例呈下降趋势。从全国区域发展情况看，女性 R&D 人员大部分聚集在政治、经济、文化较为发达的东部地区，表现为东多西少特征。如东部地区的广东、江苏和浙江三省吸引了大量女性科技人才，10 年间女性 R&D 人员增长了近 3 倍；北京、上海女性科研人员以高层人才聚集为主要特征；中部地区的安徽依托中国科技大学、中国科学院系统的院所，集聚了一批优秀女性科研人员。西部地区的四川、重庆所在成渝经济圈的女性科技人才卓著，成都兼具创新创业氛围和高幸福指数等优势，成为女性科技人才就业的热门城市，重庆市凭借西部科学城吸引了一批女性科技人才前往发展。

4. 实施中国妇女发展纲要，进一步为国家培养和储备更多优秀女性科技人才

为适应新时代科技强国建设发展要求，2021 年国务院发布的《中国妇

[①] 国家统计局社会科技和文化产业统计司编《中国妇女儿童状况统计资料 2022》，中国统计出版社，2022，第 76 页。

女发展纲要（2021—2030年）》，在妇女与教育领域首次提出"高等教育学科专业的性别结构逐步趋于平衡"和"大力培养女性科技人才"以及"男女两性的科学素质水平差距不断缩小"主要目标，以积极应对女性科技人才总量低于男性，特别是高层女性人才占比过低的现实差异。策略措施以大力加强女性科技人才培养为总体要求，多措并举推进目标落实。一是深入探索建立多层次女性科技人才培养体系，培养具有国际竞争力的女性科技人才，这是长远目标要求。二是在后备力量培养方面，提出要关注培养义务教育阶段女生爱科学、学科学的兴趣和志向，引导中小学女生参加各类科普活动和科技竞赛，培养科学兴趣、创新精神和实践能力；在高中教育阶段要引导女生不断养成科学兴趣和钻研精神；在报考大学志愿期间，持有未来从事科研工作意愿的女生报考理工类院校；在大学招生录取过程中，严格控制招生过程中的特殊专业范围，强化监管，建立约谈、处罚机制。三是采取激励措施，提高女性在科学、技术、工程、数学等学科中的女生比例；在大学阶段要加强对基础学科拔尖女生的培养，加大女性创新型、应用型人才的培养，鼓励女大学生积极参与项目设计、社会实践、创新创业、科技竞赛等活动，在实践中努力培养科学精神和创新能力。四是在就业创业阶段，鼓励引导女性最大程度从事科学和技术相关工作，并在此基础上增加女性科技人才参与继续教育和专业培训的机会。五是大力提高女性科学素质，充分利用现代信息化手段，面向女性传播普及科学知识。六是积极开展女科学家进校园活动，发挥优秀女科技人才的榜样示范引领作用。七是在实施乡村振兴战略中，大力推进农村妇女素质提升计划，支持农村妇女参与农业农村现代化建设。

（二）女性科研人员创新创造的业绩辉煌，国际国内的影响力显著增强

妇女在各行各业科技强国建设中积极奉献，彰显出新时代科技女性的巾帼奋进风采。新时代以来，女性科研人员涉足的领域逐步扩展，贡献率稳步上升。优秀女科学家和女科技工作者入选"改革开放40周年先锋人物"、获得"共和国勋章"等，女性在天宫、蛟龙、天眼、悟空、墨子、大飞机

等重大科技成果和高铁、石油等重要基础设施领域贡献巾帼力量。① 2022年，中国科学院和中国工程院院士中的女性占比分别为 6.64% 和 5.35%，均有增长趋势。同年 3 月，中国科协十届常委会女科技工作者专委会、中国女科技工作者协会联合推出《她有一种力量》科技女性形象宣传片，王亚平、梁建英、次旦央吉、郭素萍、张弥曼、李静等 6 位科技女性闪亮登场，从不同职业的不同角度充分展示了她们自信、向上、知性、阳光、执着的新时代科技女性形象，激励女科技工作者踔厉奋发，撑起科技进步与科技为民的"半边天"。2023 年 5 月中国第七个"全国科技工作者日"来临之际，中国科协常委会女科技工作者专委会拍摄制作《如愿》女科技工作者主题MV，展现新时代中国科技女性大力弘扬科学家精神，立足岗位实干担当，面向世界科技前沿勇攀高峰、面向经济主战场创业创造、面向国家重大需求聚智献力、面向人民生命健康勇担使命，坚定科技自立自强信念、奋勇实现中华民族伟大复兴伟大梦想的家国情怀和巾帼风貌。

限于科技领域收集资料的难度，以下从女性科技人员获得各奖项人数的不断增加、不同年龄女科学家的卓越贡献，以及以生命科学与医学、航空、航海、国防和信息技术领域女性科技人员为范例，反映新时代女性科技人员的精神风貌与科研贡献。

1. 女性科技人员获得各类奖项的人数比例增加，印证了国家支持性政策对女性创新能力提升的支撑作用

截至 2022 年，世界杰出女科学家成就奖举办了 24 届，每年评选 5 位科学家。目前中国有 7 位女科学家获奖，她们是物理学领域的李方华、神经生物学领域的叶玉如、无机化学领域的任咏华和谢毅、兽医学领域的陈化兰、古脊髓动物学领域的张弥曼、神经科学领域的胡海岚。国家五大科技奖项中的女性获奖人数比例，增长趋势明显。国务院设立的国家科学技术领域奖项共有五大权威奖项——国家最高科学技术奖、国家自然科学奖、国家技术发

---

① 项丹平：《回望 2021：科技"她力量"绽放璀璨光芒》，《中国妇女报》2022 年 1 月 7 日，第 8 版。

明奖、国家科学技术进步奖、国际科学技术合作奖。国家最高科学技术奖每年获奖人数在 2 人左右，2016 年屠呦呦获得该奖项。国家自然科学奖每年女性获奖人数从 2016 年始（2017 年 13 人除外）基本保持在 20 人以上，2020 年最高为 27 人。2016~2019 年，国家技术发明奖女性科学家获奖人数保持在 22~26 人，2020 年最高为 30 人。五年时间，上述两个奖项女性获奖人数均有增长。相对于其他奖项，国家科学技术进步奖涉及领域众多、获奖人数较多，2016~2019 年女科学家获得该奖项人数分别为 98 人、140 人、89 人和 81 人，2020 年最高为 176 人，与往年相比增长显著。国家杰出青年科学基金每年受理一次，每年女性获得资助的人数保持在 25 人左右。2021 年，女科学家入选"长江学者奖励计划"数量同比增长了 67.3%。专门为中国女性科研人员设立的奖项，有中国青年女科学家奖、未来女科学家计划和中国女医师协会的五洲女子科技奖。2004~2023 年，中国青年女科学家奖共举办了 18 届，共有 184 名女科技工作者获奖。"未来女科学家计划"是"中国青年女科学家奖"的延伸，截至 2022 年，共评选出 34 位处于博士及博士后阶段的女性科研人员，并择优推荐入选为"世界最具潜力女科学家奖"中国区域候选人。中国女医师协会的五洲女子科技奖是面向全国女医师工作者的终身荣誉科学奖，旨在对医药卫生领域做出卓越成绩的女性科技人员进行表彰，一人一生只能获得一次奖励。自 2008 年设立至 2022 年底，获奖者共 174 名，她们是中国医学事业发展的中坚力量和典型代表。

2. 不同年龄女科学家接力奋进，青年女科学家正在茁壮成长

优秀和杰出的女科学家很多，在此列举一二。1930 年出生的屠呦呦，是中国中医研究院终身研究员兼首席研究员、药学家和中国女科学家的杰出代表，2011 年获得拉斯克奖和葛兰素史克中国研发中心"生命科学杰出成就奖"，2015 年获得诺贝尔生理学或医学奖，成为首获科学类诺贝尔奖的中国人，也是第一位获诺贝尔科学奖项的中国本土科学家，实现了中国人在自然科学领域诺贝尔奖零的突破，诺贝尔科学奖项是中国医学界迄今为止获得的最高奖项，也是中医药成果获得的最高奖项。2019 年屠呦呦入选福布斯中国科技女性 50 强榜单，2020 年入选《时代周刊》100 位最具影响力女性人物榜。1955 年出生的叶玉如，是中国科学院院士、发展中国家科学院院士、美国国家科学院外籍院士、香港科学院创院院士，神经生物学家，主要研究神经系统的发育和功能，以及阿尔茨海默病、帕金森病等神经退行性疾病的药物研发，曾获得香港裘槎基金会优秀学者奖、世界杰出女科学家成就奖，并获香港特区政府颁授荣誉勋章等荣誉。1977 年出生的青年女科学家颜宁，是清华大学教授、深圳医学科学院创始院长、美国科学院外籍院士、美国艺术与科学院外籍院士，主要从事跨膜运输蛋白的结构与机理研究，荣获美国霍华德·休斯医学研究所国际青年科学家奖、求是杰出科学家奖、国际"女科学家奖"等，2023 年当选为中国科学院院士。1983 年出生的青年女科学家付巧妹，是中国科学院古脊椎动物与古人类研究所古 DNA 实验室主任、博士生导师，主要从事东亚地区古人类遗传学研究，荣获美国霍华德·休斯医学研究所国际青年科学家奖、腾讯科学探索奖等。1986 年出生的青年科学家杨璐菡，主要深入研究生物基因编辑、器官移植技术，获得世界瞩目的成就，曾因第一个利用 CRISPR-Cas9 技术修改细胞基因组和领导 eGenesis，被《福布斯》杂志评为 2014 年 30 岁以下 30 个科学医疗领域领军人物之一。2017 年她带着研究成果回国成立了启函生物，同年 3 月入选世界经济论坛（World Economic Forum）评出的 2017 年度"全球青年领袖"。2020 年在《自然》杂志发表她的最新研究成果——"大规模猪种系"基因工程，彻底将异种移植从理论变为现实。1989 年出生的黄芊芊，是北京大学集成电路学院研究员、博士生导师，主要从事超低功耗微纳电子器件研究，30 岁荣获美国电气与电子工程师协会电子器件学会青年成就奖、"求是杰出青年学者奖"，31 岁荣获第二届腾讯"科学探索奖"，是 50 名获奖者中年龄最小的一位。1990 年出生的青年女科学家万蕊雪，是西湖大学实验室主任、博士生导师，主要从事剪接体三维结构及 RNA 剪接分子机理研究，曾获 Science & SciLifeLab 青年科学家奖、瑞士乔诺法青年研究奖、亚太地区蛋白质学会青年科学家奖等。

3. 生命科学和医学领域女性科技人员占比最高、女院士人数最多，为中国医学事业发展做出了卓越贡献

从 2021 年规模以上工业企业按行业分 R&D 人员及性别构成看，医药制造业的女性科技人员占比为 46.0%，仅低于纺织服装、服饰业的女性占比 48.9%。从 2021 年研究与开发机构 R&D 人员及性别构成看，医药学科的女性科技人员占比为 55.2%，为这一性别构成最高的女性占比。[①] 从上述分析可以看出，有更多女性科研人员活跃在国家生命科学和医学领域。在 2022 年中国科学院女院士学部分布中，生命科学和医学学部中的女院士占比为 33.3%，与占比最低的地学部 10.5% 相比，高出 22.8 个百分点。在 2022 年中国工程院女院士学部分布中，医药卫生学部女性占比也是 33.3%，与女性占比最低的能源与矿业材料学部和地土木、水利与建筑工程学部 3.9% 相比，高出 29.4 个百分点。女院士成就卓越，以 7 位女院士和 2022 年"最美科技工作者"范代娣为例。陈薇是中国工程院院士，军事科学院军事医学研究院生物工程研究所所长、研究员，中国科协副主席，长期从事生物防御新型疫苗和生物新药研究，研制出中国军队首个 SARS 预防生物新药"重组人干扰素 ω"、全球首个获批新药证书的埃博拉疫苗，先后获"中国十大杰出青年"、中国科协"求是"奖、中国青年女科学家奖等荣誉，被授予"人民英雄"国家荣誉称号。陈赛娟是中国工程院院士，发展中国家科学院院士，细胞遗传学和分子遗传学专家，长期致力于白血病发病机理与治疗研究，建立完整的细胞和分子遗传学技术，获得过全国创新争先奖，领衔的"临床血液学"课程被评为国家级精品课程。李兰娟是中国工程院院士，浙江大学医学部教授，感染病（传染病）学家，是中国人工肝开拓者，国家传染病重点学科带头人。其主要从事传染病临床、科研和教学工作，擅长各类肝炎、感染性疾病、新发突发传染病诊治，尤其是肝衰竭、病毒性肝炎、肝病微生态研究，曾获得第二届全国创新争先奖、第十一届光华工程科技奖工程奖、第九届谈家桢科学奖临床医学奖等荣誉。陈化兰是中国科学院院士，中国农业科学院哈尔滨兽医研究所研究员、博士生导师，动物传染病及预防兽医学专家，研究方向为禽流感病毒跨种属感染及其致病性的分子遗传

---

① 国家统计局社会科技和文化产业统计司编《中国妇女儿童状况统计资料 2022》，中国统计出版社，2022，第 78~79 页。

与分子致病机制。曾获得第二届中国青年女科学家奖、中国青年五四奖章、世界杰出女科学家奖等荣誉。乔杰是中国工程院院士，美国人文与科学院外籍荣誉院士，医学博士，教授，生殖医学专家，多年从事妇产及生殖健康相关临床与基础研究工作，优化辅助生殖技术方法，提高疑难不孕患者治疗成功率，提高妊娠成功率。庄小威是中国科学院外籍院士，美国国家科学院院士、美国艺术与科学学院院士，哈佛大学化学与化学生物、物理学双聘教授，生物物理学家，主要研究发展和使用单分子生物学及生物成像技术以及超高分辨生物成像技术，用以研究体外及活细胞中生物分子及其分子组装过程，曾获2018科学突破奖之生命科学突破奖、科学家奖等荣誉。袁钧瑛是中国科学院生物化学与化学交叉研究中心主任，分子生物学家，美国艺术与科学学院院士、美国国家科学院院士、哈佛大学医学院细胞生物学系终身教授，主要从事细胞死亡机制的研究，是世界细胞死亡研究领域的开拓者之一，是世界上第一个细胞死亡基因的发现者，为世界细胞凋亡研究领域奠定了研究基础。2022年"最美科技工作者"范代娣，是西北大学化工学院院长，也是中国生物制药领域极难化学合成医药用分子生物制造领域知名专家，主要从事大分子蛋白和四环三萜类物质的生物制造。她坚持开展重组胶原蛋白及人参皂苷生物制造的基础理论、关键技术、工程化、产品化多个层面研究，在重组胶原蛋白制造领域取得重要突破。她的贡献主要是针对动物胶原蛋白存在病毒感染风险及免疫原性问题，在国际上首次发明了与人胶原蛋白免疫原性及功效相当的可用于临床的重组类人胶原蛋白品种，并建成中国首套自主生产线，填补了国内外无病毒隐患的低免疫原化的胶原蛋白的空白。目前无论是生物医药用蛋白品种还是高活性天然产物的生产，其关键核心生产技术均被国外垄断，开发该类国际前沿的、具有我国自主知识产权的发酵生产及分离体系意义重大。她以第一完成人获国家技术发明奖二等奖1项、中国专利金奖1项、省部级科学技术奖一等奖4项，获陕西省最高科学技术奖、全国首届创新争先奖、侯德榜化工科技成就奖等。获授权发明专利117件，实施40件，医用产品注册证14件，行标及团标3项，发表论文450篇，出版专著及著作8部。

4. 航天科技领域女性科技人员的突出成就与精神风貌，充分彰显了新时代中国航天强国伟大梦想的巾帼之志

航天科技领域的女性科研人员为新时代航天事业发展做出了杰出贡献，从女院士到遨游太空的巾帼英雄，再到默默无闻在大山大海中奉献青春的航天女性群体，坚持为中国式现代化进程的航天科技拼搏奋进。在航天领域做出卓越贡献的女科学家很多，以两位女院士、一位女科学家为例。中国工程院院士江碧涛，是航天遥感领域的学术带头人之一，是多星传感器协同探测与应用技术的主要开拓者，为维护国家主权、安全与发展利益做出了重要贡献。中国工程院院士苏东林，是电磁场与微波技术专家，北京航空航天大学电子信息工程学院教授、博士生导师，2006年创立北京航空航天大学"电磁兼容与电磁环境"学科，2020年获得第二届全国创新争先奖。北斗的建成，改变了全球导航卫星系统竞赛格局，标志着中国成为继美国、俄罗斯之后，第三个独立拥有全球卫星导航系统的国家。它可以在全球范围，全天候、全天时提供高精度、高可靠的定位、导航、授时服务，是中国的"国民命脉"。北斗的建成与应用是对中国科技硬实力的加持。北斗成功的背后，离不开无数北斗人漫长科研道路上的努力与付出。中国科学院导航总体部副总工程师徐颖便是其中之一。在成为北斗人的15年里，她既见证了北斗的建设发展，也用自身经历证明"没有不适合做科研的性别，只有不适合做科研的人"。2007年还在读研时徐颖就与北斗结缘，工作后曾作为北斗试验系统分系统主任设计师参与重大专项，承担了更多前沿性重要课题和北斗应用相关课题。项目期间，她带队攻关完成国内首个基于低轨卫星的北斗信号增强技术试验，指标达到"国内领先水平"，让看似不可完成的目标一步步成为现实。作为年轻的博士生导师和"科普中国"形象大使，她用实力和成就，改变着大众对女性科研工作者的刻板印象，并鼓励更多的年轻人大胆逐梦，将个人追求与时代发展结合，完成自我获得与社会价值的双重实现。遨游太空的航天巾帼是新时代航天科技事业的英雄。刘洋是中国首位进入太空的女航天员，是一位不忘初心、牢记使命、献身崇高事业的时代先锋，是探索宇宙、筑梦太空、建设航天强国的标兵模范。曾任全国妇联兼职副主席，中国人民解放军航天员大队特级航天员，大校军衔，第十二届全国人大代表。

2013 年当选为 2012 年中华儿女年度人物，2018 年被中宣部授予"时代楷模"荣誉称号，2020 年被国家航天局聘为"中国航天公益形象大使"，2023 年荣获党中央和国务院颁发的"二级航天功勋奖章"。2022 年 6 月 5 日，神舟十四号载人飞船成功发射，刘洋等 3 名航天员驾乘飞船顺利进入天和核心舱，在轨驻留期间进行了 3 次出舱活动，开展了一系列空间科学实验与技术试验，6 个月后安全返回。神舟十四号载人飞行任务，是空间站在轨建造以来情况最复杂、技术难度最高、航天员乘组工作量最大的一次载人飞行任务，首次实现两艘载人飞船同时在轨、两组航天员在轨轮换，创造了货运飞船与空间站交会对接最快世界纪录，为空间站后续建造和运营奠定了坚实基础，标志着中国航天事业高水平科技自立自强迈出了新步伐，加快建设航天强国实现了新突破，提升了国家综合国力和民族凝聚力。王亚平是中国人民解放军航天员大队特级航天员，第十三届全国人大代表，第十三届全国青联副主席，现任全国妇联兼职副主席，中国航天公益形象大使。2013 年 6 月，王亚平执行神舟十号载人飞行任务，第一次将课堂搬上太空，成为中国首位"太空教师"，获得了"最美太空教师"称号。2021 年 10 月，她重返太空执行神舟十三号载人飞行任务，先后 2 次太空授课，受到广大青少年欢迎和喜爱。王亚平说："太空授课为孩子们播种了梦想，也为我指明了奋斗的方向。我将竭尽所能，把太空科普教育与航天事业融为一体，继续当好青少年的'太空教师'。"从天宫一号到中国空间站，中国载人航天工程的发展始终与科普教育紧密相连，"天宫课堂"更是成为传播太空知识、播种航天梦想的重要平台。2021 年 12 月 9 日，王亚平和神舟十三号乘组的另两名航天员翟志刚、叶光富一起为青少年带来一堂奇妙的太空科普课，生动介绍展示了空间站工作生活场景，演示了微重力环境下神奇物理现象，讲解了实验背后的科学原理。航天领域还有许多坚持在大山大海里的科技女性。在西昌卫星发射中心有一个航天巾帼群体，她们坚定航天报国志向，坚定航天强国信念，扎根深山海岛，把最美的青春年华献给了祖国航天事业，彰显了新时代巾帼不让须眉的精神风貌。张润红是中国首位女性发射阵地指挥员。10 多年来她把自己"嫁"给了祖国的航天事业，奉献了自己的青春年华。"有梦想谁都了不起，有勇气就会有奇迹！"长征运载火箭在西昌发射场的一飞冲天，见证着张润红的初心使命和中国航天事业的茁壮成长。戴昱彤是西昌卫星发射中心舍小家为大家的技术骨干，10 余年来兢兢业业工作，一忙起来就忘记了家里的一切。何京江是发射场的"数据女王"，大学毕业就来到了西昌卫星发射中心，在黄金年华选择到与世隔绝的地方挥洒汗水，从嫦娥一号到嫦娥五号，她深耕航天测控数据处理和大数据研究领域数十载。1996 年出生的周承钰，是文昌航天发射场嫦娥五号探月任务连接器系统指挥员，也是文昌航天发射场首个"95 后"分系统女指挥员，先后担任连接器系统配气台操作手、工作站操作手、箭上操作手，经历了 3 次火箭发射任务，轮转完全部岗位，才从操作手成为指挥员。"90 后"通信人徐娟，人送外号"大力"，是西昌卫星发射中心西昌指控中心的一名助理工程师，在常人眼里"理工男"工作对"大力"而言总是信手拈来。她说："网络通信是连接万物的奠基石，它与新时代的新科技、新技术相辅相成，为航天通信保驾护航是新一代青年的责任与担当！"在文昌航天发射场，有一位牧星逐月，将火箭飞行状态展示于荧屏，将青春献给航天事业的女航天人，她是文昌指控中心指挥显系统的张露。2014 年，张露积极响应建设文昌航天发射场的号召，从西昌调往文昌。从测发岗位来到测控系统，可以说要从头学起。新的岗位需要掌握各种软件和编程语言，对数学专业毕业的她来说可是个陌生领域。有人说女性就应该找个清闲点的工作，这种需要熬夜的岗位，就更不适合了。可张露偏偏不这么认为。"男人女人都是人，男人能做的工作，女性一样也能做好！"熟练更换服务器电池，细致进行设备维护，是许迎春的日常工作。研究生毕业后，许迎春怀揣着对航天事业的憧憬，毅然来到西昌卫星发射中心，甘愿在祖国西南大山奉献青春年华。学航空宇航出身的她因岗位需要抱起了从没接触过的计算机编程来"啃"，短时间就掌握梳理了有几千行代码量的软件，还发现了软件漏洞。面对像服务器这样的"大家伙"，在"万人一杆枪"的事业中，她和无数女性科技人员一道用肩膀扛起了新时代航天人的重任，用勇气和智慧挑战不可能。①

---

① 黄国畅、何东益、彭海洋、董海龙：《大山大海里的航天巾帼》，中国军网，2021 年 3 月 9 日，http：//photo. china. com. cn/2021-03/07/content_ 77281090. htm，最后检索时间：2023 年 11 月 14 日。

5. 航海领域女性科技人员状况与优秀巾帼代表，充分彰显了新时代中国航海科技领域"半边天"力量的样貌

新时代以来，国家采取了诸多措施确保女性海员公平就业，如在航海院校海员招生、海员培训和考试等方面给予女性同等待遇，并要求从事海员健康检查的医院、体检机构必须设立妇科，保障女性海员权利。向海而兴、巾帼担当。航海通常被认为是男人的世界，女性进入航运业是少见现象，但这个微小比例正在稍稍发生改变。现在全国注册女海员超过 4 万人！"船上工作性别平等"不再只是畅想，"赋予海事界女性权利"不再只是口号。事实证明，女性可以在航海事业中干出一番天地！航海领域巾帼同样不让须眉。2022 年"最美科技工作者"唐立梅是自然资源部第二海洋研究所副研究员、中国首位大洋深潜女科学家、首位同时兼具大洋与南极科考经历的女科学家。2013 年乘"蛟龙"号探海、2017 年搭"雪龙"号"破冰"，西北太平洋深处海底神奇绚烂的景象深深震撼了唐立梅。探海归来后，她积极普及科学知识，把自己深潜的经历讲给孩子们听，让更多的儿童、青少年认识海洋、爱上科学。全国人大代表、2023 年中国军校形象代言人朱悦萌是一名航母舰员，2015 年研究生毕业。她唯一的目标就是到航母上去！仅用半个月就通过了上舰资格认证。寒来暑往的 8 年，她和战友们坚守战位，为战舰破浪前行、战鹰高空翱翔提供坚实保障，亲历了中国航母挺进深蓝、跨越发展的强军历程和首次穿越宫古海峡开展远海训练、舰载机首次夜间着舰。女青年科学家论坛引领海峡两岸暨香港、澳门共绘海洋强国蓝图。2021 年 10月，以"海洋资源调查、环境保护与生态修复中的她力量"为主题的海峡两岸暨港澳青年女科学家论坛在南方科技大学举行，吸引了来自中国科学院海洋研究所、自然资源部第二海洋研究所、北京大学、复旦大学、厦门大学、香港大学、澳门大学、台湾大学等海峡两岸暨香港、澳门高校院所百余位海洋领域青年女科学家和学者线上线下积极参与，她们围绕海洋资源、环境与生态领域中的前沿交叉科学问题展开交流。论坛聚集了海峡两岸暨港澳海洋资源及生态环境领域学术影响力大、对国家贡献多的顶尖女科学家，共聚一堂为建设海洋强国献计献策，共绘海峡两岸海洋强国蓝图，促进大湾区

海洋生态环境健康发展。

6. 国防科技领域的优秀女性科技人员，是千千万万奋战和奉献在国防科技领域女性的典型代表

新时代，国防科技领域的优秀女性科技人才层出不穷，她们是建设国防的巾帼人才和杰出女科技工作者代表。限于该领域不易收集资料，仅就收集到的典型人物列举一二。"最美科技工作者"是科学家精神的杰出践行者。2022 年"最美科技工作者"陈章，是南京熊猫汉达科技有限公司项目总师、总体室主任，是一名 35 岁的青年高级工程师，是致力于国防通信建设的巾帼女将。2012 年研究生毕业后，她怀揣着"为推动国家进步做贡献"的坚定信念投身国防通信业，逐步成长为卫星通信及数据链研究开发技术带头人，参与研制了中国首个全自主研制的移动卫星通信系统，作为项目组核心成员主持攻克了多项难题。"献身科研与国防，不负韶华逐梦报国"是她的奉献理想。她的重要贡献是牵头攻克了核心技术产业化难关，原创了多款产品设备，整体创造经济价值预计超千亿元。西部战区空军航空兵某师特级飞行员陈金兰，是空军首位胜任全课目教学、全天候遂行多样化军事任务的运-9 飞行教官和该师唯一的女机长，全国人大代表。她目前安全飞行 7000 余小时，通飞运-9、运-20 两型运输机。成为运-20 机长以来，陈金兰充分发挥"双机型互飞通飞"优势，将运-20 先进的操纵理念与标准化飞行程序带到运-9 飞行教学中，帮助学员更好更快更安全地攻克高难课目，提升部队多任务集成能力。她常对学员说："战场上没有男女之分，跨进座舱，就是一名战斗员。"2022 年为提升机组在无指挥引导、无地面标识、无气象资料条件下的空投作战能力，陈金兰所在部队开展比武竞赛，多个机组围绕精准空投、精准着陆等课目展开激烈角逐。最终她带领的运-9 机组创下精准空投误差最小纪录。积极为全国两会建言献策，她就长期关注的"如何加速培养打仗型战略投送人才"话题提交议案。她说："建设强大空中战略投送力量，必须瞄准智能化、信息化、联合化等特点，拓宽选拔培养渠道、加速人才队伍梯次建设，聚力打造适应未来作战需求的人才队伍。"

7. 信息技术领域女性科技人员发展状况与典型代表，折射新时代中国信息化技术飞速发展中的巾帼力量

随着中国信息技术产业蓬勃发展，越来越多女性科技人员奋战在信息技术各领域，软件企业、硬件企业、信息技术服务类企业都有她们奉献的身影。2022年信息技术领域企业调研数据显示，本科及以上学历占比达到84.5%，其中女性占比为21.49%，女硕士及以上占比为5.75%。信息技术服务业女性占比为28.34%，软件业女性占比为22.12%。高技术女性科技人才不断涌现，有许多优秀的女科学家，如中国科学院院士黄如、乔红、刘明、姜杰、杨芙清、吴德馨、顾瑛、郑婉华等，中国工程院院士江碧涛、苏东林、陈左宁等。还有年轻的女科学家或未来的女科学家。王小云是清华大学"杨振宁讲座"教授，第十三届全国人大代表，中国致公党中央委员，中国科学院院士。王小云教授长期在一线从事密码理论及相关数学问题研究。在密码分析领域，她提出了密码哈希函数的模差分比特分析理论，破解了包括MD5、SHA-1在内的5个国际通用哈希函数算法；将比特分析法进一步应用于带密钥的密码算法包括消息认证码、对称加密算法、认证加密算法的分析，给出系列重要算法HMAC-MD5和MD5-MAC等分析结果。她主持设计的密码哈希函数SM3，在金融、交通、国家电网等重要经济领域广泛使用，成为国家密码算法标准，也被纳入国际标准ISO/IEC最终标准草案。王小云为国家航天重大工程专门设计了两个加密算法，为保护国家重要领域和重大信息系统安全做出了重大贡献，曾获国家自然科学奖二等奖、陈嘉庚科学奖、求是杰出科学家奖、全国创新争先奖、网络安全杰出人才奖、中国密码学会密码创新奖特等奖、苏步青应用数学奖和中国青年女科学家奖等。贺玉玲是航天科技集团五院原子频标领域首席专家、五院西安分院原子钟产品首席专家，以她为技术带头人的"星载高精度时频技术团队"荣获2023年第十八届"中国青年女科学家团队奖"。贺玉玲带领的团队平均年龄只有40岁，是由量子物理、卫星导航、微系统、工艺技术等领域优秀女性科研人员组成的青年团队，深耕星载高精度时频基础与应用技术领域，挑起了新一代导航重大关键技术攻关项目重担，对国产星载铷钟的研制做出巨大贡献。贺玉玲从学生时代就参与原子钟的研究，博士毕业后入职航天科技集团五院西安分院，用近 20 年时间与"时钟"打交道，日出日落、寒来暑往，只为打磨一颗准确而稳定的铷原子钟，不断提高中国北斗导航卫星的定位精度。相比世界上最精准的腕表每年误差 1~2 秒，如今的北斗导航卫星上搭载的高精度铷钟 300 万年才误差 1 秒。原子钟是北斗导航卫星的"心脏"，若存在十亿分之一秒时间误差，会产生 0.3 米测距误差，卫星时间如有偏差会严重影响导航定位精度。[①] 陕西诺维北斗信息科技股份有限公司的三个创始人都是女性，员工中女性占 40%，中层基本都是女性。董事长王蓓蓓认为，诺维北斗连续 10 年被评为中国北斗产业 50 强之一，离不开女性的力量，她说："在科技创新中，女性的激情和活力一旦被激发，就一定能够做到不断向前、出类拔萃。"2008 年，27 岁的王蓓蓓有感于民用导航的巨大潜力，萌生让北斗卫星应用真正走进寻常百姓家，让更多国人享受到北斗带来的便捷生活，她决心一搏，从北斗卫星导航某航天研究所辞职创立了诺维北斗，主要从事北斗卫星应用系统各类产品的研发和生产，在航天测控装备、智能弹药、军用智能雷达产业化方面取得重大突破，多款军用型号产品已实现列装……诺维北斗一系列"硬核"产品背后，离不开诸多肯吃苦、敢担当、能创新的科技女性。近年来，公司研发成果获评"中国卫星应用服务解决方案大赛最佳方案奖"、陕西省首届女性创业创新大赛数据科技产业组一等奖、首届西安女性创新创业大赛科技创新组一等奖等。辛晓平是中国农科院农业资源与农业区划研究所研究员、博士生导师，呼伦贝尔草原生态系统国家野外科学观测研究站站长，主要从事草地生态学、遥感与信息技术应用等研究。20 多年来，她坚持扎根草原监测第一线，在广阔无垠的大草原上奔跑 17 万公里，相当于绕地球赤道 4 圈多。她带领团队创建了国际先进的数字牧场技术体系，草原监测精度提高至 90%，填补了中国草甸、草原研究的空白。

---

① 宋皓薇：《贺玉玲：一颗中国心，呵护北斗"心"》，澎湃新闻百家号，2023 年 4 月 23 日，https://m.thepaper.cn/baijiahao_ 22817069，最后检索时间：2023 年 6 月 14 日。

8. 乡村振兴中的女科技特派员，在促进农业农村现代化进程中支持帮助农民增收致富做贡献

2022年，中组部、科技部等6部门印发《关于向国家乡村振兴重点帮扶县选派科技特派员的通知》，要求以"一县一团"方式向160个国家乡村振兴重点帮扶县选派科技特派团，支持一批女科技特派团成员深入基层，充分发挥其在实施乡村振兴战略中的重要作用。科技特派员制度发源于福建南平，是习近平总书记在福建工作时深入总结基层实践、科学深化提升、大力倡导推进的重要农村工作机制创新。科技特派员一头连着科技创新，一头连着生产实践，为农业农村现代化注入了强大动力。《中共中央 国务院关于做好2023年全面推进乡村振兴重点工作的意见》指出"更好发挥科技特派员产业帮扶作用"。2014年以来，科技特派员制度第10次写入中央一号文件。2013年，全国妇联、科技部公布了首批"全国巾帼科技特派员"，2014年举办全国巾帼科技特派员研修班，组织致富带头人、"土专家"、"田秀才"解读新政策，学习新农经。科技特派员制度带出了一批懂技能、留得住的女科技特派员，她们在全国乡村振兴中赓续接力、扎根乡村、争当头雁、振翅领飞，一批批"茶教授""竹博士""菌草研究员"做给农民看、带着农民干、帮着农民赚，催生出一个个"茶叶村""竹子乡""菌草镇"，让乡村创新活力迸发。2021年，贵州女科技特派员田雪梅先后为贵州省安顺市紫云苗族布依族自治县、山东省临沂市兰陵县、山东省青岛市即墨区、山东省青岛西海岸新区、山东省滨州市邹平县等地培养了1000多名学科技的女农民。甘肃酒泉种植户尤淑玲说，因为女科技特派员教会了她科学选种、施肥技术，才实现豇豆品质的年年提升。2022年初春，福建省武夷山市迎来了一批女科技特派员，她们的任务是实地考察当地乡村文旅及农业产业情况，并导入社会资源。福建女科技特派员黄盛敏和她的团队，在打造乡村示范点、创新N+1科技特派员综合服务、打造"科特派·新知青"等行动中越干越勇。作为科技特派员制度的创新项目，2021年9月全国"巾帼科技助农直通车"进乡村活动启动，各地妇联积极跟进，依托"巾帼科技助农团""科技工作者协会"等，通过送课下乡、集中培训、田间指导、集市咨询、

网络直播等方式，为农村妇女常态化学技术提供专业培训。截至 2023 年上半年，全国累计开展巾帼助农活动 1200 多期，服务妇女 35.72 万人次。2021 年，福建省五级妇联在全国首创"碳汇+女科技特派员联盟"，联动科技、农业农村等有关部门，汇集省级巾帼科技特派员，为农村提供源源不断的智力支持。联盟成员通过"课堂教学+基地实训+互动交流+线上直播"方式，向农村妇女开展农林绿色发展、生态治理、高效节水等实用技术培训 1085 期，4.8 万多名妇女参训，带动农村妇女懂科技、用科技，助力培育可持续、可循环的绿色经济发展模式。[①]

二　国家和地方支持女性参与科技强国建设
政策措施的回应性分析

"实现性别平等，增强所有妇女和女童的权能"是联合国 2030 年可持续发展议程的 17 项主要目标之一。新时代以来，在科技领域推动实现性别平等，支持女性科技人才在科技创新中发挥更大作用成为全社会共识，也成为中国贯彻男女平等基本国策的典型案例。政策是促进女性科技人才发展与发挥作用的重要手段和基础工具，是促进女性科技人才成长的直接动力，是助推青年女科学家积极成长的重要举措。

（一）国家层面的政策措施及其成效分析

进入新时代的 2011 年和 2023 年，国家先后制定出台了两波促进女性科技人才发展的政策，使女性参与科技强国建设的政策环境更加优化，女性科研人员受到极大鼓励，得到积极支持，促进了更多女性有愿望、有信心、有决心学习科学和从事科学技术研究，为国家科技强国建设做贡献的巾帼力量显著增强。

[①] 《五级妇联精准联动 科技助农直通田间地头》，网易，2022 年 8 月 6 日，https://www.163.com/dy/article/HE4FTGMF0514JETS.html，最后检索时间：2023 年 6 月 15 日。

2011 年第一波政策是在突破推动女性高层人才发展背景下出台的，即 2011 年科技部和全国妇联制定出台的《关于加强女性科技人才队伍建设的意见》（以下简称 2011 年《意见》），以及国家自然科学基金委员会出台的系列政策，主要目标是推动更多高层次科技女性人才发展。第二波政策是在国家大力实施科技发展战略与全面三孩政策背景下出台的，即 2021 年 4 月全国妇联与科技部等 7 个部门制定出台的《关于实施科技创新巾帼行动的意见》、2021 年 6 月科技部与全国妇联等 13 个部门共同研究制定实施的《关于支持女性科技人才在科技创新中发挥更大作用的若干措施》（以下简称 2021 年《若干措施》），主要目标是推动更多女性科技人员参与科技创新发展，促进科技强国建设。第二波政策的后续跟随政策是为青年女性科技人员减轻负担而设计的，即 2022 年 7 月，科技部等 4 部门联合发布《关于开展减轻青年科研人员负担专项行动的通知》和国家自然科学基金委员会公布的从 2024 年起女性科研人员申请国家杰出青年科学基金项目放宽年龄限制的建议。两波政策的出台实施均体现了以调研为支撑的政策倡导和以问题为导向的现实需求。从政策内容看，两波促进女性科技人才发展的政策之间既有延续性和拓展性，也有不同的时代性和侧重点，反映了与时俱进的政策特征和时代要求。第一波政策更多体现了男女两性平等发展理念背景下突出推动高层次女性科技人才发展，重点培养女性科技领军人才，探索性和示范性更强。延续的第二波政策更多体现了在坚持性别平等、机会平等原则下男女平等发展包容理念下政策引领的方向性和覆盖面，更大程度上体现了科技女性群体发展的现实导向性和引领推动性。

1. 2011 年《意见》出台背景、导向特征与直接成效

2011 年《意见》是围绕人才实施强国战略需要与科技女性高层次人才不足现实问题推出的支持性政策，理念是探索性和示范性促进科技领域的性别平等，重点是培养女性科技领军人才，促进女性高层次人才成长。

（1）政策出台背景。改革开放后，虽然女性科技人才队伍不断壮大，但女性科技人才总量不足和女性高层次科技人才数量偏少问题突出。在 2009 年多部门联合调研基础上，2010 年在国家层面启动了科技部国家软科

学研究计划支持的"女性高层次人才成长状况研究与政策推动项目"。项目宗旨是围绕国家人才强国战略总体部署，探索女性高层次人才特别是管理和科技领域女性人才成长规律，项目实施的程序是边调研、边论证、边争取政策，先后向相关部门和单位分别提出政策建议。如向国家自然科学基金委员会提出了"发挥国家自然科学基金作用，促进女性人才成长的政策建议"，向教育部等部门提出了"促进科技领域女性后备人才成长的政策建议"等。

（2）政策导向特征。2011年《意见》指出："'十二五'时期，要以科学发展观为指导，在全社会营造支持女性人才发展的制度环境，增强妇女投身科技事业的意愿和能力，扩大女性在科技领域的就业和发展机会，使我国女性科技人才总量持续增长，科技创新能力显著增强，女性在科技发展和管理决策中的地位明显提高。"

（3）政策成效显著。首先是积极推动了各部门、国家规划和妇女专项规划重视女性科技人才成长、出台专项政策、提出目标任务。推动国家自然科学基金委员会率先出台了培养和扶持女性科研人员的一揽子政策措施。国家"十二五"发展规划纲要、《中国妇女发展纲要（2011—2020年）》都对女性科技人才发展提出相关目标要求。2015年，中组部、人力资源和社会保障部印发《关于机关事业单位县处级女干部和具有高级职称的女性专业技术人员退休年龄问题的通知》重申自2015年3月1日起，党政机关、人民团体和事业单位中具有高级职称的女性专业技术人员年满60周岁退休。教育部将"女性高层次人才成长规律和发展对策研究"列入社会科学重大课题攻关项目，探索设立"鼓励支持理工科女生发展的专项计划"、在高等院校合作建立性别研究学科基地等。中国科协采取措施增加科协所属各全国学会领导层中的女性比例，推动在科技奖项评选中放宽对女科技人员的年龄限制。有关部门和科研单位围绕女性人才成长开展了各具特色的相关扶持政策。中组部实施了"国家高层次人才特殊支持计划"，将自然科学、工程技术领域的"青年拔尖人才计划"女性申报年龄上限设定为37周岁（男性为35周岁）。中国科协协商中组部、人力资源和社会保障部同意将中国青年女科学家奖的候选人年龄放宽至45周岁（男性不变）；设立颁发中国青年女科学家奖，推荐优秀女性科技人员参与"世界杰出女科学家成就奖"评选，推荐未来女科学家计划入选者参与"世界最具潜力女科学家奖"评选。2015年，中国科协印发的《关于发挥全国学会作用促进女性高层次科技人才成长的通知》要求，提高学术团体理事会及常务理事会中女性高层次科技人才任职比例，设立女科技工作者委员会，发挥科技协会在促进女性科技人才成长方面的组织保障作用。2015年，全国妇联发起的"科技创新巾帼行动"，以加大科技研发投入为目标，推出了女科协、女企业家组织等与金融、投资人士交流合作的新举措，加快了女性科研人员科技成果的进一步转化。其次是促进了女性科技人才的快速成长。女性申请/获得科研项目资助、参与科研资助决策的比例明显提高，女性融入科学共同体的机会增多，获得社会认可的机会增加，涌现出陈化兰、谢毅、赵卫红、曹淑敏、颜宁等一批优秀女性科技人才，她们是在禽流感病毒研究、新型能源材料和"复兴号"高铁研发、移动通信技术、结构生物学研究等前沿科学技术领域崛起的中青年女科学家，引领科技创新发挥"半边天"带动作用的典型代表。总之，第一波政策的覆盖面虽然小，但直接成效非常明显，也成为中国科技领域贯彻男女平等基本国策的首创成功案例。

2. 2021年《若干措施》的出台背景、导向特征与直接成效

为落实国家"十四五"规划纲要目标，更好助力国家从科技大国向科技强国的战略性转变，充分调动女性科技人员的聪明才智，解决其发展中的困境与障碍，国家有关部门联合行动进一步推动女性科技人才全面发展。

（1）2021年《若干措施》出台背景

十年来，全国女性科技人才队伍规模虽然逐步扩大、结构不断优化、能力显著提升，在基础理论、应用技术、工程实践等各个方面做出了杰出贡献，充分彰显出了巾帼力量。但从总体上看，高层次女性科技人才仍然缺乏，女性科技人才在职业发展中仍面临诸多瓶颈，专项支持女性发展的政策显然不足，科技创新中的"半边天"作用尚未得到充分发挥。2020年4月，全国女性科技人员专题座谈会召开后，国务院妇女儿童工作委员会办公室结合编制《中国妇女发展纲要（2021—2030年）》，召开了全国各个层面和

各行业女性科技人员参加的座谈会广泛听取意见，组成专题组综合研究女性科技人才发展现状，分析制约女性科技人才成长发展的困境障碍，梳理国内外促进女性科技人才发挥作用的有益经验，委托中国科协创新战略研究院对2011年《意见》进行专项评估，结合北京、天津、陕西等省（市）女性科技人才研究报告，形成了综合性政策建议，为出台新政策提供了决策的基础依据。2021年8月，全国妇联协同7部门共同出台了《关于实施科技创新巾帼行动的意见》，从强化责任担当、弘扬科学家精神、矢志不移和自主创新等8方面做出具体规划。同月，全国妇联制定实施的第一部《"十四五"时期妇联事业发展规划》，首次提出为女性科技人才发展提供支持服务的主要目标，特别强调保障女性科技人才平等参与科技项目、科技决策和管理等支持性举措。《关于实施科技创新巾帼行动的意见》和《"十四五"时期妇联事业发展规划》是凝聚女性科技力量奋斗新征程的重要举措，开启了新时代支持女性科技人才发展的部门行动计划。同年9月，科技部、教育部等13部门联合印发的2021年《若干措施》坚持"性别平等、机会平等"原则，从培养高层次人才、创新创业、评价激励机制、孕哺期科研工作、后备人才培养、基础工作6方面提出16条具体政策措施，成为新征程全面广泛促进女性科技人才发展的又一红利政策。

（2）政策导向特征

2021年《若干措施》提出："为进一步激发女性科技人才创新活力，更好发挥女性科技人才在推动创新驱动发展、实现高水平科技自立自强、建设世界科技强国中的重要作用"，制定实施若干措施。强调要"深刻认识支持女性科技人才在科技创新中发挥更大作用的重要意义"，指出在"十四五"和今后相当长时期内，要坚持性别平等、机会平等，为女性科技人才成长进步、施展才华、发挥作用创造更好环境，支持女性科技人才坚持"四个面向"，不断向科学技术广度和深度进军，努力造就一批具有世界影响力的顶尖女性科技人才，为建成世界科技强国做出新的更大贡献。可以看出，该政策导向明确，要求在科技发展领域坚持性别平等、机会平等的理念，推动解决女性科技人才发展的瓶颈问题，全面促进女性科技人才发展成长。

（3）政策成效显著

2021年《若干措施》出台时日尚短，只有两年时间，其直接效应须假以时日才能凸显。但间接效应非常明显，它的出台直接带动了各部门、地方和科研单位出台相关措施，支持女性科技人才发展的政策普遍开花。在国家层面，2021年《中华人民共和国科学技术进步法》修订，增加了支持女性科技人才发展的内容，即"各级人民政府和企业事业单位应当完善女性科学技术人员培养、评价和激励机制，关心孕哺期女性科学技术人员，鼓励和支持女性科学技术人员在科学技术进步中发挥更大作用"。2022年7月，科技部等4部门联合发布《关于开展减轻青年科研人员负担专项行动的通知》，对孕哺期女性科研人员开展科研工作提出多项保护措施，鼓励有条件的科研单位通过实行弹性工作制、建设母婴室、提供儿童托管服务等方式，为孕哺期女性科研人员开展科研工作创造条件；在考核评价、岗位聘用等环节对孕哺期女性科研人员适当放宽期限要求、延长评聘考核期限。2023年7月，国家自然科学基金委员会通过了关于进一步加强对女性科研人员支持的建议，明确从2024年起女性科研人员申请国家杰出青年科学基金项目的年龄限制，由45周岁放宽至48周岁。此前，国家自然科学基金采取了同等条件下"女性优先"、允许孕哺期女性延长项目周期、提升女性专家评审参与度等措施，特别是放宽女性申请青年科学基金项目、优秀青年科学基金项目的年龄限制，为更多女性科研人员获得项目资助、开展基础研究提供了政策支持，进一步解放了因年龄而"冗余"的女性科研生产力。2023年再次明确放宽女性科研人员申请国家杰出青年科学基金项目年龄限制，是落实2021年《若干措施》的又一利好政策，为培养造就更多女性科技领军人才提供有力支撑，使更多女性科研人员不受年龄限制掣肘，有更多机会在科学领域发挥聪明才智，让更多女性科技人员能够凭借自身沉淀和积累释放科研潜能，勇做科研路上的孤勇者，为科技强国建设做贡献。2021年《若干措施》出台后，全国各地陆续出台相关政策，截至2022年7月，全国各省（市、区）普遍出台了相关积极政策，一些地级市和科研单位也紧随其后，拿出具体办法支持女性科技人才发展，大力支持女性科技人才创新创业。同时，全国省级女科技工作者协会纷纷成立，目前已有 22 个省（区、市）成立女科技工作者协会。一些地级市和学会也成立了女科技工作者协会，如中国物理学会、中国化学学会、中国海洋学会、中国计算机学会等 7 个研究协会相继成立了女科协组织。第二波政策覆盖面大，政策引导效果显著，在促进女性科技人才发展方面的直接效果随着政策落地将会显现更多成果。

（二）地方政策措施的主要内容、基本特征及成效分析

2021 年以来，各地纷纷出台支持女性科技人才发展的政策措施，加强对女性科技人才的政治思想引领和专业技术培养，集聚资源倾斜支持培养科技人才及后备力量；建立有利于女性科技人才发展的长效机制，发挥创新主体作用；鼓励支持女性科技人员参与各类项目计划、重大课题研究，参与社会事务管理和民主决策；加大对优秀女性科技人才的典型培树和宣传力度，关注女性科技人员发展需求并帮助其解决后顾之忧等。这些政策既体现了中国式现代化进程中科技领域重视促进男女平等发展的方向性、时代性和引领性，也体现了科技领域发展的公正性、系统性和精准性，为最大程度促进女性科技人员参与科技强国建设提供了普遍的制度保障。

1. 地方政策措施的主要内容及目标要求

第一，加强对女性科技人才的思想政治引领，强化责任意识和使命担当。各地鼓励支持女性科技人才更好发挥作用的相关政策措施，极大重视对女性科技人才思想政治素养的培育。《科技创新巾帼行动——北京行动》提出，坚持思想政治引领、价值观引领，引领广大女科技工作者切实增强服务创新驱动发展的责任感、使命感、紧迫感。浙江省《关于鼓励和支持女性科技人才更好发挥作用的若干措施》指出，希望广大女性科技人才胸怀"国之大者"，增强责任意识，坚持"四个面向"，主动担当、积极作为。

第二，多措并举助推女性科技人才成长，积极凝聚"半边天"巾帼力量。各地政策注重对女性科技人才的大力培育，围绕培养造就高层次女性科技人才，提出推动女性科技人才在资源获取、决策管理、学术网络扩展和国际交流合作等方面的一系列实质性举措。北京、浙江、辽宁、陕西、贵州等

地方政策均提出大力支持女性科技人才承担重大科技项目的要求，鼓励支持女性科技人才申报各类人才项目、科技计划和重大课题，发挥女科技人才在科技活动组织、决策和咨询中的重要作用。浙江省《关于鼓励和支持女性科技人才更好发挥作用的若干措施》提出：省级科技计划项目执行同等条件下女性科研人员优先的资助政策，探索设立女科学家项目；鼓励有条件的科研单位设立女性科研人员科研专项；在省科技奖励工作中，鼓励提名女性负责人项目。《贵州省"科技创新巾帼行动"实施方案》提出：加大支持女性科技人才参与国际科技交流合作；积极配合国家留学基金委、外事办等部门做好支持女性科技人才申报因公出国（境）培训计划。

第三，优化女性科技人才发展的生态环境，探索建立有利于女性科技人才成长的长效机制。地方各类科技计划和项目申报等坚持"同等条件下女性优先"，这一原则性总要求是对女性科技人才发展的最大政策支持，是对科技领域男女发展现实差距的政策倾斜。《浙江省农业科学院关于支持女性科技人才发挥更大作用的若干意见》提出：女性科技人才主持的具有产业化前景的项目，在申请入驻浙江省农业科创园时，同等条件下给予优先支持；同等条件下女性科技工作者在职称评审和岗位聘任等方面给予优先考虑。陕西省《关于推进科技创新巾帼行动的实施方案》强调：在申报省级自然科学基金、社科基金项目中，放宽女性科研人员年龄限制；在青年人才托举计划、人才引进工程、工程科研类任务中，女性科技人才申报年龄放宽3岁。

第四，支持女性科技人才发挥创新主体作用，帮助女性科技人员解决后顾之忧。《科技创新巾帼行动——北京行动》提出：北京市科技企业孵化器、海外人才创业园等创业载体加大对女科技创业者的支持力度；推动科技成果在女企业家的企业落地转化，促进一批以女性为带头人的企业成为研发投入、技术创新、成果应用的主体，成长为科技创新型企业。《黑龙江省推进科技创新巾帼行动实施方案》规定，事业单位和国有企业要认真落实高级专家和高级职称女专业技术人员退休政策。年满60周岁的少数具有高级职称的女专业技术人员，因工作需要延长退休年龄的，执行高级专家退休有关政策。各地政策还积极聚焦女科技人员发展需求，提供养老、育幼、家政等平衡工作与家庭的公共服务，支持女性全身心投入科技创新工作。《陕西省关于推进科技创新巾帼行动的实施方案》规定，孕期、哺乳期女性科技人才在承担创新工程科研类任务、人才工程、岗位聘用等方面，可根据需要申请延期结题或延期考核评价，最长延期1年。

第五，推动建立各级女科技工作者相关组织，为促进女性科技人才发展提供有效服务。各地政策普遍提出要求建立女科技工作者协会或相关组织，引领服务女性科技人才发展。《贵州省"科技创新巾帼行动"实施方案》提出，建立贵州省科技创新巾帼行动领导小组，相关单位负责同志担任领导小组成员，有关处室主要负责人担任领导小组联络员。在女科技工作者较为集中的区域、领域、行业中加大妇女工作覆盖。省妇联、省科协、省科技厅、省教育厅、贵州科学院、省社科院、省农科院等单位和部门共同推动成立贵州省女科技工作者协会。《科技创新巾帼行动——北京行动》提出，加大对首都女教授协会、女医师协会、女企业家协会、女律师协会、女金融家协会等女性团体工作支持力度，开展各领域女科技工作者调研，及时集成女科技工作者需求，把握女科技工作者成长状况。成立北京女科技工作者协会，搭建党和政府联系女科技工作者的桥梁和纽带，加强与女科技工作者的紧密联系，促进女科技工作者队伍的成长与发展，引导女科技工作者深度参与首都科普工作、社会科普行动和国际科普交流等活动，支持女科技工作者深入乡村、社区开展科普志愿服务，提升女科技工作者在科技创新和社会发展中的作用和地位。

2. 地方政策措施的重要特征

各地出台政策前期积极开展专题调查研究，聚焦女性参与科技强国建设面临的突出问题和现实障碍开展实证性分析研究，因地制宜提出各地的解决方案，支持重点是向公共制度层面深度推进和普惠深入，畅通女性科技人才职业发展的路径，为女性科技人才发挥作用从制度层面创设公平公正环境，体现了政策措施的引领性、导向性、公正性、系统性和精准性。

第一，地方政策坚持以习近平新时代中国特色社会主义思想为指导，加强对科技领域男女平等和妇女全面发展的思想政治引领，体现了男女平等基本国策贯彻的时代性和性别平等理念落实的必要性。各地政策措施的制定实施，深入贯彻男女平等基本国策精神，在科技领域把男女平等发展与社会公平公正理念统筹推进，在公共政策制定中坚持同等条件下女性优先的差异性平等原则，既是对女性人力资源的深度挖掘和充分释放，又是新时代促进性别平等和妇女全面发展的现实需要和长远规划。各地政策注重男女两性之间的生理差异和现实发展差距，注重政策的倾向性和支持性，为女性科技人才发展提供了制度层面的公平发展机会，体现了科技领域性别公正的时代性要求和硬性目标。

第二，各地政策坚持同等条件下女性优先原则，体现了对女性科技人才成长发展的政策性方向引领，为女性科技人才参与科技强国建设提供了政策支持保障。地方以公共政策干预力量促进女性科技人才成长，体现了科技发展需要男女共同携手推进和性别平等理念深度贯彻在科技领域的方向性导向。政策具有的公共性、强制性和价值导向性特点，通过杠杆作用积极消除女性科技人才职业进程中的性别阻力和发展困境，进一步优化发展环境，支持女性科技人才在科技领域创新创业，并通过评价激励机制让女性科技人员增强社会责任感和科技强国建设的使命感，进一步发扬科学家精神，突破核心关键技术，为国争光、为民造福。

第三，地方政策提供全方位的多重制度保障，体现了较为完整的系统性和问题导向的精准性，为女性科技人才参与科技强国建设创设了更好的制度条件。各地政策紧密结合党和国家实施科教兴国、人才强国、创新驱动发展战略的总体部署要求，进一步贯彻落实科技部、全国妇联等 13 个部门《关于支持女性科技人才在科技创新中发挥更大作用的若干措施》文件精神，各地政策结合女性科技人才发展特点和现实需求，以充分激发女性科技人才创新活力为宗旨目标，积极探索本地科技创新巾帼行动的适合路径，政策的本土化、精准化和适用性比较突出，从决策咨询、交流合作、创新创业、人才政策等方面为女性科技人才提供全方位支持。地方政策以多种形式促进妇女参与科技创新发展，一方面助力消除落后性别文化观念在科技领域的性别阻碍对贯彻落实男女平等基本国策的影响，另一方面随着政策措施的深入推动和普遍促进，将会吸引更多女性参与到科技强国建设领域奉献巾帼力量。

3. 地方政策措施的实施成效

各地深入贯彻习近平总书记关于科技创新的重要论述精神，认真落实国家 13 个部门《关于支持女性科技人才在科技创新中发挥更大作用的若干措施》要求，推动地方政策落地落实取得了积极成效。

第一，各地女科技工作者协会纷纷成立，引领支持服务科技"半边天"力量的组织发展取得新成效。截至 2022 年 6 月底，共有 22 个省（区、市）及多个地级市成立了女科技工作者协会等相关组织，这些组织成为新时代引领团结科技女性的坚强阵地、支持女性科技人才进步的发展平台、团结凝聚女性科技人才的重要载体。陕西省女科技工作者协会发展的首批 2236 名个人会员中，获博士、硕士学位的 1990 名，占比为 89%；有高级职称的 1811 名，占比为 81%。这些会员来自高校、科研院所、科技型企业、医疗机构等 216 家单位，分布于航空航天、新材料、先进装备制造、电子信息、医疗健康、资源与环境技术、农业科技、科技管理、科技金融等领域。新疆女科技工作者协会发展的首批 1257 名个人会员中，高级职称以上占比为 63%，硕士、博士学历占比为 49%，主要来自高校、科研院所、医疗机构及高新技术企业等。云南省女科技工作者协会发展的首批 192 名会员，来自全省各科研院所、高校、医疗机构及科技类企业，涉及生物医药、电子、生态环保、科技农业等领域。

第二，强化国家意识，厚植家国情怀，提升女性科技人员的思想政治素养取得新成效。各地以成立协会、举办会议、召开座谈会为载体，加强对女科技人员的思想政治引领，强化国家意识，厚植家国情怀，增强女性科技人员"创新科技、服务国家、造福人民"的责任感、使命感和荣誉感。天津市、内蒙古和新疆维吾尔自治区等地在成立女科技工作者协会的会议上，特别强调要以习近平新时代中国特色社会主义思想凝心铸魂，引领女性科技人员坚定拥护"两个确立"、坚决做到"两个维护"，始终在思想上政治上行动上同以习近平同志为核心的党中央保持高度一致。坐落于内蒙古的蒙草集团，积极落实国家和内蒙古自治区促进女性科技人才成长政策落地见效，建立了妇女之家，注重在日常党建工作中加强女科技人员的思想政治引领。目前集团女性科研人员占比超过了50%。

第三，以促进科技女性发展为主题的各种论坛应运而生，在彰显科技女性力量和社会影响力方面取得新成效。新时代新征程讲好巾帼创新故事，女科学家当仁不让成为主角。2022年以来，各地有关部门和单位举办了不同领域、不同行业女性科学家创新发展论坛，凝聚更多女性科技人才创新创业，为中国式现代化强国建设贡献巾帼力量。2022年8月29日，"2022浦江创新论坛首届女科学家峰会"在上海举行，海内外科技领域女性精英共话参与全球创新发展的新使命、新担当、新作为。同年9月2日，以"科技女性·共创未来"为主题的中日韩女科学家论坛在北京举行，倡议科技女性汇聚精神力量，引领科技向善，汇聚创新力量，支撑可持续发展，汇聚信任力量，推动开放合作，在未来科学舞台上闪耀巾帼之光。论坛通过央视网多平台面向全球双语直播。2022年，国家有关部门还主办了"完善评价体系，激发科技巾帼创新活力"青年科学家沙龙等。2023年5月28日，中关村论坛科技女性创新论坛是中关村首次开设的女性平等论坛，以"前沿科技她力量"为主题，邀请国内外前沿科技领域的优秀女科技工作者，聚焦科技创新中的女性力量、人工智能及生命科学等前沿领域最新成果、科技创新赋能女性生活等议题，从开放协作的包容性、人文向善的感知力和探索创新的创造力等视角，共话女性科技创新故事，探究科技创新前沿，激发女性科技创新活力，进一步促进全球科技女性对话与协作发展。来自各个领域的130余位女科学家、女科技工作者，围绕各自研究领域、最新成果、科研之路等开展交流对话，以女性科技人员在国际合作与交流中的经验、案例及成果，展现人类科技创新征途中的性别平等包容力、巾帼力量凝聚力及应对科技多元挑战新动力，全面展示促进全球和中国科技创新发展中的"她力量"，激励鼓舞更多女性投身科技创新发展，在建设科技强国中发挥"半边天"重要作用。论坛面向全球女科技工作者发出倡议，倡导各国女科技工作者更加广泛深入参与到科技创新事业中，共同推动全球科技创新协作，共同塑造科技向善理念，共同以科技进步增进人类福祉。6月28日，2023天津夏季达沃斯论坛的分论坛"亚洲女性企业家"如期举行，优秀女企业家们围绕"女性领导力、消除性别差距、性别平等的可持续进展"等议题分享成就与观点。论坛提出企业家不分性别，创新才能应对挑战。

第四，搭建学习交流平台和实施巾帼科技领航计划，大力培养女性科技人才及后备力量取得新成效。各地相关部门不断深化女性科技人才成才发展理念和工作思路，利用培训、会议、论坛等学习交流平台助推女性科技人才成长。2022年，首都女教授协会开启巾帼科技领航计划，面向高校博士研究生拔尖人才，纵向依托领航导师助推先锋队员专业深耕，横向依托女教授协会平台发挥高校女教授群体中院士、长江学者、杰出青年等高层次科技创新领军人才作用，通过年度批次推荐与选拔，对青年女性人才进行"一对一"精准培养，有效提升女性科技青年后备人才的培养质量。2023年6月，中国科协、中国女科技工作者协会和甘肃省女科技工作者协会、西北师范大学共同举办了2023年中国科协党校"领航计划"青年女科技领军人才国情研修班，来自全国31个省（区、市）的青年女科技领军人才代表近60人参加了培训。山东省在山东师范大学、山东女子学院、山东省农科院等6家单位首批试点设立生育后科研回归基金并纳入女性科技人才专项经费，帮助女性科技人才生育后顺利重返科研岗位。截至2023年4月有10位女性受益。2021~2023年上半年，北京有关方面分别举办了"第二十四届京台科技论坛女企业家论坛""国际科技创新中心建设'她'智慧——第二届巾帼科技协同创新高峰论坛"等，为女性科技人才开阔创新视野和展示交流科研成果搭建平台。各地还举办了世界人工智能大会AI女性菁英论坛、世界顶尖科学家"她"论坛、金融科技女性菁英论坛等。

第五，积极选树典型启动榜样示范引领，推动优秀女性科技人才成长取得新成效。各地积极加大对优秀女科技人员的宣传力度。2022年，内蒙古自治区、福建省、北京市和贵州省等地纷纷举办最美巾帼奋斗者女科技工作者风采和成果宣传展示活动。首都女教授协会推出"科技之星"专栏，广州市女科技工作者协会开展"女科学家进校园""追星唤起科学梦想活动""广州女性创客（创新创业创造）"等品牌系列活动。京津冀妇联合力举办"科技创新增活力，巾帼建功京津冀"优秀科技女性风采展播活动，全媒体展示高质量协同发展中的"她"力量和"她"风采。2022 年，山东省妇联会同山东省总工会选树的 20 位"齐鲁巾帼工匠"收获了一次性资助资金奖励。同时，山东省妇联还支持"齐鲁巾帼工匠"领衔创建工匠人才创新工作室，并给予资金支持。截至 2023 年 4 月，山东省 18 位女性科技人员享受到人才工程项目中放宽年龄的支持政策，3 位孕哺期女性科研人员享受弹性工作制和省自然科学基金项目延期结题的支持政策。各地积极为女性科技人员参与重要奖项的推荐提名创造条件，积极推荐参与中国青年科技奖、中国青年科学家奖等重要奖项候选个人和团队的评选。四川省妇联将中国西部巾帼科技创新大赛中的金奖获得者推荐提名为第十九届中国青年女科学家奖候选人。北京市顺义区建立了女博士数据库、女企业家台账和科技女性人才数据库。广州市搭建了巾帼科技人才库。2022 年，北京市东城区公有经济企事业单位高级专业技术人员中的女性占比达到 75.57%，实现历史新高，处于全国领先行列。

第六，深入推动实施科技创新巾帼行动，促进女性科技人才科研成果转化取得新成效。各地通过"科技创新巾帼行动""乡村振兴巾帼行动"等举措，在促进地方经济发展的同时，为广大农业女性科技人员搭建成果转化平台，实现女性科技人力资源、产学研用对接，促进重点科研项目攻关和科技成果转化，形成了科技兴农与巾帼圆梦"双赢"生动实践。自2021 年 9 月"巾帼科技助农直通车"启动后，黑龙江省 240 名农业科技女专家与 401 个巾帼科技示范基地及从事农业的巾帼致富带头人结对帮扶；陕西省 23 家省级巾帼现代农业科技示范基地和女科技工作者结对帮扶；福建省女科技特派员与 200 多个共建巾帼示范基地结对帮扶。① 这些举措

---

① 耿兴敏、吴苏锦、贾莹莹、刘世康：《引领科技女性在高质量发展中乘风破浪》，《中国妇女报》2022 年 8 月 23 日，第 1 版。

不仅让农村妇女掌握了农业科学技术，实现增收致富，还为广大女农业科技工作者助力乡村振兴搭建了科技成果转化平台，实现了"把论文写在大地上"的人生梦想。2022年，先后有天津市、北京市、山东省和江苏省的有关单位和协会积极促进女性科技工作者成果转化。天津市成立的滨海新区女企业家联盟和"滨城"女性人才联席会，组建了4个女企业家志愿服务队和11个女性人才团队，培育了11个市、区级"巾帼众创空间"，通过创业孵化促进女性科技人员成果转化。北京市女科技工作者协会与海淀区女企业家协会开展的"巾帼科技创新协同发展"项目，通过共建方式整合科学家与企业优势，不仅加强了双方的深度合作，而且促进了产研成果的不断转化。

第七，各地通过打造基地或成立协会等方式，积极探索女性科技人才发展的长效机制取得新成效。2021年，北京市海淀区妇联启动中关村女性创新蕙智发展项目，涵盖了创业主题培训、职场成长培训、沙龙参访、交流研讨、结对共创等内容。2022年，宁波有关部门打造宁波市巾帼科技创新赋能平台，以"科创·她未来"为品牌服务于女性科技人员创业，并整合市女科技工作者协会、市女企业家协会、市律师协会女律师委员会和"四校一所一室一园"为广大女性科技人员提供服务。2022年，杭州市组织长三角巾帼科技创新浙江行，建立长三角女科技工作者联盟、长三角梦想小镇巾帼科创联盟，为长三角地区女性科技工作者进一步释放创新活力创造了更多机会和支持服务。2023年，上海市成立了"中国（上海）自由贸易试验区临港新片区女性科技菁英活动中心"，广州市搭建了"1+N"妇女创新基地联动机制，即以南沙创享湾为核心，辐射湾区其他分站点，形成"1+N"妇女创新基地布局。

第八，支持女性科技人才发展政策深入实施，推动地方经济创新发展取得新成效。女性科技人员在"科技创新巾帼行动"与"乡村振兴巾帼行动"深入实施过程中，根据地方特色精准施策，帮扶农民增收创效。同时积极普及推广新型农业发展理念，促进地方经济快速发展。例如，福建农林大学根系生物学研究中心主任、教授廖红带领的团队提出"不用农药化肥"生态茶园建设模式，利用氮磷协同高效、以磷增氮方式创建了"茶园套作氮磷协同高效大豆和土壤生境优化技术"，这一技术不仅被推荐为福建省农业绿色发展先行先试典型模式在全省推广，而且被列为国家优势产业集群项目"武夷岩茶产业集群项目"主要支撑技术，使越来越多的茶农受益增产增收。廖红团队还提出"蜜柚土壤改良用肥+调整施肥位置+冬种油菜花+禁用除草剂"技术模式，为平和县花山溪综合整治工作提供技术支持。甘肃酒泉种植户尤淑玲说，因为女科技特派员教会了科学选种、施肥技术，才实现了豇豆品质的年年提升。

三 未来促进女性参与科技强国建设的障碍挑战与前景分析

联合国将 2023 年国际三八妇女节主题设置为"人人享有数字化：创新和技术促进性别平等"，旨在进一步推动妇女加入科学、技术、工程和数学领域的劳动者队列，融入科技新世界。联合国秘书长安东尼奥·古特雷斯（Antonio Guterres）在开幕式上强调，持续存在的父权制和刻板性别观念导致科技领域出现巨大的性别差距。[1] 他提出让妇女更多参与科学、技术、工程、数学领域，可以缩小性别工资差异，并在未来十年使妇女收入提高 2990 亿美元，帮助减小全球互联网用户之间的差距。[2] 科技领域的性别平等是提供可持续包容性增长、实现经济繁荣的基石和基础，促进科技领域性别平等是推动科学技术不断取得卓越成就的重要手段，是全面贯彻落实男女平等基本国策，让性别平等真正落到实处的时代要求。

（一）女性科技人才发展面临的障碍与挑战

就世界范围看，目前科学、技术、工程和数学领域中女职员占比不及

---

[1] 王海媚：《将性别视角纳入技术和创新 利用数字转型赋权妇女和女童》，《中国妇女报》2023 年 3 月 13 日，第 6 版。

[2] 《科技和创新如何促进性别平等丨2023 年国际妇女节主题》，网易，2023 年 3 月 8 日，https://www.163.com/dy/article/HVA7T4TH05525P8P.html，最后检索时间：2023 年 6 月 23 日。

1/3，在人工智能领域男女人数比例为 5∶1。① 国内相关调查资料和数据表明，中国女性科技人员发展面临的障碍与挑战与各国女性既有共性，也存在差异。总体讲，妇女融入科技新世界较为直观的性别差距是隐藏在科技领域背后的性别刻板印象和性别偏见，导致女性参与科技发展的人数比例、社会资源、发展平台、研究成果及职业前景等均低于男性。忽视女性蕴含的科技力量，等于浪费了一半的人类智慧。一个科学昌明的社会，必然拥有更高更文明的性别平等发展程度。

1. 女性人才在科技领域中所占比例虽然持续增加，但"高位缺席"现象较为突出，学科结构性别差异较大

一是高层次女性科技人才偏少。院士是国家战略科技力量的最高层次和国家高端智库的重要人才。2022 年，中国科学院和中国工程院的女院士占比分别为 6.64% 和 5.35%，相比男院士的 93.36% 和 94.65% 差距巨大。二是女性科技人员获得国家各奖项的人数比例偏低。2016 年，国家自然科学奖、国家技术发明奖、国家科学技术进步奖等三大奖项中，1814 名共同完成人中女性仅有 269 人，占比为 14.8%。三是女性在科技活动决策中的话语权不够充分。2010~2017 年，国家自然科学基金评议专家中女性占比仅为13.3%。四是女性科技人才学科分布不均衡。2016 年，在国家培养本科层次科技人力资源中，理学、工学、农学、医学学科中女性占比分别为49.9%、29.9%、53.4% 和 59.6%。② 女性科技人才主要集中在生物学和临床医学领域，从事天文学、力学等自然科学，机械工程、能源科学技术等工程技术学科的女性较少。《全球性别差距报告》指出，到 2050 年，75% 的工作将与科学、技术、工程和数学领域相关，但这些领域里的女性身影并不多。

---

① 《科技和创新如何促进性别平等｜2023 年国际妇女节主题》，网易，2023 年 3 月 8 日，https：//www.163.com/dy/article/HVA7T4TH05525P8P.html，最后检索时间：2023 年 6 月23 日。

② 中国科协调研宣传部、中国科协创新战略研究院：《中国科技人力资源发展研究报告（2020）：科技人力资源发展的回顾与展望》，清华大学出版社，2021，第 12 页。

2. 女性科技人员对科技政策、公共事务和团体活动的关注度较低，年龄越小关注度越低，直接影响其职业发展途径

一是女性科技人员对国家出台政策的关注度不高。2017年全国科技工作者状况相关调查显示，59.1%的女性科技人员对国家出台政策方针非常关注或比较关注，低于男性7.1个百分点。二是女性科技人员参与公务事务管理意愿较低。66.3%的女性科技人员非常愿意或比较愿意参与国家或地方的公务事务管理，低于男性的67.6%。30岁以下女性科技工作者中有64.1%非常愿意或比较愿意参与国家或地方公共事务管理。三是女性科技人员参与学术团体比例较低。2021年，担任全国学会理事会理事的女性比例为15.8%，与男性的84.2%相比差距巨大；全国学会在册个人会员数女性比例为29.7%，与男性的70.3%相比差距较大。① 2017年全国科技工作者状况相关调查显示，年龄越小参与学术团体的比例越低，40岁以下女性参与学术团体的比例低于平均水平，50岁以上女性参与率最高为46.7%。女性参加的学术团体主要以省为主，占比为13.2%，参加国际或海外学术团体的比例最低，为2.3%。

3. 受传统性别文化等因素影响，女性科技人员的科研社会资本积累处于劣势，高位职业发展受阻

现在，科学研究与创新活动已不再是少数天才独立思考和探索的活动，更多依赖研究者与其他行动互动以及互动形成的社会网络，有学者将这种有利于创新的交流互动网络称为推动科研创新的"社会资本"。调研表明，女科学家在科研网络建设和科研社会资本积累上明显处于劣势，在申请项目、加强团队建设以及职业纵深发展方面形成不利影响。2017年全国科技工作者状况相关调查显示，女性科技人员对进修需求更为强烈，79.3%的女性表示非常需要或比较需要进修或学习，其中30~39岁的女性对进修学习的需求最强，占比为84.0%，34.9%的女性反映缺乏业务/学术交流是当前工作

---

① 国家统计局社会科技和文化产业统计司编《中国妇女儿童发展状况统计资料2022》，中国统计出版社，2022，第82页。

中遇到的主要困扰，有 25.7% 反映职称/职务晋升难，这三类困扰均高于男性。从女性科技人员拥有各类创新成果的数量和转化情况看，无论是承担各类型的科研项目还是论文、专利及成果转化的数量和比例，女性均逊色于男性。2017 年，女性科技成果转化率为 28.8%，低于男性的 45.5%。国家自然科学基金委员会具有性别统计数据的项目包括青年科学基金、面上项目、重点项目、优秀青年和杰出青年项目，女性平均获得资助的比例分别为41.1%、23.5%、10.8%、14.4% 和 9.5%，近十年，5 个项目占比大致相同。

4. 女性科技人员受表彰奖励人数比例偏低，在职称和管理职务上随着层级升高所占比例呈下降趋势，参与决策咨询和管理的渠道不够畅通

2012~2021 年女性受表彰奖励人数比例均未超过 30%。2021 年，受表彰奖励的科技人员中，女性占比为 26.3%，2014 年最高为 31.2%。① 2017年全国科技工作者状况相关调查显示，从职称上看，随着职称级别升高，女性科技人员所占比例逐渐降低。副高级职称女性占比为 43.4%，正高级职称女性占比为 35.2%。从职务上看，在中层和高层管理人员中，女性占比分别为 37.5% 和 24.5%；在无行政职务类别上，女性占比为 51.3%。有37.1% 的女性认为科技领域女性参与科技决策管理的渠道不够畅通或很缺乏。

5. 学术劳动力市场竞争日趋激烈，在性别分工不平衡状态下"非升即走"制度影响了女性科技人员的向上发展

德勤人工智能研究院针对科学、技术、工程、数学的调研数据表明，68% 的受访女性表示，对性别的刻板印象是她们职业生涯的一个障碍，57%的受访女性称，她们因性别歧视而离开。近几年，一些大学和科研院所在科研人员聘用时试行"非升即走"制度，要求研究人员在一定聘期内完成职业晋升等，否则就转岗甚至解聘。这一制度在激发研究人员创新活力、更有

---

① 国家统计局社会科技和文化产业统计司编《中国妇女儿童发展状况统计资料 2022》，中国统计出版社，2022，第 82 页。

效筛选科研人才的同时，也给女性科研人员发展带来了很大压力。面临更为激烈的学术竞争，女性科研人员特别是处于职业生涯早期的女性还承担着由生育政策调整等带来的生育压力，生育与职业发展矛盾凸显。在家庭领域女性科技人员仍陷于传统男女两性分工的家务劳动之中，承担了更多抚育责任和家庭责任，在孕哺阶段男女科技人员的职业后期发展差距进一步拉大。有数据显示，在婚育女性科技人员中，36.1%反映孕哺期阻碍了其职业发展，30~39岁反映孕哺阻碍职业发展的比例最高，为45.0%。超过四成的科研院所（40.7%）和高校（45.3%）婚育女性科技人员反映孕哺期阻碍了个人的职业发展。

6. 支持女性科技人才发展专项政策之间出台周期偏长，既影响到女性科技人才享有政策的可持续发展，也影响到政策之间的有效衔接和政策效应的充分发挥

新时代以来，国家在经济社会发展规划纲要和一些人才发展专项规划纲要中虽然提出了一些促进女性科技人才发展的相关内容，但多为宏观倡导，原则性强但精准性和操作性欠缺。相对于普遍性政策，专项政策的针对性更强、目标更明确，措施也会更具体，其政策效应也更强劲。2011年以来，国家仅出台了两波促进女性科技人才发展的专项政策，间隔10年，两波政策的相互支撑和衔接不够紧密。面对新时代科技事业的飞速发展，女性科技人才成长需要更及时更精准的专项倾斜性支持政策，才能充分补足短板弱项，有效缩小男女两性在科技领域的发展差距，突出关怀和满足女性发展的特殊需求。在提高专项政策出台频次前提下，需要坚持问题导向、目标导向和结果导向的相统一，问题找得准，才能提高政策设计目标导向的精准性，才能更有助于推动女性人才快速成长，从而达到结果导向的政策效果。

（二）未来促进女性科技人才进一步全面发展的对策建议

2023年联合国妇女地位委员会第67届会议通过的《商定结论》提出，将性别平等纳入技术和创新，找到弥合数字性别鸿沟、促进数字教育、利用技术创新和数字转型赋权妇女和女童的良好做法，使世界重新回到实现可持续发展目标和落实性别平等的正轨上来，履行"不让任何人掉队"的承诺。① 习近平总书记指出："国家科技创新力的根本源泉在于人"，"培养创新型人才是国家、民族长远发展的大计"②。女性科技人力资源的深入培养和大力开发，是一项长期复杂的系统工程，需要政府、科学界和全社会的共同推动。2021 年以来，国家及地方均出台了推动女性科技人才发展的倾向性支持政策，从近两年实施情况看，很大程度上助推了女性科技人才的成长与发展，社会反响强烈。但受传统文化观念和社会环境以及女性自身认知能力等多重因素影响，未来促进女性人力资源发展还需要进一步加大政策支持力度，落实现有政策与持续出台新政策要双管齐下，让制度建设为女性人才发展提供更加坚实的基础，进一步有效开发和优势培育女性科技人力资源。有关教育、科技部门和科研单位、机构等在落实政策上要持续深入推进，才能充分调动女性科研人员的积极性、主动性和能动性，最大程度地发挥妇女"半边天"作用，为中国式现代化科技强国建设贡献更多巾帼力量。

1.进一步推动国家和地方现有政策措施落实到位，从宏观和微观两个方面协同推进

支持女性科技人才发展政策措施的落实将为中国人力资源性别平衡带来新的前景。在政策实施中，需要抓住新政策出台后的窗口时期乘势而上，最大限度地释放政策的积极效应。在政策目标和价值导向上，既要重点把握为女性科技人才成长提供发展要素和政策措施支持的协调统一，又要积极营造女性人才成长的性别友好科技环境，统筹推动科技领域的性别平等发展进程。在高层女性人才培养上加大力度，"要重点抓好完善评价制度等基础改革"，"在人才评价上，要'破四唯'和'立新标'并举"③，给予女性更多的发展机会和能力认可，探索建立多层次女性科技人才培养体系，培养具有国际竞争力的女性科技人才。进一步完善女性科技人才评价激励机制，全面

---

① 王海媚：《将性别视角纳入技术和创新 利用数字转型赋权妇女和女童》，《中国妇女报》2023 年 3 月 13 日，第 6 版。
② 习近平：《论科技自立自强》，中央文献出版社，2023，第 12 页。
③ 习近平：《论科技自立自强》，中央文献出版社，2023，第 10 页。

落实《中国妇女发展纲要（2012—2030 年）》相关目标任务，加强女性专业技术和技能人才队伍建设，激励女性科技人才、技术技能人才立足岗位锐意创新，支持女性科技人才承担科技计划项目、参与科技决策咨询、拓展科研学术网络，提升其国际影响力和社会活跃度。在科研项目评审中，将性别平等作为评审考察的主要内容，推进科研团队中的女性比例，推进性别平等向纵深发展；搭建更大更广的发展平台，积极帮助女性科研人员特别是女科学家扩大其科研交流合作网络，推动更多积累科研"社会资本"，在所属学会逐步提升常务理事、学会负责人占比等；多举措深挖女性人力资源和优势培养，不论资历、不设门槛，让有真才实学的女性科技人员有英雄用武之地，让想干事、能干事、干成事的女性科技领军人才挂帅出征；支持女科技人员广泛参与国际性科技交流和合作，在参与前沿攻关、加强国际合作中彰显女性智慧，为科技强国建设做出更大贡献。

2. 更加重视女性科技人才的战略培养，建立健全女性科技人才职业生涯全周期的政策支持体系

多措并举重点培养和充分有效开发使用女性科技人才，不仅是国家推进性别平等政策的现实需要，也是积极增加新时代科技人力资源的重要途径。数字经济时代，在数字性别鸿沟加剧情况下，需要更多培养优秀女性科技人才。针对当前支持女性科技人才成长政策制定中需求型政策工具偏少的情况，进一步深入研究需求型政策工具，以专题调研为基础，以科学研究为手段，从女性科技人才成长发展的实际诉求出发，进一步优化政策设计，增加和提升政策的体验感，让需求型政策工具为新时代女性参与科技创新贡献更精准的政策效应和政策推动成果。进一步从政策设计的整体上重视环境型、供给型、需求型政策工具的协调配合，既要发挥好供给型政策工具对女性科技人才的造就作用，又要运用好需求型政策工具对女性科技人才价值与贡献的输出作用，还要兼顾好环境型政策工具对女性科技人才成长的促进作用，进一步优化组合和合理配置认知环境型政策、供给型政策和需求型政策工具的比重。出台新的政策需要针对女性科技人才发展面临的新情况新挑战，不断合理调整完善政策设计工具，保持已有政策和新政策之间的积极效应能够持续释放。在政策实施中，需要高度关注政策实施过程和实施效果，并进行动态监测评估、及时跟进调整，使新旧政策在目标路径上形成有效衔接，在政策工具使用上形成有机协调，在政策实施进程中形成有序发展。高等教育学科专业的性别化特征直接影响了女性从事科技研究工作的人数比例提升。从一些国家相关政策看，主要侧重于改善宏观、中观和微观环境来促进女性科技人才成长发展。如韩国政府通过扩大工科类在校女生的入学率和就业率推进战略性女性人才队伍建设，通过培养新兴产业领域女性人才3000人，提高理工类高校的女教授比例。在职业上升渠道，婚育是女性科技人才遭遇事业发展瓶颈的首要因素。欧盟国家为增强女性科技人才的稳定性，努力建造生育友好型科研环境。荷兰、英国、爱尔兰等国明确为女性科研人员提供较长时间的带薪休假，并为休假归来的女性提供专门培训，避免处在孕哺期和承担养育责任的女性面临职业中断等问题。支持女性科技人才发展政策从培养、使用、基础等环节覆盖女性进入科研领域到成长为优秀女性科技人才的全程。培养政策聚焦有发展潜力的女性科技人才群体进行重点培养和锻炼；使用政策聚焦在职与职业经历中断或停滞的女性科技人才群体，促进她们能够在科技领域继续发展和有效发展；基础建设政策聚焦为女性科技人才培养和使用提供适宜的社会环境、文化环境和政策环境。在培养政策方面，需要从女性科技人员入职开始到职业发展的各个环节进行精准化培养流程，重点加强与数字经济密切相关的科学、技术、工程和数学等领域的人才培养；在使用政策方面，从职业早期适应阶段、职业维持、职业发展和职业上升阶段建立全方位支持政策，特别是女性生育后职业连续发展的优化政策支持，鼓励更多女性科技人员逐步走向高层次，成为学科领军人物、女科学家，走在中国和世界的科技前沿，全面提升女性科技人员的国家竞争力和国际竞争力。

3. 进一步鼓励支持更多女性科研人才走向高层次，提升决策和管理层女性科技人才数量比例

从全国科技女性人才和科研队伍状况看，40%的女性科技人才呈现出金字塔分布，初级职位女性人才居多，高层次女性科技人才数量偏少。2021

年中国科学院和中国工程院院士中的女性比例都没有达到 10%，这与女性科技人才 40% 的比例不相适应，甚至是差距较大。未来增加高层次女性科技人才数量，提升女性科技人才上升渠道至关重要。借鉴国外经验，加大女性科技高层次人才培养，同步提升科技领域决策管理层的女性比例。瑞士、荷兰、德国等一些国家通过为女教授、女研究员提供专门资金支持助力女性走向高层次。瑞士、比利时等一些国家在研究管理领域对女性人才进行定额比例分配，增加女性人才参与决策管理的席位。欧盟国家鼓励女性科技人才参与工业合作，加强女性创业创新领导力建设，拓展女性科技领导人才发展的阶梯和通道。新征程要进一步落实习近平总书记关于"要改革重大科技项目立项和组织管理方式，实行'揭榜挂帅'、'赛马'等制度"①。激发女性科技人才创新活力，深度培养高层次女性科技人才，提高女院士人数比例，提高中高级女性科技人员比例。在国家科技奖励专家库建设、评委选聘等工作中进一步提高女性专家比例，提高女性在科学决策过程中的话语权。

4. 探索建立女性科技人才发展数据库，为国家和地方相关政策评估和创新政策提供科学决策依据

目前一些国家政策制定的通常做法，是以实证数据为基础进行前期支持女性科研人员发展的政策研究。2021 年，为科学监测女性科技人才发展动态和评估政策的实用性和针对性，欧洲理事会开发了一系列反映女性科技人才群体发展的数据指标。最具代表性的为"她数据"（SHE figures），数据测量范围涵盖潜在人才培育、人才求职、人才就业、工作条件、职业晋升、研发产出六大维度，全面测量欧盟地区女性科技人才从职业萌芽阶段到职业发展阶段的总体质量，为后续政策制定提供实证和数据支持。《中国科技统计年鉴 2022》中的指标数据，还有相当多涉及人的发展指标没有分出性别。作者在研究国家性别统计指标体系工作中，共梳理出 52 项涉及科技人员发展的指标与数据，其中有 16 项指标进行了性别分类，36 项指标应当分性别而未分性别。绝大多数指标与《中国妇女发展纲要（2021—2030 年）》妇

---

① 习近平：《论科技自立自强》，中央文献出版社，2023，第 11 页。

女与教育领域、妇女与经济领域的相关目标和策略措施有直接关联或间接关联，还有一些与当前促进科技强国建设中的男女平等发展相关联。由此可见，在科技领域开发更多分性别指标数据才能更有利、更精准促进女性科技人才发展。2020年新修订的《中华人民共和国妇女权益保障法》规定"国家建立健全妇女发展状况统计调查制度，完善性别统计监测指标体系，定期开展妇女发展状况和权益保障统计调查和分析，发布有关信息"。国家"十四五"规划纲要和《中国妇女发展纲要（2021—2030年）》都对做好分性别统计工作提出具体要求，明确要不断完善分性别指标统计监测指标体系，以适应中国式现代化进程中促进男女平等发展和妇女全面发展的现实需要。借鉴国际经验，科技领域可以探索设立专门针对女性科技人才发展的数据库，加强分性别指标和数据的开发与使用，适时动态掌握女性科技人才发展现状，定期发布女性科技人才发展报告，准确化提升女性科技人才发展对策建议。

5. 进一步加强女性科技人才的后备力量培养，全面推进大中小学性别平等教育和优化大学学科的性别结构，为新时代储备更多女性科技人力资源

国家有关部门需要大力推进大中小学性别平等教育，适时出台性别平等教育工作指导意见，推动各级各类学校因地制宜开发性别平等课程，强化性别平等专题师资培育，加强对教材编制、课程设置、教学过程的性别平等评估，深度促进性别平等教育融入学校教学内容、校园文化、社团活动和社会实践活动。义务教育阶段要关注培养女生爱科学、学科学的兴趣和志向，引导高中阶段女生养成科学兴趣和钻研精神，鼓励并支持女学生参与科技竞赛活动，支持有意愿的女生报考理工类院校，鼓励女大学生参与科研项目，在实践中培养科学精神和创新能力。在理工科专业专门设置优秀女大学生奖学金等，一方面保障科技教育领域的性别平等，另一方面帮助激励女学生成长成才，使得科学研究成为更多女学生的终身职业选择。加大女性创新型、应用型人才培养力度。在师范类院校课程设置和教学、各级各类师资培训中增加性别平等内容。不同阶段学校教育都要重视对女性自尊自信自立自强精神的培养，加强女性自我价值的培育教育，培养女性科技人员的积极进取精神，做追求真理、勇攀高峰的表率和先锋。积极探索构建学校教育、家庭教育、社会教育相结合的性别平等教育模式，推动性别平等在科技领域深入落地见效，成为科技领域促进男女平等发展的价值标准、政策引领和行为规范。

6. 持续深入实施科技创新巾帼行动，进一步搭建女性科技人才向上发展的多维平台

有效引导相关科研单位机构为女性科技人员营造更加公平、平等的发展环境，给予女性科技人员更多培训、学术交流和晋升机会。探索建立完善科技领域更加开放灵活的终身学习体系，增加女性科技人才参与继续教育机会，加强对女性专业技术和技能人才专业知识、科研管理、创新创业等的学习培训，进一步建立完善注册学习、弹性学习和继续教育制度，满足女性科技人员多样化的学习需求，特别是要重点关注因生育中断科研的女性发展需求，为女性终身学习提供更大支持，提升女性科学素养和创新能力。加强典型宣传，发挥榜样引领作用，通过有效的宣传手段和政策帮扶，大力宣扬科学技术领域中女性科技人员的突出贡献，充分展示女性科技工作者勇攀科技高峰的职业发展历程，积极传播女性科技工作者的科技劳动成果和女性的精神风貌，进一步提升青年科技人员的自尊自信自立自强精神和价值观教育水平。搭建更多学术交流平台，举办中国青年女科学家论坛和青年科学家沙龙，聚焦科技前沿，助力女科技工作者勇攀科技高峰。积极推进科协组织举办重大会议并增加女性大会主席、主持人和主要学术报告人数量，鼓励设立女性科学家专场。进一步推进完善科技领域的反就业性别歧视监管机制，加大性别平等科研工作场所的环境建设。

7. 尊重女性生育的社会价值与贡献，帮助女性科技人员更好平衡家庭与职业发展

妇女一生承担着社会生产和人类生产的双重责任，增大了其工作压力程度。在科技领域，推动全面三孩政策与男女平等基本国策协同落实，针对孕哺期女性科技人员提供有效政策保障，在考核评价、职称评审、"非升即走"聘任等工作环节，除认真执行现有政策适当放宽对孕哺期女性科研人员的期限要求外，还可以探索建立形式多样的弹性工作制，优化聘期评价和绩效考核方式等，保障女性科技人员生育阶段的各项合法权益。借鉴日本学术振兴会的"生育后女性回归实验室"资助计划，帮助女性生育后重返科研事业，加大对生育后女性科技人员的科研支持力度。加强对用人单位孕哺期女性权益的保障，为孕哺期女性提供全方位的哺乳室、托儿所（育婴室）等服务，确保其科研工作正常推进。探索科研机构与社会服务机构联合支持，鼓励为女性科技人员提供社会化家政服务，帮助其合理平衡事业发展与家庭责任。强化男性家庭责任意识，分担照料家庭抚育幼儿的重任，并为男性承担好父亲职责提供法律政策保障和舆论支持。鼓励支持女性科技人员正确面对工作和家庭关系。关爱女性科技人员的身心健康，对孕哺期女性加强心理疏导和健康支持。

8. 深入推进科技领域各级领导干部男女平等基本国策的学习宣传，进一步提升领导干部在政策制定和工作决策中的性别平等意识

思想是行动的指南，理论是实践的先导。习近平总书记强调："中国将更加积极贯彻男女平等基本国策，发挥妇女'半边天'作用，支持妇女建功立业、实现人生理想和梦想。"[①]"努力构建和谐包容的社会文化。男女共有一个世界，消除对妇女的歧视和偏见，将使社会更加包容和更有活力。""我们要以男女平等为核心，打破有碍妇女发展的落后观念和陈规旧俗。"[②]创新推动科技领域的性别平等，大力培育女性科技人才，需要进一步贯彻落实男女平等基本国策，贯彻落实习近平总书记关于男女平等和妇女全面发展的重要论述，深刻领会精神实质，将男女平等基本国策理论和科技强国战略相联系融会贯通推动创新实践，让性别平等理念体现在科技创新工作的全过程和各方面，将国策精神落实到科技法规政策和规划制定、修订、执行和评估的各个环节和各项工作之中，落实到各级各类科研内容、科研教学、科研

---

① 中共中央党史和文献研究院编《习近平关于妇女儿童和妇联工作论述摘编》，中央文献出版社，2023，第94页。

② 中共中央党史和文献研究院编《习近平关于妇女儿童和妇联工作论述摘编》，中央文献出版社，2023，第93页。

管理中，让男女平等基本国策成为推动中国女性科技人力资源积累和科技人才成长发展的思想政治保障和制度创新保障，全面提升女性人才培养质量，健全完善女性人才激励机制，大力营造女性人才发展的性别平等环境，不断推进女性科技人力资源的规模化发展和质量优化提升，不断促进女性科技人才的高质量发展，为科技女性"半边天"支撑创新型国家建设和科技强国目标实现做出更大新的贡献。

参考文献

习近平：《论科技自立自强》，中央文献出版社，2023。

国家统计局社会科技和文化产业统计司、科学技术部战略规划司：《中国科技统计年鉴2022》，中国统计出版社，2022。

国家统计局社会科技和文化产业统计司编《中国妇女儿童状况统计资料2022》，中国统计出版社，2022。

国家统计局社会科技和文化产业统计司编《中国妇女儿童状况统计资料2012》，中国统计出版社，2012。

政 策 篇

Policy Section

B.3

国家促进女性科技人才发展政策分析

高 歌[*]

摘 要： 女性是我国科技事业的重要力量，研究国家促进女性科技人才发展政策，对于推动新时代女性科技人才发展、推进科技强国建设具有重要的理论价值与现实意义。本报告在构建政策工具-政策目标-政策进程三维分析框架的基础上，运用内容分析法，对2010年以来国家出台的促进女性科技人才发展的政策文本进行量化分析。研究发现，我国已初步形成较为系统化的促进女性科技人才发展的制度机制和良好的社会环境，但政策制定中还存在政策工具结构不太均衡、女性特殊需求类政策目标有待进一步强化、促进女性科技人才发展的专项政策较少等问题，提出了国家促进女性科技人才发展政策应优化政策工具结构、进一步把性别意识纳入决策主流、及时有序出台专项政策等对策建议。

---

[*] 高歌，中华女子学院全球女性发展研究院讲师，研究方向为妇女发展、性别平等。

115

关键词： 女性科技人才　人才政策　妇女发展

一　问题的提出

党的二十大报告强调"实施科教兴国战略，强化现代化建设人才支撑"。[①] 科技人才是国家科技发展的第一资源，是科技创新的第一推动力，其规模和素质反映了一个国家的科技供给能力和科技创新发展潜力。而由于传统文化因素的影响和现实发展条件的制约，在科技领域中男性一直占据着主导地位，女性的科技潜能未能得到较为充分的发挥。党的十八大以来，党和国家高度重视男女平等，强调推动妇女走在时代前列、将性别平等落到实处、促进妇女全面发展。为了更好地在科技领域贯彻落实男女平等基本国策，促进女性在科技事业中"半边天"作用的充分发挥，梳理促进女性科技人才发展政策的进程、分析其特点与规律、审视政策制定中的性别盲区，对于优化现有政策设计，更好地制定促进女性科技人才发展的新政策，具有重要的现实价值和时代意义。因此，本报告以国家促进女性科技人才发展政策文本作为研究对象，从政策工具、政策目标和政策进程三个维度对国家促进女性科技人才发展政策进行系统研究，以期为女性科技人才发展政策的制定与完善提供一定的理论借鉴和实践参考。

二　研究设计

（一）研究方法

本报告采用内容分析法对国家促进女性科技人才发展政策进行研究。内

---

① 习近平：《高举中国特色社会主义伟大旗帜 为全面建设社会主义现代化国家而团结奋斗——在中国共产党第二十次全国代表大会上的报告》，中国政府网，2022 年 10 月 25 日，https：//www.gov.cn/xinwen/2022-10/25/content_ 5721685.htm，最后检索时间：2023 年 7 月 6 日。

容分析法是一种定性与定量分析相结合的文献研究方法，具有客观性、系统性、定量性的特点。通过选择、分类、统计、对比等规范化的操作，将用语言表述的文献资料转换为用数字计量的文字分析单元，用统计数字将分析结果表达出来，实现对文献的"量"的分析，进而发现文献的"质"的特征和内在规律。在一定程度上克服了定性研究通常存在的相对主观性和不确切性较强的问题，实现了对文献的"质"的特征的更深刻、更精准的认识。

（二）资料来源

本报告所使用的政策文本来源于中国政府网、中华人民共和国科学技术部网、中华全国妇女联合会网、国务院新闻办公室网等官方网站和北大法宝数据库，以"女性科技政策""女性科技人才""女性科技""妇女科技""科技政策"等为关键词进行检索，筛选出与促进女性科技人才发展政策相关度高的政策文本。为了确保样本的代表性，本报告按照以下原则对所收集的政策文本进行筛选：一是鉴于国家实施人才强国战略的重要政策文件《国家中长期人才发展规划纲要（2010—2020年）》的实施周期是2010～2020年，而且2010年全国妇联也就贯彻落实该文件专门出台了《全国妇联关于贯彻落实〈国家中长期人才发展规划纲要（2010—2020）〉促进女性人才成长的意见》，可见2010年是一个重要的政策节点，因此，本报告将政策选取时间界定为2010年1月至2022年12月；二是政策均为国务院及其直属部委、全国妇联等国家机关部门发布的文件，不包括地方政府及其相关部门出台的政策文件；三是政策文本类型为通知、意见、纲要、方案等正式文件，函、复、讲话等不计入。经过筛选，最终获得14篇与促进女性科技人才发展相关的政策文本作为本报告的研究对象。

由国家促进女性科技人才发展政策文本类型统计情况可知（见表1），本报告筛选出来的14篇政策文本中：以"纲要"形式出现的政策文本最多，占比为28.57%；"意见""方案"类政策并列第2名，占比为21.43%；"规划"类政策文本居第3名，占比为14.29%；"措施""通知"类政策文本并列第4名，占比为7.14%。需要说明的是，有些政策文本是具有两种文本类型的，例如《国务院关于印发"十三五"国家科技创新规划的通知》，其主文本类型是"规划"，以附件形式嵌入次文本类型"通知"中进行发布，对于这种情况，按照主文本类型进行统计，忽略其次文本类型。

表1　国家促进女性科技人才发展政策文本类型
统计情况（N=14）（2010年1月至2022年12月）

文本类型	数量（篇）	占比（%）
纲要	4	28.57
意见	3	21.43
方案	3	21.43
规划	2	14.29
措施	1	7.14
通知	1	7.14

（三）分析单元的选取与编码

本报告选择以政策条款原文作为基本的内容分析单元，并按照"政策名称-章节号-条款号"的方式对筛选出来的14篇政策文本的相关内容进行编码。例如，"9-4-10"表示第9份政策文件《关于支持女性科技人才在科技创新中发挥更大作用的若干措施》第4节"四、完善女性科技人才评价激励机制"中的第10条"10.建立有利于女性科技人才发展的评价机制。国家自然科学基金项目评审中，执行同等条件下女性科研人员优先的资助政策。探索在人才计划评审中，向评审专家宣传支持女性科技人才、'同等条件下女性优先'"。全部政策文本编码完成后，根据本报告所构建的分析框架，运用Nvivo12质性分析软件对分析单元进行归类和统计，最终共计编码94条。

三　分析框架搭建

政策作为一种制度安排与规则设计，有其内在的协同作用机制，通常通过政策工具、政策目标、政策主体、政策力度等子系统的联动组合，可以达成政策效力的有效发挥。因此研究某一类政策的发展规律与特点、评价其优势与不足，就需要从不同政策子系统入手，分析其特点与相互影响机制。有鉴于此，本报告根据所筛选出的促进女性科技人才发展政策的结构和特点，并参照学界通用的分析框架构建，从政策工具、政策目标、政策进程三个维度对政策文本内容进行分析，并进一步两两交叉分析，以期在不同维度的分析和交叉对比中发现政策制定的规律和存在的不足，进一步优化政策设计。为了更加深入细致地进行对比，本报告又对政策工具、政策目标、政策进程三个维度设置了细分维度，建构了女性科技人才政策三维分析框架（见图1）。

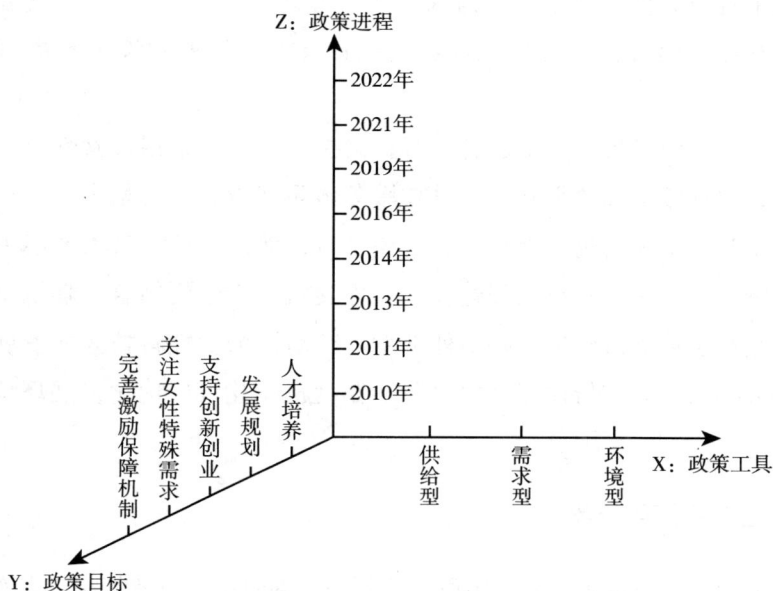

图1 女性科技人才政策三维分析框架

（一）政策工具维度

政策工具是实现政策目标的手段，是政策体系的重要构成部分，运用政

119

策工具对政策文本进行分析已成为学界普遍的研究方法。但是国内外对政策工具的分类并没有统一的标准，学者们通常根据政策设计的侧重点、政策主体的介入程度、政策效力的价值取向、政策研究与其他学科的结合点等对政策工具进行划分，较为有代表性的有以下三种分类方法。Rothwell 和 Zegveld 依据政策影响面的不同，将政策工具分为供给型工具、需求型工具和环境型工具三类[1]；McDonnell 和 Elmore 依据政策预期目标的不同，将政策工具分为命令型工具、激励型工具、能力建设型工具和系统变革型工具四类[2]；Howlett 和 Ramesh 依据政策主体的介入程度，将政策工具分为自愿性工具、强制性工具和混合型工具三类。[3] 本报告基于促进女性科技人才发展政策的条款内容和政策影响着力面的不同，采用 Rothwell 和 Zegveld 的分类方法，将政策工具分为供给型工具、需求型工具和环境型工具三类。从供给侧、需求侧和环境建设三个维度对促进女性科技人才发展政策工具进行分析研究。

供给型政策工具主要是通过政府直接投入生产要素促进女性科技人才的发展，包括资金和政策支持、科技服务体系建设、教育培训。需求型政策工具是政策主体通过开展活动、搭建平台，促进女性科技人才能力的施展和锻炼，主要包括示范工程建设、合作交流、产学研结合。环境型政策工具是政策主体通过营造良好的外部发展环境，为女性科技人才发展提供配套的公共服务和支持保障，主要包括制度机制建设、优化发展环境、目标规划。

（二）政策目标维度

政策目标是政策制定和实施所要达到的预期效果，对政策制定和实施起

---

① Rothwell R., Zegveld W., "An assessment of government innovation policies", *Review of Policy Research* 3 (1984): pp. 436-444.

② McDonnell L. M., Elmore R F, "Getting the job done: Alternative policy instruments", *Educational Evaluation and Policy Analysis* 9, 1987: pp. 133-152.

③ Howlett M., ramesh M., *Studying Public Policy: Policy Cycles and Policy Subsystems* (Oxford: Oxford University Press, 1995), pp. 80-98.

着指导性和规范性的作用。本报告对政策目标的分类，主要依据所筛选政策文本的主题以及现实发展中女性科技人才的诉求，共分为人才培养、发展规划、支持创新创业、关注女性特殊需求、完善激励保障机制五个方面。

（三）政策进程维度

政策进程主要是指促进女性科技人才发展政策随时间发展变化的情况。本报告政策文本的选取时间是 2010~2022 年，这期间有 8 个年度出台了新政策，所以政策进程维度就以这 8 个年度作为细分维度，分别是 2010 年、2011 年、2013 年、2014 年、2016 年、2019 年、2021 年、2022 年，无政策出台的年度不计入。

四 政策文本分析

（一）国家促进女性科技人才发展政策单维度分析

1. 政策工具维度分析

将编码完成的 94 条内容分析单元按照所表达政策主题的不同，分别归入政策工具的三个类型中。由政策工具维度编码频数分布结果可知（见表 2），在三种工具类型中：环境型政策工具的编码频数最高，共 39 条，占比为 41.49%；其次是供给型政策工具，共 36 条，占比为 38.30%；需求型政策工具的编码频数最低，共 19 条，占比为 20.21%。由此可见，在政策制定中，政策工具的使用呈现一定的不均衡性。政策主体在制定相关政策时最倾向于使用环境型政策工具，通过环境的优化来推动女性科技人才发展政策的落实；其次是供给型政策工具，通过资金和服务的投入、政策的倾斜等举措，从供给侧加强科技要素对女性科技人才发展的推动作用；而从需求侧为女性搭建发展平台，促成女性科技人才创新成果转化和利用的需求型政策工具则使用较少。

表 2　政策工具维度编码频数分布结果（$N=94$）

工具类型	工具内容	编码频数（条）		占比（%）	
		分计	合计	分计	合计
供给型	资金和政策支持	12	36	12.77	38.30
	科技服务体系建设	13		13.83	
	教育培训	11		11.70	
需求型	示范工程建设	5	19	5.32	20.21
	合作交流	6		6.38	
	产学研结合	8		8.51	
环境型	制度机制建设	13	39	13.83	41.49
	优化发展环境	13		13.83	
	目标规划	13		13.83	

从环境型、供给型、需求型政策工具的内部看，环境型和供给型政策工具的内部结构相对较为均衡，需求型政策工具内部结构略显不均衡。环境型政策工具中，"制度机制建设""优化发展环境""目标规划"的编码频数占比均为13.83%，不同工具内容的分布相当均衡。供给型政策工具中，"资金和政策支持""科技服务体系建设""教育培训"的编码频数占比分别为12.77%、13.83%、11.70%，分布基本均衡。需求型政策工具中，"示范工程建设""合作交流"的编码频数较低，占比分别为5.23%、6.38%，"产学研结合"的编码频数最高，占比为8.51%，比前两者分别高了3.28个百分点和2.13个百分点，相对于环境型和供给型政策工具来说，需求型政策工具内部结构的均衡性略差一些。

综合以上分析可知，促进女性科技人才发展政策制定中对需求型政策工具的运用还不够成熟和充分，不光政策工具的应用频率偏低，政策工具内部构成也相对不太均衡，今后在政策制定中需要进一步加强对需求型政策工具的研究和使用。

2. 政策目标维度分析

为了更好地激发女性科技人才的创新活力，发挥女性科技人才在建设科技强国中的重要作用，2010年以来国家出台了一系列促进女性科技人才发展的政策，其政策目标主要集中在培养造就高层次女性人才、大力支持女性科技人才创新创业、完善女性科技人才激励保障机制、帮助女性科技人才做好孕哺与工作的衔接、加强女性科技人才队伍建设规划等方面。本报告对以上目标进行整合，形成了政策目标的五个细分维度：人才培养、发展规划、支持创新创业、关注女性特殊需求、完善激励保障机制。

由政策目标维度编码频数分布结果可知（见表3），五类政策目标的排序情况为：完善激励保障机制>人才培养>支持创新创业>发展规划>关注女性特殊需求，这反映出政策主体对促进女性科技人才发展政策不同发展目标关注程度的差异。"完善激励保障机制"是促进女性科技人才发展的基础和前提，"人才培养"是制定和出台促进女性科技人才发展政策的根本目标指向，因此受到较多关注。"支持创新创业"是对人才发展内容的丰富和完善，是基础目标上拔高之后的发展诉求，属于"亚基础"类的政策目标，因此也被较多地关注和重视。"发展规划"是对女性科技人才可持续全面发展所进行的阶段性设计，是更高层次、更宏观的发展愿景，而且发展规划的实现需要一定的时间周期，所以其编码频数相对于前三个发展目标来说较低。"关注女性特殊需求"是科技领域贯彻落实男女平等基本国策的细化行动，是从基本人权保护角度践行对女性科技人才社会价值的全面认同与尊重，也是将性别平等落到实处的具体体现，随着经济社会的发展，这类政策目标正在逐渐被关注和重视，但目前还处于起步阶段，因此，其编码频数还相对较低，仅有6条。

表3　政策目标维度编码频数分布结果（$N=94$）

政策目标	编码频数（条）	占比（％）
人才培养	26	27.66
发展规划	14	14.89
支持创新创业	21	22.34
关注女性特殊需求	6	6.38
完善激励保障机制	27	28.72

注：各项占比加总后为99.99％，存在0.01％的计算误差。

可以看出，随着编码频数占比的逐步递减，5个政策目标的发展层级是逐步提升的，这一方面说明我们国家的促进女性科技人才发展政策，其体系架构基础是牢固的，其发展过程是循序渐进的，但同时也说明，政策设计中对更高层次发展目标的重视程度还有待进一步提升，对人文化、细节化落实举措的考虑还有待进一步完善，需要在决策中进一步增强性别意识，将性别平等全面融入决策和政策设计的主流。

3. 政策进程维度分析

本报告选取政策的时间是 2010~2022 年，其间，8 个年度都有相关政策发布，具体为：2013 年、2014 年、2016 年、2019 年、2022 年，每年有 1 项政策发布；2010 年、2011 年，每年有 2 项政策发布；2021 年，有 5 项政策发布。由政策进程维度编码频数分析结果可以看出（见图 2），2010~2022 年，政策发展情况是有较大起伏的。2021 年政策进程编码频数最高，共 37 条，占比为 39.36%；2010 年政策进程编码频数居第 2 名，共 21 条，占比为 22.34%；2011 年政策进程编码频数居第 3 名，共 18 条，占比为 19.15%；其余年份政策进程编码频数均降至个位数字，有些年份甚至没有政策发布。

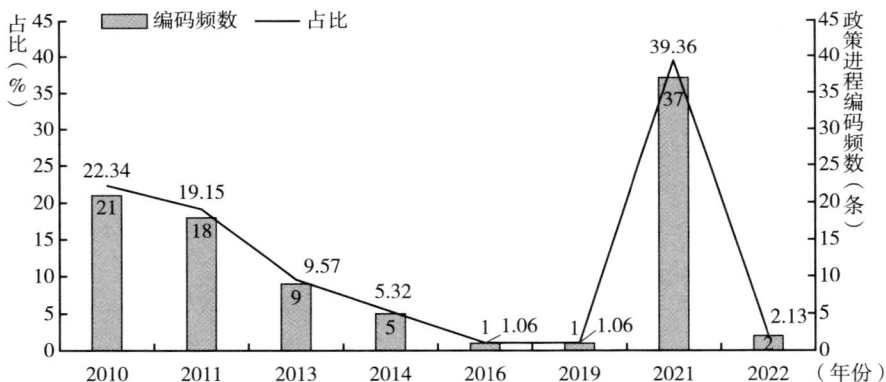

图 2 2010~2022 年政策进程维度编码频数分布结果 （$N=94$）

注：各项占比加总后为 99.99%，存在 0.01% 的计算误差。

2021 年共有 5 项促进女性科技人才发展的政策文件集中出台，因此其政策进程编码频数最高，居第 1 名。这一方面是因为 2021 年科技部等 13 部门联合发布了《关于支持女性科技人才在科技创新中发挥更大作用的若干措施》，这一具有里程碑意义的政策文件从 6 个方面较为详尽地对促进女性科技人才发展提出了 16 项具体措施，为女性科技人才成长进步、施展才能创造了良好的政策环境，同时也为在科技领域推动性别平等、发挥女性科技人才"半边天"作用树立了标杆与导向。另一方面是因为 2021 年是"十四五"规划的开局之年，也是国家一些重大发展纲要（规划）的更迭之年，各种纲要（规划）类的政策密集出台，其中也不乏与女性科技人才发展相关的政策条款。例如，国务院印发了《全民科学素质行动规划纲要（2021—2035 年）》《中国妇女发展纲要（2021—2030 年）》，全国妇联印发了《"十四五"时期妇联事业发展规划》。此外，为配合落实"十四五"规划纲要的实施，2021 年，全国妇联联合科技部、全国总工会等 6 个部门研究制定了《关于实施科技创新巾帼行动的意见》，以巾帼之力助力推动国家科技自立自强。这些政策从不同方面对促进女性科技人才发展做出了科学规划、给予了有效激励和机制保障、提出了前瞻性的发展要求。

2010 年有《国家中长期人才发展规划纲要（2010—2020 年）》和《全国妇联关于贯彻落实〈国家中长期人才发展规划纲要（2010—2020 年）〉促进女性人才成长的意见》两项政策出台。《全国妇联关于贯彻落实〈国家中长期人才发展规划纲要（2010—2020 年）〉促进女性人才成长的意见》旨在推动《国家中长期人才发展规划纲要（2010—2020 年）》在妇女发展领域的落实。在内容上，《全国妇联关于贯彻落实〈国家中长期人才发展规划纲要（2010—2020 年）〉促进女性人才成长的意见》就促进女性科技人才发展提出了诸如推动女性人才发展纳入人才总体规划、搭建女性人才交流服务平台、推动女性人才特色培训、研究女性人才成长规律等宏观、中观、微观相结合的意见建议。正是因为有这些较为详细的实施意见，2010 年的政策进程编码频数达到 21 条，占比为 22.34%，居第 2 名。

2011 年有《中国妇女发展纲要（2011—2020 年）》和《关于加强女性科技人才队伍建设的意见》两项政策出台，与 2010 年相同，也是一项宏观发展政策，一项具体落实政策。因为有具体落实政策，2011 年政策进程编码频数相对较多，共 18 条，占比为 19.15%，居第 3 名。

其余 2013 年、2014 年、2016 年、2019 年、2022 年，每年仅有 1 项政

策出台，且涉及女性科技人才发展的政策条款较少，因此政策进程编码频数较少，均在 10 条以下。

（二）国家促进女性科技人才发展政策三维交叉分析

1. 政策工具和政策目标交叉分析

由政策工具和政策目标交叉分析结果可知（见图 3）：供给型政策工具多用于实现"人才培养"和"完善激励保障机制"这两类政策目标，没有被用于实现"发展规划"类政策目标；需求型政策工具多用于实现"支持创新创业"类政策目标，没有被用于实现"关注女性特殊需求"类政策目标；环境型政策工具多用于实现"完善激励保障机制""发展规划""人才培养"这三类政策目标，没有被用于实现"关注女性特殊需求"类政策目标。从政策工具总体分布情况看，环境型政策工具的编码频数最多，其次是供给型政策工具，需求型政策工具编码频数最少。在政策目标中，对"完善激励保障机制"的关注度最高，其次是"人才培养"，排第三位的是"支持创新创业"，排第四位的是"发展规划"，排最后一位的是"关注女性特殊需求"。可以看出，在制定促进女性科技人才发展政策时，对女性特殊需求的关注度还不太够，政策决策中的性别意识还有待强化。

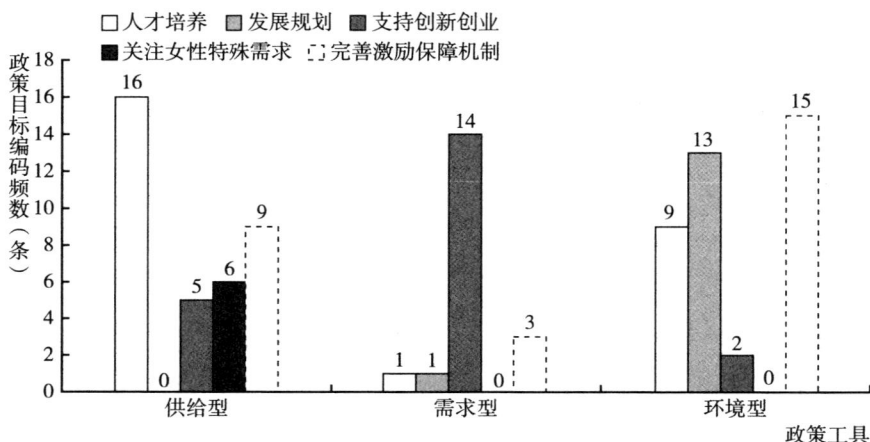

图 3　政策工具和政策目标交叉分析情况（$N=94$）

2. 政策工具和政策进程交叉分析

由政策工具和政策进程交叉分析结果可以看出（见图4），各年份促进女性科技人才发展政策中政策工具的变化情况总体呈现"环境型工具减少、需求型工具增加、供给型工具起伏变化"的趋势。

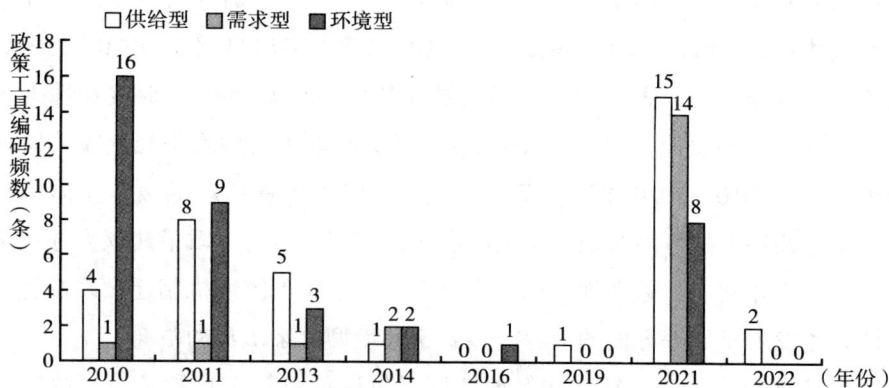

图4　2010~2022年政策工具和政策进程交叉分析情况（$N=94$）

2010年出台的政策主要使用了环境型政策工具，对供给型政策工具和需求型政策工具使用较少。这是因为2010年出台的《国家中长期人才发展规划纲要（2010—2020年）》是纲领性的政策文件，对2010~2020年人才工作的总体要求、指导方针、战略布局和目标任务进行了全面规划，并特别提出了"人才的分布和层次、类型、性别等结构趋于合理"[①] 的具体目标，成为指导女性科技人才发展的基础性目标。同年，全国妇联出台《全国妇联关于贯彻落实〈国家中长期人才发展规划纲要（2010—2020年）〉促进女性人才成长的意见》，以配合《国家中长期人才发展规划纲要（2010—2020年）》的实施。《全国妇联关于贯彻落实〈国家中长期人才发展规划

[①]　中共中央、国务院：《国家中长期人才发展规划纲要（2010—2020年）》，中国政府网，2010年6月6日，http://www.gov.cn/jrzg/2010-06/06/content_1621777.htm，最后检索时间：2023年7月6日。

纲要（2010—2020 年）〉促进女性人才成长的意见》结合《国家中长期人才发展规划纲要（2010—2020 年）》的指示精神，从深刻认识促进女性人才工作的意义、切实做好新形势下女性人才工作、加强党对女性人才工作的组织领导三个方面对促进女性人才发展提出了一系列意见建议。因《国家中长期人才发展规划纲要（2010—2020 年）》仅有个别政策条款涉及促进女性人才发展，所以 2010 年的政策工具编码频数多出自《全国妇联关于贯彻落实〈国家中长期人才发展规划纲要（2010—2020 年）〉促进女性人才成长的意见》的政策文本。《全国妇联关于贯彻落实〈国家中长期人才发展规划纲要（2010—2020 年）〉促进女性人才成长的意见》的政策主体全国妇联是党领导下的群团组织，不是政府职能部门，因此其政策建议大部分是制定女性人才发展目标规划、倡导完善女性人才发展制度机制建设以及优化女性人才发展条件等方面的内容，多属于环境型政策工具的范畴。

2011 年出台的政策较为均衡地使用了供给型政策工具和环境型政策工具，编码频数分别为 8 条和 9 条，需求型政策工具仅使用了 1 条。与 2010 年相比，2011 年出台的两份政策也是一份"纲要"、一份"意见"：《中国妇女发展纲要（2011—2020 年）》和《关于加强女性科技人才队伍建设的意见》。《中国妇女发展纲要（2011—2020 年）》主要从保障女性在各级各类教育培训中的权利、加大女性科技人才培养力度、均衡学科领域性别结构、提高教育领域社会性别意识等方面对女性科技人才的储备与培养制定了目标规划、提出了保障要求，运用的也多为环境型政策工具。《关于加强女性科技人才队伍建设的意见》是针对女性科技人才发展制定的专门性文件，其目的是加强女性科技人才队伍建设，充分发挥女性科技人才作用，并从认识女性人才工作的意义、培养女大学生的科学兴趣、扩大女性在科技领域的就业机会等 10 个方面提出了具体意见。而与 2010 年不同的是，2011 年出台的《关于加强女性科技人才队伍建设的意见》是由科学技术部和全国妇联共同制定发布的，科学技术部作为国务院的职能部门，参与政策制定时能够更多地从科技资源配置、科研条件保障、培养计划实施、管理服务体系建设等具体操作层面予以保障和推动，这些内容主要属于供给型政策工具的范畴。因此，2011 年的女性科技人才政策就较多且较均衡地使用了供给型和环境型政策工具。

2021 年出台的政策较多地使用了供给型和需求型政策工具，且两种政策工具的编码频数也较为均衡，分别为 15 条和 14 条，环境型政策工具编码频数相对较少，仅为 8 条。2021 年促进女性科技人才发展政策出台较为密集，究其原因，主要因为 2021 是 "十四五" 规划的开局之年，也是《中国妇女发展纲要（2021—2030 年）》的颁布之年，包括妇女事业在内的各项社会主义建设事业都进入了一个新的发展阶段，为了更好地规划实施新一阶段的战略任务，全国妇联、科学技术部及其他相关部门分别制定或联合制定了一系列发展规划、意见、措施等，以推动女性科技人才发展。2021 年出台的 5 项新政策，既有《中国妇女发展纲要（2021—2030 年）》《全民科学素质行动规划纲要（2021—2035 年）》《"十四五" 时期妇联事业发展规划》这类制定发展目标、营造发展环境的规划类政策，也有《关于实施科技创新巾帼行动的意见》《关于支持女性科技人才在科技创新中发挥更大作用的若干措施》这类搭建发展平台、提供需求输出、落实发展措施的实施类政策，所以，供给型政策工具编码频数和需求型政策工具编码频数都较高，而环境型政策工具在各项政策中仅仅是兼顾使用，因此编码频数较低。

政策进程中的其他年度，每年仅有一项政策出台，而且政策中关于促进女性科技人才发展的条款较少，因此政策工具编码频数较低。其中，2013 年和 2014 年的政策综合使用了供给型、需求型、环境型三种政策工具，2016 年使用了环境型一种政策工具，2019 年和 2022 年也都只使用了供给型一种政策工具。

3. 政策目标和政策进程交叉分析

由政策目标和政策进程交叉分析情况可以看出（见图 5），2010 年的政策目标主要集中在 "完善激励保障机制" "发展规划" "人才培养" 三个方面，对 "支持创新创业" 关注较少，没有 "关注女性特殊需求" 目标。2011 年的政策目标主要集中在 "完善激励保障机制" "人才培养" "支持创新创业" 三个方面，对 "发展规划" 和 "关注女性特殊需求" 关注较少。2013 年的政策

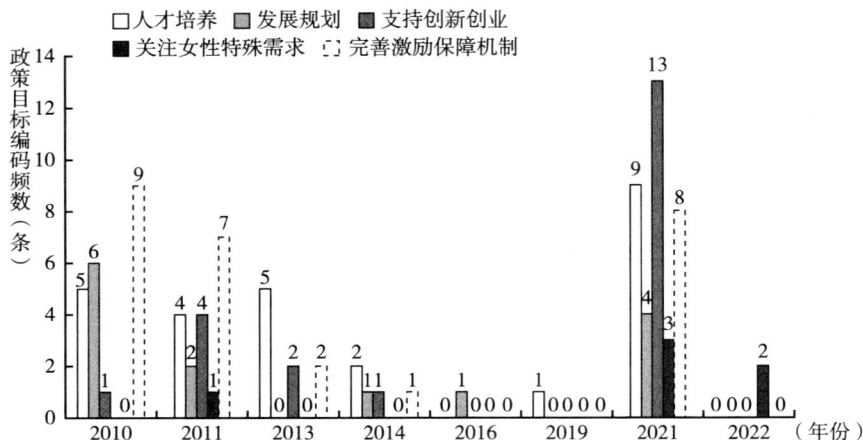

图5　2010~2022年政策目标和政策进程交叉分析情况（*N*=94）

目标主要集中在"人才培养"上，对"支持创新创业""完善激励保障机制"关注较少，没有关注"发展规划"和"关注女性特殊需求"类目标。2014年的政策目标编码频数总和较少，"人才培养"编码频数为2条，"发展规划""支持创新创业""完善激励保障机制"各1条，没有"关注女性特殊需求"目标。2016年和2019年政策目标编码频数均仅有1条，分别是"发展规划"类和"人才培养"类，其他类政策目标均未涉及。2021年关注度最高的政策目标是"支持创新创业"，共13条；其次是"人才培养"和"完善激励保障机制"，分别为9条和8条；再次是"发展规划"和"关注女性特殊需求"，分别为4条和3条。2022年出台的政策仅聚焦在了"关注女性特殊需求"这一政策目标上，编码频数为2条，其余政策目标均未关注。

从政策目标总体发展进程看，2010~2021年（说明：2022年政策目标编码只有2条，在分析整体发展趋势时，不具有作为区间终点的代表性，因此选取2010~2021年作为发展进程的考察区间），"人才培养""支持创新创业""关注女性特殊需求"类政策目标的关注度有增强的趋势，尤其是"支持创新创业"，其编码频数从1条逐步波动上升至13条；"人才培养"类政策目标的编码频数从5条波动上升至9条；"关注女性特殊需求"类政策目标的编码频数从 0 条上升至 2011 年的 1 条，又进一步跃升至 2021 年的 3 条，并在 2022 年维持在 2 条的水平；"发展规划"类政策目标有小幅波动，总体呈下降趋势，从 6 条下降至 4 条；"完善保障激励机制"整体上保持相对稳定，2010 年为 9 条，中间有过波动，2021 年维持在 8 条的水平。

可以看出，国家促进女性科技人才发展政策的目标发展呈现如下特点：其一，正在加大对创新创业的支持力度；其二，更加关注女性的特殊需求，从公平和平等双向推进科技领域的男女平等进程；其三，持续推进和实现阶段性发展规划目标；其四，稳定完善激励和保障机制建设，不断为女性科技人才创造良好的制度环境。

五 研究结论与建议

（一）研究结论

本报告构建了基于政策工具-政策目标-政策进程的三维分析框架，对国家促进女性科技人才发展政策文本进行了多维度的分析。研究发现，2010年以来，国家不断加强对科技领域中女性人才发展的关注与支持，出台政策措施、制定阶段性的发展目标，初步形成了较为系统化的制度机制保障，营建了女性友好的人才发展环境。但是，促进女性科技人才发展是一项系统性、长期性的庞大工程，而现有政策尚处于起步探索阶段，政策设计中难免存在一些不足和待完善之处。

1. 需求型政策工具使用较少且内部结构不太均衡，对政策目标的实现作用较弱

促进女性科技人才发展政策制定中综合使用了供给型、需求型和环境型政策工具，但更倾向于使用环境型和供给型政策工具，二者占比分别为41.49%、38.3%，需求型政策工具使用较少，占比仅为 20.21%，政策工具结构呈现一定的不均衡性，"需求侧"拉动力不足。

此外，环境型和供给型政策工具的内部结构较为均衡。环境型政策工具

所包含的"制度机制建设"类条款、"优化发展环境"类条款、"目标规划"类条款的编码频数完全相同。供给型政策工具所包含的"资金和政策支持"类条款、"科技服务体系建设"类条款、"教育培训"类条款的编码频数相差不大。需求型政策工具内部结构不太均衡，所包含的"示范工程建设""合作交流""产学研结合"类条款间编码频数的差值较前两种政策工具略大。而且，从政策工具与政策目标交叉分析的结果看，需求型政策工具主要用于实现"支持创新创业"这类政策目标，而对实现"人才培养""发展规划""完善激励保障机制"的作用较小，对实现"关注女性特殊需求"这类政策目标则完全没有起到作用。总体看，促进女性科技人才发展政策制定中对需求型政策工具的运用不够充分，难以与其他两类政策工具形成较好的协同效应，在一定程度上限制了需求型政策工具自身政策拉动力的发挥，不利于政策目标的较好实现。

2. 女性特殊需求类政策目标需进一步强化，性别视角有待更全面地融入决策主流

促进女性科技人才发展政策目标的关注度集中于"完善激励保障机制""人才培养""支持创新创业"，三项目标占比之和为78.72%。另外两项政策目标"发展规划""关注女性特殊需求"的编码频数占比较小，尤其"关注女性特殊需求"这一目标，编码频数占比仅为6.38%。"完善激励保障机制"是保障女性科技人才发展体系运行的基础和前提条件，"人才培养"是女性科技人才发展体系运行的根本目标，"支持创新创业"是女性科技人才发展体系运行的基本产出，这三项是促进女性科技人才发展政策发挥效应必不可少的构成要素，因此会更多地被关注并受到重视。而"发展规划"类目标的制定具有周期性的特点，通常是一个阶段的发展目标实现后再制定下一阶段的发展目标，因此其编码频数会相对较低。"关注女性特殊需求"编码频数占比为6.38%，在促进女性科技人才发展类的政策中被关注度最低，这说明政策制定中性别视角没有较好地融入决策主流，对女性社会价值的认可度还不够，对女性基本权益的保护和尊重还有待进一步提高。因此政策主体决策时需要进一步增强性别意识，注重对女性特殊需求的保障和女性成才规律的研究，让政策设计对女性更加友好、更加给力。

3. 促进女性科技人才发展的专项政策较少，不利于形成持续性的政策效应

2010~2022年，国家只出台了两项促进女性科技人才发展的专项政策。一项是2011年科学技术部、全国妇联联合印发的《关于加强女性科技人才队伍建设的意见》；另一项是2021年科学技术部、全国妇联、教育部、工业和信息化部等13家部门联合印发的《关于支持女性科技人才在科技创新中发挥更大作用的若干措施》，且两项政策的出台间隔了10年之久。专项政策少，更迭周期长是这一时期女性科技人才政策的特点之一。10年之中没有较为连续的专项政策进行衔接，无法及时跟进体制机制、硬件设施、发展环境的调整优化，因此也较难形成可持续的政策效应。

需要说明的是，2021年全国妇联联合科学技术部、国务院国资委等6部门发布了《关于实施科技创新巾帼行动的意见》，这是一项号召女性科技人才以实际行动贯彻落实科教兴国战略、人才强国战略、创新驱动发展战略的政策，但严格意义上说，并不能算作促进女性科技人才发展的专项政策，因为它缺乏发展要素供给、发展环境营建、现实需求拉动、政策落地措施，更多的是从倡导和宣传的角度做出引导与发出呼吁。其他年度发布的"规划""纲要""方案"等，也都属于普遍性政策，只有个别条款涉及女性科技人才发展，难以起到有效的政策衔接和推动作用。

（二）政策建议

1. 优化政策工具结构，加强对需求型政策工具的研究和使用

2010年以来，我国逐步构建了促进女性科技人才发展的政策体系框架，但仍处于起步探索阶段，政策制定中对政策工具的使用还不太均衡，呈现环境型和供给型政策工具使用较多，需求型政策工具使用不足的情况。环境型政策工具的大量使用体现出政策主体推动女性平等参与科技发展的美好愿景和初心，但这类政策工具往往是通过影响外围环境和塑造外围条件来发挥作用，不具有"直接作用性"，而且有一定的"操作模糊性"，提升的只是政策系统的"软实力",难以使政策有效落地。供给型政策工具通过提供资金和政策支持、配套服务设施、教育培训服务给予女性科技人才发展要素和制度机制保障上的支持,提升的是政策系统的"硬实力",能够较为有效地推动政策的落地。需求型政策工具通过启动示范工程建设、开展合作交流、建立孵化器等多种途径来为女性科技人才提供创业创新平台、助力她们较为便捷地完成科技成果转化,是实现政策落地的关键环节。

针对当前促进女性科技人才发展政策制定中需求型政策工具使用较少的情况,今后在政策制定中应当进一步加强需求型政策工具的研究和使用。更多地从女性科技人才的发展诉求出发,深入开展调研分析,优化政策设计、提升政策体验感,让需求型政策工具更精准地发挥效应。同时,也应当从整体上注意环境型、供给型、需求型三类政策工具的协调配合,既要发挥好供给型政策工具对女性科技人才的"造就"作用,又要运用好需求型政策工具对女性科技人才价值与贡献的"输出"作用,还要兼顾好环境型政策工具对女性科技人才成长的"促进"作用。要清晰认知环境型、供给型、需求型政策工具的特点和作用,优化组合、合理配置。

2. 强化决策过程的性别意识,进一步将科技领域性别平等落到实处

女性是人类社会的物质生产者,也是社会再生产者,既要从事有酬的物质生产,又要从事生育、家庭照料等无酬的社会再生产。这种双重身份决定了女性在参与科技发展时有其特殊性的一面,因此,在制定促进女性科技人才发展政策时需要注意将性别意识纳入决策主流和政策设计主流。要在认可和尊重女性社会再生产价值的前提下,将女性特殊需求放在政策设计的重要位置予以考虑,在保障女性最基本权益的基础上,为她们提供与男性同台竞技、公正平等施展自身才能的平台和条件。另外,也要深入研究女性科技人才成长规律,针对女性的特点科学地进行政策设计、合理地制定政策目标、有序地规划实现路径,让女性全面平等地参与到科技创新活动中,切实发挥好女性科技人才在推动创新驱动发展、实现高水平科技自立自强、建设科技强国中的重要作用。

3. 及时有序出台专项政策，确保政策的有效衔接和政策效应的充分发挥

2010 年以来，国家仅出台了两项促进女性科技人才发展的专项政策，其他政策都是包含了若干促进女性科技人才发展条款的普遍性政策。相对于普遍性政策，这两项专项政策针对性更强、目标更明确、措施更具体，因此其政策效应也更强劲有力。而且，由相关职能部门联合出台政策，其社会影响也更广泛，向全社会宣示了国家着力推进科技领域男女平等的积极信号，对于营建女性友好的科技发展环境有着非常重要的价值与意义。但是，两项政策的出台时间间隔了 10 年之久，从政策发展进程看，存在着专项政策少、更新周期长的问题，这必然会影响到政策之间的连贯性和衔接的有效性，且不利于政策效应的充分发挥。

今后，在政策制定中，各相关部门应更多地从自身职能定位出发，加强协同配合，科学规划，保障专项政策能够及时有序出台。在政策实施中，既要抓住新政策出台后的窗口时期乘势而上，最大限度地释放积极的政策效应；又要针对女性科技人才发展面临的新问题、新挑战，不断调整、完善政策设计，适时出台新政策，保持已有政策的积极效应持续释放。在政策监测和评效中，要注意及时对政策实施过程和实施效果进行动态监测评估、及时跟进调整，使新旧政策在目标路径上形成有效的衔接，在政策工具使用上形成有机的协调，在政策进程上形成可持续的发展。在政策目标和价值导向上，要注意把握为女性科技人才发展提供发展要素和政策措施支持的同时营造女性友好的科技发展环境，切实推动科技领域的性别平等进程。

B.4
地方促进女性科技人才发展
成长的政策分析

李慧波 *

摘　要： 党的二十大报告指出，深入实施科教兴国战略、人才强国战略。女性科技人才是高水平创新人才队伍的重要组成部分。2021 年以来，各地纷纷出台助力科技创新巾帼行动的政策措施，加强对女科技人才的思想引领，加大对女科技工作者的培养，支持更多女科技工作者参与各类项目计划和重大课题，发挥女科技人才在科技活动组织、决策和咨询中的重要作用，培养女性后备科技人才等；支持人才发展的相关资源向女科技工作者倾斜，建立有利于女科技工作者发展的激励表彰机制，鼓励支持女科技人才参与社会事务管理和民主决策，加大优秀女科技工作者典型宣传力度等；注重支持女性科技人才充分发挥创新主体作用，关注女科技工作者需求并帮助其解决其后顾之忧；地方政策还积极探索女科技人才成长的长效机制等。这些政策体现了中国式现代化进程中科技领域重视促进男女平等发展，体现了科技领域发展的公正性、系统性和精准性，为女性持续参与科技强国建设提供了制度保障。

关键词： 女性科技人才　人才政策　妇女发展环境

---

* 李慧波，中华女子学院妇女发展学院讲师，研究方向为妇女发展、妇女口述历史。

党的二十大报告指出，要加快实现高水平科技自立自强，而实现高水平科技自立自强，归根结底要靠高水平的创新人才。女性科技人才是高水平创新人才队伍的重要组成部分，也是我国科技事业发展的重要力量。为推动落实《关于支持女性科技人才在科技创新中发挥更大作用的若干措施》（国科发才〔2021〕172 号）和《关于实施科技创新巾帼行动的意见》（妇字〔2021〕20 号）的具体要求，进一步激发女性科技人才创新活力，引导广大女科技工作者自觉肩负科技创新历史使命，各地各级妇联与相关部门密切协作，纷纷制定"推进科技创新巾帼行动"的具体政策。截至 2022 年 6 月底，共有 24 个省（区、市）及多个地级市出台了助力科技创新巾帼行动的政策措施。① 本报告对部分地区"推进科技创新巾帼行动"政策情况进行了汇总（见附件）。通过分析，研究认为，这些政策主要呈现以下特点。

一　加强对女性科技人才的思想引领

强化政治方向和思想引领对凸显价值使命和理想信念非常重要。纵观各地发布的"推进科技创新巾帼行动"政策可以发现，这些政策都非常重视对女科技人才的思想引领，注重提高女科技人才的思想政治素质。

（一）强化责任担当

责任担当主要是指个体在处理与社会、国家、国际等关系方面所形成的情感态度、价值取向和行为方式。它对个人在形成社会责任和国家认同等方面发挥着重要的作用。通过各地发布的"推进科技创新巾帼行动"政策可以看出，这些政策非常重视强化女科技工作者的责任担当。如《辽宁省推进科技创新巾帼行动实施方案》指出，要始终坚持以习近平新时代中国特色社会主义思想为指导，坚持自立自强，坚持系统观念协同发展，坚持发挥女科技

---

① 徐阳晨：《用心用情用力 为科技强国贡献"半边天"力量——广大女科技工作者在"科技创新巾帼行动"中书写崭新篇章》，《中国妇女报》2022 年 7 月 26 日，第 1 版。

工作者的主体作用，引导广大女性科技工作者为辽宁全面振兴、全方位振兴新突破贡献智慧力量。① 浙江省发布的《关于鼓励和支持女性科技人才更好发挥作用的若干措施》指出，希望广大女性科技人才胸怀"国之大者"，增强责任意识，坚持"四个面向"，主动担当、积极作为。②《贵州省"科技创新巾帼行动"实施方案》指出，要着力提高思想认识，把开展科技创新巾帼行动作为贯彻落实习近平新时代中国特色社会主义思想的重要举措，作为贯彻落实科教兴国战略、人才强国战略、创新驱动发展战略的重要行动，作为凝聚女性科技力量奋斗新征程的重要着力点，发挥组织优势，切实加强领导，明确目标任务，精心部署实施，加强协调联动，创造性地开展工作，通过各种扎实有效的服务，共同把科技创新巾帼行动落到实处、抓出成效。③

（二）弘扬科学家精神

科学家精神指的是胸怀祖国、服务人民的爱国精神，勇攀高峰、敢为人先的创新精神，追求真理、严谨治学的求实精神，淡泊名利、潜心研究的奉献精神，集智攻关、团结协作的协同精神，甘为人梯、奖掖后学的育人精神。通过各地发布的"推进科技创新巾帼行动"政策可以看出，这些政策积极号召女科技工作者传承和弘扬科学家精神。如《辽宁省推进科技创新巾帼行动实施方案》指出，要教育引导广大女科技工作者认真践行科学家精神，助力建设"数字辽宁、智造强省"。浙江省发布的《关于鼓励和支持

---

① 《辽宁省妇联等九部门联合印发〈辽宁省推进科技创新巾帼行动实施方案〉 合力推进科技创新巾帼行动》，"巾帼秀辽宁"公众号，2021 年 12 月 30 日，https：//mp. weixin. qq. com/s？_ _ biz = MzA4ODUwNjQxMg= = &mid = 2651414442&idx = 1&sn = 12627147a746f660fb2eb75e1bb26f94&chksm = 8bd4d6e9bca35ff fa2d9eb8d5bc3b8dd21909404fbe5ffd452b56fcf9de9e94e937dac067efe&scene = 27，最后检索时间：2023 年 5 月 1 日。

② 《浙江省科学技术厅 浙江省妇女联合会印发〈关于鼓励和支持女性科技人才更好发挥作用的若干措施〉的通知》，浙江省人民政府网站，2023 年 3 月 8 日，http：//zhengce. zj. gov. cn/policyweb/httpservice/showinfo. do？infoid = edfbe1f9f18549b286f896199011cced，最后检索时间：2023 年 6 月 1 日。

③ 《合力推进科技创新巾帼行动！贵州省妇联等十二部门联合出台方案》，天眼新闻，2021 年 12 月 8 日，http：//www. ddcpc. cn/detail/d_ shehui/11515115787032. html，最后检索时间：2023 年 7 月 1 日。

女性科技人才更好发挥作用的若干措施》指出，希望广大女性科技人才潜心研究、勇于创新，加强科研攻关，促进成果转化，在以"两个先行"打造"重要窗口"征程中更好发挥科技领域"半边天"作用。①

二　助推女性科技人才成长

通过各地发布的"推进科技创新巾帼行动"政策可以看出，这些政策非常注重对女性科技人才的培育，提到要加大高层次女性科技人才的培养支持力度。与此同时，这些政策紧密围绕培养造就高层次女性科技人才，提出解决女性科技人才在科技资源获取、科技决策参与、国际科技交流合作、科研学术网络扩展等方面的着力点。

（一）加大对女科技工作者的培养力度

培训可以帮助个体提升其职业素养和能力，从而更好地适应时代的变化和挑战。从各地发布的"推进科技创新巾帼行动"政策来看，这些政策强调了加强对女科技人才的培训，以提升其专业技术水平和职业技能。如《科技创新巾帼行动——北京行动》指出，定期组织开展女性科技人才学习培训，积极推荐女科技人才参加高层次人才国情市情研修培训班。在出国（境）项目计划中加大对女科技人才支持力度。《辽宁省推进科技创新巾帼行动实施方案》指出，搭建女科技工作者学习培训平台；积极推荐女科技工作者参加高层次人才研修培训班；在因公出国（境）培训计划、国际合作等活动中，加大女科技工作者的选派数量，支持其赴国（境）外研修深造。《贵州省"科技创新巾帼行动"实施方案》指出，加大支持女性科技人才参与国际科技交流合作。积极配合国家留学基金委、外事办等部门做好支

---

① 《浙江省科学技术厅 浙江省妇女联合会印发〈关于鼓励和支持女性科技人才更好发挥作用的若干措施〉的通知》，浙江省人民政府网站，2023年3月8日，http://zhengce.zj.gov.cn/policyweb/httpservice/showinfo.do? infoid=edfbe1f9f18549b286f896199011cced，最后检索时间：2023年6月1日。

持女性科技人才申报因公出国（境）培训计划。[①] 浙江省发布的《关于鼓励和支持女性科技人才更好发挥作用的若干措施》指出，加大女性科技人才在该省出国（境）培训计划项目中的选派数量，支持女性科技人才赴国（境）外研修深造。浙江省农业科学院印发《浙江省农业科学院关于支持女性科技人才发挥更大作用的若干意见》也指出，积极支持女性科技人才参加培训、访学和学术交流，提升女性科技人才学术影响力和活跃度。[②]

除了支持女科技工作者参加各类培训外，政策还强调通过举办各类学术交流活动来助推女科技工作者的成长。如《科技创新巾帼行动——北京行动》提出，要开展以"星光璀璨筑梦北京"为主题的科技人才系列交流活动，并举办"京台科技论坛-女性论坛""她爱科技"全球创业大赛等活动。同时，希望通过这些活动来支持和鼓励女科技工作者更积极地投入北京科技交流主平台建设、人才举荐活动和青年人才托举工程当中。又如《辽宁省推进科技创新巾帼行动实施方案》指出，以举办女科技人才素质能力提升培训为契机，为女科技工作者施展才华搭建学习交流合作平台。[③]

（二）吸纳更多女科技工作者参与各类人才项目、科技计划和重大课题

各类人才项目、科技计划和重大课题一定程度上体现了政策性的优待和政府的扶持性。为了吸纳更多的女科技工作者参与其中，各地发布的"推进

---

① 《合力推进科技创新巾帼行动！贵州省妇联等十二部门联合出台方案》，天眼新闻，2021年12月8日，http：//www.ddcpc.cn/detail/d_shehui/11515115787032.html，最后检索时间：2023年7月1日。

② 《支持女科技人才发挥更大作用！浙江省农科院出台十二条措施》，全国妇联女性之声公众号，2022年12月6日，https：//mp.weixin.qq.com/s/IyNBqW3rR133PV3Ujj-9_w，最后检索时间：2023年7月1日。

③ 《辽宁省妇联等九部门联合印发〈辽宁省推进科技创新巾帼行动实施方案〉合力推进科技创新巾帼行动》，"巾帼秀辽宁"公众号，2021年12月30日，https：//mp.weixin.qq.com/s?__biz=MzA4ODUwNjQxMg==&mid=2651414442&idx=1&sn=12627147a746f660fb2eb75e1bb26f94&chksm=8bd4d6e9bca35ff fa2d9eb8d5bc3b8dd21909404fbe5ffd452b56fcf9de9e94e937dac067efe&scene=27，最后检索时间：2023年5月1日。

科技创新巾帼行动"政策对这方面进行了特别强调。《科技创新巾帼行动——北京行动》指出，北京市人才计划项目组织实施中要创造条件吸纳更多女科技工作者参与。《辽宁省推进科技创新巾帼行动实施方案》指出，省级及以上科技计划、人才项目实施中，要创造条件吸纳更多女科技工作者参与。《贵州省"科技创新巾帼行动"实施方案》指出，大力支持女性科技人才承担科技计划项目。鼓励支持女性科技人才申报各类人才项目、科技计划和重大课题。① 浙江省发布的《关于鼓励和支持女性科技人才更好发挥作用的若干措施》指出，省级科技计划项目执行同等条件下女性科研人员优先的资助政策，探索设立女科学家项目；鼓励有条件的科研单位设立女性科研人员科研专项；在省科技奖励工作中，鼓励提名女性负责人项目。浙江省农业科学院印发《浙江省农业科学院关于支持女性科技人才发挥更大作用的若干意见》中也指出，积极支持女性科技人才申报国家、省部和院等各类人才培养计划和项目以及成果转移转化、示范推广、国际科技合作交流等院专项项目。②

（三）吸纳并发挥女科技人才在科技活动组织、决策和咨询中的作用

"推进科技创新巾帼行动"地方政策注重吸纳并发挥女科技人才在科技活动组织、决策和咨询中的作用。《科技创新巾帼行动——北京行动》强调，鼓励更多女科技人才参与国际科技组织工作。同时指出，要更好地发挥女性科技人才在科技决策咨询中的作用，在北京市科技计划项目、科技奖励、人才计划等各类评审工作中，提高女专家参与比例。在北京市科技专家库等科技评审专家库建设中，鼓励符合条件的女专家入库，并对女性科技人才发展状况进行跟踪分析、趋势研究，为女性科技人才工作提供数据支撑和

---

① 《合力推进科技创新巾帼行动！贵州省妇联等十二部门联合出台方案》，天眼新闻，2021 年 12 月 8 日，http：//www.ddcpc.cn/detail/d_shehui/11515115787032.html，最后检索时间：2023 年 7 月 1 日。

② 《支持女科技人才发挥更大作用！浙江省农科院出台十二条措施》，"全国妇联女性之声"公众号，2022 年 12 月 6 日，https：//mp.weixin.qq.com/s/IyNBqW3rR133PV3Ujj-9_w，最后检索时间：2023 年 7 月 1 日。

决策参考。《辽宁省推进科技创新巾帼行动实施方案》规定，在省级及以上重大科技战略咨询、科技政策制定、科技计划项目指南编制等科技活动中，要提高高层次女科技工作者参与度。要在省级及以上科技计划项目、科技奖励等各类评审工作中，逐步提高女性专家参与比例。《贵州省"科技创新巾帼行动"实施方案》指出，同等条件下优先推荐女性科技人才参与科技政策制定和科技项目、人才计划等各类评审工作，提高科技计划项目评审专家库的女性专家入库率。[①] 浙江省发布的《关于鼓励和支持女性科技人才更好发挥作用的若干措施》规定，加大高层次女性科技人才在重大科技战略咨询、科技政策制定、科技计划项目榜单编制、科技计划项目评审、科技奖励评审等科技活动中的参与度，逐步提高女性科技专家参与比例，力争在现有基础上提高至15%以上。鼓励符合条件的女性科技人才进入省科技专家库，女性科技专家入库数量在现有基础上力争提高10%。

与此同时，"推进科技创新巾帼行动"地方政策还特别强调加大对女科技工作者领军人才培养。如《科技创新巾帼行动——北京行动》强调，建立两院院士、杰出人才、领军人才、骨干人才、新兴人才等多层次的女性科技人才库，动态储备一批各行各业、各个层面的优秀女性科技人才。陕西省发布的《关于推进科技创新巾帼行动的实施方案》指出，加大对女性学术带头人、学科带头人科研工作的支持力度，符合条件的，优先推选院士、入选国家和省级高层次人才计划。积极推动女院士工作站、女专家工作室建设。大力推荐符合条件的女性担任省级科技重大专项、科研攻关项目（课题）负责人。[②]

（四）重视女性后备科技人才的培养

"推进科技创新巾帼行动"地方政策重视加强对女性后备科技人才的

---

① 《合力推进科技创新巾帼行动！贵州省妇联等十二部门联合出台方案》，天眼新闻，2021年12月8日，http://www.ddcpc.cn/detail/d_shehui/11515115787032.html，最后检索时间：2023年7月1日。

② 王嘉：《陕西18条措施推进科技创新巾帼行动》，新浪陕西，2011年11月15日，http://sx.sina.com.cn/news/b/2021-11-15/detail-iktzqtyu7329057.shtml，最后检索时间：2023年7月3日。

培养工作。《科技创新巾帼行动——北京行动》指出，鼓励、支持青年女科技领军人才、在读女博士或在站博士后参加青年女科学家和未来女科学家计划评选。陕西省《关于推进科技创新巾帼行动的实施方案》指出，要建强女科技工作者人才后备梯队。鼓励女性从事科学技术工作。各级各类学校要广泛开展性别平等教育，高中阶段教育要加强对女学生学科选择和职业发展的引导，消除学科性别刻板观念对女学生专业选择的不利影响。支持高等学校和科研院所设置理工科专业优秀女大学生奖学金，鼓励更多女大学生参与国际学术交流，加强对理工科女学生职业发展规划辅导，引导更多女学生选择科研作为终身职业。在产业园区、高新企业、众创空间建立"巾帼科技创新基地""女大学生实践基地"。同时指出，要注重培养女学生的科学兴趣。常态化开展女科学家进校园活动，发挥榜样引领作用，培养女学生爱科学、学科学的兴趣和志向。各类科普教育基地和科普活动要提高中小学女学生参与度。鼓励支持女学生参与中小学生科技竞赛活动。[①]《贵州省"科技创新巾帼行动"实施方案》指出，建立女科技工作者科普活动进校园工作机制。开展女科学家进校园活动，发挥榜样引领作用，培养女学生爱科学、学科学的兴趣和志向。鼓励支持女学生参与中小学生科技竞赛活动。同时指出，积极鼓励女学生崇尚科学精神明确职业方向。坚持男女平等基本国策，消除学科性别刻板观念对女学生专业选择的不利影响。支持高等学校设置理工科专业优秀女大学生奖学金，鼓励更多女大学生参与国际学术交流，加强对理工科女学生职业发展规划辅导，引导更多女学生选择科研作为终身职业。高等学校等承担的政府科技计划项目要充分吸纳女大学生和研究生参与。[②]

---

① 《省妇联 省教育厅 省科学技术厅等 关于推进"科技创新巾帼行动"的实施方案》，陕西省妇女联合会网站，2021 年 11 月 4 日，http://www.sxwomen.org.cn/uploadfolder/zinformation/cattrment/20211110/1636511680508.pdf，最后检索时间：2023 年 7 月 3 日。
② 《合力推进科技创新巾帼行动！贵州省妇联等十二部门联合出台方案》，天眼新闻，2021 年 12 月 8 日，http://www.ddcpc.cn/detail/d_shehui/11515115787032.html，最后检索时间：2023 年 7 月 1 日。

三 优化女性科技人才发展的生态环境

（一）支持相关资源向女科技工作者倾斜

1. 各类计划和项目申报中的"同等条件下女性优先"原则

"推进科技创新巾帼行动"地方政策体现了坚持"同等条件下女性优先"的原则，努力建立有利于女性科技人才发展的评价机制。如《科技创新巾帼行动——北京行动》规定，在"北京市自然科学基金"项目评审中，执行同等条件下女性优先的资助政策。探索在国家级人才计划推荐和北京市人才计划评审中，向评审专家宣传支持女性科技人才，按照"同等条件下女性优先"原则，提升女性科技人才入选比例。浙江省农业科学院印发的《浙江省农业科学院关于支持女性科技人才发挥更大作用的若干意见》指出，女性科技人才主持的具有产业化前景的项目，在申请入驻浙江省农业科创园时，同等条件下给予优先支持。同等条件下，女性科技工作者在职称评审和岗位聘任等方面给予优先考虑。①

2. 适当放宽女性申报人年龄限制

"推进科技创新巾帼行动"地方政策提出在各类计划和项目申报中适当放宽女性申报人年龄限制。《科技创新巾帼行动——北京行动》指出，在"北京市杰出青年科学基金项目"和"北京市自然科学基金青年项目"等项目组织实施中适当放宽女性申请人年龄限制。《贵州省"科技创新巾帼行动"实施方案》指出，将高等学校女性申请省教育厅青年科技人才成长项目的年龄由 35 周岁放宽到未满 40 周岁。②《黑龙江省推进科技创新巾帼行

---

① 《支持女科技人才发挥更大作用！浙江省农科院出台十二条措施》，"全国妇联女性之声"公众号，2022 年 12 月 6 日，https：//mp. weixin. qq. com/s/IyNBqW3rR133PV3Ujj-9_ w，最后检索时间：2023 年 7 月 1 日。
② 《合力推进科技创新巾帼行动！贵州省妇联等十二部门联合出台方案》，天眼新闻，2021 年 12 月 8 日，http：//www. ddcpc. cn/detail/d_ shehui/11515115787032. html，最后检索时间：2023 年 7 月 1 日。

动实施方案》指出，在各类人才计划、科技项目申报中适当放宽女性申请人年龄限制，坚持同等条件下女性优先。① 陕西省发布的《关于推进科技创新巾帼行动的实施方案》强调，在申报省级自然科学基金、社科基金项目中，放宽女性科研人员年龄限制。同时指出，在青年人才托举计划、人才引进工程、工程科研类任务中，女性科技人才申报年龄放宽 3 岁。② 浙江省发布的《关于鼓励和支持女性科技人才更好发挥作用的若干措施》指出，适当放宽女性科技人才申请省自然科学基金项目的年龄要求，省自然科学基金杰出青年基金项目、探索青年项目均放宽到 42 周岁。《辽宁省推进科技创新巾帼行动实施方案》也指出，适当放宽女科技工作者申请人年龄限制，其中省博士科研启动基金项目放宽至 42 周岁。《浙江省农业科学院关于支持女性科技人才发挥更大作用的若干意见》还指出，女性科技人才申报有年龄限制的院人才培养项目，给予放宽 3 岁。③

3. 设立女性人才各类专项基金

各地发布的"推进科技创新巾帼行动"政策积极鼓励科研单位设立女性科研人员科研专项。《贵州省"科技创新巾帼行动"实施方案》指出，鼓励高等学校、科研院所设立女性科研人员科研专项。山东省农科院设立青年女性科技人才生育后科研回归基金。④ 浙江省农业科学院印发的《浙江省农业科学院关于支持女性科技人才发挥更大作用的若干意见》指出，对省巾帼农创基地负责人、优秀女性经营主体负责人和专业种养植大户申报参加该院组织承办的各类技术

---

① 王彦：《黑龙江省推出 7 项保障政策助力女科技工作者创新》，黑龙江日报，2021 年 11 月 6 日，http：//hlj. people. com. cn/n2/2021/1106/c220027-34992663. html，最后检索时间：2023 年 7 月 10 日。

② 王嘉：《陕西 18 条措施推进科技创新巾帼行动》，新浪陕西，2021 年 11 月 15 日，http：//sx. sina. com. cn/news/b/2021-11-15/detail-iktzqtyu7329057. shtml，最后检索时间：2023 年 7 月 12 日。

③ 浙江省农科院：《支持女科技人才发挥更大作用！浙江省农科院出台十二条措施》，"全国妇联女性之声"公众号，2022 年 12 月 6 日，https：//mp. weixin. qq. com/s/IyNBqW3rR133PV3Ujj-9_w，最后检索时间：2023 年 7 月 1 日。

④ 《支持女科技工作者在科技创新中施展才华，这些地方在行动》，新浪陕西，2021 年 11 月 15 日，http：//sx. sina. com. cn/news/b/2021-11-15/detail-iktzqtyu7329057. shtml，最后检索时间：2023 年 2 月 1 日。

培训活动的，优先予以支持。对省妇联与该院联合命名的省巾帼农创基地，在双方自愿基础上，建立"一对一"女性科技专家与基地负责人结对机制，提供科技支持和服务。对女性科技专家领衔获得省妇联、省总工会等命名的省级创新工作、省级三八红旗手工作室，一次性给予3万元建设经费。①

此外，各地发布的"推进科技创新巾帼行动"政策规定在其他活动中也优先吸纳女性参与。如《科技创新巾帼行动——北京行动》规定，开展"大工匠"评选和职工创新工作室创建活动，向女性集中的行业领域倾斜。陕西省发布的《关于推进科技创新巾帼行动的实施方案》指出，支持女科技工作者积极参与秦创原创新驱动平台建设，同等条件下，在运用"政策包"优惠条件时优先向女科技工作者倾斜。大力支持女科技工作者参与该省"1155"工程。在政府组织的学术研讨、科技培训、课题攻关、科技成果转化、创业孵化中提高女性参与率，优先吸纳女大学生、女工程师、女技术能手等女性科技工作者参与。②

（二）建立有利于女科技工作者发展的激励表彰机制，鼓励支持女科技人才参与社会事务管理和民主决策

为了树立更多的女性科技人才典型，各地积极探索有利于女性科技人才发展的激励表彰机制，以发挥女性科技人才的示范作用。《内蒙古自治区"科技创新巾帼行动"实施意见》规定，参与推荐中国青年科技奖、中国青年科学家奖等重要奖项候选个人和团队，积极为发挥北疆巾帼科技力量创造条件。《辽宁省推进科技创新巾帼行动实施方案》规定，在评选表彰中加大对优秀女科技工作者的倾斜力度，在五一劳动奖章（状）、三八红旗手（集体）、巾帼建功标兵（岗）等评选表彰活动中，向女科技工

---

① 《支持女科技人才发挥更大作用！浙江省农科院出台十二条措施》，"全国妇联女性之声"公众号，2022年12月6日，https：//mp. weixin. qq. com/s/IyNBqW3rR133PV3Ujj-9_ w，最后检索时间：2023年7月1日。
② 《支持女科技工作者在科技创新中施展才华，这些地方在行动》，新浪陕西，2021年11月15日，http：//sx. sina. com. cn/news/b/2021-11-15/detail-iktzqtyu7329057. shtml，最后检索时间：2023年2月1日。

作者倾斜，进一步提高女科技工作者的社会荣誉感和认可度。在省青年科技奖等评选中，同等条件下优先予以支持。《科技创新巾帼行动——北京行动》规定，"在科技、教育、卫生等行业系统的评选表彰中加大对优秀女科技工作者倾斜力度，在三八红旗手（奖章）、巾帼建功标兵、巾帼文明岗等评选中，不断提升优秀女科技工作者推选比例，表彰一批在北京国际科技创新中心建设中做出突出贡献的杰出女性。"开展选树活动，即开展"首都最美巾帼奋斗者"选树活动，选树在人工智能、区块链、脑科学、量子计算等前沿技术、北京"三城一区"和国际科技创新中心建设、科技成果转化和科技服务、科技抗疫等方面做出积极贡献的优秀女科研人员、女医师、女企业家以及女工匠等。[1]《黑龙江省推进科技创新巾帼行动实施方案》指出，在五一劳动奖章、三八红旗手、巾帼建功标兵、青年科技奖等各类评比表彰中提高女科技工作者的入选比例。[2]《浙江省农业科学院关于支持女性科技人才发挥更大作用的若干意见》指出，深入开展三八红旗手（集体）和巾帼文明岗（标兵）创建选树活动，充分发挥先进典型的榜样激励作用。[3]《贵州省"科技创新巾帼行动"实施方案》指出，建立贵州省女科技工作者激励表彰机制。通过授予优秀女科技工作者（岗位）、三八红旗手（集体）、城乡妇女岗位建功先进个人（集体）等称号，激发广大女科技工作者的荣誉感、自豪感和责任感，为建设科技强国奋发有为、砥砺建功。推荐表彰全国及贵州省劳动模范（先进工作者）、三八红旗手、巾帼建功标兵、五一巾帼标兵等先进典型向女科技人才倾斜。在各类评选表彰奖项中，增加女性科技人才的入选比例，在省属企业中树立更多的女性科技

---

[1] 《科技创新巾帼行动——北京行动》，北京市科技技术委员网站名，2021年9月1日，https://kw.bejing.gov.cn/art/2021/9/1/art_736_612464.html，最后检索时间：2023年8月1日。

[2] 王彦：《黑龙江省推出7项保障政策助力女科技工作者创新》，黑龙江日报，2021年11月6日，http://hlj.people.com.cn/n2/2021/1106/c220027-34992663.html，最后检索时间：2023年7月10日。

[3] 《支持女科技人才发挥更大作用！浙江省农科院出台十二条措施》，"全国妇联女性之声"，2022年12月6日，https://mp.weixin.qq.com/s/IyNBqW3rR133PV3Ujj-9_w，最后检索时间：2023年7月1日。

人才典型。①

与此同时，各地积极拓宽女科技人才参政议政渠道，鼓励支持女科技人才参与社会事务管理和民主决策。《科技创新巾帼行动——北京行动》指出，向各级人大、政协推荐优秀女科技工作者。《黑龙江省推进科技创新巾帼行动实施方案》指出，对获得重大科技创新奖励的女科技工作者，积极推荐成为各级党代表、人大代表、政协委员。②《浙江省农业科学院关于支持女性科技人才发挥更大作用的若干意见》指出，同等条件下，优先推荐女性科技人才在各级人大、政协，各民主党派和人民团体中任职。③陕西省《关于推进科技创新巾帼行动的实施方案》指出，支持优秀女科技工作者参政议政，积极推荐女科技工作者参选人大代表、政协委员，逐步提高女科技工作者当选比例。④

（三）加大优秀女科技工作者典型宣传力度

各地发布的"推进科技创新巾帼行动"政策重视对优秀女科技工作者典型的宣传。《辽宁省推进科技创新巾帼行动实施方案》指出，要讲好女科技工作者的先进事迹和奋斗故事，为女科技工作者积极参与科技创新营造良好的舆论氛围和社会环境，激励更多女性投身科研、致力创新。《科技创新巾帼行动——北京行动》指出，深入宣传广大女科技工作者的爱国精神、创新精神、求实精神、奉献精神、协同精神、育人精神，讲好

---

① 《合力推进科技创新巾帼行动！贵州省妇联等十二部门联合出台方案》，天眼新闻，2021年12月8日，http://www.ddcpc.cn/detail/d_ shehui/11515115787032.html，最后检索时间：2023年7月1日。

② 王彦：《黑龙江省推出7项保障政策助力女科技工作者创新》，黑龙江日报，2021年11月6日，http://hlj.people.com.cn/n2/2021/1106/c220027-34992663.html，最后检索时间：2023年7月10日。

③ 《支持女科技人才发挥更大作用！浙江省农科院出台十二条措施》，全国妇联女性之声，2022年12月6日，https://mp.weixin.qq.com/s/IyNBqW3rR133PV3Ujj-9_ w，最后检索时间：2023年7月1日。

④ 王嘉：《陕西18条措施推进科技创新巾帼行动》，新浪陕西，2021年11月15日，http://sx.sina.com.cn/news/b/2021-11-15/detail-iktzqtyu7329057.shtml，最后检索时间：2023年7月3日。

女科技工作者科学研究和创新故事。组织女院士、女科学家、女工匠等优秀女科技工作者开展以"巾帼心向党 科技报国志"为主题的首都巾帼最美宣讲活动，引领广大女科技工作者把爱国情、报国志融入实现中国梦的伟大实践。《内蒙古自治区"科技创新巾帼行动"实施意见》指出，通过开展"最美巾帼奋斗者——女科技工作者风采"宣传活动，展示女科技工作者风采。[①]

四 支持女性科技人才充分发挥创新主体作用

各地发布的"推进科技创新巾帼行动"政策积极鼓励女性科技人才参与创业创新交流和"科技创新巾帼行动"，以此来促进女性科技人才科技成果的转移转化。

一是加大对女性科技创业者的支持力度，致力于培育更多女性科技企业家。《辽宁省推进科技创新巾帼行动实施方案》指出，推动各行业、各领域女科技工作者组建"巾帼科技服务专家团"，支持专家团成员开展科技服务进企业活动，为女科技工作者对接企业创造机会。同时指出，国家高新技术产业开发区、科技企业孵化器（众创空间等）加强支持力度，并支持在产业园区、高新企业建立巾帼科技创新基地、女大学生实践基地。[②]《科技创新巾帼行动——北京行动》指出，北京市科技企业孵化器、海外人才创业园等创业载体加大对女科技创业者的支持力度。推动科技成果在女企业家的企业落地转化，促进一批以女性为带头人的企业成为研发投入、技术创新、

---

① 《内蒙古对获奖女科技工作者家庭提供不少于 5000 元家庭服务》，澎湃新闻客户端网站名，2022 年 6 月 7 日，https：//m. thepaper. cn/baijiaao_ 18457672，最后检索时间，2023 年 7 月 5 日。

② 《辽宁省妇联等九部门联合印发〈辽宁省推进科技创新巾帼行动实施方案〉合力推进科技创新巾帼行动》"巾帼秀辽宁"公众号，2021 年 12 月 30 日，https：//mp. weixin. qq. com/s？_ biz＝MzA4ODUwNjQxMg＝＝&mid＝2651414442&idx＝1&sn＝12627147a746f660fb2eb75e1bb26f94&chksm＝8bd4d6e9bca35fffa2d9eb8d5bc3b8dd21909404fbe5ffd452b56fc9de9e94e937dac967efe&scene＝27，最后检索时间：2023 年 5 月 1 日。

成果应用的主体，成长为科技创新型企业。① 《黑龙江省推进科技创新巾帼行动实施方案》指出，支持女科技工作者立足岗位、锐意创新，加强交流合作，产出高水平原创成果，加速科技成果转化。高新技术产业开发区、科技企业孵化器（众创空间等）加大对女科技创业者的支持力度，培育出更多科技型女企业家。②

二是支持更多女科技工作者服务乡村振兴。《贵州省"科技创新巾帼行动"实施方案》指出，鼓励女科技工作者到乡村创业发展。按照国家和省有关规定，鼓励女科技人员经所在单位同意，在保证履行好岗位职责的前提下，到乡村企业、专业合作社和科研机构等兼职并合法取酬。支持女性科技人员到乡村领创龙头企业或合作社，允许领创人员在龙头企业或合作社获取报酬、奖金、股权激励等，其间工资福利保持不变，工龄连续计算，享有在职人员同等权利。同时指出，积极组建巾帼科技服务团。支持女科技特派员深入基层一线，积极参加科技人员服务企业、服务乡村振兴专项行动，到企业、专业合作社、巾帼创新创业示范基地、巾帼致富示范基地等开展需求对接、科技咨询、科普培训、联合攻关等，通过企业提需求、女科技人才送服务、协会搭平台、地方汇资源的方式，加快科技成果转化。鼓励高等学校女性科技人才深入农村开展创业与技术服务。③《黑龙江省推进科技创新巾帼行动实施方案》指出，该省将组织女科技工作者为农村妇女提供技术咨询、农事指导、农技培训、技术示范等科技帮扶活动，广泛培育科技特派员、土专家，建设高素质女农民队伍，在"两牛一猪一禽"、杂粮杂豆、中药材、特色蔬菜、特色育种等领域，引导、

带动农村妇女应用现代农业科技，为促进乡村振兴贡献巾帼力量。① 《陕西省关于推进科技创新巾帼行动的实施方案》指出，鼓励农业女科技工作者、女科技特派员在农业龙头企业、巾帼现代农业科技示范基地、农民合作社、家庭农场开展技术指导、成果转化。开展"巾帼科技助农直通车"活动，支持女科技工作者与巾帼现代农业科技示范基地结对共建，开展订单式、菜单式科技服务。② 这些规定必将促进各地女性科技人才积极参与创业创新，加快其科技成果的转移转化，进而提升其专业领域内知晓度和影响力。

五　关注需求并帮助其解决后顾之忧

从各地发布的"推进科技创新巾帼行动"政策可以看出，这些政策聚焦女科技工作者发展，积极为女科技工作者提供养老育幼等家庭服务，切实帮助她们解决后顾之忧，以更好地投入科技创新工作。

（一）为孕哺期女科技工作者创造生育友好型工作环境

针对女性科技人才肩负家庭和生育压力等现实问题，各地发布的"推进科技创新巾帼行动"政策积极为她们营造良好科研环境。

1. 在考核评价、岗位聘用等环节适当放宽期限要求

针对孕哺期女科技工作者，各地发布的"推进科技创新巾帼行动"政策强调，在考核评价、岗位聘用等环节要对这类群体适当放宽期限要求。如《陕西省关于推进科技创新巾帼行动的实施方案》指出，孕期、哺乳期女性科技人才在承担创新工程科研类任务、人才工程、岗位聘用等

---

① 王彦：《黑龙江省推出 7 项保障政策助力女科技工作者创新》，黑龙江日报网站名，2021 年 11 月 6 日，http：//hlj. people. com. cn/n2/2021/1106/c220027-34992663. html，最后检索时间：2023 年 7 月 10 日。

② 王嘉：《陕西 18 条措施推进科技创新巾帼行动》，新浪陕西，2021 年 11 月 15 日，http：// sx. sina. com. cn/news/b/2021-11-15/detail-iktzqtyu7329057. shtml，最后检索时间：2023 年 7 月 3 日。

B.5
地方政策落实过程中促进女性
科技人才发展的情况分析

李慧波[*]

摘　要： 为贯彻落实党和国家关于科技强国的决策部署，推动女科技人才在共担科技自立自强重任中更好地发挥"半边天"作用，各地各部门多措并举，为广大女科技工作者创造条件、搭建平台、提供服务。一是加强对女科技工作者的思想引领；二是通过搭建学习交流平台、发挥女性科技人才"智库"作用、加强女性后备科技人才培养等方式助推女性科技人才成长；三是通过加大宣传和奖励、设立科研专项、为推荐提名创造条件、完善评价机制等方式积极营造利于女性科技人才成长的制度环境；四是积极促进女科技工作者的成果转化；五是通过打造基地和成立协会等方式探索女科技工作者人才发展长效机制；六是关注发展需求，实施关爱行动，解决女科技工作者的后顾之忧。这些举措对于进一步提高女科技工作者的政治站位和强化使命担当，培养造就高层次女性科技人才，促进地方经济发展，培育乡土女科技人才，增强女科技工作者成就感和获得感具有重要意义。

关键词： 女性科技人才　地方人才政策　科技强国

　　科技是国家强盛之基，创新是民族进步之魂。党的十八大以来，我国科技

---

* 李慧波，中华女子学院妇女发展学院讲师，研究方向为妇女发展、妇女口述历史。

事业密集发力、加速跨越，实现了历史性、整体性、格局性重大变化。党的二十大报告进一步提出，必须坚持科技是第一生产力、人才是第一资源、创新是第一动力，深入实施科教兴国战略、人才强国战略、创新驱动发展战略。在高质量发展进程中，女性科技人才以巾帼不让须眉的豪情和努力，撑起科技创新发展的"半边天"。为贯彻落实党和国家关于科技强国的决策部署，推动女科技人才在共担科技自立自强重任中更好地发挥"半边天"作用，各部门多措并举，为广大女科技工作者创造条件、搭建平台、提供服务。本报告主要探讨 2021 年全国妇联、科技部等 13 个部门联合印发的《支持女性科技人才在科技创新中发挥更大作用的若干措施》发布以来，各地妇联、科协和相关部门在促进女性科技人才政策落地、加强组织保障、提供关爱服务等方面的主要举措。

一 以成立协会、举办会议为载体提升女科技工作者的政治素质

为了让女科技工作者提高政治站位，坚持"四个面向"，肩负时代使命，强化责任担当，各地以成立协会、举办会议、召开座谈会为载体，加强对女科技工作者的思想引领。例如，在内蒙古女科技工作者协会成立之际，时任内蒙古自治区妇联主席的胡达古拉要求：女科技工作者和女科技工作者协会要提高政治站位，着力政治立身；要注重创新创造，着力开拓进取；要服从服务于党和国家发展大局，在凝心聚魂中争创一流、在前沿探索中争相领跑、在短板攻坚中争先突破、在转化创业中争当先锋、在普及服务中争做贡献。[①] 在天津市女科技工作者协会成立大会上，天津市妇联党组书记、主席魏继红指出，广大女科技工作者要牢记"国之大者"，肩负时代使命，把人生理想融入为实现中华民族伟大复兴中国梦的奋斗中。要坚持"四个面向"，在奋进新时代中书写巾帼担当。[②] 新疆维吾尔自治区妇联党组书记、

---

① 赵曦：《内蒙古女科技工作者协会在呼和浩特成立 胡达古拉讲话》，《内蒙古日报》2022 年 12 月 25 日，第 2 版。

② 吕颖虹：《凝聚巾帼力量 助力科技创新》，科技工作者之家网站，2022 年 3 月 14 日，https：//www. scimall. org. cn/article/detail? id＝6080268，最后检索时间：2023 年 4 月 1 日。

副主席李灵慧向全区女科技工作者提出四点要求。一是提高政治站位，胸怀"国之大者"，以习近平新时代中国特色社会主义思想凝心铸魂，坚定拥护"两个确立"、坚决做到"两个维护"，始终在思想上政治上行动上同以习近平同志为核心的党中央保持高度一致。二是注重创新创造，筑梦科技创新，坚持将服从服务大局的使命扛在肩头，坚守初心、践行使命，笃行实干，把爱国情、报国志融入实现中国梦的伟大实践，为新疆经济社会发展持续赋能。三是坚持"四个面向"，弘扬科学家精神，把满足人民对美好生活的向往作为科技强国的落脚点，切实把科技成果转化为惠民、利民、富民、改善民生、造福人民生产生活的具体成效。四是加强自身建设，认真履行职责，充分发挥党和政府联系女科技工作者的桥梁纽带作用，更广泛地把广大女科技工作者团结凝聚在党的周围，为新疆女科技工作者践行科技报国、创新济民的使命提供广阔舞台。①

与此同时，各地还通过会议或召开座谈会的方式对女科技人员加强思想政治引领。2022年，内蒙古自治区妇联联合内蒙古女科技工作者协会举办了"北疆巾帼心向党携手喜迎二十大——女科技工作者畅谈科技创新"座谈会，号召广大女科技工作者要胸怀"国之大者"，坚持"四个面向"，积极响应妇联号召，踊跃投身"科技创新巾帼行动"，不断向科学技术广度和深度进军，传播科学知识、弘扬科学精神，在全区高质量发展的舞台上绽放新时代女性风采。② 2022年2月，绍兴市委人才办和妇联召开绍兴市女性科技人才新春座谈会。绍兴市委常委、组织部部长王琴英向广大女科技工作者强调，要始终心怀"国之大者"，不断提升协会能级。深入学习贯彻党的二十大和省委、市委"新春第一会"精神，放眼世界发展前沿，加强学习交流，强化协同开放，汇聚力量进行原创性引领性关键核心技术攻关，赢得未来发

---

① 新疆维吾尔自治区妇联：《新疆女科技工作者协会成立》，"新疆女声"百家号，2022年11月29日，https://baijiahao.baidu.com/s? id=1750842813927868547&wfr=spider&for=pc，最后检索时间：2023年5月1日。

② 耿兴敏、吴苏锦、贾莹莹、刘世康：《引领科技女性在高质量发展中乘风破浪》，《中国妇女报》2022年8月23日，第1版。

展的战略主动权。① 2023 年 6 月 28 日，由北京市妇联指导，北京市妇联社会组织联合党支部和北京女科技工作者协会主办，中国科学院力学研究所党委协办的"弘扬科学家精神 凝聚思想庆七一"主题党日活动在中国科学院力学研究所举办。该活动通过参观学习和研讨的方式让女科技工作者深刻领悟老一辈科学家对党忠诚、爱国奉献、严谨治学的宝贵精神，进一步激发广大女科技工作者在各自研究领域，立足岗位，坚持创新，踔厉奋发，勇毅前行。② 此外，各地相关部门在日常工作中也注意加强对女科技工作者的思想引领。在蒙草集团，女性科研人员占比已超过 50%。在内蒙古自治区妇联指导下，该集团坚持党建带群团建设，建立了妇女之家，注重在日常党建工作中加强女科技工作者的思想政治引领，教育引导她们坚定不移听党话、跟党走。③

这些举措注重对女科技人才的政治引领，对于弘扬科学家精神，强化国家意识，厚植家国情怀，增强女科技工作者"创新科技、服务国家、造福人民"的责任感和使命感具有积极意义。

二 通过搭建平台、完善专家库、培育后备人才加大对女科技人才的培养力度

（一）通过搭建学习交流平台为女性科技人才提供学习交流机会

各地妇联、科协等相关机构非常重视发挥会议、论坛等学习交流平台在

---

① 《巾帼科技创新"新春第一会"｜绍兴市召开女性科技人才新春座谈会》，"绍兴女性"公众号，2023 年 2 月 3 日，https：//mp.weixin.qq.com/s？__biz=MzI1MTE2NTA3NA==&mid=2651518156&idx=1&sn=28ee2efb304ad9504a8f9fc9ce8534af&chksm=f2097431c57efd2756c4e5fd4239fd157017d00bee1c18dcb81aa39898aebd851ce834c3a8cb&scene=27，最后检索时间：2023 年 7 月 1 日。

② 《北京女科协举办"弘扬科学家精神 凝聚思想庆七一"主题党日活动》，"北京女科技工作者协会"公众号，2023 年 6 月 30 日，https：//mp.weixin.qq.com/s/XVZGP7I-iWCxwLZA1VwIFQ，最后检索时间：2023 年 6 月 11 日。吕颖虹：《凝聚巾帼力量 助力科技创新》，科技工作者之家网站，2022 年 3 月 14 日，https：//www.scimall.org.cn/article/detail？id=6080268，最后检索时间：2023 年 4 月 1 日。

③ 耿兴敏、吴苏锦、贾莹莹、刘世康：《引领科技女性在高质量发展中乘风破浪》，《中国妇女报》2022 年 8 月 23 日，第 1 版。

助推女性科技人才成长中的作用。2021 年 12 月 29 日，在北京市妇联指导下，北京港澳台侨妇女联谊会、台湾妇女菁英联盟会共同主办了第二十四届京台科技论坛女企业家论坛。该论坛以"新环境，新挑战，新机遇——京台姐妹共话绿色共创未来"为主题，与会者针对科技推动经济转型升级、低碳环保、绿色发展的发展趋势以及女性如何进一步发挥自身优势实现创新发展进行了交流分享。① 2022 年 8 月 29 日，北京市妇联和首都女教授协会举办了"国际科技创新中心建设'她'智慧——第二届巾帼科技协同创新高峰论坛"。该论坛在探讨北京、上海、粤港澳大湾区的区域联动中发挥女科技工作者力量的同时，还探索了巾帼科技协同创新的新机制、新模式与新途径。② 2023 年 5 月 28 日，中关村论坛设立的女性平行论坛——科技女性创新论坛以"前沿科技她力量"为主题，并向全球科技女性发出"携手一起向未来"的倡议。多位前沿科技领域优秀女科技工作者共话女性科技创新故事，探察科技创新前沿。③ 2023 年 7 月，由中国互联网协会与中国妇女报社（全国妇联网络信息传播中心）合办的 2023 中国互联网大会"数字化助力女性发展论坛"在北京举行，与会人员分享了女性在数字化领域的探索和实践经验，倡导营造更加性别友好的数字化环境，助力女性在数字化浪潮中乘势而上，共享在数字领域人生出彩的机会。④ 2023 年 8 月 21 日，甘肃省妇联、天水市妇联、天水市人社局在天水市举办女性创业创新对话会。⑤ 此

---

① 《第二十四届京台科技论坛女企业家论坛成功举办》，搜狐网，2021 年 12 月 30 日，https：//www.sohu.com/a/513279280_ 121106842，最后检索时间：2023 年 2 月 1 日。

② 《科技创新巾帼行动｜国际科技创新中心建设"她"智慧——第二届巾帼科技协同创新高峰论坛成功召开》，"北京女性"公众号，2022 年 8 月 30 日，https：//mp. weixin. qq. com/s/hXt395tfBRhgpLxlPZY0Rg，最后检索时间：2023 年 2 月 1 日。

③ 《"前沿科技她力量"2023 中关村论坛首次开设女性平行论坛》，新浪财经，2023 年 5 月 18 日，https：//finance. sina. com. cn/jjxw/2023-05-18/doc-imyuexpy5075988. shtml，最后检索时间：2023 年 7 月 11 日。

④ 徐阳晨：《以科技之名 点燃数字时代"她荣耀"——2023 中国互联网大会"数字化助力女性发展论坛"主旨演讲摘编》，"性别研究视界"公众号，2023 年 7 月 28 日，https：//mp. weixin. qq. com/s/iYvySegt2vgWbkVDTS0bkA，最后检索时间：2023 年 8 月 20 日。

⑤ 《甘肃省女性创业创新对话会重磅来袭》，"天水妇联"公众号，2023 年 8 月 18 日，https：//mp. weixin. qq. com/s/rXrvXLzEkSltBbhv4rReRQ，最后检索时间：2023 年 8 月 22 日。

类活动还包括浦江创新论坛女科学家峰会、世界人工智能大会 AI 女性菁英论坛、世界顶尖科学家"她"论坛、金融科技女性菁英论坛等。这些举措紧扣女科技人才成长需求，为女科技人才开阔创新视野和展示交流科研成果搭建了平台，对于促进女科技工作者建功成才具有积极意义。

（二）充分发挥女性科技人才"智库"作用

为进一步科学管理女性科技人才队伍，建立健全女性科技人才的长效机制，各地不仅积极鼓励女性科技人才参与科技决策咨询，而且不断完善女性科技人才专家库。2023 年，广东省为加快大湾区高技能人才创新建设，搭建了"广州市巾帼科技人才库"①，对充分发挥女性科技人才在科技创新和决策咨询中的作用，提高决策的科学化水平具有积极意义。山东省也非常注重发挥女性科技人才在参与科技决策咨询中的作用。该省发布的《关于2023 年度征集山东省科技专家库专家及在库专家更新信息的通知》中特别指出："积极鼓励具备评审英文项目能力的专家和符合条件的女性科技人才申请入库。"②

（三）为女性后备科技人才提供专业化、系统化、定制化的学习机会

各地非常重视对后备女性科技人才的培育，并积极采取措施，努力搭建青年创新人才发展的平台和基地。2022 年 1 月 8 日，首都女教授协会开启了巾帼科技领航计划。该计划扎根高校女学生群体，面向高校博士研究生拔尖人才，纵向依托领航导师助推先锋队员深耕专业领域，横向依托女教授协会平台。该计划注重发挥高校女教授群体中院士、长江学者、国家

---

① 《人才征集 |"智赋湾区 科创她力量"2023 广州巾帼科技先锋系列活动启动!》，"广州市女科技工作者协会"公众号，2023 年 6 月 6 日，https://mp.weixin.qq.com/s/Bj47xjyKa5i9zfLr3I8Wog，最后检索时间：2023 年 7 月 5 日。
② 《关于 2023 年度征集山东省科技专家库专家及在库专家更新信息的通知》，"山东科技"公众号，2023 年 4 月 10 日，https://mp.weixin.qq.com/s/Jgxisfhpy5qxXuHaJerkPQ，最后检索时间：2023 年 5 月 1 日。

杰出青年基金获得者等高层次科技创新领军人才的作用，通过年度的批次推荐与选拔，对青年女性人才进行"一对一"的精准培养，有效提升了女性青年后备人才的培养质量。[1] 同年，重庆市开启了推进高校巾帼科技创新行动计划，通过推进 HerSpace"女大学生创业加速营"项目，为女大学生提供专业化、系统化、定制化的学习机会。[2] 2023 年 6 月，中国科协、中国女科技工作者协会和甘肃省女科技工作者协会、西北师范大学共同举办了 2023 年中国科协党校"领航计划"青年女科技领军人才国情研修班。来自全国 31 个省（区、市）的女科技工作者协会和协会所属单位会员推荐的青年女科技领军人才代表近 60 人参加。[3] 这些举措紧密围绕持续培养青年女科技工作者的工作理念，随着工作的不断深入，相信会不断涌现一批又一批拥有国际化视野，跨领域、跨学科、跨团队的优秀女性青年科技人才。

三 通过加大宣传和奖励、设立专项基金、完善评价体系等方式营造利于女性科技人才成长的制度环境

（一）通过多元方式对优秀女科技工作者进行宣传并积极选树典型

为激发广大女科技工作者的荣誉感、自豪感、责任感，团结凝聚广大女科技工作者奋进高水平科技自立自强新征程，各地加大对优秀女科技工作者

---

[1] 《落实〈科技创新巾帼行动——北京行动〉首都女教授协会启动巾帼科技领航计划》，"北京女性"公众号，2022 年 1 月 11 日，https：//mp. weixin. qq. com/s？_ biz＝MzA3NTE4ODExMA==&mid＝2659182724&idx＝1&sn＝b403f69d0050ea8b1bdbeb955390a069&chksm＝84ff1a65b3889373f85ec2be7c7ba5a7f8a90399e894d31b2de7885cc91a71f324989cba3f89&scene＝27 最后检索时间：2023 年 5 月 11 日。

[2] 《重庆：创业加速营赋能女大学生创业创新》，"全国妇联女性之声"百家号，2022 年 7 月 23 日，https：//baijiahao. baidu. com/s？id＝1739135710396004059&wfr＝spider&for＝pc，最后检索时间：2023 年 7 月 11 日。

[3] 王凤霞：《2023 年中国科协党校"领航计划"青年女科技领军人才国情研修班在兰州-天水成功举办》，"甘肃省女科技工作者协会"公众号，2023 年 6 月 13 日，https：//mp. weixin. qq. com/s/PJQs3GUO8VzZNCMei73Epwc，最后检索时间：2023 年 7 月 15 日。

的宣传力度。2022 年，内蒙古自治区妇联开展了"最美巾帼奋斗者——女科技工作者风采"宣传展示活动。① 同年，福建省科协与福建省妇联共同开展了"最美女科技工作者"学习宣传活动，积极宣传女科技工作者投身科技创新的动人故事。其中包括与风雨相伴、和雷电同行，在气象预报岗位上勤耕细作、刻苦钻研的福建省气象局首席预报员、国家级首席气象专家潘宁，以及潜心原创仪器研制和应用开发，成功研发了具有自主知识产权的纳米流式检测技术，在高端科研仪器制造领域刻下"中国印记"的颜晓梅等优秀女科技工作者。② 2022 年，首都女教授协会推出"科技之星"专栏，专门宣传女科技工作者的先进事迹。③ 2022 年，贵州巾帼科技"风采·成果"展邀请了长期奋战在贵州农业科技、生物科技、医学药物、酿造微生物、城市规划设计、金融贸易、材料技术、化工肥料等科技工作第一线的 20 名女科技工作者，通过展示她们的工作成果，分享她们动人的科研故事来向社会展示女性科技工作者的风采。④ 广州市女科技工作者协会自成立以来，已成功开展了"女科学家进校园""追星唤起科学梦想活动""广州女性创客（创新创业创造）"等品牌系列活动和十多项活动。2022 年以来，为进一步扩大榜样辐射带动作用，京津冀三地妇联共同举办"科技创新增活力，巾帼建功京津冀"优秀科技女性风采展播活动。该活动通过三地多平台全媒体线上视频专题展播，充分展示了三地女科技人才在推动京津冀高质量协同发展中的"她力量""她智慧""她

---

① 王永钦：《内蒙古对获奖女科技工作者家庭提供不少于 5000 元家庭服务》，"全国妇联女性之声"公众号，2022 年 6 月 7 日，https：//mp. weixin. qq. com/s/If52r25nLAQZV0uZX4NiTw，最后检索时间：2023 年 6 月 15 日。

② 《2022 年最美女科技工作者｜刘燕飞：精研紫菜技术 服务渔民渔业》，"闽姐姐"公众号，2022 年 7 月 14 日，https：//mp. weixin. qq. com/s/uEfehOfrtC8tL-z8xt_ gVg，最后检索时间：2023 年 6 月 17 日。

③ 《科技创新巾帼行动｜首都女教授"科技之星"——陈红教授》，"北京女性"公众号，2022 年 9 月 8 日，https：//mp. weixin. qq. com/s/c5JO7KYfAce--XP2V4-aRg，最后检索时间：2023 年 7 月 17 日。

④ 《贵州发布〈科技创新巾帼行动实施方案〉，激发女性创新活力，凝聚巾帼科技力量》，"全国妇联女性之声"公众号，2022 年 6 月 18 日，https：//mp. weixin. qq. com/s/s6pvo4GBnCVx7z-GHRda7A，最后检索时间：2023 年 3 月 17 日。

精神""她风采"。①

为了充分发挥榜样的力量，一些地方还积极选树先进典型，以激励女性科技工作者发挥创新力。2022 年，山东省妇联联合山东省总工会选树的 20 位"齐鲁巾帼工匠"收获了一次性资助资金奖励。同时，山东省妇联还支持"齐鲁巾帼工匠"领衔创建工匠人才创新工作室，并给予 2 万元资金支持。② 这些做法不仅向全社会宣传了广大女科技工作者在奋进高水平科技自立自强中发挥的重要作用，而且激发了广大女科技工作者的荣誉感、自豪感、责任感。

（二）为生育后返回科研岗位的女性设立专项基金加以支持

一些地方设立了女性科研人员科研专项，积极营造利于女性科技人才成长的制度环境。山东省首批在山东师范大学、山东女子学院、山东省农科院等 6 家单位试点设立生育后科研回归基金并纳入女性科技人才专项经费，以此来帮助女性科技人才生育后顺利重返科研岗位，一大批女科技工作者受益。截至 2023 年 4 月，山东省因科研回归基金受益的女性科技人才已有 10 位。在科研回归基金的辅助下，山东省农业科学院农产品加工与营养研究所助理研究员贾敏生育后重返科研岗位并主持国家重点研发计划子课题一项，并以通信作者身份发表论文两篇，博士课题也有了新进展。她回忆起自己近三年的生活，感慨地说："就像在黑暗中饥寒交迫的人，在长途跋涉后看到了远处的火光，这足以让我重拾勇气，去踏上这漫漫科研路。"③

---

① 天津市妇联：《打造女科技人才全链条生态系统厚植高质量发展新优势》，《中国妇运》2022 年第 7 期，第 34 页。
② 姚建、王丹青：《山东省妇联："三大举措"推动"科技创新巾帼行动"落地见效 为女科技工作者赋能助力》，网易，2023 年 4 月 13 日，https://www.163.com/dy/article/I26MT9R705149JUI.html，最后检索时间：2023 年 6 月 17 日。
③ 姚建、王丹青：《山东省妇联："三大举措"推动"科技创新巾帼行动"落地见效 为女科技工作者赋能助力》，网易，2023 年 4 月 13 日，https://www.163.com/dy/article/I26MT9R705149JUI.html，最后检索时间：2023 年 6 月 17 日。

（三）为女科技工作者参与重要奖项的推荐提名创造条件

各地积极为女科技工作者参与重要奖项的推荐提名创造条件，在同等条件下优先推荐女性科技人才，积极推荐女科技工作者参与中国青年科技奖、中国青年科学家奖等重要奖项候选个人和团队的评选。山东省农科院的 805 名女性职工中，多人荣获"全国五一劳动奖章"、全国"三八红旗集体"、山东省"三八红旗手"等荣誉称号。[①] 山东省评选的 20 名"齐鲁巾帼工匠"中，有 5 名"齐鲁巾帼工匠"不仅入选"齐鲁工匠"，而且被授予山东省"三八红旗手"荣誉称号。在山东省妇联推荐下，山东大学张海霞、齐鲁工业大学吉兴香两位女科技工作者分获第十七届、第十八届"中国青年女科学家奖"。[②] 四川省妇联积极将中国西部巾帼科技创新大赛中的金奖获得者推荐提名为第十九届中国青年女科学家奖候选人。在内蒙古自治区妇联和相关部门的努力下，蒙草集团一大批女科研人员获得全国先进工作者、全国三八红旗手、新中国成立 60 周年"三农"模范人物、"草原英才"团队带头人等荣誉称号。[③] 这些举措营造出利于女性科技人才成长的制度环境，激发了广大女科技工作者的荣誉感、自豪感和责任感。

（四）努力建立有利于女性科技人才发展的评价机制

各地努力建立有利于女性科技人才发展的评价机制。在放宽基金项目申报年龄、孕哺期女性科技人才延期结题等方面取得了良好成效。截至 2023 年 4 月，山东省有 18 位女科技工作者享受到人才工程项目中对女性科技人才放

---

① 姚建：《设立女性科技人才专项、巾帼科技奖……这"十条意见"让她们如虎添翼》，"中国妇女报"公众号，2022 年 11 月 16 日，https://mp.weixin.qq.com/s/R5KZpe0RmjPWmyMKfpkGVg，最后检索时间：2023 年 6 月 17 日。

② 姚建、王丹青：《山东省妇联："三大举措"推动"科技创新巾帼行动"落地见效 为女科技工作者赋能助力》，网易，2023 年 4 月 13 日，https://www.163.com/dy/article/I26MT9R705149JUI.html，最后检索时间：2023 年 6 月 17 日。

③ 耿兴敏、吴苏锦、贾莹莹、刘世康：《引领科技女性在高质量发展中乘风破浪》，《中国妇女报》2022 年 8 月 23 日，第 1 版。

宽年龄的支持政策，3 位孕哺期女性科研人员享受弹性工作制度并享受省自然科学基金项目延期结题的支持政策。①

四 为女科技工作者在生产一线发挥作用和促进成果转化创造条件

2022 年，为促进女科技工作者的成果转化，天津市成立了滨海新区女企业家联盟和"滨城"女性人才联席会，组建 4 个女企业家志愿服务队和 11 个女性人才团队，培育 11 个市、区级"巾帼众创空间"，在创业孵化中促进了女科技工作者的成果转化。② 同年，北京女科技工作者协会与海淀区女企业家协会开展了"巾帼科技创新协同发展"项目，该项目通过共建的方式，充分发挥科学家与企业各自优势，进一步加强合作和促进产研转化。③

与此同时，各地为女性科技工作者奋战在生产一线创造条件，鼓励其把论文写在中国的大地上。2022 年，山东省农科院成立了"舜耕科技"巾帼农业专家服务团与巾帼农业科普志愿服务队，涌现出首个"专家+农民利益共同体"、帮助亏损 10 年茶园扭亏为盈的田丽丽博士为代表的一批女性科技工作者先进典型。④ 同年，江苏省连云港市女科技工作者联盟正式成立，该联盟下设的科技助农组与东海县驼峰乡麦南村等 10 个巾帼助推共同富裕试点村（社区）签订了战略合作协议，双方将在试点调研、项目辅导、

---

① 姚建、王丹青：《山东省妇联："三大举措"推动"科技创新巾帼行动"落地见效 为女科技工作者赋能助力》，网易，2023 年 4 月 13 日，https://www.163.com/dy/article/I26MT9R705149JUI.html，最后检索时间：2023 年 6 月 17 日。

② 徐阳晨：《强国复兴有我丨广大女科技工作者在"科技创新巾帼行动"中书写崭新篇章》，网易，2022 年 8 月 3 日，https://www.163.com/dy/article/HDS1GREK0552KEQO.html，最后检索时间：2023 年 7 月 12 日。

③ 《科技创新巾帼行动丨第二届中关村她力量——女性与高质量发展交流研讨会成功举办》，"北京女性"公众号，2022 年 9 月 27 日，https://mp.weixin.qq.com/s/yvUjCrY37uKzy3qP0DuGjw，最后检索时间：2023 年 7 月 12 日。

④ 姚建：《设立女性科技人才专项、巾帼科技奖……这"十条意见"让她们如虎添翼》，"中国妇女报"公众号，2022 年 11 月 16 日，https://mp.weixin.qq.com/s/R5KZpe0RmjPWmyMKfpkGVg，最后检索时间：2023 年 6 月 17 日。

农技指导、基地扶持、妇女培训、直播带货、岗村（村企）结对、资源对接等方面达成战略合作，实现共赢发展，携手助力乡村振兴，促进共同富裕。[①] 据统计，自 2021 年 9 月起，"巾帼科技助农直通车"启动后，黑龙江省有 240 名农业科技女专家与 401 个巾帼科技示范基地和从事农业的巾帼致富带头人结对，陕西省有 23 家省级巾帼现代农业科技示范基地和女科技工作者进行结对帮扶，福建省女科技特派员与 200 多个共建巾帼示范基地结对。[②] 这些举措不仅让农村妇女掌握了农业科学技术，实现了增收致富，而且为广大女农业科技工作者助力乡村振兴搭建了一个科技成果转化的平台，让其实现了"把论文写在大地上"的梦想。

五　通过打造基地和成立协会等方式探索女科技工作者人才发展长效机制

为了进一步服务女性科技人才并激发广大女科技工作者的活力，各地通过打造基地和成立协会等方式积极探索女科技工作者人才发展的长效机制。2021 年 9 月，北京市海淀区妇联启动中关村女性创新蕙智发展项目。该项目涵盖了创业主题培训、职场成长培训、沙龙参访、交流研讨、结对共创等一系列活动，该项目为建立起凝聚、联系、服务优秀女性人才的长效机制奠定了基础。2022 年 5 月，宁波市妇联、宁波市科协、镇海区联合打造了宁波市巾帼科技创新赋能平台。该平台地处启迪科技园，以"科创·她未来"为品牌引领，以"科技+、Women+"为工作理念，为全市女科技工作者、女企业家和广大创业女性提供一站式服务。随着该平台建设的不断完善，将按照联动建设、资源共享、优势互补、协同发展的总体思路，整合市女科技工作者

---

① 《"巾帼科技助农直通车"进乡村一场科技兴农与巾帼圆梦的"双赢"实践》，"妇女与科技传播"公众号，2022 年 3 月 25 日，https：//mp.weixin.qq.com/s/8L8s9HkO3xF5M4q_l5IcjA2022-03-29 22：55，最后检索时间：2023 年 3 月 17 日。

② 耿兴敏、吴苏锦、贾莹莹、刘世康：《引领科技女性在高质量发展中乘风破浪》，《中国妇女报》2022 年 8 月 23 日，第 1 版。

协会、市女企业家协会、市律师协会女律师委员会和"四校一所一室一园"力量，为广大女科技工作者提供服务。① 2022 年，杭州市建立了长三角巾帼科技创新浙江行和长三角女科技工作者联盟、长三角梦想小镇巾帼科创联盟，为长三角地区女科技工作者释放创新活力创造了更多机会，为女科技工作者、女企业家对话交流和产研合作提供了更便利的集聚平台。② 为了提供服务女性科技人才的长效机制，上海市于 2023 年 4 月成立了"中国（上海）自由贸易试验区临港新片区女性科技菁英活动中心"。同年，广州市搭建了"1+N"妇女创新基地联动机制，即以南沙创享湾为核心，辐射湾区其他分站点，形成"1+N"妇女创新基地布局，进一步推动了粤港澳女科技工作者深度融合、共创发展。③ 随着女性科技人才一体化交流服务平台的不断探索，女科技工作者人才发展的长效机制将进一步完善，女性人才的创新活力也将进一步加强。

与此同时，为了进一步团结引领广大女科技工作者积极投身创新实践，为实现国家高质量发展贡献巾帼力量，在全国妇联的指导推动下，各地妇联将"女科技工作者协会建设"作为推进"科技创新巾帼行动"的重要抓手。截至 2022 年 6 月底，共有 22 个省区市及多个地级市成立女科技工作者协会等组织。④ 在人员组成上，各地女科技工作者协会成员由各行业优秀女性组成。如甘肃省女科技工作者协会天水市分会会员的入会条件为：政治素质过硬，有良好的社会公德和职业道德，社会声誉良好；具有较高的专业基础和丰富的实践经验，在本行业（领域）或专业领域业内具有一定的影响力和带动作用，原则上具有副高级及以上职称，特别优秀的可适当放宽条件；热

---

① 《宁波市巾帼科技创新赋能平台成立》，"红船女儿"公众号，2022 年 6 月 1 日，https：// mp. weixin. qq. com/s/hVkfILLyTczBh_ 9iqeLfdw，最后检索时间：2023 年 3 月 20 日。

② 《智汇巾帼 科创未来——长三角巾帼科技创新浙江行暨浙江省首届巾帼科技创新周活动启动》，"红船女儿"公众号，2022 年 11 月 8 日，https：//mp. weixin. qq. com/s/ JCcyRWhtgxRAPEGO_ y62ww，最后检索时间：2023 年 3 月 20 日。

③ 《人才征集 | "智赋湾区 科创她力量"2023 广州巾帼科技先锋系列活动启动!》，"广州市女科技工作者协会"公众号，2023 年 6 月 6 日，https：//mp. weixin. qq. com/s/ Bj47xjyKa5i9zfLr3I8Wog，最后检索时间：2023 年 6 月 21 日。

④ 徐阳晨：《用心用情用力 为科技强国贡献"半边天"力量——广大女科技工作者在"科技创新巾帼行动"中书写崭新篇章》，《中国妇女报》2022 年 7 月 26 日，第 1 版。

心公益事业，有强烈的社会责任感。[1] 在陕西省女科技工作者协会已发展的首批 2236 名个人会员中，获博士、硕士学位的有 1990 名，占比为 89%；高级职称 1811 名，占比为 81%。这些会员来自高校、科研院所、科技型企业、医疗机构等 216 家单位，分布于航空航天、新材料、先进装备制造、电子信息、医疗健康、资源与环境技术、农业科技、科技管理、科技金融等领域。[2] 新疆女科技工作者协会已发展的首批 1257 名个人会员中，高级职称以上占 63%，硕士博士学位占 49%，主要来自高校、科研院所、医疗机构及高新技术企业等。[3] 云南省女科技工作者协会已发展的首批 192 名会员来自全省各科研院所、高校、医疗机构及科技类企业，涉及生物医药、电子、生态环保、科技农业等领域。[4] 内蒙古女科技工作者协会已发展的首批 90名会员包括生物医药、电子、生态环境、农业等各领域科技女性骨干，其中草原英才 28 人，国家百千万人才 4 人，自治区杰出人才 2 人，自治区突出贡献专家 13 人，享受国务院政府特殊津贴专家 7 人。[5] 在省级女科技工作者协会积极吸纳优秀女性人才加入的同时，各区/市的女科技工作者协会也纷纷吸纳优秀女性人才。如衢州市女科技工作者协会首批会员 71 名，主要

---

[1] 《甘肃省女科技工作者协会天水市分会会员招募全面启动》，"天水妇联"公众号，2022 年 6 月 13 日，https：//mp. weixin. qq. com/s/_ ZXn_ eMUTE89D4-nX0aVoA，最后检索时间：2023 年 6 月 21 日。

[2] 《陕西省女科技工作者协会成立 为科技创新发挥"她力量"》，新华网，2022 年 11 月 24 日，http：//www. sn. xinhuanet. com/2022-11/24/c_ 1129155441. htm，最后检索时间：2023 年 6 月 21 日。

[3] 新疆维吾尔自治区妇联：《新疆女科技工作者协会成立》新疆女声百家号，2022 年 11 月 29日，https：//baijiahao. baidu. com/s？id = 1750842813927868547&wfr = spider&for = pc 最后检索时间，2023 年 5 月 1 日。

[4] 《凝聚科技"她"力量 搭建服务新平台——云南省女科技工作者协会成立》，"德宏科普"公众号，2022 年 11 月 2 日，https：//mp. weixin. qq. com/s？_ _ biz = MzAwNTM1NDcwNg = =&mid = 2650459234&idx = 2&sn = 146bb58429ae5b4ae3796565bdc47e24&chksm = 831389dfb46400c98776 cbef8c6cf32441f330ca08756af89d6356ed60fc072d59100a5860b0&scene = 27，最后检索时间：2023 年 6 月 21 日。

[5] 《内蒙古女科技工作者协会成立》，"北疆女声"公众号，2022 年 12 月 25 日，https：// baijiahao. baidu. com/s？id = 1720082526487389977&wfr = spider&for = pc，最后检索时间：2023 年 6 月 21 日。

由高校、医院、科研院所、高新技术企业等领域的优秀女科技工作者组成。① 惠州市女科技工作者协会会员主要由惠州市高校、科研院所、企业等领域的优秀女科技工作者组成。②

作为引领团结科技女性的坚强阵地，女科技工作者协会肩负着弘扬科学家精神，助推女科技工作者锐意创新，凝聚科技女性智慧与力量的重任。它既是团结凝聚女科技工作者的载体，也是支持女科技人才成长进步的平台。③ 如天津市女科技工作者协会致力于将该市女科技工作者协会打造成为汇聚科技女性能量的有效平台和展示女性科技工作者风采的舞台，以推动学科交叉融合、创新链产业链深度融合，助力女性科技人才成长。④ 惠州市女科技工作者协会致力于将该协会打造成为女科技工作者交流、联谊、服务平台，开展学术交流，举办专题讲座、研讨会、产学研对接等活动，加强同省内外与科技相关的妇女团体的交流与合作，支持女科技工作者创新创业创造，宣传优秀女科技工作者事迹，并积极开展调查研究，反映建议意见和诉求，维护女科技工作者的合法权益，为女科技工作者的成长和进步提供各项服务。⑤ 丽水市女科技工作者协会致力于积极推动女科技工作者全面参与社会发展；组织引导广大女科技工作者加强与

① 《祝贺，衢州市女科技工作者协会成立！》，"衢州科普"公众号，2022 年 6 月 18 日，https：// mp. weixin. qq. com/s？_ _ biz = MzAwODE3MzU4Mw = = &mid = 2655378857&idx = 1&sn = 4741788c747f18f7099dc6fb1f5d0f1e&chksm = 80c39cc9b7b415dfd1c4860119dc045 121264b1122e89b71b62 93b4ee93f08fa4d3432c2cec0&scene=27，最后检索时间：2023 年 6 月 21 日。

② 《汇聚她力量，惠州市女科技工作者协会成立》，惠州市科学技术局网站，2021 年 11 月 23 日，http：//sti. huizhou. gov. cn/gkmlpt/content/4/4472/mpost_ 4472295. html#602，最后检索时间：2023 年 5 月 21 日。

③ 《用心用情用力 为科技强国贡献"半边天"力量——广大女科技工作者在"科技创新巾帼行动"中书写崭新篇章》，"庆安县妇女联合会"公众号，2022 年 7 月 26 日，https：// mp. weixin. qq. com/s？_ _ biz = MzAxMTc1NTc0Nw = = &mid = 2650054689&idx = 4&sn = 429eb732a45d47da39e708c9cf0da18b&chksm = 83bc49adb4cbc0bb145e748d9cef8a89a43a0 598c2f9aadfd96c53aaeef824082554f4979573& scene = 27，最后检索时间：2023 年 3 月 11 日。

④ 《天津市女科技工作者协会成立》，南开大学网站，2022 年 3 月 19 日，http：//news. nankai. edu. cn/mtnk/system/2022/03/19/030050659. shtml，最后检索时间：2023 年 5 月 1 日。

⑤ 《惠州市女科技工作者协会成立》，惠州市人民政府网站，2021 年 11 月 25 日，http：// www. huizhou. gov. cn/wsfw/ggfw/hysy/zxdt/content/post_ 4474156. html，最后检索时间：2023 年 5 月 1 日。

国内外科技妇女团体的交流与合作，提高综合素质；提升女科技工作者在科技创新和社会发展中的作用和地位；推动社会性别意识纳入决策主流，倡导献身、创新、求实、协作的精神，促进女科技工作者队伍的成长与发展；促进科技成果转化为现实生产力。[①] 可见，各地女科技工作者协会的成立有助于更好地团结、引领、服务女科技工作者，助力广大女性科技工作者不断向科学技术广度和深度坚定迈进。随着女科技工作者协会等女性科技人才一体化交流服务平台的不断完善，广大女性科技工作者的凝聚力将不断增强，交流范围将不断拓展，得到的支持和保障将愈加充实。

六 实施关爱行动解决女科技工作者后顾之忧

各地相关部门不断加强与一线女科技工作者的密切联系，关注并倾听女科技工作者的心声，积极为女科技工作者提供多元服务。2022 年在 5 月 30 日，在第六个"全国科技工作者日"到来之际，内蒙古自治区妇联和内蒙古女科技工作者协会在举办的"北疆巾帼心向党 携手喜迎二十大——女科技工作者畅谈科技创新"座谈会中表示，今后对获得自治区科学技术特别贡献奖、青年科学技术创新奖的专家及自然科学奖、技术发明奖、科学技术进步奖一等奖的第一完成人的家庭，在获奖年度将提供每人不少于 5000 元的家庭服务，切实为高层次科技人才及其家庭解除后顾之忧。[②] 2022 年 3 月，天津市妇联联合多部门举办"致敬科技创新她力量"宣传展示暨关爱服务活动，为全市 140 余名优秀女科技人才送去慰问信和节日礼物。[③] 2023 年，天津市妇联开展了"天津市女性科技人才职业发展瓶颈及破解建议"系列调研。天津市妇联党组书记、主席魏继红

---

① 《关于组织推荐丽水市女科技工作者协会会员和团体会员单位的函》，丽水市人民政府网站，2022 年 3 月 1 日，http://www.lishui.gov.cn/art/2022/3/1/art_1229283450_2394778.html，最后检索时间：2023 年 6 月 19 日。

② 王永钦：《内蒙古对获奖女科技工作者家庭提供不少于 5000 元家庭服务》，"全国妇联女性之声"公众号，2022 年 6 月 7 日，https://mp.weixin.qq.com/s/If52r25nLAQZV0uZX4NiTw，最后检索时间：2023 年 6 月 15 日。

③ 天津市妇联：《打造女科技人才全链条生态系统 厚植高质量发展新优势》，《中国妇运》2022 年第 7 期，第 34 页。

带队先后前往市女科技工作者协会和市农科院走访调研，与来自高校、研究机构、企业等不同领域、不同行业的女性科技人才代表进行交流座谈，将女性科技人才反映的主要问题进行了梳理。在此基础上，天津市妇联组织市科协、市卫健委、市总工会、市人社局、市教委、市科技局等部门相关处室负责人以及天津市女企协、女科技工作者代表召开专题座谈会。围绕梳理出的主要问题，与会人员就如何破解女性科技人才成长发展瓶颈问题进行了深入研讨，同时结合各自职责对存在的问题提出了建议和举措。魏继红提出，要聚焦服务，多维度关心关爱。多措并举，多点发力，从政府、社会、单位、家庭全面营造关爱服务女性科技人才的氛围，真正为女科技工作者解愁事、做实事，切实解决其后顾之忧，让她们能够释放创新潜能。[①] 内蒙古蒙草集团坚持党建带群团建设，建立了妇女之家。妇女之家设有文化活动室、妇女谈心区、运动健身区、母婴室以及医疗室等，各类设施、设备齐全，成为女职工学习、活动的温暖之家。[②] 2023年4月至7月，绍兴市女科技工作者协会开展"大走访大调研大服务"活动，由协会会长沈振芳带队走访协会会员所在单位，送去"娘家人"的关心和问候。[③] 可以看到，各地相关部门积极为女科技工作者提供关爱，为女性人才的发展需求、健康需求、生活需求提供贴心服务，切实解决她们在潜心钻研、攻坚克难中的急难愁盼问题，为增强女科技工作者荣誉感、获得感、认同感营造了良好的社会氛围。

七 成效与评价

由上可见，为了深入贯彻习近平总书记关于科技创新的重要论述精神，

---

① 《市妇联联合多部门召开女性科技人才发展调研座谈会》，"天津妇联"公众号，2023年6月26日，https：//mp. weixin. qq. com/s/qi3aKcRS7kyhT4FGVG6L2Q，最后检索时间：2023年7月15日。

② 耿兴敏、吴苏锦、贾莹莹、刘世康：《引领科技女性在高质量发展中乘风破浪》，《中国妇女报》2022年8月23日，第1版。

③ 《绍兴市女科技工作者协会开展"大走访大调研大服务"活动 为科技女性加油鼓劲》，绍兴市女科技工作者协会，2023年7月28日，https：//mp. weixin. qq. com/s/1z_w1xCphulvatMHFIx_Ng，最后检索时间：2023年8月20日。

认真落实全国妇联等 13 个部门联合印发的《关于支持女性科技人才在科技创新中发挥更大作用的若干措施》要求，各地妇联、科协及相关部门积极协作，围绕加强思想引领，培养造就高层次女性科技人才，加强女性后备科技人才培养，支持女性科技人才创新创业，完善女性科技人才评价激励机制，实施关爱行动等方面多措并举地引领、支持和服务女性科技人才。这些举措取得了积极的成效，主要表现如下。

一是进一步提高了女科技工作者的政治站位，强化了使命担当。各地深入贯彻习近平总书记关于科技创新的重要论述精神，认真落实全国妇联等13 个部门联合印发的《关于支持女性科技人才在科技创新中发挥更大作用的若干措施》要求，通过多种方式引领女性始终听党话、坚定跟党走。这些举措必将团结带领广大女科技工作者提高政治站位，强化使命担当，踔厉奋发、勇毅前行，大力弘扬科学家精神。

二是进一步培养造就了高层次女性科技人才。各地相关部门不断深化女性科技人才成才成长的理念和工作思路，重视发挥会议、论坛等学习交流平台在助推女性科技人才成长中的作用；不断完善女性专家人才库，积极鼓励女性科技人才参与科技决策咨询；重视后备女性科技人才的培育，努力搭建青年创新人才发展的平台和基地；加大对优秀女科技工作者的宣传和重要奖项的推荐提名，注重激发广大女科技工作者的荣誉感、自豪感和责任感；大力支持女性科技人才创新创业。这些举措必将为女科技工作者成长进步、施展才华保驾护航，进一步激励广大女科技工作者为实现高水平科技自立自强贡献巾帼力量。

三是促进了地方经济发展。女科技工作者在"科技创新巾帼行动"与"乡村振兴巾帼行动"紧密结合的过程中，根据地方特色精准施策，帮扶农民增收创效的同时普及推广新型农业发展理念，促进了地方经济发展。福建农林大学根系生物学研究中心主任、教授廖红带领的团队提出了"不用农药化肥"的生态茶园建设模式，利用氮磷协同高效、以磷增氮的方式创建了"茶园套作氮磷协同高效大豆和土壤生境优化技术"，这一技术不仅被推荐为福建省农业绿色发展先行先试典型模式，在福建全省推广，而且被列为国家优势产业集群项目"武夷岩茶产业集群项目"的主要支撑技术，越来越多的茶农因此受益。与此同时，廖红团队还提出"蜜柚土壤改良用肥+调整施肥位置+冬种油菜花+禁用除草剂"的技术模式，为平和县花山溪综合整治工作提供了技术支持。① 2019年，田雪梅作为科技特派员第一次到当时的国家级深度贫困县——安顺市紫云苗族布依族自治县，在对当地产业基础、气候环境、资源条件等方面进行系统考察后，田雪梅和项目组成员为当地量身定制了一个"大棚栽培以香菇为主、林下栽培以大球盖菇为主"的方案，因地制宜确定了主栽品种。带动周边6个乡镇超过300名农民致富，有力助推了当地脱贫。2020年以来，该县克服疫情影响，完成大棚香菇生产4000万棒/年，实现销售收入2亿元/年。② 在女科技特派员吴娟的指导下，贵州玉屏某黄桃种植合作社实现年增产率26.29%，增重率27.35%，为地方林果经济稳定增产带来了"定心丸"。③ 在女性科技工作者的帮助下，农民不仅增收而且掌握了农业技术。甘肃酒泉种植户尤淑玲高兴地说，因为女科技特派员教会了她科学选种、施肥技术，才实现豇豆品质的年年提升。④

四是培育了一批乡土女科技人才。兴业先兴人，这些乡土女科技工作者深入农业、乡村第一线，通过组织科技培训、创业讲座、政策咨询、业务指导、定期联系等方式，引领和带动了一批乡土女科技工作者的成长。福建省五级妇联精准联动，在全国首创"碳汇+女科技特派员联盟"。该联盟联动科技、农业等有关部门，汇集省级巾帼科技特派员，为农村提供源源不断智力支持。自2021年"碳汇科技助农巾帼行"活动启动以来，联盟成员通过"课堂教学+基地实训+互动交流+线上直播"方式，向农村妇女开展农林绿

---

① 《五级妇联精准联动 科技助农直通田间地头》，网易，2022年8月6日，https://www.163.com/dy/article/HE4FTGMF0514JETS.html，最后检索时间：2023年6月15日。
② 《科技特派员田雪梅：写就一段跨越4000里的"蘑菇情缘"》，中国乡村新闻，2022年8月31日，https://mp.weixin.qq.com/s/SZiJO6N-hKWlSELIhRds6A，最后检索时间：2023年6月10日。
③ 《用心用情用力 为科技强国贡献"半边天"力量——广大科技工作者在"科技创新巾帼行动"中书写崭新篇章》，湖北妇联公众号，2022年7月27日，https://baijiahao.baidu.com/s？id=1739466010271770088&wfr=spider&for=pc，最后检索时间：2023年5月3日。
④ 徐阳晨：《用心用情用力 为科技强国贡献"半边天"力量——广大女科技工作者在"科技创新巾帼行动"中书写崭新篇章》，《中国妇女报》2022年7月26日，第1版。

色发展、生态治理、高效节水等实用技术培训 1085 期，4.8 万多名妇女参训，带动农村妇女懂科技、用科技，助力培育可持续、可循环的绿色经济发展模式。① 内蒙古自治区妇联启动巾帼科技服务走基层活动，直接为 5000 人次以上基层妇女提供政策服务和技术指导。② 山西省晋中市妇联发挥太谷现代农业优势，通过送课下乡、科普宣传、电话热线、基地对接、入企服务等方式，推动农业科技和科普知识进乡村、进基地、进企业，常态化对接太谷农谷园区、基地，为农村妇女学科技、用科技提供技术指导支持。③ 2021 年，科技特派员田雪梅先后为贵州省安顺市紫云苗族布依族自治县、山东省临沂市兰陵县、山东省青岛市即墨区、山东省青岛西海岸新区、山东省滨州市邹平县等地及 2021 年山东省食用菌菌种企业检验人员和生产技术人员培训班开展技术咨询服务与人员培训工作，累计服务培训 1000 余人。④

五是增强了女科技工作者成就感。各地通过"科技创新巾帼行动""乡村振兴巾帼行动"等一系列举措，在促进地方经济发展的同时，也为广大农业女科技工作者搭建了一个科技成果转化的舞台，实现了女性科技人力资源、产学研用对接，促进了重点科研项目攻关和科技成果转化，形成了科技兴农与巾帼圆梦"双赢"的生动实践。让"小蘑菇"变成"大产业"的田雪梅在为农村妇女发展生产提供科技助力的同时，近年来还先后主持国家自然科学基金 3 项，省部级科研项目 4 项，青岛对口支援贵州安顺重大食用菌项目 1 项；作为主要完成人承担国家级、省部级项目 17 项，获山东省技术发明二等奖 1 项，农业部中华农业科技奖三等奖 1 项；授权国家发明专利

① 《五级妇联精准联动 科技助农直通田间地头》，网易，2022 年 8 月 6 日，https://www.163.com/dy/article/HE4FTGMF0514JETS.html，最后检索时间：2023 年 6 月 15 日。
② 《内蒙古妇联：深化科技创新巾帼行动 引领科技女性在高质量发展中乘风破浪》，"全国妇联女性之声"公众号，2022 年 8 月 23 日，https://mp.weixin.qq.com/s/tgU2fkC2wHxhhb1JqP1QFg，最后检索时间：2023 年 6 月 12 日。
③ 《助力乡村振兴 巾帼科技助农在行动》，山西晋中妇联公众号，2022 年 8 月 24 日，https://baijiahao.baidu.com/s?id=1741971120889602313&wfr=spider&for=pc，最后检索时间，2023 年 7 月 3 日。
④ 《科技特派员田雪梅：写就一段跨越 4000 里的"蘑菇情缘"》，中国乡村新闻，2022 年 8 月 31 日，https://mp.weixin.qq.com/s/SZiJO6N-hKWlSELIhRds6A，最后检索时间：2023 年 6 月 10 日。

15 项，国际专利 3 项；通过省级农作物新品种审定 1 个；公开发表学术论文 60 篇。① 她们不仅实现了"把论文写在大地上"的梦想，更在其中收获到了不同寻常的人生意义。田雪梅说："研究食药用菌多年，终于有机会以实际行动响应国家号召、服务乡村振兴，我感到无比自豪。"② 还有的女科技工作者说："当我们的成果获奖、当我们看到农村的新面貌、当我们听到农民满意的笑声，这些就是对我们最大的褒奖。""他们（农民）能顺利出菇，拿到实实在在的收益，我们的工作就有意义。"③

总之，随着党和国家对女科技人才发展的不断重视，在未来的工作中，各地女科技人才参与各类科技计划项目的机会将不断增加，女科技工作者在项目立项、职称评聘、职务晋升等方面的发展评价机制将进一步完善，女科技工作人才在科技决策咨询中的作用将进一步加强，女科技工作者科研环境将进一步健全。

参考文献

赵曦：《内蒙古女科技工作者协会在呼和浩特成立 胡达古拉讲话》，《内蒙古日报》2022 年 12 月 25 日。

耿兴敏、吴苏锦、贾莹莹、刘世康：《引领科技女性在高质量发展中乘风破浪》，《中国妇女报》2022 年 8 月 23 日。

天津市妇联：《打造女科技人才全链条生态系统 厚植高质量发展新优势》，《中国妇运》2022 年第 7 期。

---

① 《科技特派员田雪梅：写就一段跨越 4000 里的"蘑菇情缘"》，中国乡村新闻，2022 年 8 月 31 日，https：//mp. weixin. qq. com/s/SZiJO6N－hKWlSELIhRds6A，最后检索时间：2023 年 6 月 10 日。

② 《科技特派员田雪梅：写就一段跨越 4000 里的"蘑菇情缘"》，中国乡村新闻，2022 年 8 月 31 日，https：//mp. weixin. qq. com/s/SZiJO6N－hKWlSELIhRds6A，最后检索时间：2023 年 6 月 10 日。

③ 《"巾帼科技助农直通车"进乡村一场科技兴农与巾帼圆梦的"双赢"实践》，"妇女与科技传播"公众号，2022 年 3 月 25 日，https：//mp. weixin. qq. com/s/8L8s9HkO3xF5M4q_l5IcjA2022-03-29 22：55，最后检索时间：2023 年 3 月 17 日。

专题篇
Special Topic

B.6
中国女性科技工作者发展现状研究

——基于相关数据的分析

张明妍*

摘　要： 本报告通过对公开数据和专题调研情况的研究分析发现，新时代随着女性科技工作者数量比例不断增长，其学术成就和科技贡献越来越大。但她们在科研表现、职业发展、社会参与和生活状况等方面却面临诸多问题与挑战。对此，作者从构建具有人文关怀的工作环境、帮助平衡家庭与职业发展需要、强化女性自立自强价值观念等方面提出进一步促进女性科技工作者全面发展的对策建议。

关键词： 女性科技工作者　职业发展　社会参与

---

* 张明妍，博士，中国科协创新战略研究院副研究员，研究方向为创新人才培养与发展、科技与性别研究。

近年来，我国女性科技工作者在规模数量上呈现明显增长趋势，在自然科学与工程技术领域做出了重要贡献，为更多女性积极参与科技创新提供了成功典范，在社会和大众媒体树立了优秀女科学家形象。本报告旨在反映新时代以来女性科技工作者队伍的现实状况、面临的问题挑战，提出相关对策建议，为进一步完善女性科技工作者成长发展环境提供积极助力。

一　女性科技工作者队伍发展状况的数据分析

近年来，我国女性科技人力资源在总量和储备上实现了快速发展，女性科技工作者积极参与科技活动，奋勇争先活跃在科技工作各领域，为国家科技强国建设做出了重要贡献。[①]

（一）女性科技人力资源发展状况的数据分析

截至 2019 年，我国女性科技人力资源总量约为 3997.5 万人，占全部科技人力资源总数的 40.1%。其中，2018~2019 年结合不同学历层次结构的对比分析发现，研究生层次的新增女性占比超过一半，新增女性科技人力资源的学历层次不断提升（见图 1、表 1）。[②]

根据 2018~2019 年新增女性科技人力资源数量及占比（见表 1）可以看出，从专科至研究生，新增女性科技人力资源占比分别为 34.2%、40.6% 和 53.3%，说明学历层次越高女性科技人力资源的比重越高。结合不同学科门类来看，根据中国教育科学研究院的调查，2017 年，普通本科理学、工学、农学、医学、管理学、经济学、法学和教育学女性毕业生的比例分别为 49.9%、29.9%、53.4%、59.6%、64.9%、62.7%、61.3% 和 66.5%。2018~2019 年，我国共培养本科层次女性科技人力资源 231.3 万人，占这两

---

① 吕科伟、韩晋芳：《美国、欧盟与中国女性科技人力资源发展状况的比较研究》，《中国人力资源开发》2015 年第 3 期，第 62~69 页。

② 中国科协调研宣传部、中国科协创新战略研究院：《中国科技人力资源发展研究报告（2020）：科技人力资源发展的回顾与展望》，清华大学出版社，2021，第 56~65 页。

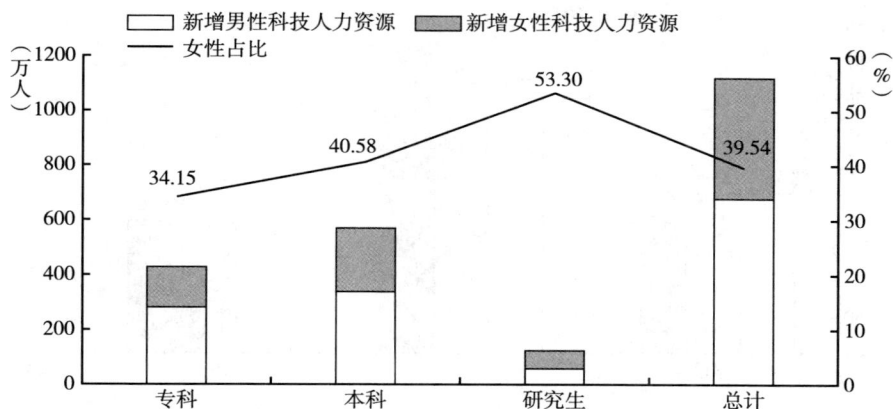

图1 2018~2019年新增女性科技人力资源数量及占比

资料来源：中国科协调研宣传部、中国科协创新战略研究院：《中国科技人力资源发展研究报告（2020）：科技人力资源发展的回顾与展望》，清华大学出版社，2021，第56~65页。

年本科层次新增科技人力资源总量的40.6%。可以看出，在人文社会学科中，女性科技人力资源的比重要明显高于理工学科。总体上来说，本科层次的女性科技人力资源比重有所提升，但仍有待提高。

表1 2018~2019年新增女性科技人力资源数量及占比

学历	新增女性科技人力资源（万人）	新增科技人力资源（万人）	女性占比（%）
专科	146.2	428.1	34.2
本科	231.3	570.0	40.6
研究生	66.3	124.4	53.3
总计	443.8	1122.5	39.5

资料来源：中国科协调研宣传部、中国科协创新战略研究院：《中国科技人力资源发展研究报告（2020）：科技人力资源发展的回顾与展望》，清华大学出版社，2021，第56~65页。

女性科技工作者影响力稳步提升的核心因素之一是高等教育招生中女性比例的不断攀升。结合图2所示内容，2015~2017年，我国高等教育招生中女性人数占比均维持在50%以上。由此可见，我国女性科技工作者未来储备力量比较充足，有更多女性进入科技领域，为科技进步与创新发展做出更多贡献。

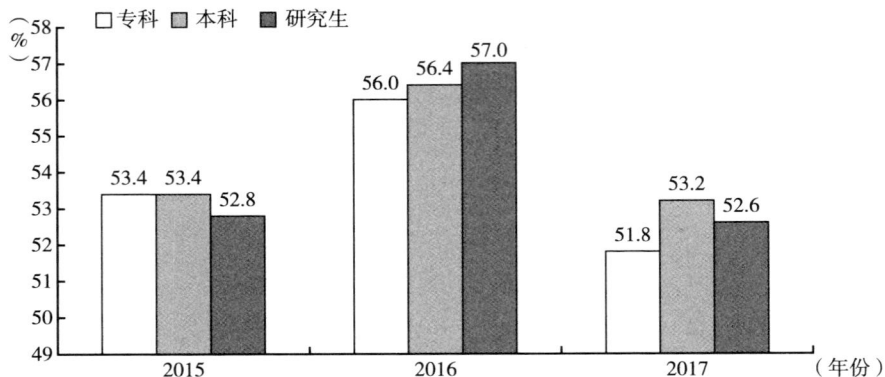

图2　2015~2017年我国高等教育招生女性占比

资料来源：2015~2017年《中国教育统计年鉴》。

（二）女性专业技术人员发展状况的数据分析

近十年来，从事专业技术工作的人员呈现增长趋势，其中女性专业技术人员的数量增长幅度高于男性（见图3）。根据抽取10%的样本显示，男性专业技术人员从2010年的239.1万人，增长至2020年的306.23万人，增长了28.1%；女性专业技术人员从2010年的249.99万人，增长至2020年的377.81万人，增长了51.1%。

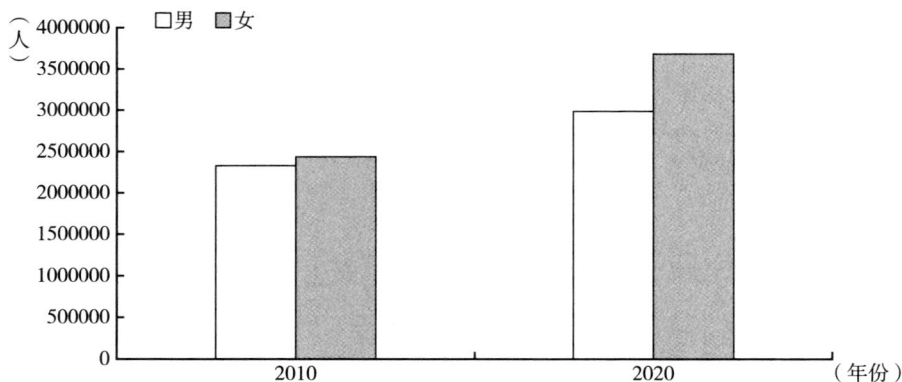

图3　2010年、2020年专业技术人员发展情况（分性别）

资料来源：2010年第六次全国人口普查和2020年第七次全国人口普查数据。

从全国人口普查专业技术人员的数量规模来看，根据 2010 年第六次全国人口普查数据，女性在卫生技术人员、教学人员、科学研究人员、农业技术人员和工程技术人员中所占的比例分别为 61.4%、57.1%、39.9%、36.9% 和 24.0%。2020 年第七次全国人口普查数据显示，女性在卫生技术人员、教学人员、科学研究人员、农业技术人员和工程技术人员中所占的比例分别为 68.7%、67.4%、41.6%、30.6% 和 17.1%，相较十年前，科学研究人员、卫生技术人员以及教学人员中女性比例均有所提升，工程技术人员、农业技术人员中的女性比例呈下降趋势（见图 4）。

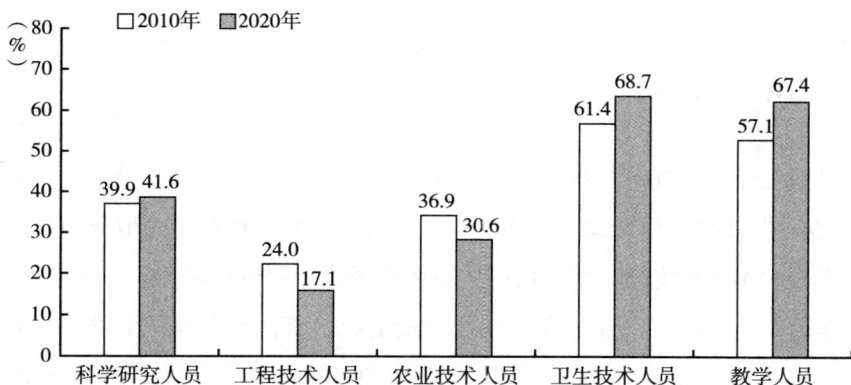

图 4　2010 年、2020 年五类专业技术人员中女性所占比例变化情况

资料来源：2010 年第六次全国人口普查和 2020 年第七次全国人口普查数据。

（三）高校女教师发展状况的数据分析

根据 2015~2020 年《中国教育统计年鉴》统计结果，女性专任教师在普通高等院校的总体人数呈现小幅上升趋势，女性在普通高校专任教师队伍中的参与程度整体上呈稳步提升的发展趋势，具体如图 5 所示。在 2015 年女性专任教师占总专任教师的比例为 48.6%，到 2020 年增长至 51.2%，占比已经突破半数，人数超过了男性专任教师人数。

2020 年本科院校女性专任教师占专任教师总数的比重为 48.9%，高职（专

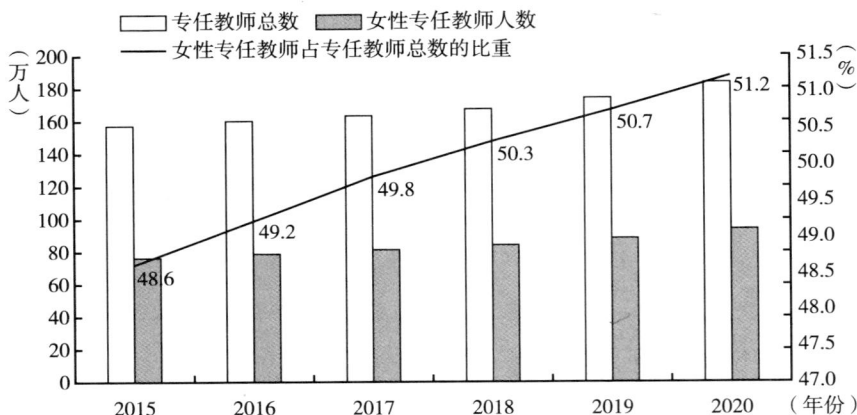

图5　2015～2020年普通高校女性专任教师人数和占比情况

资料来源：2015～2020年《中国教育统计年鉴》。

科）院校女性专任教师占专任教师总数的比重为56.5%。值得注意的是，高职高专院校的专任教师中女教师所占比例，在2011年就已经过半（50.3%）。

我国普通高校专任教师学历层次整体呈现逐年提升的趋势，尤其获博士、硕士学位等高学历层次女性专任教师数量增长显著，博士学位女性专任教师数量增幅最大。2020年拥有博士学位女性专任教师人数比2015年增长62.0%，硕士学位女性专任教师人数增长30%。女性专任教师主体学历为本科及硕士学历（学位）。本科学历女性专任教师数量在2019年前基本维持稳定，2020年有3%的增幅。

二　女性科技工作者国内显示度和国际影响力的数据分析

随着我国教育投入力度的加大，对女性受教育程度的逐步重视，我国女性科技工作者数量呈现逐步上升的趋势，在各种科技类人才奖项中，女科学家的名字出现频率有所增加。一方面，体现了女性科技工作者在科学技术领域中发挥越来越重要的作用，为我国科技进步与发展做出了突出贡献；另一方面，也体现出我国科技发展中兼顾性别平等，对女性科技工作者给予更充分的肯定和重视，并为女性科技工作者职业发展提供了更为公平的发展环境和更为宽广的晋升路径。①

（一）女性科技工作者获得表彰奖励情况的数据分析

1. 国家科学技术奖

国务院设立的国家科学技术领域五大权威奖项，具体包括国家最高科学技术奖、国家自然科学奖、国家技术发明奖、国家科学技术进步奖、国际科学技术合作奖。

国家最高科学技术奖每年的获奖人数仅有两人左右，其中女性科学家人数微乎其微，仅在2016年有屠呦呦一位女性科学家获奖，其他年份的获奖科学家均为男性。

国家自然科学奖是自然科学领域的国家最高奖。国家自然科学奖平均每年女性获奖人数在20人左右，在2016年有23人获奖，但在2017年出现小幅度波动情况，降至13人，2018年和2019年分别为21人和23人，在2020年女性获奖人数增加至27人（见图6）。

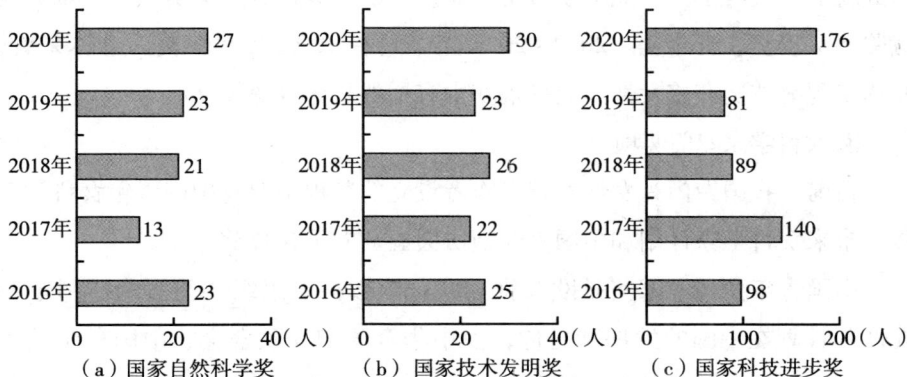

图6 2016~2020年国家科学技术奖女性科学家获奖人数

资料来源：基于2016~2020年国家科学技术奖获奖情况统计分析得出。

---

① 薛乔：《性别与科学：近代中国女科学家群体研究》，山西师范大学硕士学位论文，2021，第142页。

国家技术发明奖是对我国具有突出贡献的科学家进行表彰奖励的重要奖项，设立于 1979 年。2016 年有 25 位女性科学家获得此奖项，2017 年女性科学家获奖人数稍有下降，为 22 人，2018 年获奖人数为 26 位，2019 年有 23 位女性科学家获奖，2020 年增加至 30 位，稍有增长的趋势。

国家科学技术进步奖涉及领域众多，具体按照性质可以分为四大类项目，分别为技术开发、社会公益、国家安全、重大工程项目。相对于其他国家奖项来说，国家科学技术进步奖的获奖群体基数更大，所以女性科学家获奖人数更多，在 2016~2020 年女性科学家获得国家科学技术进步奖人数分别为 98 人、140 人、89 人、81 人和 176 人。

国际科学技术合作奖中，在 2016 年凯瑟琳娜·科瑟-赫英郝斯（Katharina Kohse-Hoinghaus）作为唯一女性科学家获奖。在 2020 年同样仅有一位女性科学家获项，为来自澳大利亚的苏·欧瑞莉（Suzanne Y. O'Reilly）。

2. 光华工程科技奖

光华工程科技奖是我国工程科技领域中社会力量参与的最高奖项，由中国工程院主办，表彰在工程科学技术及工程管理领域做出突出贡献、取得杰出成就的华人科学家。此奖项每两年颁发一次，共设置三类奖项，分别为成就奖、工程奖、青年奖。2012~2022 年，共有 18 位女性获奖。总体来看，光华工程科技奖获奖女性人数呈现变中有增的趋势（见图 7）。

3. 女科学家专门奖项

目前，我国专门为女性科技工作者设立的奖项主要有中国青年女科学家奖、未来女科学家计划和中国女医师协会五洲女子科技奖。

中国青年女科学家奖是欧莱雅和联合国教科文组织"为投身于科学的女性"计划在中国的发展和延伸，由中华全国妇女联合会、中国科学技术协会、中国联合国教科文组织全国委员会和欧莱雅（中国）在 2004 年合作创立。截至 2023 年，该奖项已有 18 届，共 184 名女科技工作者获此殊荣。

2015 年中国科学技术协会设立"未来女科学家计划"，是欧莱雅—联合国教科文组织设立的"世界最具潜力女科学家奖"在中国的发展和延伸。"未来女科学家计划"作为"中国青年女科学家奖"的延伸，也在为中国的

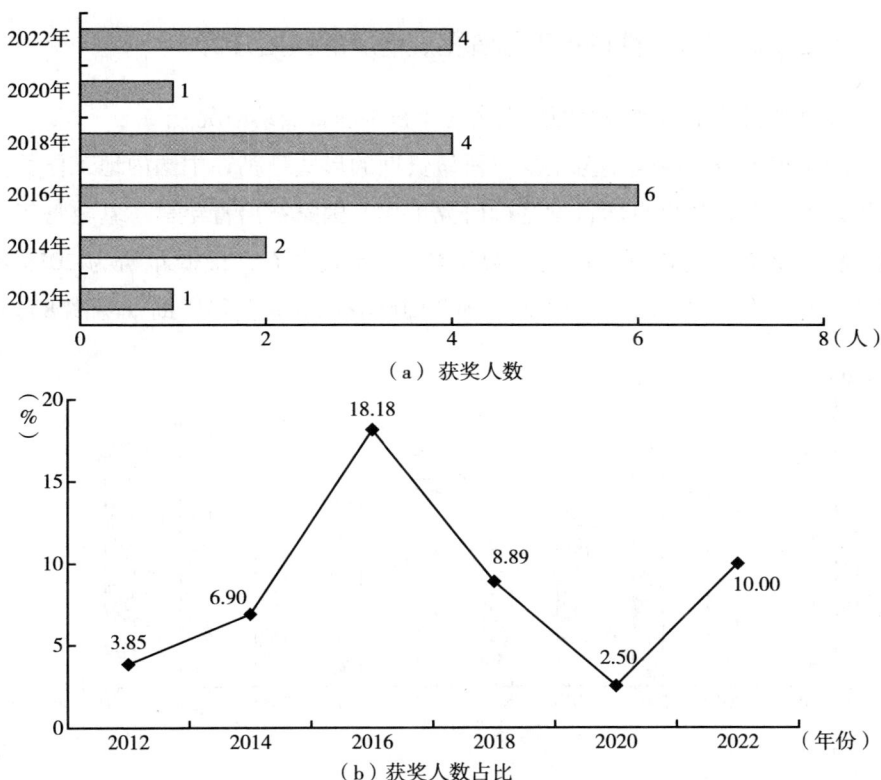

图 7 2012~2022 年光华工程科技奖女性获奖人数及占比

资料来源：基于 2012~2022 年中国工程院发布的光华工程科技奖获奖人员信息统计分析得出。

科学事业不断输送新鲜血液。截至 2022 年，"未来女科学家计划"共评选出 34 位处于博士及博士后阶段的女性科技工作者，并择优推荐入选者作为"世界最具潜力女科学家奖"中国区域候选人。

中国女医师协会于 2008 年设立"中国女医师协会五洲女子科技奖"，主要奖励医学领域女性科技人才。这些科技奖励的认可大大提高了女性科技工作者的积极性，也成为女性科技工作者申报科研项目和参与科研工作的有利条件。[1]

---

[1] 彭洁、王运红、李大玲：《探析三大人才奖励计划中女性获奖者的成功因素》，《中国科技资源导刊》2010 年第 4 期，第 9~15 页。

（二）高层次女性科技工作者发展情况的数据分析

1. 女性科技工作者获得国家杰出青年科学基金资助情况

国家杰出青年科学基金主要以科研资助的形式鼓励在中国内地工作的优秀华人青年学者从事自然科学基础研究工作。国家杰出青年科学基金每年受理一次，每年女性获得资助的人数维持在25人左右，最低年份为2015年15人，最高年份为2019年38人，到2020年有30人获得资助（见图8）。

(a) 获资助人数

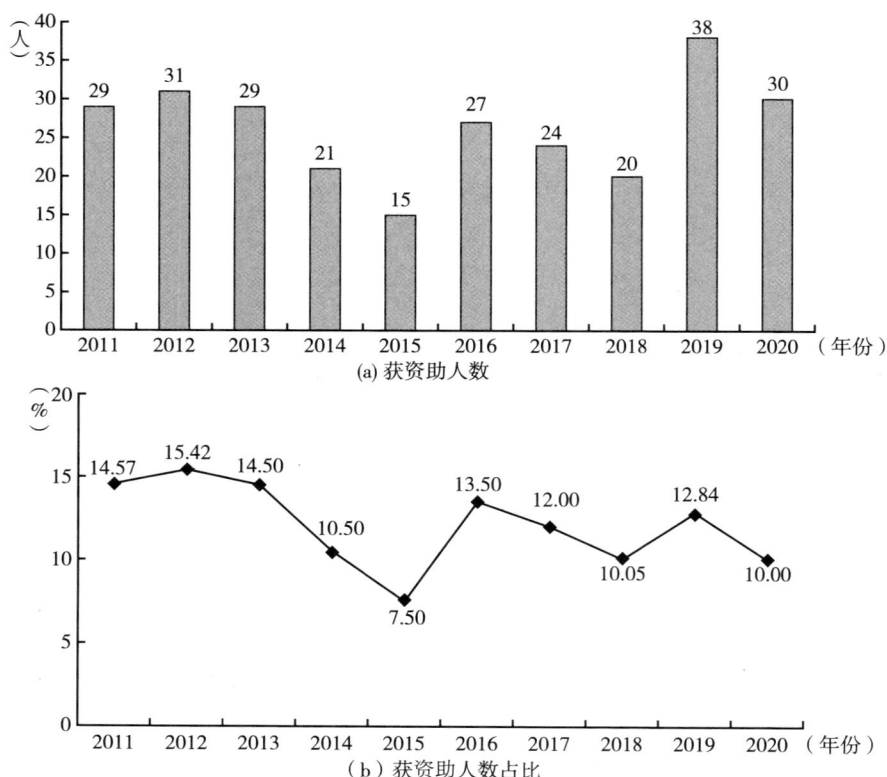

（b）获资助人数占比

图8 2011~2020年获国家杰出青年科学基金资助的女性人数及占比

资料来源：基于2011~2020年国家自然科学基金委员会公布的国家杰出青年科学基金名单统计分析得出。

2. 女性科技工作者评为两院院士情况

我国科学界除上述奖项和基金资助形式外，能够凸显科学家贡献的群体性评价还包括中国科学院院士和中国工程院院士评选，院士的评选每两年进行一次。通过统计得到我国2011~2021年两院院士中女科学家人数（见图9）。从人数总量上看，中国工程院和中国科学院院士中女科学家的人数整体上呈现逐渐增加的趋势，但波动较为明显。以中国科学院院士为例，2011年仅1名女科学家当选，2013年2名女科学家当选，2015年有9人当选，2017年当选人数达到20人，但2019年骤减至6人。从现有院士中女性比例来看，中国科学院女性院士比例为5.6%，中国工程院院士中女性院士比例为4.8%。

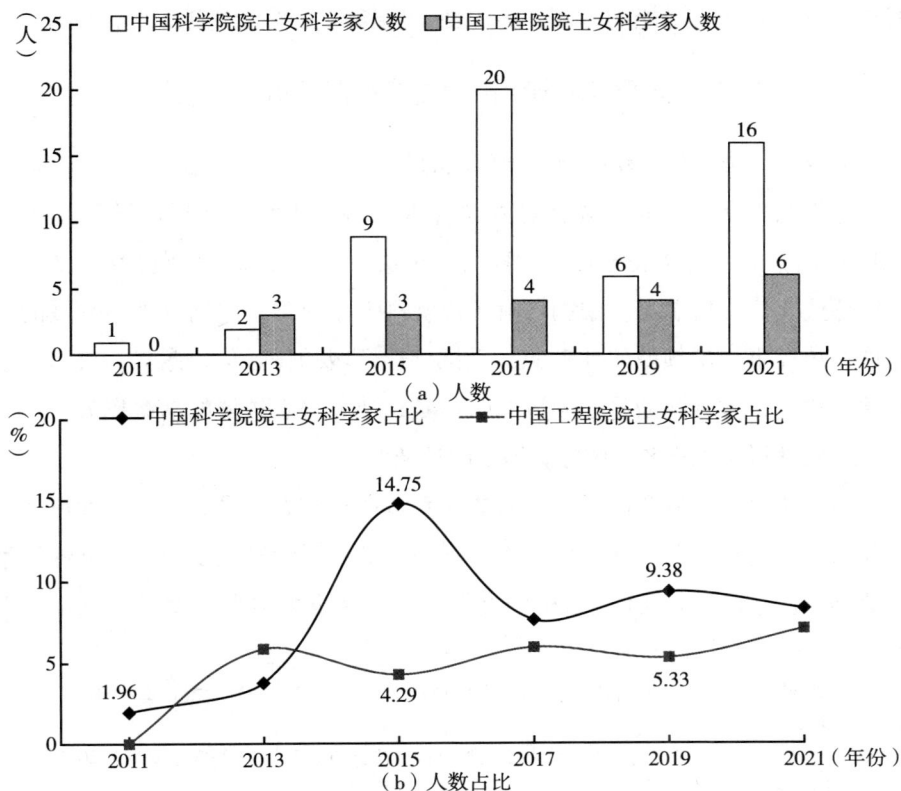

（a）人数

（b）人数占比

图9　2011~2021年两院院士中女科学家人数及占比

资料来源：基于2011~2021年中国科学院和中国工程院公布的当选院士名单统计分析得出。

女性科技工作者涉足的科研领域逐步扩展，在国内的显示度和贡献性都有所提升。多名优秀女性科技工作者入选改革开放40周年"改革先锋"、中华人民共和国成立70周年"共和国勋章"获得者，并在国家重大科技创新领域，如天宫、蛟龙、天眼、悟空、墨子、大飞机等重大科技创新成果，以及高铁、石油等重要基础设施和工业建设方面贡献重要力量。① 在我国抗疫一线人员中，女性科技工作者占比超六成，在4.2万名援鄂医疗队员中，超2/3都是女性，女性科技工作者在抗疫过程中起到了关键作用。与此同时，尽管高层次专家性别比例不能完全反映女性在科学技术界的地位，但女性顶尖科技人才占比在整体上仍低于自然性别比例的现实是不可否认的。② 说明女性科技工作者在科学技术界中的席位仍需不断增加，未来应从政策与制度、社会氛围与教育及女性自身能力方面，为女性的成长与发展提供更多发展空间。

（三）女性科技工作者国际影响力的数据分析

1. 女性科技工作者获国际奖项情况的分析

世界杰出女科学家成就奖是由联合国教科文组织和法国欧莱雅集团于1998年创立的，旨在表彰女科学家的杰出成就。截至2022年已举办24届，每年评选5位女科学家。中国已有7位女科学家获奖，包括物理学领域的李方华，神经生物学领域的叶玉如，无机化学领域的任咏华、谢毅，兽医学领域的陈化兰，古脊髓动物学领域的张弥曼，神经科学领域的胡海岚等。

2. 女性科技工作者在国际组织中的活跃度

中国科协及所属全国学会积极成立女科技工作者委员会，为女性科技工作者的发展搭建平台，在重要学术活动中开辟女科学家论坛或开展女性学术活动。③ 尤其是国际学术会议中的女性论坛，为更多中青年女科学家走上世

---

① 项丹平：《回望2021：科技"她力量"绽放璀璨光芒》，《中国妇女报》2022年1月7日，第8版。

② 董丽娟、徐飞：《中国女性科技人才政策的若干评价与思考》，《科学学研究》2016年第2期，第178~185、320页。

③ 张明妍、韩晋芳、宋子阳、王宏伟：《女科技工作者组织建设现状、困境及发展建议》，《今日科苑》2023年第3期，第9~17页。

界科技舞台，在国际组织中任职开辟渠道，创造机会。

对 2019 年科协系统中执委及以上人员在国际组织中的任职情况进行统计，共计 359 人加入国际组织，男性 304 名，女性 55 名，女性占比为 15.3%（见图 10）。女性科技工作者在国际上有一定的影响力，但相较于男性，活跃度仍相对较低。主席层女性科技工作者国际组织任职人数占比为 14.7%，执委层女性科技工作者占比为 15.5%。我国女性科技工作者群体在国际组织中占据重要位置，受到国际组织的重视，但同时也可看到，相对我国男性的活跃度，仍有必要持续推出更多女性科技工作者到国际组织中任职，提升女性的国际影响力。

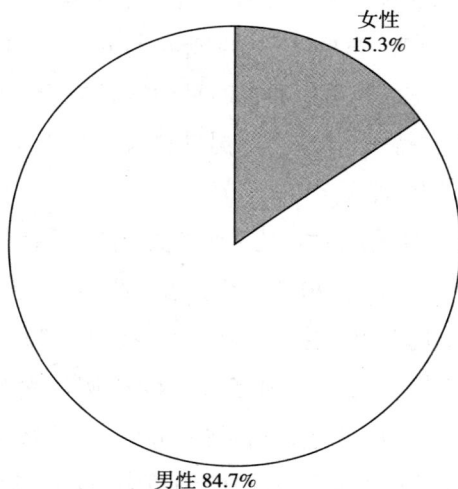

图 10　2019 年科协系统中执委及以上人员在国际组织中的任职情况（分性别）

资料来源：Wang Hongwei, Chen Chen, Zhang Mingyan, Liu Zhuowen. "A Study on the Achievements, Problems and Suggestions for the Development of Female Science and Technology Workers in China", *Culture of Science* 6（1），2023：pp. 34-50.

3. 女性科技工作者国际交流与显示度的分析

近年来，科技部通过中美科技人员交流计划、中国青年科学家访美计划、中美青年科学论坛、中澳青年科学家交流计划、日本国际协力机构（JICA）培训班及援助工程、中国-东盟科技周、中国-意大利环境管理和可持续发展培训班等合作渠道，组织国内女性科技工作者和青少年赴国外参加学习培训和国际交流等，极大地开拓了女性科技工作者的国际视野，提高了国际影响力。[1]

三　女性科技工作者成长发展面临的问题挑战[2]

（一）女性科技工作者科研表现的数据分析

1. 女性科技工作者承担项目的数量略低于男性

调查显示，39.7%的女性科技工作者近三年从事研究或开发活动；在从事研发活动的人中，57.8%的人主持或参与过科研项目，相较于男性（63.0%）占比略低。从承担科研项目的平均数量来看，承担过科研项目的女性科技工作者平均主持 1.17 项，与男性科技工作者主持的 1.33 项相比，女性主持的科研项目数量略低。

56.8%承担过科研项目的女性科技工作者认为自己主持项目太少，这一比例高于男性科技工作者（46.1%）10.7 个百分点。此外，青年女性科技工作者反映自己主持项目太少的比例相对更为明显，30 岁以下、30~39 岁、50 岁及以上的女性科技工作者认为自己主持项目太少的比例依次为 65.2%、58.1%和42.6%。近三年承担过研发项目的女性科技工作者，大多数（93%）都认为承担科研项目对提升研究水平作用很大，希望能有更多在大项目中锻炼的机会。

2. 女性科技工作者工作时间相较男性少

女性科技工作者平均每周工作 48.3 小时，与男性科技工作者（51.0 小时）相比较短。已婚已育女性科技工作者的工作时间更短，未婚女性科技工作者平均每周工作 49.1 小时，已婚女性为 48.0 小时。在可支配的科研时间方面，女性科技工作者相较男性群体而言反映科研时间不够用的比例更高。

---

[1]　石磊：《女性 STEM 人才：不容忽视的新增长极》，《中国妇女报》2021 年 2 月 23 日，第 6 版。

[2]　本部分内容除特别注明外，数据均来源于中国科协2017年组织实施的第四次全国科技工作者状况调查，基于调查数据按照性别维度进行的统计分析。

51.4%的女性科技工作者认为可支配的科研工作时间不充裕，而男性群体该比例为 44.8%。特别是已育女性反映更为强烈，52.1%有子女的女性科技工作者反映科研时间不够用，无子女的这一比例为 49.4%。从不同单位类型来看，医疗卫生机构的女性科技工作者反映科研时间不够用的比例最高，为 70.2%，高校和科研院所女性科技工作者这一比例分别为 63.7%和 55.7%。

在工作时长方面，男性科技工作者平均每周工作时长为 51.0 小时，女性相对减少了 2.7 小时，且相较于未婚女性而言，已婚女性在此基础上又减少了 1.1 小时，而已婚男性则比未婚男性每周平均增加了 1.1 小时。由此可以看出，家庭成为影响不同性别科技工作者工作时间的重要因素，相较男性群体而言，女性因受家庭影响，在科研方面的工作时间有所减少。

3. 女性科技工作者科研产出少于男性

近三年，44.8%的女性科技工作者在学术期刊上发表过学术论文，13.0%获得过专利，28.0%从事过研发活动的女性有科研成果转化，然而在这几方面女性科技工作者占比相较男性分别低 5.7 个百分点、10 个百分点和 16.5 个百分点。从成果数量上看，女性近三年平均发表学术论文 3.57 篇，低于男性科技工作者（4.01 篇）。在不同论文类型上，女性发表过中文论文、发表过 SCI 论文以及在国际顶级刊物发表过论文的数量均低于男性科技工作者。近三年女性科技工作者平均获得专利数为 2.43 项，相对男性（2.99 项）较低。[①]

4. 女性科技工作者入选国家级人才计划比例较低

全国科技工作者群体入选国家级人才计划的比例大概为 63‰，在入选国家级计划的人才中，男性占 91.5%，女性仅占 8.5%。入选地方人才计划中女性比例相对较高，占总数的 35.1%，而男性仍占大多数，占比为 64.9%。无论是国家级人才计划还是地方人才计划中，仍以男性科技工作者为主，国家级人才计划中表现尤其明显。[②]

---

① 数据源于中国科协创新战略研究院 2020 年组织开展的全国人才状况评估调查数据。

② 数据源于中国科协创新战略研究院 2020 年组织开展的全国人才状况评估调查数据。

（二）女性科技工作者职业发展的数据分析

1. 工作稳定是女性科技工作者择业的最主要动机

与男性科技工作者相比，女性科技工作者更看重工作稳定性。调查显示，四成（40.5%）女性科技工作者选择现有工作的主要原因是工作稳定，工作稳定性成为女性科技工作者择业最主要的影响因素，其次是发挥专业技能（33.5%）和符合个人兴趣（27.4%）。与之相比，男性科技工作者更看重发挥专业技能（37.4%），其次是工作稳定（33.5%）和符合个人兴趣（30.6%）。

2. 仍有部分女性科技工作者择业时遭遇性别歧视

33.4%的女性科技工作者反映择业时遭遇过性别歧视。越是具有高学历的女性科技工作者，择业就业时遭遇的性别歧视比例越高。45.3%的获博士学位女性科技工作者反映择业就业时遇到性别歧视，获硕士学位女性这一比例为44.9%，本科和大专学历分别为28.8%和21.8%。[①] 从机构类型上看，大型企业和科研院所女性科技工作者择业时遇到性别歧视的比例相对较高，分别为42.6%和41.6%；医疗卫生机构（24.0%）和中学中专技校（25.7%）女性科技工作者择业时遇到性别歧视的比例较低但也达1/4左右。

3. 部分女性科技工作者在职业晋升时不受重视

在职业晋升方面，22.5%的女性科技工作者反映晋升时遇到过性别歧视。多数女性认为中级职称升副高和副高升正高的时间，相对男性会平均滞后一年的时间。从学历水平上看，硕士学位的女性科技工作者遭遇晋升性别歧视的比例最高，为27.0%，博士学位、本科和大专学历的这一比例分别为21.9%、21.6%和18.4%。从机构类型上看，大型企业（36.3%）、小型企业（31.4%）和科研院所（26.2%）的女性科技工作者反映在职业晋升时遇到性别歧视的比例高于平均水平。对于自身科技创新活力是否得到激发

---

① 李慷、邓大胜：《中国科技工作者的六个期待》，《学习时报》2019年2月27日，第A6版。

的问题，只有 15.8% 的女性认为能够较好地发挥，也低于男性（24.5%）。①

4. 女性科技工作者进修需求强烈，但进修培训机会仍不充足

34.9% 的女性科技工作者反映缺乏业务/学术交流是当前工作中遇到的主要困扰，其次是跟不上知识更新速度（34.4%），这两个比例均高于男性（32.4%、32.8%）。在进修与学习方面，有 77.7% 的男性科技工作者认为该阶段需要进修或学习，而存在该认知的女性科技工作者比例要高于男性。女性科技工作者对进修需求相对更为强烈。79.3% 的女性科技工作者表示非常需要或比较需要进修或学习，特别是年轻女性，30~39 岁的女性科技工作者对进修学习的需求最强烈（84.0%）。然而，调查也发现，超过一半的女性科技工作者反映想要实现进修学习还存在阻碍，47.2% 的女性科技工作者反映单位没有提供进修或培训机会，这一比例也相对男性较高。

5. 女性科技工作者参加学术交流的机会少于男性

在学术交流方面，有 39.6% 的女性科技工作者在过去一年曾参加过学术会议，而男性科技工作者这一比例为 43.4%。特别是 30 岁以下的女性科技工作者参加学术会议的比例更低，仅为 31.1%；相对而言职称水平越高的女性参加学术会议的机会也越多。49.6% 的女性科技工作者反映参加学术会议存在困难，而男性该比例降低了 4.2 个百分点。从单位类型来看，科研院所女性科技工作者反映参加学术会议有困难的比例较低，为 42.9%，高校、医疗卫生机构和大型企业的女性科技工作者这一比例相对较高，分别为 52.4%、50.9% 和 51.2%。50.0% 的女性科技工作者反映缺乏信息、没有机会是参加学术会议遇到的主要困难，其次是太忙/没有时间（34.4%）和会议收费太高（32.3%）等。

（三）女性科技工作者社会参与的数据分析

1. 女性科技工作者对国家出台政策方针的关注度较低

59.1% 的女性科技工作者对国家出台的政策方针非常关注或比较关注，

---

① 于巧玲、邓大胜、史慧：《女性科技工作者现状分析——基于第四次全国科技工作者状况调查数据》，《今日科苑》2018 年第 12 期，第 87~91 页。

占比低于男性 7.1 个百分点。年龄越小，对国家出台的政策方针的关注比例越低。50 岁及以上的女性科技工作者中 78.9% 非常关注或比较关注国家政策方针，40～49 岁这一比例为 66.8%，而 30 岁以下关注的仅占一半（50.4%）。

2. 女性科技工作者参与公共事务管理的意愿较低

66.3% 的女性科技工作者非常愿意或比较愿意参与国家或地方的公共事务管理，占比低于男性（67.6%）。相对而言，年龄越大，参与公共事务管理的热情越高。30 岁以下女性科技工作者中有 64.1% 非常愿意或比较愿意参与国家或地方公共事务管理，30～39 岁这一比例上升至 65.9%，50 岁及以上比例最高，为 71.3%。

3. 女性科技工作者参与学术团体的比例较低

27.8% 的女性科技工作者参加了学术团体，占比低于男性 7.3 个百分点。年龄越小，参与学术团体的女性科技工作者比例越低。30 岁以下女性科技工作者仅有 14.9% 参加了学术团体，30～39 岁为 27.7%，50 岁及以上参与率相对最高，为 46.7%。高校女性科技工作者学术团体参与率为 40.3%，高于科研院所 9 个百分点。女性科技工作者参加的学术团体以省级（13.2%）为主，其次是地市级（10.9%），国际或海外学术团体（2.3%）、全国性学术团体（8.2%）参与度相对较低。

（四）女性科技工作者生活状况的数据分析

1. 女性科技工作者对收入的满意度较低

不到三成（28.6%）的女性科技工作者对收入很满意或比较满意，低于男性（30.3%）。从不同机构类型来看，医疗卫生机构中 33.4% 的女性科技工作者对收入满意，比例最高，其次是高校（32.1%），科研院所女性科技工作者对收入满意的比例为 24.0%，大型企业中女性科技工作者对收入表示满意的比例最低，为 22.0%。

2. 女性科技工作者自评健康状况良好比例不足六成

56.3% 的女性科技工作者认为自身非常健康或比较健康，其中 30 岁以下的女性中 62.9% 认为自身身体健康，比例最高，其次是 50 岁及上的女性科技工作者（59.0%），30~39 岁及 40~49 岁比例分别为 53.6% 和 52.6%，反映出中青年女性科技工作者的健康问题尤其需要关注。

女性科技工作者患椎间盘和颈椎疾病以及处于亚健康状态的比例更高。9.8% 和 25.6% 的女性科技工作者患椎间盘和颈椎疾病，占比高于男性（8.8% 和 18.4%），22.5% 和 18.9% 的女性科技工作者处于长期身体疲劳和长期腰酸背痛的亚健康状态，占比高于男性（20.7% 和 12.7%）。女性年龄越大，患病概率越大，以颈椎疾病为例，30 岁以下的女性中 13.8% 反映患病，30~39 岁比例上升至 27.0%，40~49 岁和 50 岁及以上分别达到 34.7% 和 34.8%。40~49 岁反映处于长期身体疲劳（26.3%）和长期腰酸背痛（22.7%）的比例最高。

3. 孕哺对女性科技工作者职业发展的影响

在已育女性科技工作者中，36.1% 反映孕哺期阻碍其职业发展。特别是 30~39 岁反映孕哺阻碍职业发展的比例最高，为 45.0%，其次是 30 岁以下，占 41.6%，40~49 岁反映有阻碍作用的不足三成（27.2%），50 岁及以上更低，仅占一成（11.1%）。女性学历越高，反映孕哺期对职业有阻碍作用的比例也越高。博士学位的已育女性科技工作者中，半数（51.8%）反映孕哺期对其个人职业发展产生了阻碍作用，硕士学位这一比例为 47.0%，本科学历这一比例为 31.0%，大专学历这一比例最低，为 24.6%。超过四成的科研院所（40.7%）和高校（45.3%）已育女性科技工作者反映孕哺期阻碍了个人的职业发展。

女性受高等教育比例大幅提升，到 2018 年女硕士和女博士毕业生比例分别已达 51.2% 和 40.4%。硕博毕业正是女性生育、哺乳的旺盛期，同时又是科技职业起步期，加之博士后制度以及部分高校实施的"非升即走"制度，校园生育、推迟生育以及不生育成为许多女性科技工作者的无奈之举。对于正常生育的女性科技工作者来说，职业竞争压力不减，产后还可能面临累积优势丧失的风险。随着二孩、三孩政策的实施，在尚未发展出非常健全的社会保障体系之下，女性科技工作者仍限于传统的两性分工中，承担更多抚育责任和家庭责任，孕、哺两期将使女性和男性科技工作者职业后期的发展差距进一步扩大。

四 促进女科技工作者成长发展的对策建议

目前，国家已经出台了一些推动女性科技工作者发展的倾向性支持政策，在一定程度上推动了女性科技人才的成长与发展，引起了较好的社会反响，但在文化观念、外部环境、政策制度和奖项设置等方面仍有待提升，以保证女性更好地在科技创新中发挥应有的作用。① 未来需要继续推动社会各方面共同努力，为支持女性开展学术交流和科研活动提供更多实际保障，塑造更广阔的发展空间。

（一）科技行业主管部门和企事业科研单位应积极创造条件，建立具有人文关怀的工作环境

科技界、公众和社会媒体应给予女性科技工作者更多重视，提升女性科技工作者的影响力。在国家科技奖励专家库建设、评委选聘等工作中进一步提高女性专家比例，提高女性在科学决策过程中的话语权。加强女性科技工作者继续教育，为女性科技工作者提供更多的机会参与各类政府部门组织的继续教育培训活动，筹备设立"鼓励科技女性后备人才的专项成才计划"。在科研项目评审中，考虑将性别维度作为评审考察的内容之一，推进科研团队组成的性别多样化。② 鼓励科研项目积极吸纳女性科技工作者参与，为女性科技工作者提供更多稳定支持。引导机构为女性科技工作者营造更加公平的发展环境，进一步推进完善反对就业歧视的监督监管机制，给予女性科技工作者平等的晋升、培训和学术交流机会，在同等条件下实行女性优先原则。搭建平台，积极帮助女性科学家扩大其科研交流合作网络，积累科研"社会资本"，积极创造条件，促进女性科技人才成长。

---

① 杜云英：《科技人力资源国际比较研究——基于"资格"角度》，《今日科苑》2020年第7期，第12~22页。

② 李睿婕、赵延东、马缨：《新时期女性科研人员面临的发展机遇和挑战》，《科技中国》2018年第4期，第81~82页。

（二）尊重女性生育对社会的贡献，帮助女性科技工作者平衡家庭与职业发展的关系

针对孕哺期女性科技工作者提供有效政策保证其科研活动的权益受到保护，尤其在考核评价、职称评审、"非升即走"聘任等时期，适当放宽对孕哺期女性科技工作者的期限要求，如评聘考核期限适当延长、采取弹性工作制、优化聘期评价和绩效考核方式等，保障女性科技工作者在生育阶段中科研事业的有效权益。[①] 借鉴日本学术振兴会的"生育后女性回归实验室"资助计划，帮助女性生育后重返科研事业，加大对生育后女性科技工作者的科研支持力度。人力资源和社会保障部门要加强对用人单位的监督和对孕哺期女性的保障，为孕哺女性提供哺乳室、建立单位托儿所或育婴室，并给予一定的托儿补贴。[②] 科研机构与社会服务机构积极开展合作，鼓励为女性科技工作者提供社会化家政服务，帮助其合理平衡事业发展与家庭责任间的关系。参照国外做法，鼓励男性同休产假，从根本上解决由生育带来的性别歧视问题，强化男性家庭责任意识，分担照料家庭抚育幼儿的重任。[③] 国家、社会、企事业单位要为男性承担好父亲职责提供法律政策保障和舆论支持。关爱女性科技工作者身心健康，对孕哺期女性加强心理疏导和健康支持。鼓励女性科技工作者正确面对工作和家庭的关系，在国家创造的良好的职业发展社会空间中，树立信心，为科技发展做出卓越贡献。

（三）增加对女性科技工作者奖励的宣传，并强化女性的自立自强和价值观念教育

通过有效的宣传手段和政策帮扶，大力宣扬科学技术领域中女性科技工作者的突出贡献，充分展示女性科技工作者勇攀科技高峰的职业发展历程，积极传播女性科技工作者的科技劳动成果。宣传女性风采，不仅是对女性科

---

① 许琦敏：《鼓励设立女性科研人员研究专项》，《文汇报》2021 年 7 月 21 日，第 6 版。
② 魏国英、周云：《孕哺与女性职业发展》，北京大学出版社，2015，第 109~148 页。
③ 鲍永利：《女科技工作者应平衡好事业和家庭关系》，《科技导报》2011 年第 12 期，第 86 页。

技工作者，尤其是对女性获奖者的积极鼓励，而且能够激发广大女性科技工作者的研发热情，充实壮大科技人才队伍。此外，积极推进性别平等教育广度和深度，鼓励并支持女学生参与科技竞赛活动，在理工科专业专门设置优秀女大学生奖学金等系列举措，一方面保障科技教育领域的性别平等，另一方面帮助激励女学生成长成才，使科学研究成为更多女学生的终身职业选择。在不同阶段学校教育中，注重加强女性的信心培养、自我价值培育教育内容，培养女性在社会中的积极进取心态，为社会发展贡献更大的力量。

参考文献

全国科技工作者状况调查课题组：《第四次全国科技工作者状况调查报告（2017）》，中国科学技术出版社，2018。

魏国英、周云：《孕哺与女性职业发展》，北京大学出版社，2015。

中国科协调研宣传部、中国科协创新战略研究院：《中国科技人力资源发展研究报告（2020）：科技人力资源发展的回顾与展望》，清华大学出版社，2021。

信息技术领域女性科技人才发展研究

王　莉*

摘　要： 当前，新一轮科技革命和产业变革突飞猛进，信息技术日新月异，为中华民族带来了千载难逢的机遇和前所未有的挑战，实现科技自立自强、信息技术自主创新发展至关重要。越来越多的女性科技人才活跃在信息技术的各个领域，成为推动我国信息技术高质量发展的重要力量。为更好地发挥"她"力量，建议加大对信息技术领域女性科技人才的政策支持力度、加大舆论宣传、落实评价激励机制和加强公共社会服务，扭转社会对信息技术领域女性科技人才认可度不够，该领域女性科技人才待遇不高、后备力量不足和被家庭职责掣肘等问题。

关键词： 信息技术　自主创新　女性科技人才

当今世界正经历百年未有之大变局，新一轮科技革命和产业变革突飞猛进，围绕科技制高点的竞争空前激烈，国际信息安全形势日趋严峻，推进中国式现代化、实现中华民族伟大复兴正处于关键时期。习近平总书记强调，没有信息化就没有现代化。坚持创新在国家信息化发展中的核心地位，深入实施创新驱动发展战略，对于抢抓信息革命机遇、建设现代化经济体系至关重要。信息技术科技人才作为信息技术自主创新的核心力量，是攻克关键核心技术、实现信息技术自主创新、在激烈竞争中把握主动和赢得未来的重要

---

* 王莉，工业和信息化部信息中心运行监测分析部副主任、中国电子工业标准化技术协会副秘书长。

保障力量。

国家高度重视信息技术领域科技人才培育。中共中央、国务院印发的《数字中国建设整体布局规划》提出，强化人才支撑，统筹布局一批数字领域学科专业点，培养创新型、应用型、复合型人才。① 国务院发布的《"十四五"数字经济发展规划》提出，加强人才培养，鼓励将数字经济领域人才纳入各类人才计划支持范围，积极探索高效灵活的人才引进、培养、评价及激励政策。② 工业和信息化部发布的《关于加强和改进工业和信息化人才队伍建设的实施意见》指出，要加强重点人才队伍建设，包括建设战略科学家梯队、支持一流科技领军人才和创新团队加快成长、培育青年科技人才后备力量、壮大高素质技术技能人才队伍和加强企业经营管理人才队伍建设。③ 此外，工业和信息化部发布的《"十四五"软件和信息技术服务业发展规划》《"十四五"信息通信行业发展规划》《"十四五"大数据产业发展规划》《"十四五"智能制造发展规划》中也明确提出要加快人才培养，打造一流人才队伍。

女性科技人才是科技人才队伍的重要组成部分。近年来，随着我国女性社会地位、受教育水平的不断提高，女性科技人才总数量和占比呈上升趋势，行业分布日益丰富。在信息技术快速发展的当今时代，越来越多的女性科技人才活跃在信息技术的各个领域，为我国信息技术创新发展做出了重要贡献，成为推动信息技术高质量发展的重要力量。

联合国教科文组织报告指出，当前全球科研人员中女性占比为33%，在中国，女性科技工作者已占四成，高于全球比重。中国科协创新战略研究

① 《中共中央 国务院印发〈数字中国建设整体布局规划〉》，中国政府网，2023年2月27日，https：//www.gov.cn/xinwen/2023-02/27/content_ 5743484.htm，最后检索时间：2023年5月30日。

② 国务院：《"十四五"数字经济发展规划》，中华人民共和国国家发展和改革委员会，2022年3月25日，https：//www.ndrc.gov.cn/fggz/fzzlgh/gjjzxgh/202203/t20220325_ 1320207.html？state=123，最后检索时间：2023年5月30日。

③ 《工业和信息化部关于加强和改进工业和信息化人才队伍建设的实施意见》，中华人民共和国工业和信息化部，2022年10月18日，https：//www.miit.gov.cn/jgsj/rjj/wjfb/art/2022/art_ 9a02c9fb711649caacee9f05b92c92c0.html，最后检索时间：2023年5月30日。

院 2022 年发布的《中国科技人力资源发展研究报告（2020）》显示，我国女性科技人力资源增长迅速，占总量比例从 2005 年不足 1/3，提高到 2019年的 40.1%。[①]

一　信息技术领域女性科技人才发展分析

当前，世界之变、时代之变、历史之变正以前所未有的方式展开。新形势下，信息技术面临新的机遇和挑战。随着我国信息技术产业蓬勃发展，产业规模迅速扩大，企业数量与日俱增，从业人员数量大幅增长，广大女性工作者也肩负起时代赋予的重任，在信息技术的道路上砥砺前行。"她"力量已成为信息技术发展的中坚力量。

（一）信息技术领域调研情况

1. 调研资料来源

（1）信息技术领域企业调研数据

面向信息技术领域企业采用问卷方式进行调研，其中包括各企业信息技术人才基础数据。共收到 112 家企业的问卷反馈，有效问卷 112 份，主要内容涉及各技术岗位人员分布、性别分布、年龄分布、学历分布及科研情况等数据。

（2）官方及第三方机构公开数据

报告中涉及的部分行业数据和统计数据根据国家统计局、工业和信息化部、教育部、科技部，以及第三方机构公开数据进行分析，具体见引用出处说明。

2. 调研数据分类基础

（1）调研企业类型

根据调研企业主营业务方向，将企业分为软件业、电子信息制造业、信息技术服务业、网络与安全以及新一代信息技术服务业等五大领域。

[①] 中国科协创新战略研究院：《中国科技人力资源发展研究报告（2020）》，中工网，2022 年6 月 27 日，https：//www. workercn. cn/c/2022-06-27/6992347shtml 最后检索时间：2023 年5 月 30 日。

软件业，是指有效地利用计算机资源从事计算机程序编制、信息系统开发和集成及相关服务的产业。调研企业主要包含操作系统、数据库、中间件、应用软件、支撑软件、办公软件和应用系统等厂商。

电子信息制造业，是指研制和生产电子设备及各种电子元件、器件的工业，涉及广播电视设备、通信设备、雷达设备、电子计算机、电子元器件和其他电子专用设备等生产供应商。可以划分为电子制造业、通信制造业和计算机制造业三个细分产业。调研企业主要包括芯片、整机、整机关键部件、元器件、存储与备份、网络设备和外设等厂商。

信息技术服务业，包括软件开发、集成电路设计、运行维护服务、信息处理和存储支持、信息技术咨询、数字内容服务等。该领域业务主要是通过促进信息技术系统效能的发挥，来帮助用户实现自身目标。调研企业主要为集成商。

网络与安全领域，网络安全是指网络系统的硬件、软件及其系统中的数据受到保护，不因偶然的或者恶意的原因而遭受到破坏、更改、泄露，系统连续可靠正常地运行，网络服务不中断。调研企业主要包括网络厂商和安全厂商。

新一代信息技术，主要包括云计算、大数据、人工智能、物联网、区块链等。调研企业主要为云平台、大数据厂商。

（2）调研企业分布

调研企业中软件业、电子信息制造业、网络和安全、信息技术服务业、新一代信息技术服务业五大类信息技术企业数量占比分别为36.93%、7.21%、11.71%、17.12%和27.03%（见图1）。

（二）信息技术与科技人才发展情况

1. 信息技术产业持续快速增长

国家统计局、工业和信息化部数据显示，2020~2022年，信息技术产业中软件和信息技术服务业在GDP的占比从8.1%提高到8.9%；电子信息制造业在GDP的占比从12.2%提高到12.7%；互联网在GDP的占比从1.3%降到1.2%（见图2至图4）。

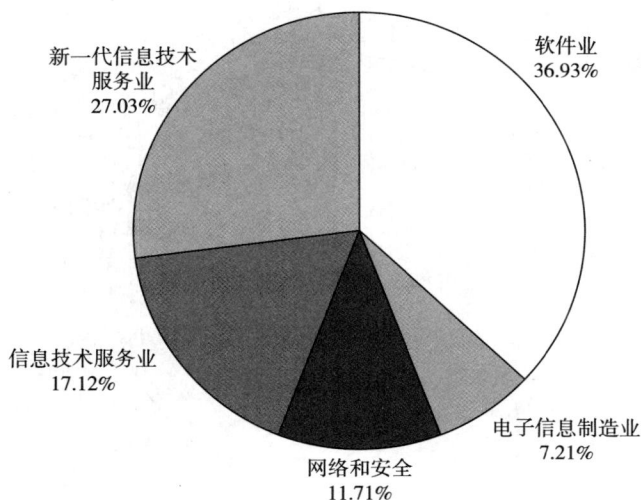

图1　信息技术领域样本企业类型分布情况

资料来源：信息技术领域企业调研数据。

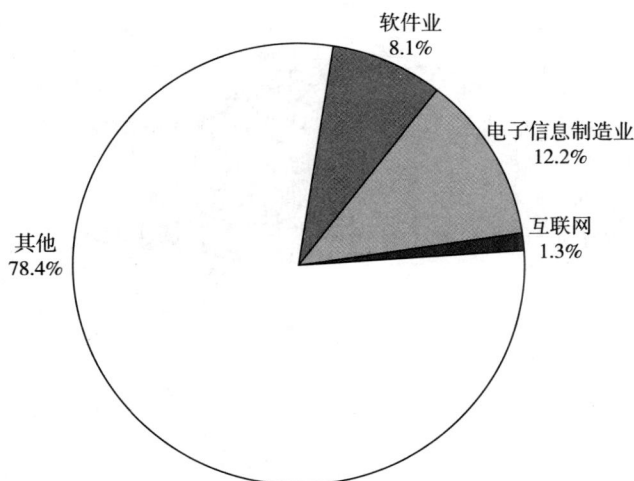

图2　2020年信息技术相关产业收入GDP占比

资料来源：国家统计局2020年国民经济和社会发展统计公报，工业和信息化部2020年软件业、电子信息制造业和互联网领域统计公报。

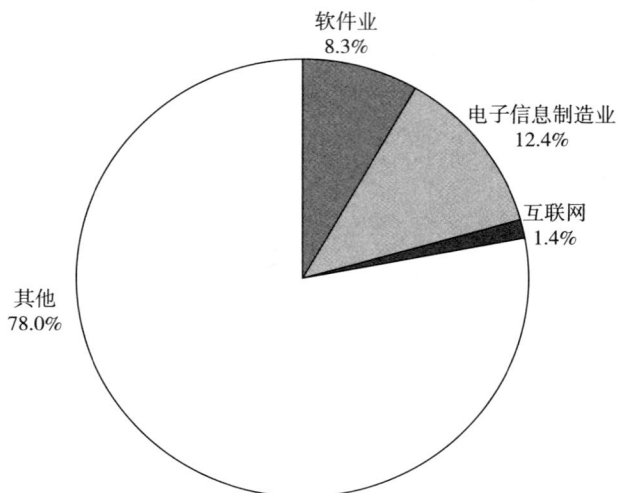

图 3   2021 年信息技术相关产业收入 GDP 占比

资料来源：国家统计局 2021 年国民经济和社会发展统计公报，工业和信息化部 2021 年软件业、电子信息制造业和互联网领域统计公报。

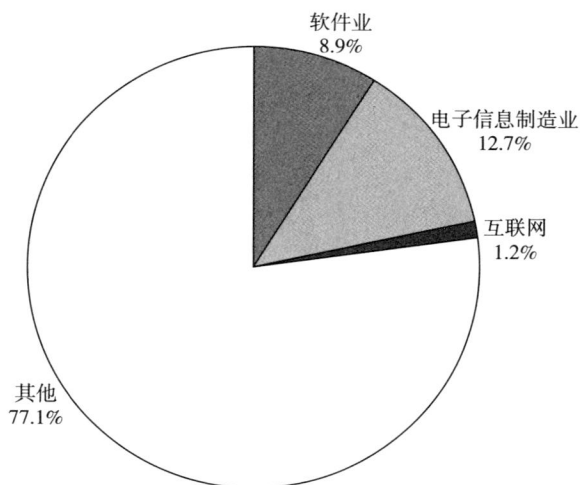

图 4   2022 年信息技术相关产业收入 GDP 占比

资料来源：国家统计局 2022 年国民经济和社会发展统计公报，工业和信息化部 2022 年软件业、电子信息制造业和互联网领域统计公报。

2. 信息技术领域人员不断壮大

近年来，信息技术从业人员数量不断增长，一是信息技术持续快速发展，对人才需求量大幅增加。工业和信息化部数据显示，2020~2022年全国累计完成软件和信息技术服务业务收入同比分别增长13.3%、17.7%、11.2%（见图5）。[①] 2020~2022年行业从业人员数量分别为704.7万人、809万人、900万人[②]，同比分别增长4.7%、14.8%、11.2%。

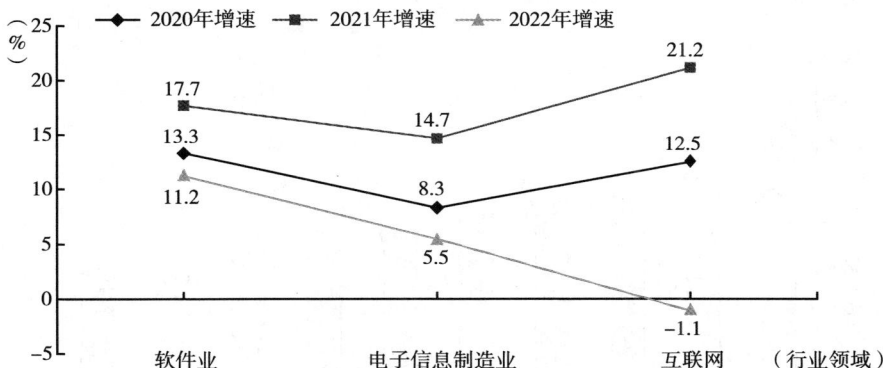

图5　2020~2022年信息技术相关产业业务收入增长率

资料来源：国家统计局2020~2022年国民经济和社会发展统计公报，工业和信息化部2020~2022年软件业、电子信息制造业和互联网领域统计公报。

二是与近年高校对口专业毕业生的有序供给有关，再叠加其他专业毕业生的加入，推动信息技术从业群体增量走强。教育部数据显示，2021年硕

---

① 《2020年软件和信息技术服务业统计公报》，中华人民共和国工业和信息化部网站，2021年1月26日，https://www.miit.gov.cn/gxsj/tjfx/rjy/art/2021/art_f6e61b9ffc494c099ea89faecb47acd2.html，最后检索时间：2023年5月30日。《2021年软件和信息技术服务业统计公报》，中华人民共和国工业和信息化部网站，https://www.miit.gov.cn/gxsj/tjfx/rjy/art/2022/art_7953d1abafe14f00a1b24e693ef73baa.html，最后检索时间：2023年5月30日。《2022年软件和信息技术服务业统计公报》，中华人民共和国工业和信息化部网站，https://www.miit.gov.cn/gxsj/tjfx/rjy/art/2023/art_77b5e552aacc47e3a682c4527a4fab7f.html，最后检索时间：2023年5月30日。

② 尚普咨询百家号，2023年4月12日，https://baijiahao.baidu.com/s?id=1762975093255107930&wfr=spider&for=pc，最后检索时间：2023年6月12日。

博、本科、专科毕业生数量分别为 772761 人、4280970 人、3984094 人，其中，工科类硕博、本科、专科毕业生依次为 267399 人、1403297 人、1655085 人，占比分别为 34.6%、32.8%、41.5%。智联招聘《2023 年大学生就业力调研报告》数据显示①，2021 年本科工学毕业生中，偏好技术类岗位的占比为 39.5%，偏好研发类岗位的占比为 16.6%，两类岗位合计占比为 56.1%。根据麦可思研究院发布的 2022 届本科毕业生 10 大高薪专业中②，信息技术相关领域涵盖的专业占九席（见图 6）。

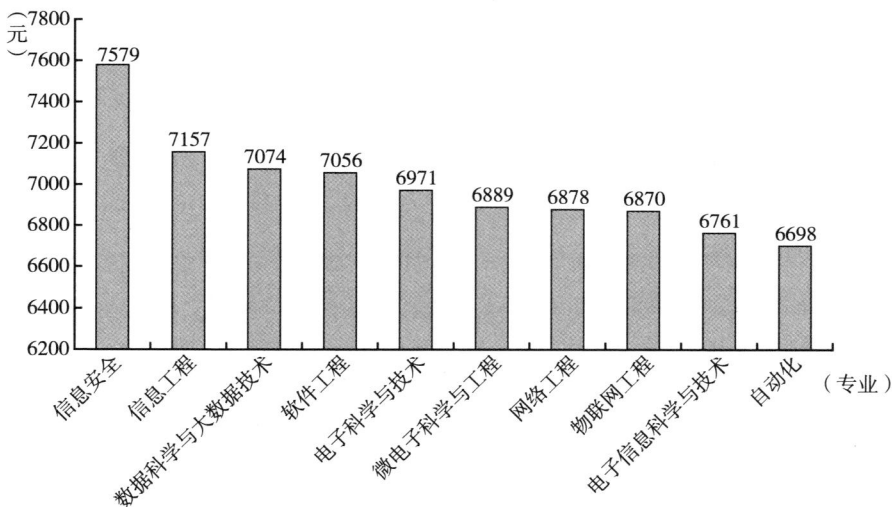

图 6 2022 届本科毕业生毕业半年后月收入专业 Top10

资料来源：麦可思中国 2022 届大学毕业生培养质量跟踪评价。

三是信息技术领域良好的职业发展前景是影响毕业生走向、人才流向的关键因素，连续三年增长的行业薪酬与良好的职业发展前景为信息技术领域

① 《2022 年中国大学生就业报告》发布 大学生薪资增速在放缓 考公比例 5 年翻番》，新浪财经，2022 年 6 月 19 日，https：//baijiahao. baidu. com/s？ id = 1735520055363480563&wfr = spider&for = pc，最后检索时间，2023 年 12 月 19 日。
② 《关注！连续 9 年霸榜"高薪专业之首"，这类人才火了，缺口将达 327 万!》，北京交通大学招生办，2023 年 5 月 24 日，https：//baijiahao. baidu. com/s？ id = 1766732076451362709&wfr = spider&for = pc，最后检索时间，2023 年 12 月 19 日。

人才队伍不断扩大打下坚实的基础。麦可思研究院发布的《2022 年中国大学生就业报告》显示，2021 届本科计算机类专业平均月收入为 6886 元，较 2020 届的起薪涨幅为 1%[①]；智联招聘数据显示，2022 年国内互联网、IT 服务、计算机软件、计算机硬件等信息技术领域平均薪资分别为 15580 元/月、15030 元/月、14918 元/月、13198 元/月。其中，架构师岗位招聘薪资最高，2022 年平均招聘月薪接近 3 万元，算法工程师招聘月薪接近 2.5 万元，嵌入式软件开发、Android 工程师、C 语言工程师等岗位月薪接近 2 万元。

3. 科技人才是信息技术高质量发展的中坚力量

近年来，信息技术快速发展，被广泛应用于各行各业，影响着人们日常生产、生活的方方面面。信息技术发展带动科技创新发展，带动生态繁荣建设。生态发展赋能产业优化升级，将使得产业要素之间共生、互生、再生，发挥出最大化的经济价值与社会价值。信息技术的高质量发展对各行各业的信息化发展至关重要。

特别是当前世界进入动荡变革期，单边主义、保护主义、霸权主义对世界和平与发展构成威胁，国际信息安全形势日趋严峻，我国信息技术产业链、供应链、创新链的安全性、稳定性受到严峻挑战。世界经济数字化转型加速，新一代信息技术加速迭代升级和融合应用，数字经济引领生产要素、组织形态、商业模式全方位变革。一些关键核心技术实现突破，战略性新兴产业发展壮大，载人航天、探月探火、深海深地探测、超级计算机、卫星导航、量子信息、核电技术、大飞机制造等取得重大成果，都需要大量高水平高素质的科技人才共同推动构建，科技人才的重要性不言而喻。

近年来，广大科技人员努力奋斗，成为我国信息技术高质量发展的中坚力量。2022 年信息技术领域企业调研显示，信息技术领域科技人员占总体从业人员的 51.90%，其中女性科技人员占 13.14%，男性科技人员占 38.76%，比例约为 3∶7（见图 7）。

[①] 麦可思研究院：《2022 年中国大学生就业报告》，360 文库，2022 年 1 月 29 日，https：//wenku. so. com/d/daf44bef2535a41973943ddeccfc3c64？src＝ob_ zz_ juhe360wenku，最后检索时间：2023 年 5 月 30 日。

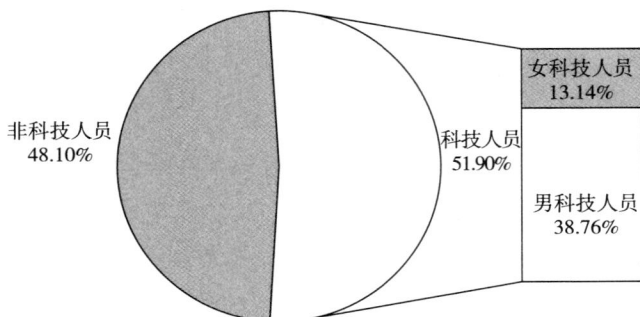

图7 信息技术领域人员分布情况

资料来源：信息技术领域企业调研数据。

信息技术领域科技人才本科及以上学历占比达到 84.5%，其中女性本科及以上人才占 21.49%，男性本科及以上人才占 63.01%；女性硕士及以上人才占 5.75%，男性硕士及以上人才占 13.09%（见图8）。

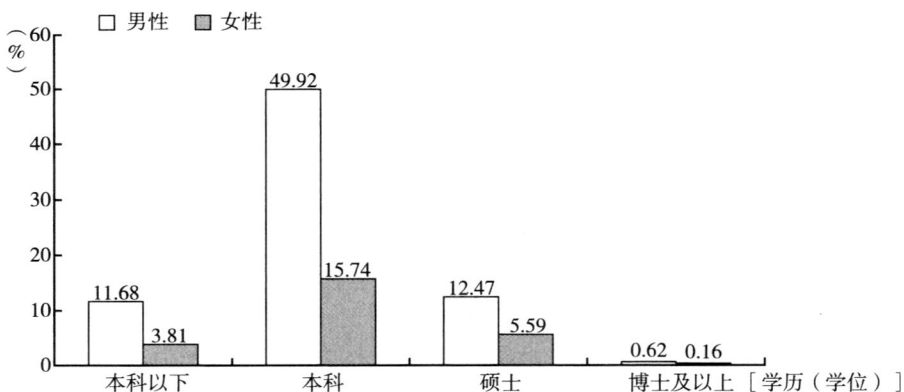

图8 信息技术领域科技人才学历（学位）占比情况

资料来源：信息技术领域企业调研数据。

（三）信息技术领域女性科技人才发展特点

随着我国信息技术产业持续快速发展，在一系列政策措施落地落实的推动下，信息技术领域女性科技工作者不断成长进步、发挥作用的环境日益优化，我国信息技术领域女性科技人才发展呈现不断向好的态势。

1. 女性科技人才正在向高端重要领域迈进

当前，各行各业高质量发展离不开信息技术的创新发展，信息技术基础研究、关键信息技术创新都至关重要。女性科技人才充分发挥知性、敏锐且充满预见的优点，不断探索信息技术重要领域技术。

我国信息技术领域中也涌现出大量高技术女性科技人才。例如，多年从事密码理论及相关数学问题研究的王小云，对密码学做出了开创性的贡献。她将密码分析理论的优秀成果深入应用到密码系统的设计中，先后设计了多个密码算法与系统，为国家密码重大需求解决了实际问题，为保护国家重要领域和重大信息系统安全发挥了极大作用。其中，她设计的两个加密算法，用于国家重大航天工程，为保障航天安全通信做出了重要贡献。①

团队技术带头人贺玉玲，带领一支平均年龄仅 40 岁，由量子物理、卫星导航、微系统、工艺技术等领域女性科研工作者组成的青年团队，深耕星载高精度时频基础与应用技术领域，挑起了新一代导航重大关键技术攻关项目的重担，尤其对国产星载铷钟的研制贡献巨大。②

女航天员王亚平，是中国第一位进入空间站的女航天员、第一位太空漫步的女航天员，也是第一位在轨时间超过 100 天的女航天员。她与队友们一起完成了两次太空授课、一系列空间科学实验与技术验证，刷新了一个又一个中国航天纪录，开展了多项科学技术实验与应用项目。她迈出了中国女性舱外太空行走的第一步。这是中国载人航天事业的新高度，也是中国女性科技工作者事业的新成就。③

2. 女性科技人才在老、中、青三代都崭露头角

信息技术具有快速迭代、复杂度高、交叉融合等特征，既需要朝气蓬

---

① 《王小云——才识逐风云，实现中国"密码梦"》，中国密码学会，2018 年 6 月 27 日，https：//www. cacr net. org. cn/site/content/588. html，最后检索时间：2023 年 6 月 15 日。
② 宋皓薇：《贺玉玲：一颗中国心，呵护北斗"心"》，澎湃新闻，2023 年 4 月 23 日，https：//m. thepape r. cn/baijiahao_ 22817069，最后检索时间：2023 年 6 月 14 日。
③ 王頔：《祝贺王亚平！》，新华网，2022 年 1 月 15 日，http：//www. news. cn/2022-01/15/c_ 1128266082. htm，最后检索时间：2023 年 6 月 14 日。

勃、内心充满疑问与好奇的年轻科技人才，也需要沉稳干练的中年科技人才，更离不开经验丰富的老一辈科技工作者。近年来，老、中、青三代女性科技人才都发扬力争上游的精神，在各自领域显露才能和本领。

1953 年出生的李微微自工作以来，一直致力于网络安全发展。她曾研制了具有自主知识产权的银行核心业务系统软件平台；组建了国内最早的自主固件研发团队，指导和组织团队完成了一系列国家重点项目；指导申请 9 项国家标准、14 项行业和团体标准。[①]

1974 年出生的李雪莹，长期从事安全管理与安全防护体系构建、安全大数据分析、云安全等网络安全领域研究和实践工作。作为技术带头人，她带领科研团队始终坚持技术创新，已累计获得国家科学技术进步奖 2 项、省部级科学技术进步奖 5 项。她凭借对网络安全领域技术和产业发展方向的前瞻性研判，为我国网络安全前沿技术提升、产业升级发展做出重要贡献。[②]

1979 年出生的赵晓燕作为整机领域科技成果的主要贡献者，获得 2 项国防科技成果二等奖、1 项中国标准创新贡献奖。先后在权威期刊上发表《大型信息系统信息安全工程与实践》《一种基于改进 Diffie-Hellman 协议的广域存储访问控制机制》等学术文章，持续赋能国防企业数字化转型和信息技术发展。[③]

1984 年出生的赵欣多年来深耕信息技术中间件领域，主要研究方向有应用服务器中间件、微服务技术、PaaS 相关技术、中间件安全技术、中间件高可用技术等。申请并获得授权专利 8 项，在审核中专利 18 项。[④]

1989 年出生的黄芊芊多年深耕芯片领域，共发表了 60 余篇论文，拥有超过 70 项芯片相关专利，并将相关专利和研究成果授权给华为，帮助华为研发国产芯片，大大减少了美国封锁对国内芯片发展的影响。[⑤]

---

① 2022 年信息技术领域企业调研材料。
② 2022 年信息技术领域企业调研材料。
③ 2022 年信息技术领域企业调研材料。
④ 2022 年信息技术领域企业调研材料。
⑤ 历史回忆室：《中国芯片女奇才，17 岁上北大，28 岁成博导，30 岁获全球仅 3 人大奖》，百度网，2021 年 2 月 13 日，https：baijiahao. baidu. com/S？id＝1691571006794272275&wfr＝spider&for＝pc，最后检索时间：2023 年 7 月 1 日。

3. 从事信息技术发展的女性科技人才越来越多

近年来，越来越多的女性科技人才奋斗在信息技术各个领域，软件企业、硬件企业、信息技术服务类企业都有她们的身影，她们在管理、技术、生产等与科技相关的工作岗位发挥重要作用。

（1）女性科技人才分布在信息技术领域各方面

2022年信息技术领域企业调研显示，信息技术各领域女性科技人才占比较为接近，均在25%左右，可见女性科技人才已融入信息技术领域的方方面面。其中信息技术服务业的女性科技人才占比较高，为28.34%，软件业女性科技人才占比相对校低，为22.12%（见图9）。

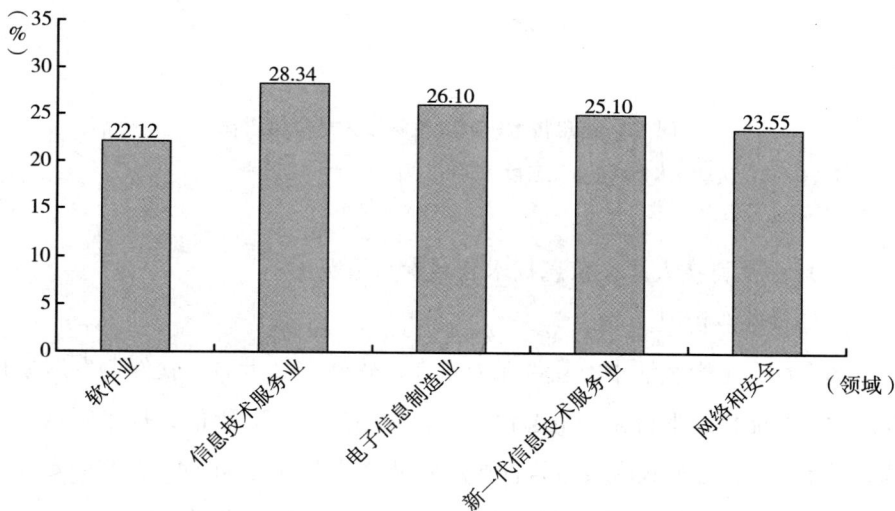

图9　信息技术领域女性科技人才占比

资料来源：信息技术领域企业调研数据。

信息技术领域女性科技人才学历情况基本为本科占比最多，硕士次之，博士占比低。其中，新一代信息技术服务业和电子信息制造业高学历女性科技人才较多，硕士及以上占比分别为65.59%和31.86%；信息技术服务业本科及以下学历女性科技人员占比较大，为90.10%（见图10）。

□ 本科以下　■ 本科　■ 硕士　■ 博士及以上

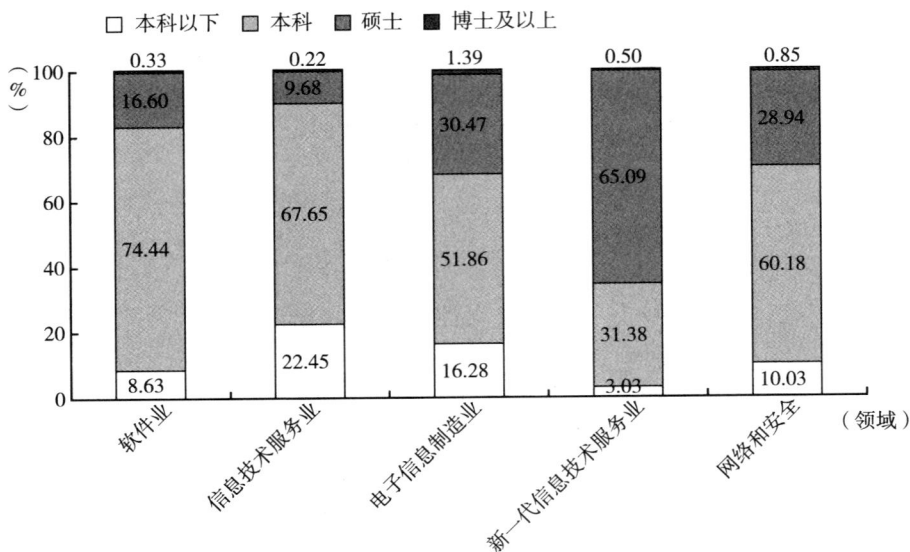

图 10　信息技术领域女性科技人才学历占比

资料来源：信息技术领域企业调研数据。

（2）女性科技人才在信息技术领域参与情况

一是软件业情况。

当今社会生产生活中，软件无处不在，软件定义世界，软件业发展呈现开源化、智能化、平台化、生态化、融合化趋势。2022 年信息技术领域企业调研显示，软件业科技人员占信息技术领域科技人员的 36.94%，其中女性科技人才占比为 22.12%，男性科技人员占比为 77.88%，比例约为 1：3.5（见图 11）。

在学历方面，软件业科技人才本科及以上学历占比接近 90%，其中女性本科及以上科技人才占 20.21%，男性本科及以上科技人才占 68.7%（见图 12）。

软件业中，操作系统企业和数据库企业对科技人才学历的要求相对较高，高学历的科技人才更为集中。其中操作系统企业和数据库企业科技人才本科及以上学历占比分别达到 93.55%、92.19%，超过了软件业平均水平

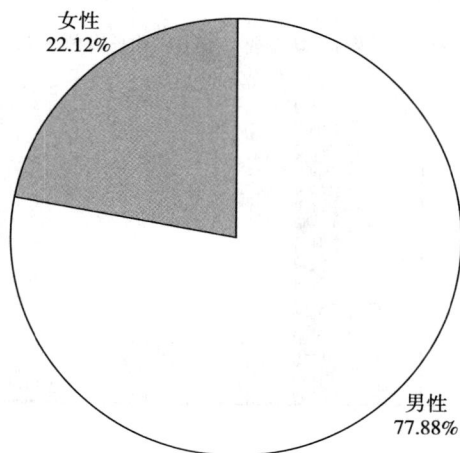

图 11　软件业领域科技人才男女比例对比

资料来源：信息技术领域企业调研数据。

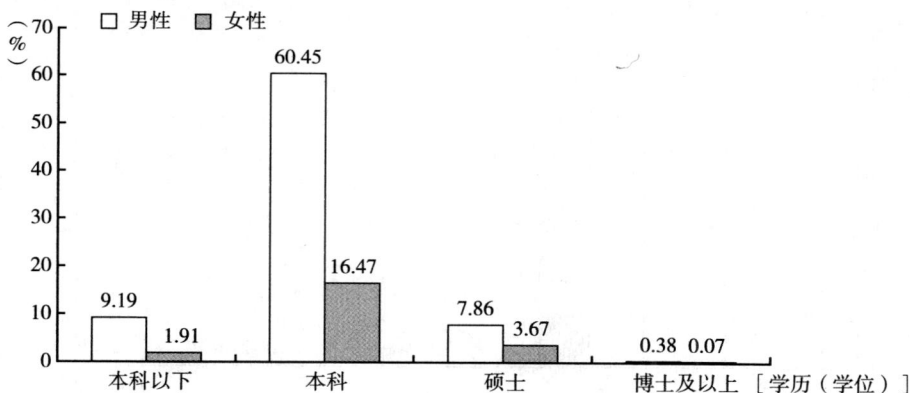

图 12　软件业领域科技人才学历（学位）分布情况

资料来源：信息技术领域企业调研数据。

88.9%（见图 13）。数据库企业女性本科及以上人才占 21.92%，男性本科及以上人才占 70.27%（见图 14）；操作系统企业女性本科及以上人才占 23.07%，男性本科及以上人才占 70.48%（见图 15）。

在年龄方面，软件业科技人才 35 岁以下占比达到 78.58%，其中女性科

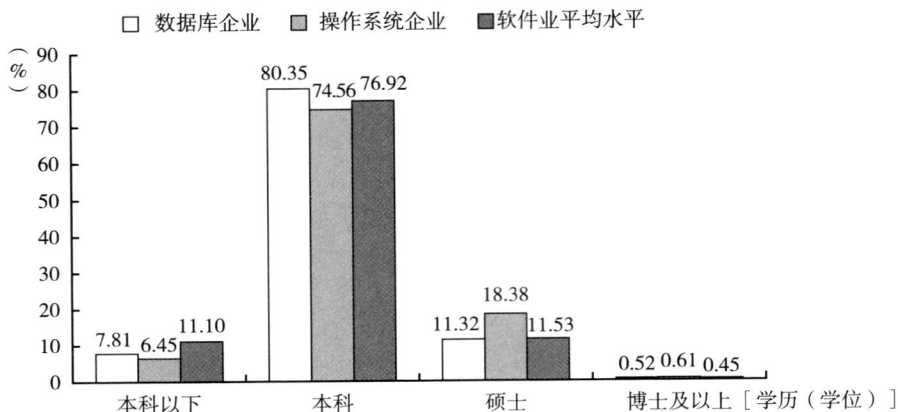

图 13 软件业领域典型企业科技人才学历（学位）对比情况

资料来源：信息技术领域企业调研数据。

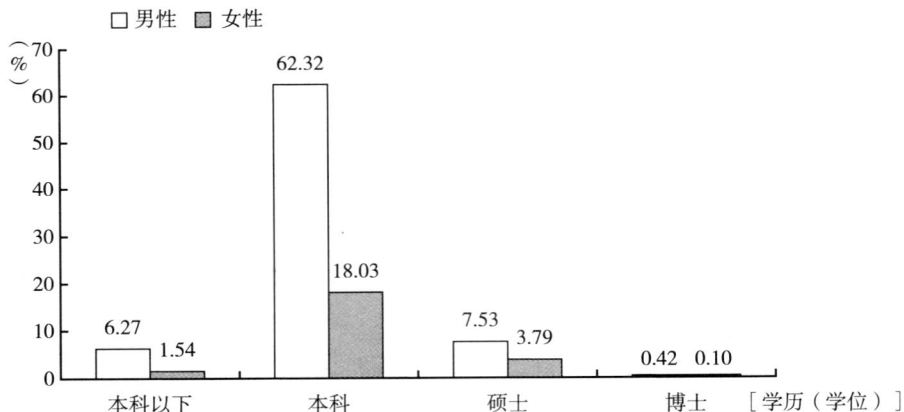

图 14 数据库企业科技人才学历（学位）分布情况

资料来源：信息技术领域企业调研数据。

技人才占比为18.39%，男性科技人才占比为60.19%（见图16）。

软件业中，操作系统企业和数据库企业更需要思维活跃的年轻力量，且操作系统企业比例高于数据库企业。其中操作系统35岁以下科技人才占比达到83.91%，高于软件业平均水平78.58%（见图17）。数据库企业科技人

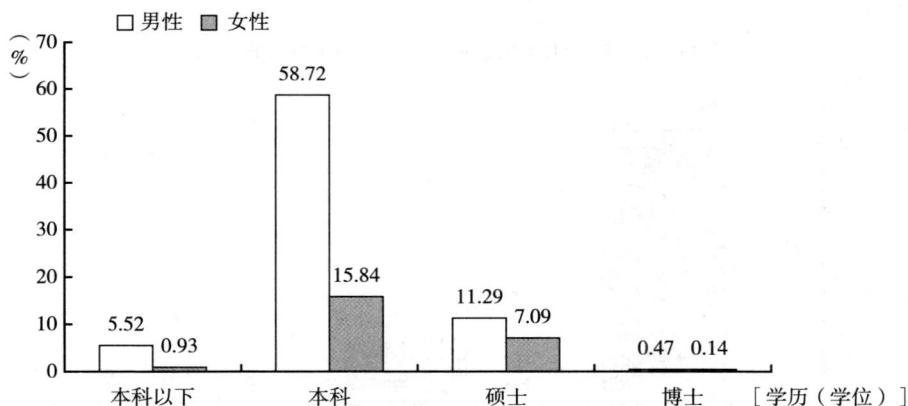

图15　操作系统企业科技人才学历（学位）分布情况

资料来源：信息技术领域企业调研数据。

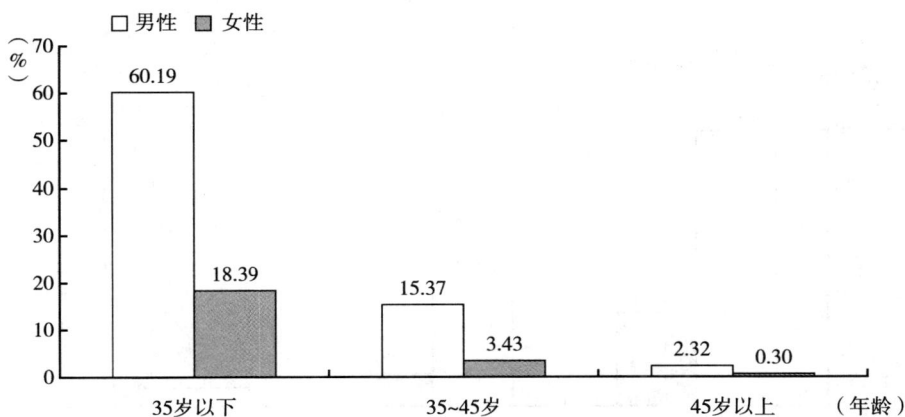

图16　软件业科技人才年龄分布情况

资料来源：信息技术领域企业调研数据。

才35岁以下占比达到66.91%，其中女性科技人才占比为17.12%，男性科技人才占比为49.79%（见图18）；操作系统企业科技人才35岁以下占比达到83.91%，其中女性科技人才占比为20.89%，男性科技人才占比为63.02%（见图19）。

二是电子信息制造业情况。

221

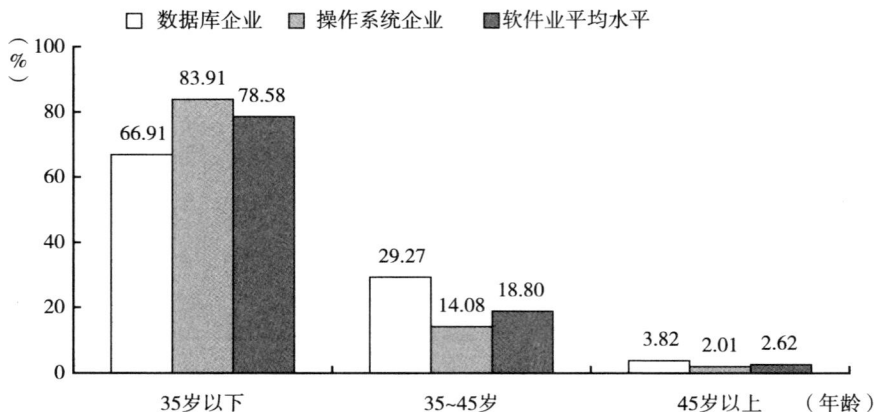

图 17　软件业领域典型企业女性科技人才年龄对比情况

资料来源：信息技术领域企业调研数据。

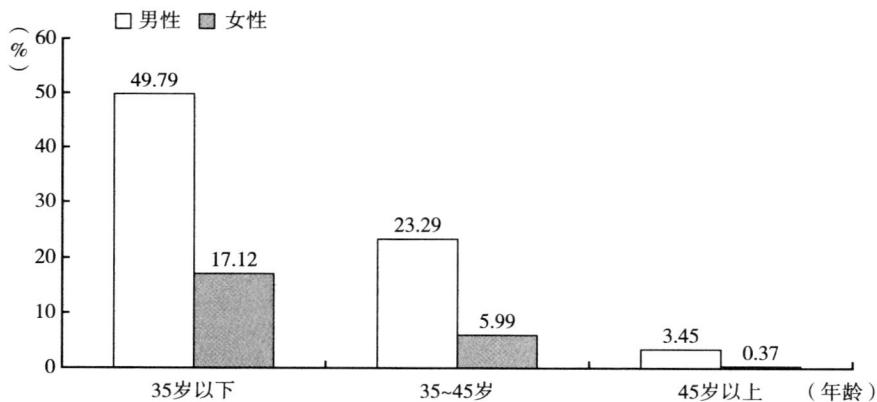

图 18　数据库企业科技人才年龄分布情况

资料来源：信息技术领域企业调研数据。

随着智能家居、智能设备融入日常生产生活中，电子信息制造业在智能制造和产业转型升级过程中发挥越来越重要的作用。2022 年信息技术领域企业调研显示，电子信息制造业科技人员占信息技术领域科技人员的 7.21%，其中女性科技人才占比为 26.1%，男性科技人才占比为 73.9%，比例约为 1∶2.8（见图 20）。

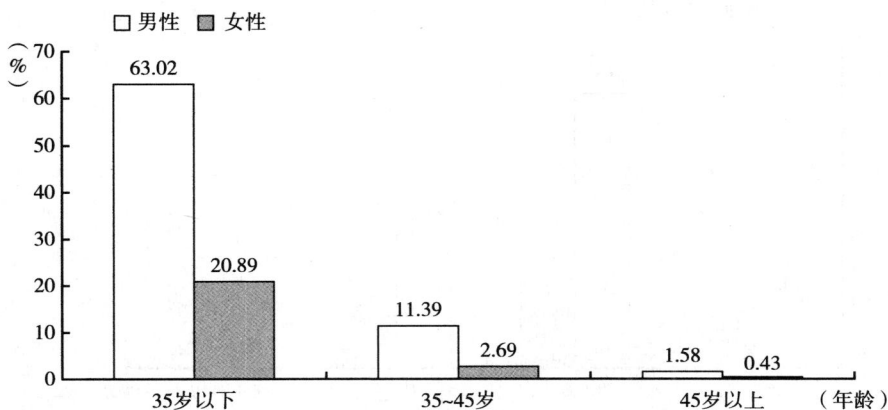

图19 操作系统企业科技人才年龄分布情况

资料来源：信息技术领域企业调研数据。

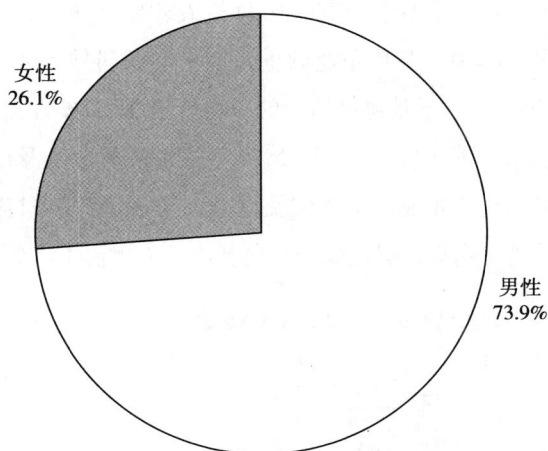

图20 电子信息制造业领域科技人才男女比例对比

资料来源：信息技术领域企业调研数据。

在学历方面，电子信息制造业科技人才本科及以上学历占比为85.45%，其中硕士及以上人才总占比达到30.12%，其中女性硕士及以上人才占8.31%，男性硕士及以上人才占21.81%（见图21）。可见，属于技术密集型的电子信息制造业对学历要求较高。

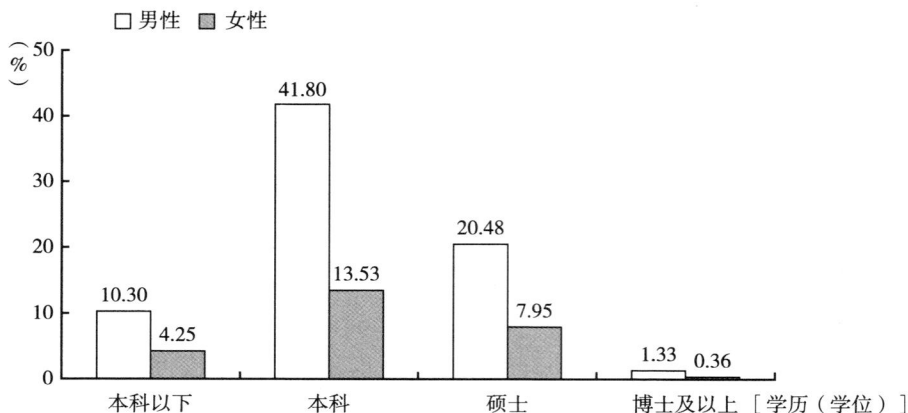

图21 电子信息制造业科技人才学历（学位）分布情况

资料来源：信息技术领域企业调研数据。

电子信息制造业中，芯片企业高学历科技人才更为集中，比例高于电子信息制造业平均水平。其中，芯片企业硕士及以上学历科技人才占女性科技人才总数的57.78%，远高于电子信息制造业的平均水平30.12%（见图22）。芯片企业女性硕士学位及以上科技人才占12.51%，男性硕士学位及以上科技人才占45.27%（见图23）；整机企业硕士学位及以上人才占比为24.17%，其中女性硕士学位及以上人才占7.47%，男性硕士学位及以上人才占16.7%（见图24）。

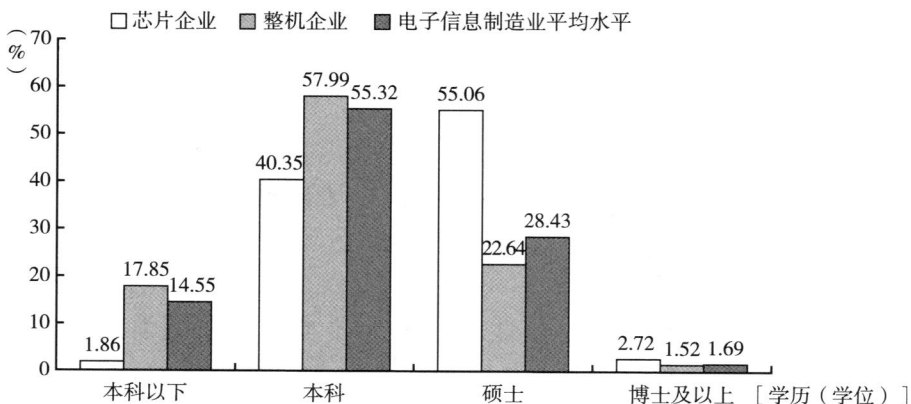

图22 电子信息制造业领域典型企业科技人才学历（学位）对比情况

资料来源：信息技术领域企业调研数据。

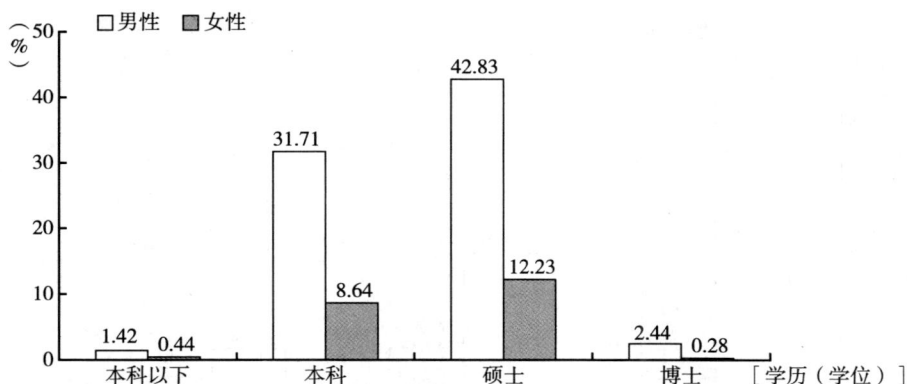

图23 芯片企业科技人才学历（学位）分布情况

资料来源：信息技术领域企业调研数据。

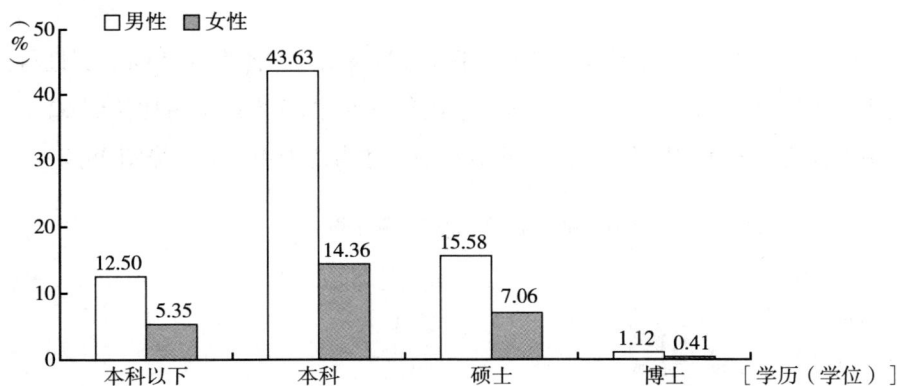

图24 整机企业科技人才学历（学位）分布情况

资料来源：信息技术领域企业调研数据。

在年龄方面，电子信息制造业科技人才35岁以下占比达到64.77%，其中女性科技人才占比为17.32%，男性科技人才占比为47.45%（见图25）。可见，高精尖企业年轻科技工作者比重较大。

电子信息制造业中，芯片企业年轻科技工作者成为中坚力量，整机企业工作岗位多元化，且业务构成多样，中青年科技工作者占据一定比重。其中芯片企业35岁以下科技人才占比达到71.93%，高于电子信息制造业平均水平

225

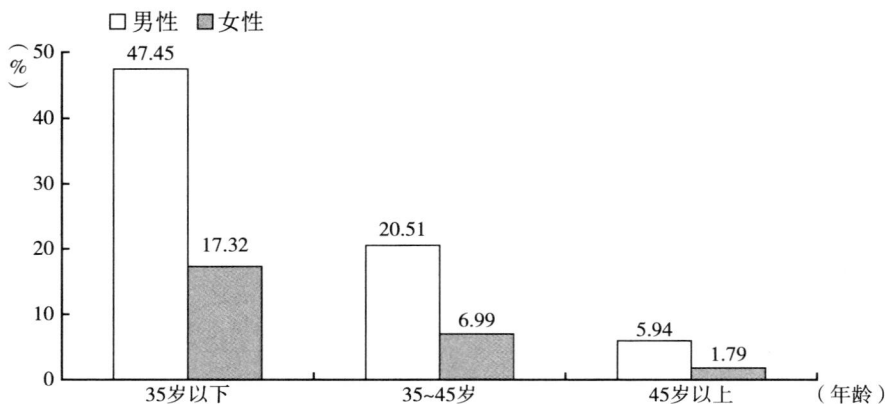

图25　电子信息制造业科技人才年龄分布情况

资料来源：信息技术领域企业调研数据。

64.77%（见图26）。芯片企业35岁以下女性科技人才占比为16.54%，男性科技人才占比为55.39%（见图27）；整机企业科技人才35岁以下占比达到62.4%，其中女性科技人才占比17.3%，男性科技人才占比为45.1%（见图28）。

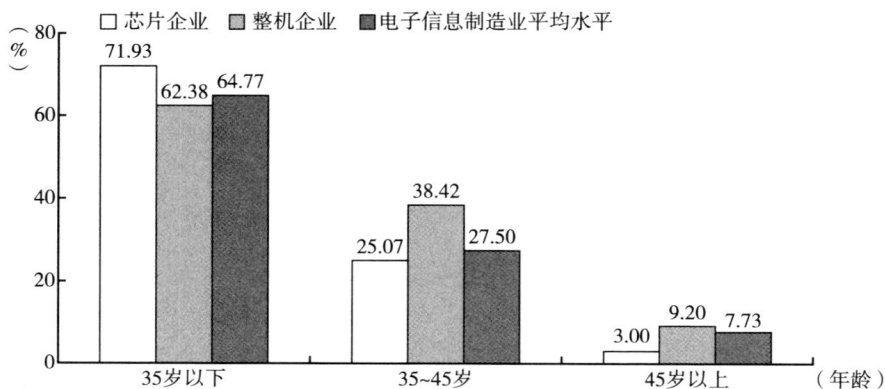

图26　电子信息制造业领域典型企业科技人才年龄对比情况

资料来源：信息技术领域企业调研数据。

三是信息技术服务业情况。

随着信息技术的快速发展，各行各业信息化建设也加速发展，信息

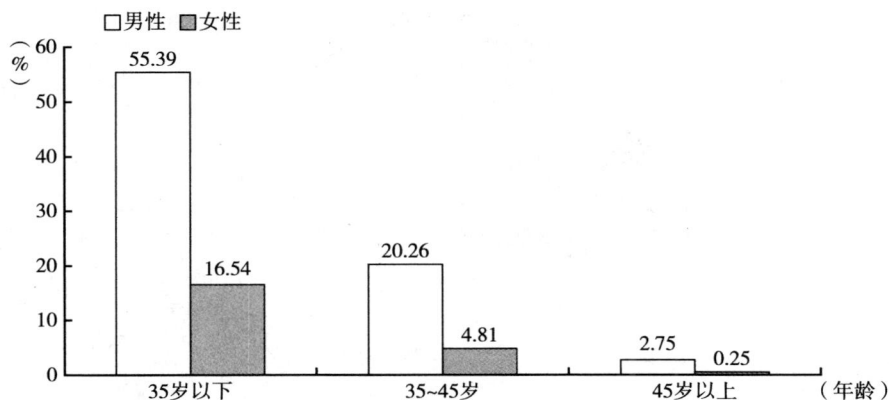

图 27　芯片企业科技人才年龄分布情况

资料来源：信息技术领域企业调研数据。

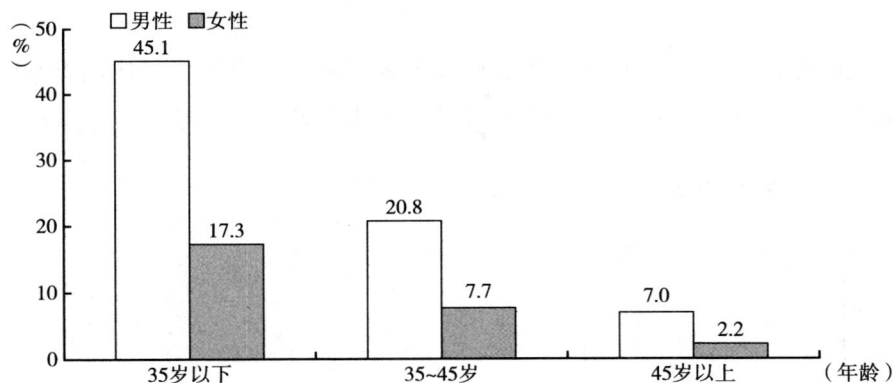

图 28　整机企业科技人才年龄分布情况

资料来源：信息技术领域企业调研数据。

技术服务的重要性不断提升。2022 年信息技术领域企业调研显示，信息技术服务业科技人员占信息技术领域科技人员的 17.12%，其中女性科技人才占比为 28.35%，男性科技人才占比为 71.65%，比例约为 1∶2.5（见图 29），信息技术服务业是信息技术领域中女性科技人才占比最高的行业。

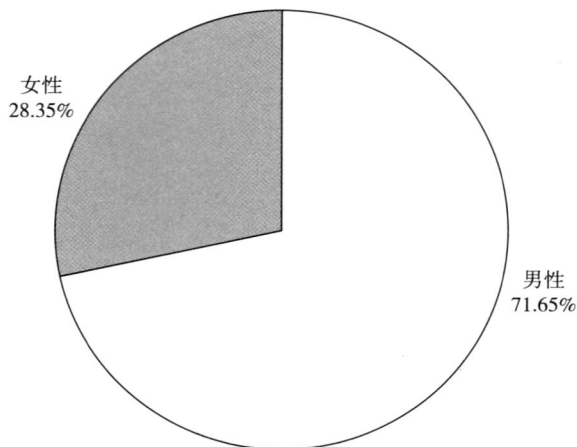

图 29 2022 年信息技术服务业领域科技人才男女比例对比

资料来源：信息技术领域企业调研数据。

在学历方面，信息技术服务业科技人才本科及以下人员占比超过 90%（见图 30），服务业性质企业对于技术水平要求较低，高学历人才相对缺乏。

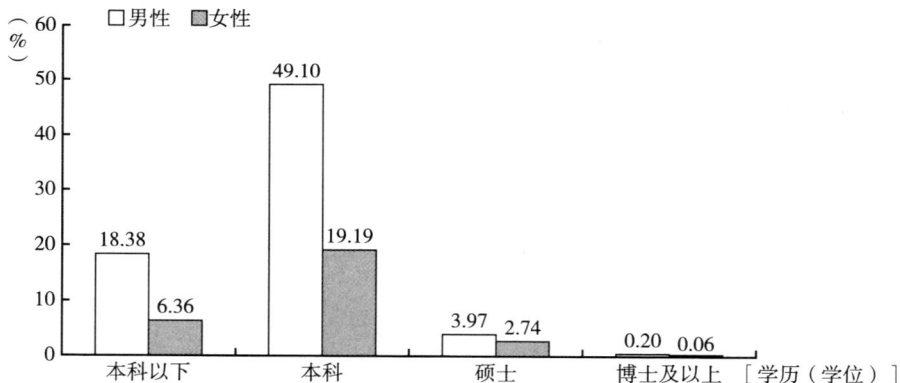

图 30 2022 年信息技术服务业科技人才学历（学位）分布情况

资料来源：信息技术领域企业调研数据。

在年龄方面，信息技术服务业 35 岁以下科技人员占比为 68.11%（见图 31）。

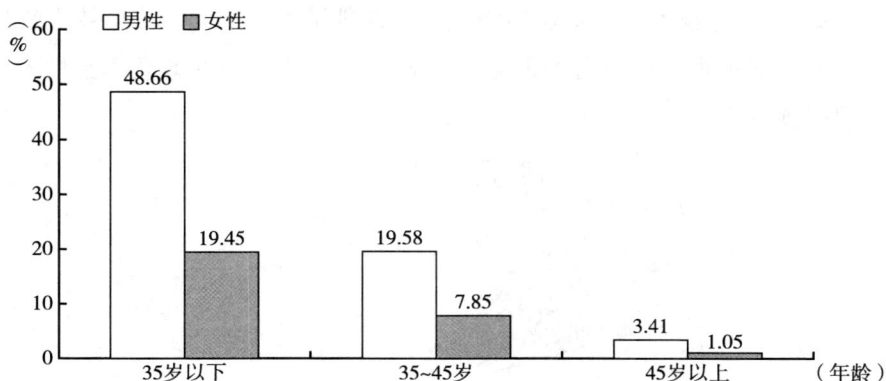

图31 信息技术服务业科技人才年龄分布情况

资料来源：信息技术领域企业调研数据。

二 信息技术领域女性科技人才存在的问题

（一）对女性科技人才认可度不够

随着社会的发展和进步，女性地位不断提高，但我国"男主外、女主内""女性不适合信息技术工作"的观念短期内仍难以完全消除。企业招聘中，女性处于劣势，大部分信息技术企业认为男性更适合信息技术相关工作，同等条件下，更倾向于选择男性，特别是需求分析师、系统架构师、系统研发人员、测试人员等技术岗位，大部分首选男性承担重大项目和课题，女性被重视程度低，往往被安排做资料员、行政人员等，从事辅助性工作，鲜有作为带头人和挑大梁的女性。科技部数据显示，全国科技工作者中女性占比为45.8%，但随专业技术职务的提高，女性占比逐级减少，女性科技领军人才匮乏，"剪刀差"现象较为突出。2021年规模以上计算机、通信和其他电子设备制造业企业研发人员中女性占比仅为21.9%。[①]

---

① 国家统计局社会科学和文化产业统计司编《中国妇女儿童状况统计资料2022》，中国统计出版社，2022，第79页。

2022 年信息技术领域企业调研显示，在科研成果方面，信息技术领域女性科技人才获奖人数仅占 1/5 左右（见图 32），科研成果现仍以男性科技人员为主要力量。

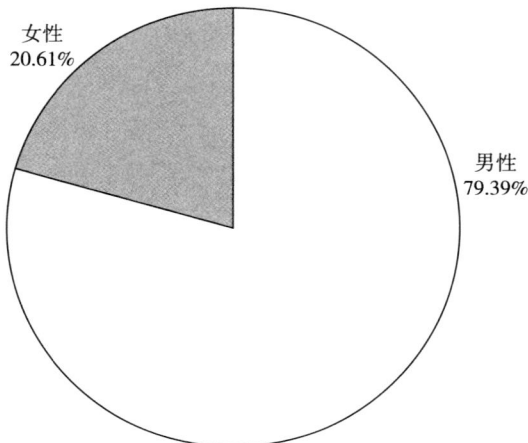

图 32　2022 年信息技术领域科研成果获奖情况

资料来源：信息技术领域企业调研数据。

（二）女性科技人才待遇不高

目前，女性的待遇与男性仍有较大差距。薪酬方面，女性人员的薪酬与男性差距较大，智联招聘《2023 中国女性职场现状调查报告》显示，2023 年，女性的平均薪酬为 8689 元/月，与男性的 9942 元/月相差 1253 元；晋升方面，女性获得机会较少，信息技术领域女性科技人才从事的工作大多起点较低，后续提升处于不利地位。2021 年，中国科学院院士、中国工程院院士中女性占比分别为 6.64% 和 5.35%。[1] 有关国家级人才计划入选专家学者中，女性占比仅为 10% 左右。[2] 2011~2021 年受表彰奖励科技人员中女性

---

[1]　国家统计局社会科技和文化产业统计司编《中国妇女儿童状况统计资料 2022》，中国统计出版社，2022，第 74 页。

[2]　《〈支持女性科技人才在科技创新中发挥更大作用的若干措施〉政策解读》，中华人民共和国科学技术部，2021 年 7 月 20 日，https://www.most.gov.cn/xxgk/xinxifenlei/fdzdgknr/fgzc/zcjd/202107/t20210720_175987.html，最后检索时间：2023 年 7 月 1 日。

最高占比为 2014 年的 31. 2%。[①] 智联招聘《2023 中国女性职场现状调查报告》显示，有 25. 5% 的女性认为晋升障碍是"性别歧视"，高于男性的 11. 2%。

（三）女性科技人才后备力量不足

近年来，虽然我国女性科技人员数量有所增加，但相对于男性，仍有不足，特别是信息技术领域女性科技人才。一方面，信息技术领域女性科技从业人员偏少，2022 年信息技术领域企业调研显示，女性科技从业人员数量仅是男性的 1/3，高层次科技人才男女比例更是严重失调，有的部门、岗位甚至全部为男性工作人员；另一方面，信息技术专业女性毕业生比例小，信息技术专业属于理工类，社会普遍认为，男性更适合此领域，因此从高中文理分科到考大学专业选取、导师选学生开始，女性在信息技术领域就失去优势，女性比例与男性相差很大。

（四）女性科技人才发展被家庭职责掣肘

信息技术发展日新月异，对科技人才的要求很高，需要丰富的知识积累、充实的实践操作，这些都需要有充足的时间作为保障。与男性相比，女性在智力方面没有差别，但婚后女性一方面在打理房间、洗衣做饭等日常料理家务和赡养老人方面都会占用大量时间，另一方面，生育、哺乳子女，甚至生二孩、三孩，需要持续占用一段时间，这必然会影响到女性科技人才的进一步发展。有些女性为了家庭和子女，放弃进一步晋升的机会，甚至牺牲自己的事业。智联招聘《2023 中国女性职场现状调查报告》显示，因"处在婚育阶段，被动失去晋升机会"的女性占比高达 23. 2%，大幅高于男性的 10. 7%。可以看到，相较于男性，婚育是女性晋升的主要障碍之一。

---

① 国家统计局社会科技和文化产业统计司编《中国妇女儿童状况统计资料 2022》，中国统计出版社，2022，第 74 页。

三　信息技术领域女性科技人才发展建议

（一）加强政策支持，营造良好发展环境

政府出台促进信息技术领域女性科技人才发展的政策，在软件和信息技术服务业、电子信息制造业、互联网等信息技术领域项目支持、人才鼓励政策及国家级人才评价过程中加大对女性人才培养的力度；对录用女性人员比例较高的信息技术企业给予税收优惠，鼓励信息技术企业给予女性人员同等录用机会；完善生育支持性政策，在延长产假、配偶双方均享有育儿假等基础上，在完善托儿所、幼儿园以及升学资源等方面，形成系统完善的生育支持体系；加快推行女性弹性退休制度，以自愿选择为基础，对女性科技人才实行弹性退休制度，优秀的女性科技人才适当延长退休年龄，减少对女性高层次科技人才的浪费。

（二）加大舆论宣传，提高社会认可度

在行业数字化转型升级、数字中国建设过程中，给予女性科技人才创造更多走上前台、作为工作牵头人的机会，并加大对做出贡献的女性科技人才的宣传力度，让社会充分认识到女性科技人才的重要性，扭转人们的片面认识，提高对女性科技人才的认可；在建设科技强国、网络强国、数字中国人才队伍中树立女性科技人才典型，发挥榜样示范和引领作用，鼓励女学生、女青年向她们学习，积极投身国家信息化建设中，不断壮大信息技术领域女性科技人才的后备力量。

（三）落实评价激励机制，提升女性待遇

落实《关于支持女性科技人才在科技创新中发挥更大作用的若干措施》中提出的女性科技人才评价激励机制，从国家到地方再到企事业单位制定针对信息技术女性科技人才评价激励机制。国家、地方增加高层次人才计划中

信息技术领域女性科技人才的入选数量，适当放宽女性申报人年龄限制，在同等条件下优先推荐女性科技人才；企事业单位加大对信息技术领域女性科技人才的奖励力度，例如对通过"全国计算机技术与软件专业技术资格（水平）考试"，并取得系统分析师、系统架构设计师、信息系统项目管理师的女性进行重点表彰奖励；给予女性更多的聘用、晋升、进修、评先、奖励机会，例如在"国家科学技术进步奖"中设置女性专项奖，尊重和鼓励女性科技人才成为信息技术发展的重要"她"力量；针对不同阶段学生群体，采取设立女性专项奖等措施鼓励女学生参与信息技术相关科技竞赛活动、设置信息技术专业优秀女大学生奖学金等措施，引导更多女学生选择信息技术科技相关工作作为优先选择职业。例如在全国软件和信息技术专业人才大赛中，设置优秀女选手奖项，激发女学生参与动力。

（四）加强公共社会服务，解决后顾之忧

信息技术领域企业依托自身优势，提供信息技术特色夏令营、研学、假期子女托管等服务，缓解女性家庭负担；降低入园年龄和费用，将幼儿园的托育服务纳入普惠性幼儿园服务体系中，减轻婴幼儿家庭的负担；鼓励社区、企事业单位建立托幼机构、养老服务，加快托育、托老、养老服务体系建设，为有需求的女性提供便捷、安全、可负担的公共托幼、养老服务，减轻女性家庭育儿及养老照料负担；针对婚育后家庭负担加重、产后工作前景不明朗等问题提供免费心理疏导服务，帮助女性顺利度过生育期、哺乳期，为重返工作岗位做好充分准备；搭建信息技术领域女性科技人才交流平台，一方面促进成功女性科技工作人员经验交流，另一方面为有困难的女性科技工作人员提供精准服务，助力女科技工作者专注科研事业，勇攀科技高峰。

参考文献

国家统计局社会科技和文化产业统计司编《中国妇女儿童状况统计资料 2022》，中

国统计出版社，2022。

中华人民共和国科学技术部：《〈支持女性科技人才在科技创新中发挥更大作用的若干措施〉政策解读》，2021 年 7 月 20 日。

潘泓晶：《印度女性科技人才的发展及启示》，《科技中国》2018 年第 10 期。

林佳甜、李志红：《我国女性科技人才发展问题探析》，《中国高新技术企业》2017 年第 9 期。

"支持女性科技人才在科技创新中发挥更大作用研究"课题组：《关于支持女性科技人才在科技创新中发挥更大作用的政策研究报告》，《中国科技人才》2023 年第 1 期。

B.8
县域范围内女性科技人才发展状况报告

魏开琼　任　媛*

摘　要： 新时代以来，党和国家高度重视科技创新，出台相关政策文件促进科技人才成长和发展，政策利好为县域范围内女性科技人才提供了良好的发展环境。随着乡村振兴战略的实施，县域范围内大批女性活跃在科技工作各方面，她们扎根在自然科学、工程与技术科学、农业科学、医药科学、人文与社会科学等领域，直接从事一线科学研究或技术应用。本报告以东部某省县级市 D 市作为观察对象，发现县域内的女性科技人才为地方经济社会发展做出了重要贡献，体现在以下方面：敢为人先，带动地方特色产业纵深发展；链接资源，探索校企协同育人模式；带动群众，以巾帼力量助力共同富裕；参与基层治理，发挥榜样模范作用。访谈发现，D 市女性科技人才面临着诸多挑战，如人才队伍建设、人才评价体系完善、抵御市场风险能力、性别成见以及女性家庭与职业平衡等问题。就县域范围来说，破解这些问题的关键需要深层次拆解制约女性科技人才发展的结构性因素。本报告建议发挥家校把关人的作用，让处于基础教育阶段的女生免于性别陈旧观念的影响；重视科技领域"性别创新"的积极意义，让科技创新有关政策更多更好惠及女性；探索制定更加适合县域范围内女性科技人才的性别友好政策。

关键词： 县域范围　女性科技人才　科技创新　性别成见

---

* 魏开琼，中华女子学院妇女发展学院院长，教授，主要研究方向为妇女理论、妇女发展、性别研究等；任媛，中华女子学院育慧书院副教授，主要研究方向为人口经济学。

2011 年，为营造促进女性科技人才发展的政策环境，科技部与全国妇联印发了《关于加强女性科技人才队伍建设的意见》，2021 年 4 月，全国妇联与科技部等 7 个部门共同制定《关于实施科技创新巾帼行动的意见》，2021 年 6 月，科技部与全国妇联等 13 个部门制定《关于支持女性科技人才在科技创新中发挥更大作用的若干措施》，以激发女性科技人才的创新活力，促进女科技人才在关键核心技术攻关上顽强拼搏，在服务高质量发展上奋勇争先，在提升全民科学素质上主动作为，在共担科技自立自强重任中更好发挥"半边天"作用。

这些政策调动了女性科技人才的积极性与创造性，女性科技工作者的重要性得到社会各界关注，面向女性科技人才政策的可操作性也日益增强。但是，有研究者注意到，现有关于女性科技人才的研究，主要面向基础科学研究领域的女科学家，面对时代的快速发展变化，还有大量从事不同应用科学研究和实务的技术人员和研究人员，有待得到更多关注，获得相应政策指导和支持。① 2022 年 6 月，科技部关于印发《"十四五"县域创新驱动发展专项规划》的通知中指出，要把人才作为支撑县域创新发展的第一资源。本报告聚焦在县域范围内从业的女性科技工作者，呈现她们对经济社会发展的贡献，探讨这些女性科技人才发展的现状和面临的挑战，进一步探索更好促进县域范围内女性科技人才发展的方法与策略，推动县域创新驱动高质量发展。本报告在关注县域范围内女性科技人才时，特别关注到各级妇联为这些活跃在县域经济社会发展进程中的女性提供的支持与服务，以及引领她们投身建设社会主义现代化进程中的做法。本报告写作聚焦的田野研究点为东部某省的县级市 D 市，经济发展水平在区域内处于靠后的位置，经济发展潜力还有待深入挖掘。

本报告主要通过文献法、焦点小组座谈和半结构式访谈法收集研究素材，关于县域范围内女性科技人才的贡献情况来自全国妇联与国家乡村振兴

---

① 马冬玲：《打造友好环境：我国支持女性科技人才发展的相关政策分析》，载刘利群、张立主编《妇女蓝皮书：新时代中国妇女发展报告（2022）》，社会科学文献出版社，2022，第 257~278 页。

局官网有关信息，以及 D 市关于受访女性的官方报道；焦点小组座谈成员来自 D 市与科技创新有关的五大政府部门代表，以及 D 市妇联与科协两大群团组织代表。本报告拟通过聚焦 D 市区域范围内的女性科技人才发展现状，探索为更多县域范围内女性科技人才成长发展提供有效支持的方法。

一 县域范围内女性科技人才的基本情况

党的二十大报告中提出"要以中国式现代化全面推进中华民族伟大复兴"，并全面系统阐释了中国式现代化的内涵。县域经济为国民经济的基本单元，县域现代化是中国式现代化的基础。妇女是县域经济社会发展中的重要力量，随着城镇化进程的发展，在县域范围内从业的女性科技人员数量呈现上升趋势。

（一）女性科技人才的界定

科技工作者的概念通常指以科技工作作为职业的人员，是个广为接受的政策概念。他们通常以科技工作为职业，涵盖了专业技术人员、科技活动人员、R&D 人员、科学家和工程师等多个层次人员。[①] 科技人力资源的内涵通常从"职业"和"资格"两个维度进行测算，即包括那些实际从事或有潜力从事系统性科学技术知识的生产、发展、传播和应用活动的人员。[②] 近年来，随着我国在女性教育公平和参与科技活动方面取得的巨大进步，县域范围内也有大批女性活跃在科技工作的各个方面，她们扎根在自然科学、工程与技术科学、农业科学、医药科学、人文与社会科学等领域，直接从事一线科学研究或技术应用。她们具备了与大众生活密切相关的专业技术能力和生产工艺技能，涉及新能源、航天、化学、计算机、生物、医药、服装材料、

---

① 全国科技工作者状况调查课题组：《第四次全国科技工作者状况调查报告（2017）综合篇》，中国科学技术出版社，2018，第 4 页。

② 中国科协调研宣传部、中国科协创新战略研究院：《中国科技人力资源发展研究报告（2020）：科技人力资源发展的回顾与展望》，清华大学出版社，2021，第 4~5 页。

农业、自动化和科普等多个行业，具有较强的创新思维与创造力，在研究、开发、应用、传播、维护和管理类岗位，通过从事技术密集型、知识密集型工作获取项目资助、收入报酬以及荣誉奖项。① 综合以上所述，本报告使用女性科技人才的概念，涵盖那些或是直接投身核心科技领域的研发，或是通过科技赋能促进产业发展，为县域经济社会的发展做出了重要贡献的女性人才。

（二）政策利好为县域女性科技人才创造良好环境

党和国家高度重视科技创新，出台相关政策文件为科技人才发展提供良好发展环境。与国际社会高度重视女性在科技发展中的作用，甚至提出"性别创新"的概念一致的是，中国政府在贯彻落实科技领域男女平等国策中，一直重视保障女性在参与科技进程中享有同等的发展机会，全国妇联、科技部、国家乡村振兴局、农业农村部、中宣部等部委联合发布纲要、意见等文件，如《中国妇女发展纲要》《关于加强女性科技人才队伍建设的意见》等，支持基层女性科技人才队伍发展壮大、搭建交流合作平台，女性成为带动产业发展的主力军。D 市一直以来有重视开发女性人力资源的传统，在推动科技创新、推动女性从科技领域参与经济社会发展层面，不同部门通力合作，在市组织部（人才办）的统筹下，市人力资源和社会保障局、市科学技术局、市经济和信息化局、市农业农村局联手市科学技术协会、市妇女联合会等群团组织，在为科技人才提供服务与支持的同时，打造科技创新发展的良好环境，结合 D 市产业结构的地方特征，激发基层女性科技人员的拼搏意识与创新活力。

（三）妇联组织为县域女性科技人才发展创设平台

为了扎实推进"乡村振兴巾帼行动"，帮助广大妇女发挥"半边天"作用，自"十二五"以来全国妇联、科技部、农业农村部联合在全国开展"全国巾帼现代农业科技示范基地"创建工作，通过帮扶一批科技含量高、经营

---

① 何国祥：《科技工作者的界定及内涵》，《科技导报》2008 年第 12 期，第 96~97 页。

规模大、综合效益好、示范带动强的农业科技示范基地，使广大妇女通过科学技术展开创新创业活动。在"全国巾帼现代农业科技示范基地"的支持下，大量的女企业家、女大学生在掌握先进技术或管理经验后，返回农村就业创业，从事科学技术的推广、培训和应用工作，成为女性增收致富的带头人。

2021 年 9 月，全国妇联启动"巾帼科技助农直通车"进乡村活动以来，各省（区、市）妇联积极跟进，依托"巾帼科技助农服务团""巾帼科技轻骑队""巾帼科技创新联盟""女科技工作者协会"等，掀起了一场科技兴农与巾帼圆梦的"双赢"实践。广大农业女科技工作者，与巾帼现代农业科技示范基地以及家庭农场、种粮大户、专业合作社等农业经营主体结对，通过送课下乡、集中培训、田间指导、集市咨询、网络直播等方式，为农村妇女常态化开展技术咨询、农技培训、技术示范等科技助农活动，引导带动农村妇女科技兴农、产业兴农，为促进乡村全面振兴贡献巾帼力量。据不完全统计，截至 2022 年 9 月，全国累计开展巾帼科技助农活动 1200 期，服务 35.72 万人次。[1]

在帮助乡村女性就业创业过程中，浙江省在全国率先成立农创客联合会。农创客是指大学毕业后投身农业农村创业创新的乡村人才，加入农创客联合会要求年龄在 45 周岁以下，拥有大专及以上学历，在农业领域创业创新，担任农民专业合作社、农业企业、家庭农场等农业生产经营主体负责人或拥有股权的人员。农创客平台的建立，吸引了大批年轻人返乡创业，农创客也因此"让乡村从'新'年轻"，并"开启乡村振兴'新引擎'"。2023 年 6 月，腾讯网报道指出，浙江在乡村振兴方面，全域推进"巾帼共富工坊"和"妈妈的味道"公益品牌建设，全省女性农创客数量占总数的 37%，同比增长 97%，推动了女性回乡创业。[2]

---

① 《全国"巾帼兴粮节粮庆丰收"主题活动在河南举行》，中华全国妇女联合会网，2022 年 9 月 19 日，https：//www.women.org.cn/art/2022/9/19/art_20_170482.html，最后检索时间：2023 年 8 月 20 日。

② 《全省女性农创客同比增长 97%、在校硕士女生比例超半数……浙江介绍近五年妇女事业发展情况》，都市快报橙柿互动，2023 年 6 月 13 日，https：//new.qq.com/rain/a/2023 0613A076N300，最后检索时间：2023 年 8 月 20 日。

（四）县域范围内女性科技人才的精神特质

研究发现，女性科技人员具备耐心细致的优良品质，代表了坚韧严谨的学者形象、向上开拓的榜样示范形象和忠勇博爱的家国担当形象。[①] 通过半结构式访谈和查阅 D 市优秀女性科技人才的事迹和报道，本报告发现县域内女性科技人才具备以下独特的精神特质。

1. 坚韧不拔、爱岗敬业

坚韧不拔、爱岗敬业是县域范围内女性科技人才最突出的精神特质之一。以 D 市妇联执委 Y 为例，她从一名普通化验员成长为高级技师，以及当地技能大师工作室领衔人，作为技术负责人全面推进了国家级 CNAS 实验室建设，而支撑她不断前行的是高度的事业心和强烈的责任感，敢打敢拼，干一行、爱一行、钻一行，让她在本专业领域中做到了最好。Y 也因此先后荣获省青年岗位能手、省"百千万"高技能领军人才、国家石油和化工行业优秀技能人才等荣誉称号。

2. 主动思考、乐于创新

思考与创新是科研从业人员必须具备的素养之一，县域范围内女性科研从业人员通过主动思考与乐于创新，凸显发挥了科技领域"半边天"的积极作用。L 顺应农业现代化产业发展，创新发掘了水果玉米品牌，目前种植面积已达 200 余亩。她曾经是 D 市种植火龙果第一人，在正式培育火龙果之前，做了很多准备工作，多方取经和潜心学习，走访了华南地区 17 个农业基地，不断联系科技专家展开互动，甚至将当地的土壤寄给对方，最终成功建成火龙果采摘基地。L 因此获得 D 市第一届优秀农产品经纪人、D 市"乡土人才带头人"等多项荣誉称号和专业技术人员资格。

Z 自 21 岁开始从事仪表维修工作，现为 D 市首席技师，也是当地仪表维修技能大师工作室领衔人。行业内一直认为仪表维修工作专业性强、对创

---

① 刘铭宏、陈康宁：《妇女科技工作者的媒介形象呈现与启示：以〈中国妇女报〉和〈科技日报〉为例》，《中华女子学院学报》2022 年第 4 期，第 82~88 页。

造性思维和动手能力要求都比较高。她多年如一日，主动思考，将理论知识与工作实践相结合，圆满完成各项工作的同时，撰写多篇学术论文在核心期刊发表，被聘为高级工程师，成为行业的佼佼者。荣获本地高层次 D 类人才、省"百千万"高技能领军人才培养工程第三层次"优秀技能人才"等多项荣誉。

3. 热爱家乡、回馈社会

县域范围内无论是土生土长，还是自外地迁入的女性科技人才都会感受到当地政府提供的支持和服务，普遍对当地政府的信任程度比较高，对地方社会产生高度的认同感，愿意将自己掌握的知识技能积极回馈社会。J 大学毕业时怀着对家乡的热爱，辞职返乡从事茶叶生产制作销售，她在访谈中多次提到政府给予的项目、资金、场地、政策方面的支持，特别是市科协、市科技局会联系资深专家给予一对一技术指导，很大程度上帮助农户抵御了经营风险。J 取得成功的同时也积极回馈社会，主动为其他中小型茶企提供新品种和新技术支持，切实为广大茶农增加收入。H2001 年大学本科毕业时来到 D 市，目前是公司质检部部长，以严谨细致务实的工作作风严把质量安全底线，通过"传、帮、带"，打造高效质量管理团队。同时她作为基层人大代表，提交多份提案积极发挥女性参政议政作用。

二　县域范围内女性科技人才对经济社会发展的贡献

2018 年 2 月，全国妇联部署开展乡村振兴巾帼行动。经过三年多的实践，到 2021 年 12 月，为深化乡村振兴巾帼行动，全国妇联与农业农村部决定推介 99 个全国"巾帼新农人"创业典型案例。[①] 这些奋战在基层一线的巾帼现代农业科技示范基地以及家庭农场、种粮大户、专业合作社的女性带

---

① 《全国妇联办公厅 农业农村部办公厅关于推介全国"巾帼新农人"创业典型案例的通知》，中华人民共和国农业农村部网站，2022 年 1 月 20 日，http：//www.xccys.moa.gov.cn/gzdt/202201/t20220120_ 6387237.htm，最后检索时间：2023 年 8 月 20 日。

头人，在推动地方经济社会发展的同时，也获得了政府的广泛支持。以 D
市表彰的女性科技人才为例，她们对地方经济社会发展的贡献体现在以下几
个方面。

（一）敢为人先，带动地方特色产业纵深发展

县域范围内女性科技人才是产业发展的先行者，以女企业家、女技术
员、女电商、女性自媒体创作人、女致富带头人等身份在技术研发、经营管
理、产品营销过程中发挥人力资源优势，提升了产品或服务的市场竞争力，
促进了县域经济发展。X 现任某生物科技有限公司总经理，早年在从事农业
生产过程中，不断尝试探索新型种养殖技术。自 20 世纪 80 年代成为饲养鸡
禽的带头人、20 多年前大量种植山核桃取得成功，X 积极响应政府要求产业
转型的号召，创办生物科技有限公司，较早开始铁皮石斛的种植与研发，
将发展重心转向环境污染小、市场潜力大的种植产业。十年前又联合创办中
药材专业合作社，吸纳当地社员加入。公司目前已经形成围绕铁皮石斛产品
的研发及加工、销售，集旅游、餐饮服务于一体的多元化产业链，较好地实
现了三次产业融合发展之路。

（二）链接资源，探索校企协同育人模式

县域范围内校企协同育人是学校和企业发展的必由之路，科技人才在其
中发挥了重要作用。G 被认定为产业发展与科技创新类实用性人才和特殊技
能人才，她在访谈中提到，公司先后与上海、浙江部分高校建立了良好的合
作关系，积极推动校企合作，在人才培养、科技攻关、实践基地建设等方面
实现协同育人，学校为公司展开产品研发提供部分技术储备力量，公司也经
常派出技术人员作为"实训"讲师，深入课堂现场讲授相关知识。学生在
公司展开实习活动，也利于双方相互了解，有助于企业吸纳引进优秀人才。
通过校企合作共建有效实施了产教融合战略，促进了专业与企业、岗位的有
机融合，逐步形成人才共育、资源共享的合作新态势。

（三）带动群众，以巾帼力量助力共同富裕

无论是在现代化农业部门，还是新型产业部门如电商行业、互联网数字行业等领域，县域范围内女性科技人员都在积极从事科学技术推广和应用工作，带动引领广大群众共同致富，帮助周边群众参与经济社会发展，及时了解、掌握和运用强农惠农富农政策，助力改变传统的耕作模式和家庭经济模式，开展数字化技能培训，倡导科学赋能产业发展，开展集约化经营模式。W是当地村委会一名妇女委员，先后获得了全国"双带"农村致富青年先进个人、当地十佳农村青年致富带头人等荣誉称号。她在经营好农场业务的同时，主动带领乡亲们共同致富。为了发挥农田管理的规模效应，W拜访各村农户，倾听他们的心声，最终决定在本乡镇内打破行政村的边界线，通过农田流转带来的经济价值达到700多万元，极大带动了村集体和农户增收。W创办的农耕文化园，初步具备集农业生产、休闲旅游于一体的特征，辐射带动周边农民，带动农产品销售，为在家务农女性，特别是为低保户家庭提供岗位，增加他们的收入来源。W也与科研院校保持密切合作关系，邀请农业领域人才进驻专家工作站学习，专门建立了电商人才实训基地，目前已培育电商达人、直播网红等网络营销人才近百名，有力带动了农产品销售。

（四）参与基层治理，发挥榜样模范作用

基层治理是社会治理的基础，随着国家政治民主化进程的不断推进，县域范围内女性科技人才主动参与基层治理，加入村级党组织、村民委员会、村民代表中，部分被推选为市人大代表、政协委员，对公共事务和重大决策的知情、参与、决策和监督的机会增加，她们的主体意识和角色认同也不断增强，持续向上的动机不断得到激发，对于广大群众发挥了榜样模范作用。L作为市人大代表和政协委员，牢记人民代表为人民的光荣使命，积极为D市招商引资牵线搭桥，通过产业推广与种植技术支持，带动和影响了一大批村民走上致富道路。同时她还时刻注意生态环境建设，关注食品安全问题。她发现，部分农民将用完的农药袋随意丢弃在田间地头或者河道溪流中，部分

农民违规超量施用农药，L 经过认真思考，总结成提案议案向市两会提交，及时反映老百姓愁难急盼的事情，为 D 市创建美好庭院与美丽家园建言献计。

三　县域范围内女性科技人才面临的挑战

本部分研究基于对 D 市 10 位女性科技人才访谈资料的分析，受访者均获得过相应的科技人才称号，她们是所在行业的佼佼者，尽管进入科技人才队伍的时间有先后，但她们对自己所处的行业具有深刻的洞察，具备良好的思考与解决问题的能力，表达出的认知与理解具有较强的代表性。10 位受访者的基本特征如下：从所处行业来看，5 位在农业领域，另外 5 位在化工、电子与生物领域；从年龄来看，5 位是 40~50 岁，2 位是 40 岁以下，3 位是 50 岁以上；从所受教育来看，除了 3 位 50 岁以上的受访者均为高中学历，在学历之外接受过专业的培训，50 岁及以下的受访者全部为大学及以上学历。关于她们在从业过程中面临的挑战，其中一些并不具备明显的性别特征，主要涉及行业发展和个体独特处境。与女性身份有关的挑战主要体现在以下几个方面。

（一）科技人才队伍建设有待完善

女性科技人才职业发展中的成长成才还有待获得更多支持。县域范围内的产业结构中多以传统制造业与农业为主，D 市也是如此。以农业领域从业的科技人员为例，近年来主要集中在生产周期长、平均利润低、潜在风险大的种养植产业，而同时具备市场分析、农产品深加工、延长产业链等方面的新型人才较为缺乏。科技人才的年龄构成较为单一，以女性为主的农村实用人才库中，年龄在 45 岁以下且有大专及以上学历的人才占比较少。此外，即便是在非农领域，拥有高级职称女性科技人才数量也较少。

（二）科技人才的评价体系尚不健全

科技人才评价是科技人才资源开发管理和使用的前提。我国高度重视科技人才评价制度顶层设计，陆续制定出台了一系列政策。各地也结合自身发展实际，在科技人才评价方面推出了许多创新举措。比如 D 市允许农民技术人员参与申报技术职称评定资格，具体由农民技术职称评定工作领导小组办公室负责完成，评定周期为每年一次，但是完整的评价体系还有待健全。在出台相应的聘任待遇标准方面，农业农村专业化人才还没有规范化的名称类别、统一的认定标准及清晰的认定体系，缺乏类似国家自然科学基金委员会专门针对女性科技人才的认定办法与待遇标准。

（三）抵御市场风险的能力比较脆弱

科学技术在提高生产效率的同时，通过增加社会总生产从而创造新的就业机会，但是在劳动者技能水平未得到迅速提升时，现有岗位很容易被新岗位替代，即科技发展产生的替代效应大于创造效应。大数据时代对已有岗位的技能水平产生新的需求，特别是重复性的工作任务更容易自动化工作程序代替，女性较多集中在技术、知识与劳动密集型岗位，其抵御市场风险的能力可能较弱。受访者们提醒年轻人在选择新领域创业就业前，充分做好抵御市场风险的准备工作。

（四）性别成见依然在影响着科技从业者

在县域范围内从业的女性科技人员，相比大城市里就业的女性可能面临更多来自性别成见的影响。她们在从业过程中，需要接受更多的质疑，尤其是在男性主导的化工与仪表等行业中，受访的女性个体克服了性别成见对她们职业选择的影响，但可以想见性别成见可能将更多的女性排斥在这些领域范围外。即使是在农业领域，普遍认为农业的女性化是现代化进程中最可能出现的结果，但女性一旦涉入农业领域的技术层面，尤其是现代化的农业，需要更多科技因素的赋能，女性同样会面临着与工业领域类似的质疑与挑战。很多时候，这种成见可能是以关怀的名义在实际运作，正是这种"关怀"，可能为更多女性关上了那扇可能敞开的大门，限制女性接受科学教育进而参与技术创新的机会。

（五）承担较多的家庭养育与家务劳动

承担较多的家庭养育与家务劳动是女性科技人才面临的重大挑战之一。男女之间家务分工的不平等在全球范围内普遍存在，特别是科学育儿的普及需要育儿主体投入更多的时间和精力，即使女性科技人才可以通过平台创业、远程培训、居家办公，较好地兼顾工作与家庭平衡关系，但仍然承担较多的家庭养育与家务劳动。有受访者提到，生育对研发类岗位上的女性的影响相对较小，但生产车间、实验室、样品展示等岗位上女性所受的影响就会比较大。也有访谈对象谈到如何照顾家庭时，会提到做好本职工作的同时尽可能多承担一些家庭养育任务，与家人共同商量争取做好分工安排，在日常家务中提高管理效率，尽可能促进事业与家庭的和谐发展。她们的自我平衡，恰恰体现出女性科技人才既要主"外"又需主"内"的双肩挑角色。

并不是所有受访者都会明确表达出女性身份对个体从事科技工作或是掌握新的科技手段赋能自己所在的传统产业上有什么影响，访谈中发现三种情况下受访者会忽视女性身份。一是并不觉得女性身份对个体有影响。她们多为年长的女性，或许是"时代不同了，男女都一样"的平等理想在影响着她们对自我的认知与判断。但是，女性的身份对她们的职业与个人生活的影响仍然隐藏在语言表达之中，在提及家人、父母或是年幼子女时，那些不经意的沉默、略显压抑的语调，或许呼应了青年一代明确表达出性别成见以及要承担家庭责任的女性身份带给自己的影响。二是认为为家庭做出让步是正常的。受访者中一位女性是当地特色产业的种植女能手，丈夫获得了很多技术上的荣誉。她认为一个家庭不需要夫妻双方都获得这些荣誉称号，自己虽然拥有同样的技术，默默支持丈夫就可以了。不过，她也认定丈夫因为有自己的支持，他的荣誉里是有自己的一份功劳的。三是认可女性特质的积极意义。一位受访女性在谈到管理者的身份时，提及自身女性特质如更亲和的管理风格、良好的团队合作精神、带好青年一代的责任感，不过，她也会提及自己"有的时候就会很累"。

女性从业者面临的挑战，有些是制度性的，有些是文化性的，整体上看这些挑战具有结构性特征。要想快速找到解决县域范围内女性科技人才困境的良方可能是一种奢望，但是改善并营造良好的性别认知与从业环境，吸引更多年轻女性加入县域范围内的科技从业者的队伍中，对县域经济社会发展、对女性与男性平等发展、对女性自身全面发展具有重要意义。

四 拆解制约县域女性科技人才发展的结构性因素，出台相关支持政策

《中国县域高质量发展报告2023》显示，截至2022年底国内共有县域1866个，面积占全国国土面积的90%左右，占中国内地人口和GDP比重分别为52.5%和38.1%。[①] 县域是推动中国式现代化发展的重要场域，县域经济社会的发展是衡量共同富裕实现程度的重要风向标。

如何推动地方经济社会的发展，如何抓住机遇打好科技创新这张牌，为地方经济社会发展注入活力，从顶层设计来看，D市政府立足地方资源与产业结构，做了充分完备的设计，从人才引进与培养上，到政策的支持力度上，再到专门针对女性从业人员的做法上，都进行了大胆的创新与设计，为县域范围内的女性从业人员创造了良好的环境，较好发挥了女性人才资源优势，助力县域经济社会发展。妇女联合会也在章程范围内，团结、引领、服务区域内的科技领域的妇女群体，为妇女群体打造专门的发展平台。各级政府和群团组织在扎实推进贯彻落实男女平等国策的进程中，助力女性参与科技领域进而服务地方社会发展，女性在推动经济社会发展过程中，贡献了"半边天"的力量。

本报告发现，县域范围内科技领域从业女性面临的挑战，与妇女在其他领域内职业发展面临的困境与挑战具有一致性。麦肯锡公司2023年8月发布的专题报告《新时代的半边天：中国职场性别平等现状与展望》中指出，

---

① 《〈中国县域高质量发展报告2023〉发布》，经济参考报网，2023年5月13日，http：//www.jjckb.cn/2023-05/13/c_ 1310718438.htm，最后检索时间：2023年8月20日。

尽管中国的职场性别平等已经取得显著进步，如职场女性数量全球最多，女性就业率长期高于全球平均水平，但是，在晋升通道上，中国女性仍然面临中层管理瓶颈和高管职场天花板，不同行业和岗位的性别结构性差异仍然存在，职场环境的全方位平等有待改善等。[①] 这些约束与限制也不同程度出现在本报告关注的县域范围内的女性科技人才在访谈中所提到的，尽管政策利好的环境以及专门政策的支持发挥了一定的作用，但是结构性因素的限制仍然影响着县域范围内女性科技人才的发展。这些结构性约束体现在上文提及的挑战上，如对女性的刻板认知仍然在县域范围内具有较高的认同度，专业选择上的性别差异影响着更多女性投身科技领域，女性的母职身份也仍然制约着女性的发展等。

就本报告关注的县域、女性与科技三重交叉因素来说，进一步落实针对女性科技人员的相关政策、创造良好的女性科技人员的从业环境、制定专门针对女性从业者的政策都是可以探索的方向与路径。考虑到中国人口在未来几十年内会发生结构性变化，如老龄化加剧、家户规模变小、总和生育率低等，对那些处于经济较为发达的东部地区的县域，如 D 市来说，科技创新事业短期内可以获得人口流动带来的红利，但对那些经济社会发展程度不高的中西部县域来说，将面临更大的挑战。基于此，本报告建议，改变女性与科技两者关联的性别刻板印象，从更深层更基础的逻辑起点来看，拆解县域范围内女性科技人才所面临的结构性制约。

（一）发挥家校把关人的作用，使处于基础教育阶段的女生免于性别陈旧观念影响

我国接受高等教育的女生人数在不断增加，但在科技领域中的表现很不平衡，一些学科明显具有"男性化"或"女性化"特征，如工程技术领域、数学、物理、天文学等学科中，男性占有绝对优势，女性参与率低，退学或

---

① 《麦肯锡专题报告——新时代的半边天：中国职场性别平等现状与展望》，新浪网，2023 年 8 月 11 日，https://k.sina.com.cn/article_7467287440_1bd15c390019019np7.html，最后检索时间：2023 年 8 月 20 日。

转专业的可能性高。根据专门为大学毕业生提供求职服务的网申平台"梧桐果"针对 2020 届毕业生的调查，十二大学科中，理学、工学、医学、农学是典型"男多女少"的学科门类，其中工学类男生占比最大，高达 63.89%。① 这些领域恰恰是县域范围内在推动科技创新时更具潜力也更受青睐的领域。麦可思公司是《中国大学生就业报告》的编撰者，麦可思研究院发布的《2022 年中国本科/高职生就业报告》中详细列出了"失业量较小、就业率、薪资和就业满意度综合较高的专业，为需求增长型专业"绿牌专业，排在前几位的分别为信息安全、网络工程、信息工程、微电子科学与工程、数字媒体技术、能源与动力工程等，而这些恰恰是男生较多集中的领域。②

这种高等教育中的专业的性别化特征，其逻辑前提是女性在基础教育阶段受到女生是否适合学习科学有关的学科的影响，其逻辑结果则是女性参与经济社会时的行业性别化，女性从事科技类相关工作的机会明显降低，造成女性在科技领域的弱势化处境。因此，从基础教育阶段开始，在家庭与学校中同步进行性别平等教育显得尤为重要。为处于基础教育阶段的女童当好性别平等把关人，是家庭和学校应尽的责任，在家庭教育和学校教育中，广泛纳入性别平等教育，鼓励更多基础教育阶段的女生投身理工类课程的学习，对发挥女性广泛参与经济社会发展会起到极大的作用。

（二）重视科技领域"性别创新"的积极意义，让科技创新相关政策惠及更多女性

国际社会高度重视将女性纳入参与科技创新的进程中，2023 年 3 月召开的第 67 届联合国妇女地位委员会关注的主题为"将性别视角纳入技术和创新，利用数字转型赋权妇女和女童"。中国政府一直以来也高度关注高层次女性人才发展议题，也特别针对科技领域的从业者分别于 2011 年和 2021

① 《中国高校男女生比例大盘点！》，搜狐网，2021 年 2 月 22 日，https：//www.sohu.com/a/452006109_181741，最后检索时间：2023 年 8 月 20 日。

② 《2022 大学绿牌红牌专业全新出炉！快看你的专业上榜了吗？》，搜狐网，2022 年 7 月 14 日，https：//www.sohu.com/a/567457942_662097，最后检索时间：2023 年 8 月 20 日。

年出台支持女性科技人才发展的政策？《中国妇女发展纲要（2021—2030年）》中妇女与经济以及妇女与教育这两大领域中，为科技领域的女性参与提出了明确的目标与具体的举措。国内外针对挖掘女性在科技创新领域的人力资源优势，确保女性平等参与经济社会发展，营造良好的政策发展环境，都做了大量的探索，这些政策利好需要延伸到广大的县域范围内的女性科技从业者所处的环境中。目前，中国 31 个省（区、市）已经建立了法规政策性别平等评估机制，有的省份将其写入地方立法。针对已出台的提升全民科学素养的行动以及具体的科技创新政策，在实施过程中纳入性别视角，特别关注不同年龄段女性的处境与需求，重新理解女性与科学素养以及科技创新的观念显得尤为重要。

（三）探索制定适合县域范围内女性科技人才的性别友好政策

要制定具有针对性、可行性与科学性的性别友好政策，需要做好扎实的基线调查工作。建议探索在试点县域内进行科技人才分性别统计的可能性。通过在县域范围内对科技人才进行分性别统计，摸清县域范围内的女性科技从业者的基础情况，提供分行业、专业、学科和研究领域的性别数据，为后续提出并制定相关促进县域范围内女性科技人才发展的举措打下坚实的基础。此外，全国妇联 2021 年启动"巾帼科技助农直通车"进乡村活动以来，各地积累了丰富的经验，如福建女科技特派员结对共建巾帼示范基地200 多个，成立"碳汇+女科技特派员联盟"，通过"课堂教学+基地实训+互动交流+线上直播"方式，开展农林绿色发展、生态治理、高效节水等实用技术培训 1085 期，4.8 万多名妇女参训，建立起带动农村妇女懂科技、用科技，助力培育可持续、可循环的绿色经济发展模式。[①] 以基线数据为基础，结合县域范围内女性科技人员参与地方经济社会发展的地方经验，加强对县域范围内女性科技人才队伍建设和人才评价体系等问题的专题调研，探

---

① 《五级妇联精准联动 科技助农直通田间地头》，澎湃新闻，2022 年 8 月 6 日，https：//www.thepaper.cn/newsDetail_ forward_ 19351310，最后检索时间：2023 年 8 月 20 日。

索增强女性科技人才抵御市场风险能力提升的方法，针对性制定促进县域范围内女性科技人才发展的具体措施。

结　语

本报告的写作基于对县级市 D 市的观察，个案的典型性当然不足以完全反映中国 1866 个县域内的女性科技人才的全貌。但是，通过深度聚焦这一区域内的女性科技人才，呈现她们为县域经济社会发展做出的贡献、她们在从事科技有关的工作时面临的困境与挑战，以及本报告尝试提出从深层次逻辑解决问题的建议，可以作为观察其他县域范围内女性科技人才处境的参照，挖掘女性科技从业者服务地方经济社会发展的人力资源，为实现县域高质量发展促进中国式现代化的实现贡献巾帼力量。

B.9
青年女科学家成长特征研究

—— 基于中国青年女科学家奖获得者的分析

高 凌*

摘 要： 青年女科学家作为高层次科技人才队伍中的主要生力军，对于国家科学技术创新和社会发展发挥着不可替代的重要作用。深入了解青年女科学家的群体特征和成长规律，对于推动青年女性科技人才培养和发展具有借鉴和启示意义。本报告以中国青年女科学家奖自2004年设立以来个人奖项获得者为研究样本，通过履历信息等多元数据以及统计分析方法对青年女科学家群体的社会属性特征进行深入分析，精准识别影响青年女科学家成长的主要因素和一般规律，发现青年女科学家成长受到教育经历、工作经历、海外科研经历等多重因素的影响，建议有关部门从政策支持、科研资助、人才流动、科研环境等多方面促进青年女性科技人才的未来发展。

关键词： 青年女科学家 科技人才 群体特征 成长规律

党的二十大报告指出必须坚持科技是第一生产力、人才是第一资源、创新是第一动力。目前全球科技竞争日益激烈，科学技术进步是国家和社会发展的持续推动力，科技创新离不开高层次科技人才，其中科学家是具有杰出成就的高层次科技人才代表，是国家科技创新和核心竞争力的重要智力力

---

* 高凌，中华女子学院讲师，主要研究方向为消费行为学、女性发展。

量。随着经济和社会的发展和进步，女科学家已经跻身科学研究前沿，"半边天"作用凸显，其中青年女科学家数量更是在不断增加和快速增长，是高层次科技人才的骨干力量，发挥着越来越重要的作用，为国家的科技进步和创新发展做出了意义非凡的贡献。

基于高层次科技人才对于社会发展的重要作用，有关高层次科技人才特征和成长影响因素的研究受到了中外学者的广泛重视。例如，对于诺贝尔奖获得者、"两院"院士、"两弹一星"功勋科学家、高被引学者、"国家杰出青年科学基金"获得者、长江学者、"百人计划"入选者、高被引科学家等有关高层次科技人才成长规律的研究①②③，尽管学者们对不同领域的科学家和科技人才的成长路径和成长特征进行了广泛的分析，但是对于女科学家群体成长特征的研究却相对较少，所关注的也多是女性科学家所占比例的变化④，而聚焦于青年女性科学家的群体研究则更是屈指可数，其中王晓红等⑤以 2012 年优秀青年科学基金女性获得者为研究对象，柏璐等⑥以国家杰出青年科学基金女性获得者为例，描述分析了我国杰出青年女性科技工作者成长的一般特征，这些研究成果为进一步探讨青年女科学家的成长规律奠定了基础。

本报告在现有高层次科技人才成长特征和规律研究的基础上，聚焦青年女科学家群体，以 2004 年设立至 2023 年颁发的第一至第十八届中

① 武虹、高洁、李砚章、王昉、黄金霞：《院士群体与特征分析及其对经济社会发展的影响》，《中国科技资源导刊》2020 年第 1 期，第 69 页。

② 牛珩、周建中：《基于 CV 分析方法对中国高层次科技人才的特征研究——以"百人计划"、"长江学者"和"杰出青年"为例》，《北京科技大学学报》（社会科学版）2012 年第 2 期，第 96 页。

③ 白春礼：《杰出科技人才的成长历程：中国科学院科技人才成长规律研究》，科学出版社，2007。

④ 徐飞、陶爱民：《中国工程院女性院士特征状况的计量分析》，《科技进步与对策》2009 年第 22 期，第 182 页。

⑤ 王晓红、任晓菲、赵伟：《2012 年优秀青年科学基金女性获得者特征状况计量分析》，《科技进步与对策》2014 年第 21 期，第 119 页。

⑥ 柏璐、高耀明：《杰出女性科技工作者的教育背景和成长环境探析——以国家杰出青年科学基金女性获得者为例》，《高等教育研究》2018 年第 4 期，第 59 页。

国青年女科学家奖个人奖获得者为研究样本，分析青年女科学家的群体特征，综合呈现青年女科学家的成长历程和成长模式，揭示中国青年女科学家的发展规律，以期为进一步推动青年女性投身科学事业提供理论支撑，为单位机构对于青年女性高层次科技人才的培养和引进提供启示和借鉴，并为我国推动青年女科学家发展相关政策的制定和完善提供参考。

一　研究设计

（一）研究样本

中国青年女科学家奖是欧莱雅和联合国教科文组织"为投身于科学的女性"计划在中国的发展和延伸，由中华全国妇女联合会、中国科学技术协会、中国联合国教科文组织全国委员会以及欧莱雅（中国）于2004年共同设立，旨在表彰奖励在科学领域取得重大和创新性科技成果的女性青年科技工作者，激励广大女性青年科技工作者为实现全面建设小康社会奋斗目标贡献力量，鼓励引导更多的女性从事自然科学工作，中国青年女科学家奖既是对青年女科学家贡献的认可，也宣扬了青年女性在科学领域发挥的重要作用，树立了角色榜样，鼓励更多女性参与科学事业，特别是在基础科学、生命科学、计算机与信息等领域取得重大科技创新成果的青年科技领军人才。如表1所示，截至2023年4月，中国青年女科学家奖已经举办了十八届，评选覆盖了全国31个省、自治区、直辖市以及香港特别行政区、澳门特别行政区，作为中国青年女科学家的研究对象具有代表性。本报告以2004年至2023年的中国青年女科学家奖168位个人获得者（不含团体奖获得者以及"未来女科学家计划"获奖者）为样本，分析青年女科学家的共性特征，探讨青年女科学家的成长规律。

表 1　第一至第十八届中国青年女科学家奖个人奖获奖者人数

届次	年份（年）	获奖者人数（人）
第一届	2004	4
第二届	2005	5
第三届	2006	5
第四届	2007	5
第五届	2008	5
第六届	2009	5
第七届	2010	10
第八届	2011	10
第九届	2012	10
第十届	2013	10
第十一届	2014	10
第十二届	2015	9
第十三届	2017	10
第十四届	2018	10
第十五届	2019	10
第十六届	2020	10
第十七届	2022	20
第十八届	2023	20

资料来源：唐祯《中国青年女科学家奖统计分析》，《未来与发展》2016 年第 9 期，第 52 页；以及网络新闻资料整理。

（二）研究框架

参考学者们[1][2][3]关于中国优秀青年科技人才以及女科学家群体特征与人

---

[1]　柏璐、高耀明：《杰出女性科技工作者的教育背景和成长环境探析——以国家杰出青年科学基金女性获得者为例》，《高等教育研究》2018 年第 4 期，第 59 页

[2]　陈建俞：《我国青年科技人才群体特征与人才成长关系：基于 2012—2020 年国家自然科学基金优秀青年科学基金项目获得者履历的分析》，《科技管理研究》2022 年第 14 期，第 111 页。

[3]　李志红、林佳甜：《女科学家群体比较研究——以获诺贝尔自然科学奖的女科学家和中科院女院士为例》，《自然辩证法研究》2020 年第 8 期，第 109 页。

才成长关系的定量研究框架，性别、年龄、学术背景、海外经历、单位性质、流动频次等是影响人才成长的关键变量，结合本报告的实际情况，建构了四维度研究框架：总体状况，包括姓名、出生年份、获奖时间；教育背景，包括本硕博毕业学校和时间、海外留学经历、连续教育情况；工作经历，包括博士后经历、获奖时工作单位及所处地区、职业流动情况；成长周期，即博士毕业至获奖的时间周期。本报告聚焦分析青年女科学家的共性特征、成长规律、影响成长的主要因素。

（三）研究方法

本报告使用履历分析法（Curriculum Vitae，简称 CV）对中国青年女科学家的特征和成长规律进行系统分析。履历分析法是中外学者们在研究高层次人才群体时所使用的重要研究方法，通过收集科研履历信息，如成长特征、教育背景、学术职业生涯轨迹、科研成果等信息，再进行量化编码构建完成履历数据库，然后运用统计分析来进行人才评估，该方法不同于传统的重量产的人才评价范式，更重视能力的评价。[1]

（四）研究数据

本报告的样本数据从文献研究、新闻报道、所在单位官方网站、其他公开披露信息等资料来源挖掘获取，采集和整理了 2004~2023 年中国青年女科学家奖 168 名个人奖获得者的履历信息，再根据研究框架对收集的信息进行清洗和数据编码，最终构建了中国青年女科学家个人特征信息数据库，作为中国青年女科学家的研究样本具有较好代表性。数据采集时间为 2023 年 4~6 月。

---

① Dietz J S, Bozeman B, "Academic careers, patents, and productivity: Industry experience as scientific and technical human capital", *Research Policy* 34, 2005: pp. 349-367.

二 结果分析

（一）年龄分布分析

学者通过对科研人员学术生命周期与科研产出进行研究，发现科学家的科研能力是年龄的单峰函数，科学家取得重要科研成果或者成果发表频数会有最佳峰值年龄，达到峰值之后科研成果会逐渐减少，并最终进行代际传递。[1] 多数学者认为科学家大多数成果是在 35～50 岁完成[2]，例如，赵红州[3]的研究显示 25～45 岁是科学家的最佳科研年龄区间，峰值是 37 岁；阎光才等[4]发现 45 岁是科研人员学术活力的峰值，而女性科技人才相较于其他职业女性受教育时间更长，35～50 岁是科研的最佳时期；王晓红等[5]通过对优秀青年科学基金女性获得者的特征状况研究推断女性科研工作者的事业成就期在 40 岁后；与此结论一致，李志红等[6]在对获诺贝尔自然科学奖的女科学家和中国科学院女院士的比较研究中发现女性科研能力的突出时期为40 岁左右。40 岁的时候，女性生育和抚养子女的压力减缓，投入科研的时间和精力增加，加之科研成果至此已经有了相当的积淀，此时女科学家的科研成果处于爆发期，学术竞争力水平达到职业生涯峰值，职称和职务等社会认可开始显现。

与这些研究发现一致，如图 1 所示，对研究样本在获得中国青年女科学

① 鲁世林、杨希、李侠：《理工科高层次人才的科研峰值年龄及其影响因素分析》，《科学与管理》2021 年第 5 期，第 1 页。
② 门伟莉、张志强：《科研创造峰值年龄变化规律研究综述》，《科学学研究》2013 年第 11 期，第 7 页。
③ 赵红州：《科学史数理分析》，河北教育出版社，2001，第 67 页。
④ 阎光才、牛梦虎：《学术活力与高校教师职业生涯发展的阶段性特征》，《高等教育研究》2014 年第 10 期，第 29 页。
⑤ 王晓红、任晓菲、赵伟：《2012 年优秀青年科学基金女性获得者特征状况计量分析》，《科技进步与对策》2014 年第 21 期，第 119 页。
⑥ 李志红、林佳甜：《女科学家群体比较研究——以获诺贝尔自然科学奖的女科学家和中科院女院士为例》，《自然辩证法研究》2020 年第 8 期，第 109 页。

家奖时年龄统计结果发现，年龄最小的获奖者为 32 岁，年龄最大为 47 岁。
35 岁（含）以下的获奖者人数最少，占比为 7.1%，36~40 岁（含）的获
奖者占比为 31%，40 岁（含）以上的获奖者占比为 61.9%，39 岁和 45 岁
是两个获奖人数较多的年龄，总体获奖者的平均年龄为 41.6 岁，每届中国
青年女科学家奖获得者平均年龄为 36~45 岁（见表 2），这个年龄阶段正是
科学家将前期积累的科学知识和学术资源转化为学术成果的关键时期，也是
学术成就获得社会认可的年龄。

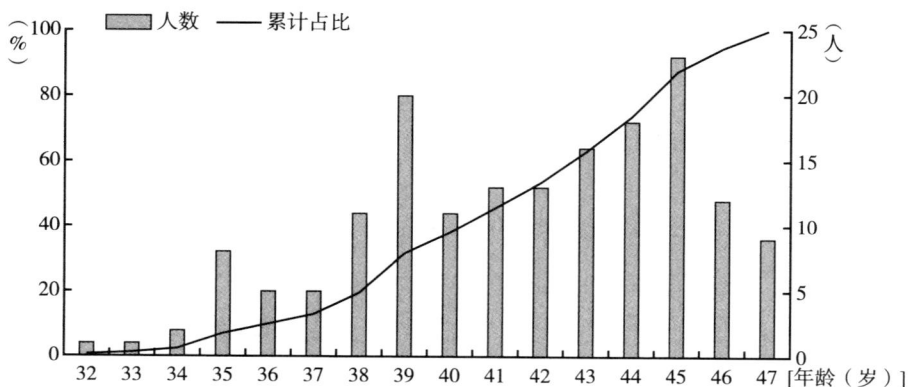

图 1　中国青年女科学家奖获得者（2004~2023 年）年龄分布

表 2　第一至第十八届中国青年女科学家奖个人奖获奖者平均年龄

届次	获奖者平均年龄（岁）
第一届	38.3
第二届	37.6
第三届	38.2
第四届	36.2
第五届	39.2
第六届	42.6
第七届	44.1
第八届	41.7
第九届	40.8
第十届	42.5
第十一届	42.0

届次	获奖者平均年龄（岁）
第十二届	45.0
第十三届	41.2
第十四届	41.4
第十五届	41.0
第十六届	42.1
第十七届	42.9
第十八届	43.9

（二）教育背景分析

接受高层次教育是青年女科学家成长的重要因素，高层次的教育经历是帮助青年女科学家科研素养的培养和积淀的前因变量，是最重要的学术优势积累方式之一，诸多关于科技人才成长特征的研究也证实了此观点。例如：尚宇菲[①]通过对女性科技人才成长经验的履历分析发现，一半以上的中外杰出女性科技工作者都选择接受严格的学术教育并取得博士学位；白春礼[②]以中国科学院院士为研究对象，发现高层次教育背景是杰出科技人才成长的重要积极因素之一，优越的学习环境对于科学家的学术研究具有重要帮助。

1. 本科教育

本科教育是培养高层次科技人才的基础。研究样本中，50%的中国青年女科学家奖获得者就读于"985 工程"院校，70.1%就读于"211 工程"院校，这些院校办学条件优越，经费充裕，师资和学术资源丰富。中国青年女科学家奖获得者本科阶段所就读的基本为国内院校，排名前三的院校分别为北京大学、吉林大学、中国科学技术大学，毕业于海外院校的仅有 3 位，毕业院校

---

① 尚宇菲：《女性科技人才的成长经验：一个文献综述》，《山东女子学院学报》2022 年第 2 期，第 34 页。
② 白春礼：《杰出科技人才的成长历程：中国科学院科技人才成长规律研究》，科学出版社，2007。

分别为美国加利福尼亚大学圣迭戈分校、澳大利亚昆士兰大学、英国剑桥大学。

2. 博士教育

高层次科技人才通常需要不断地追求更高层次的教育平台和更优质的科研资源，取得学士学位之后还会进一步攻读硕士和博士学位[①]，特别是博士阶段的学习越来越成为高层次科技人才重要的成长阶段，也是青年女科学家学术专业化的必经之路。研究样本中所统计的中国青年女科学家奖获得者，获博士学位的分别就读于162所院校中，其中38.3%为"985工程"院校，51%为"211工程"院校，14.2%就读于中国科学院，4.9%就读于其他科研机构，以中国科学院为代表的科研机构是培养博士和科研人才的重要学术产出基地。此外，19.8%为国外和中国香港特别行政区院校，其中59.4%为美国院校，其他分别为加拿大、英国、法国、德国、日本，毕业于海外知名院校的比例明显超过本科教育阶段，研究[②]发现在国内接受本科教育再到海外科技发达国家攻读博士学位是高层次人才的主要教育路径，留学经历不仅可以学习国际前沿学术知识，也有助于拓展国际化视野和培养国际学术交流能力。毕业院校排前三名的科研院所分别为中国科学院、南京大学、美国加州大学伯克利分校，良好的高等教育和海外留学经历能够促进学术优势积累，是高层次科技人才的普遍成长规律[③]，因此其对于青年女科学家的成长具有重要作用。

3. 多元教育

多元化的教育经历可以促进高层次科技人才的学术成长，有助于学术思维和学术技能的丰富和交融[④]，在研究样本中中国青年女科学家奖获得者的本

① 唐琳、蔡兴瑞、王纬超：《高层次人才成长轨迹研究——以北京大学国家杰出青年基金获得者为例》，《科技管理研究》2020年第24期，第168页。
② 杨芳娟、刘云、侯媛媛、漆艳茹：《中国高被引学者的跨国流动特征和影响——基于论文的计量分析》，《科学学与科学技术管理》2017年第9期，第23页。
③ 李晓轩、牛珂、冯俊新：《科研拔尖人才的成才规律与启示》，《科学学研究》2004年第3期，第273页。
④ 姜璐、董维春、刘晓光：《拔尖创新学术人才的成长规律研究——基于青年"长江学者"群体状况的计量分析》，《中国大学教学》2018年第1期，第87页。

硕博毕业于同一院校的比例为 27.6%，本硕博毕业于两所院校的比例为 54.9%，而本硕博毕业于三所不同院校的比例为 84.0%。本科就读院校非"985 工程""211 工程"院校的研究样本中，在博士阶段的就读院校有所变化，其中 23.9% 转为就读"985 工程"院校，19.6% 转为就读"211 工程"院校，23.9% 转为就读中国科学院等科研机构，10.9% 转为就读国外和中国香港特别行政区院校。可见，不断在国内一流的大学和科研机构以及海外名校提升和学术积累是青年女科学家的常规提升路径，相关研究认为有多所大学或科研机构的求学经历有助于促进科技人才的学术发展。① 此外，研究样本中中国青年女科学家奖获得者本硕博连续不间断就读的比例为 62%，研究②显示高层次科技人才，特别是基础研究学科的高层次科技人才的学术优势积累的重要方式之一就是连续教育，教育的连贯性对于杰出人才的成长具有助益，能够促进专业知识和学术成果的累积③，连续教育可以帮助青年女科学家快速成长，减少由于中间工作再进入学业需要的适应期，保障了系统、连贯、深入地接受教育。

（三）工作经历分析

工作阶段是高层次科技人才博士毕业之后社会化的过程，包括博士后工作经历、工作单位、工作单位所在区域、职业流动等各方面都对科技人才的科学研究和价值实现至关重要。穆荣平等④通过研究诺贝尔科学奖获得者和中国科学院院士的成长规律，发现杰出科学家群体大多拥有在一流的学术环境中工作和成长的经历。科学家与优质工作平台相辅相成、相互成就、相得益彰。

1. 博士后工作经历

博士后阶段是博士教育和科研工作的承接和过渡，博士后工作经历对于

① 瞿振元、韩晓燕、韩振海、侯继武：《高校如何成为拔尖创新人才培养的基地——从年轻院士当年的高等教育经历谈起》，《中国高教研究》2008 年第 2 期，第 7 页。
② 唐琳、蔡兴瑞、王纬超：《高层次人才成长轨迹研究——以北京大学国家杰出青年基金获得者为例》，《科技管理研究》2020 年第 24 期，第 168 页。
③ 李忠云、樊鹏、陈新忠：《农业领域拔尖创新人才的特点及启示——以中国工程院农业学部 71 位院士为例》，《高等工程教育研究》2013 年第 5 期，第 31 页。
④ 穆荣平、廖原、池康伟：《杰出科学家成长规律研究——以诺贝尔科学奖得主和中国科学院院士为例》，《科研管理》2022 年第 10 期，第 160 页。

青年科学家的成长具有积极作用。[1] 中国青年女科学家奖获得者研究样本中54.2%有博士后工作经历，其中境外以及国内外联合项目的博士后占比为84.6%，高于国内博士后（15.4%），境外博士后工作地主要为美国（51.6%），远远高于其他国家和地区，美国目前是留学和工作的主要国家。博士后研究主要是在国内外知名的大学、科研院所、实验室等，这样的工作经历可以推动青年科学家在学术上的交流，更可以开阔视野，帮助青年科学家加快学术成长。另外，海外访学经历在样本中较为普遍，有些访学经历不是必要呈现在科学家履历中，因此本报告不对此进行统计分析。

2. 工作机构与所在区域

在经济文化发达地区的著名研究机构从事研究工作是高层次科技人才成长中的重要因素之一。[2] 穆荣平等[3]的研究显示，一流的工作环境对科学家成长的作用体现在多个方面：优秀的科学家聚集造就了领域中学术思想和经验的交流和碰撞，可以帮助科学家们兼容并蓄；先进的研究设备设施，提供给科学家开展科学研究和实验的优质的硬件基础；一流研究平台之间相互学术交流合作的机会是一般性平台不具备的；一流研究平台具有深厚的学术底蕴、丰富的学术资源和隐性知识。

研究样本中中国青年女科学家奖获得者主要来自高校、科研院所、医院，其中60.1%来自高校，33.3%来自科研院所，6.6%来自医院和其他机构。获奖者工作所在机构中，中国科学院（33人）和北京大学（16人）入选人数远远领先于其他机构。尽管中国青年女科学家奖获得者的工作机构所在地区覆盖的省（区、市）和特别行政区较广，但是分布并不均匀，如图2所示，总体上主要还是集中在北京（34.5%）、上海（13.0%）、南京（6.5%）和西安（6.5%），这几个城市远超过其他地区，这些地区经济和

---

① 高瑞、王彬：《中国杰出青年科技人才的成长过程及特征——基于"科学探索奖"获得者的履历分析》，《科学管理研究》2022年第2期，第139页。

② 李晓轩、牛珂、冯俊新：《科研拔尖人才的成才规律与启示》，《科学学研究》2004年第3期，第273页。

③ 穆荣平、廖原、池康伟：《杰出科学家成长规律研究——以诺贝尔科学奖得主和中国科学院院士为例》，《科研管理》2022年第10期，第160页。

文化环境优越，知名高校和研究机构较多，具有学术资源集中优势，对于高层次科技人才发展具有吸引力，其余地区获奖人数只有个位数。此外，研究样本中中国青年女科学家奖获得者的工作机构几乎都是在直辖市或者省（自治区）的省会城市，这也反映出地区性科研力量失衡的情况。由此可见，高层次科技人才的数量与地区经济增长、地区的创造力、地区开放程度密切相关①，经济文化发达地区是优秀青年女科学家选择未来职业发展的聚集地②，因为良好的社会经济条件是科研资助和科研产出的基础条件，更是女性从事科学研究必不可少的外部条件，女性科学家和青年科技人才早期成长阶段相对更需要具有导向性的科研资助。③

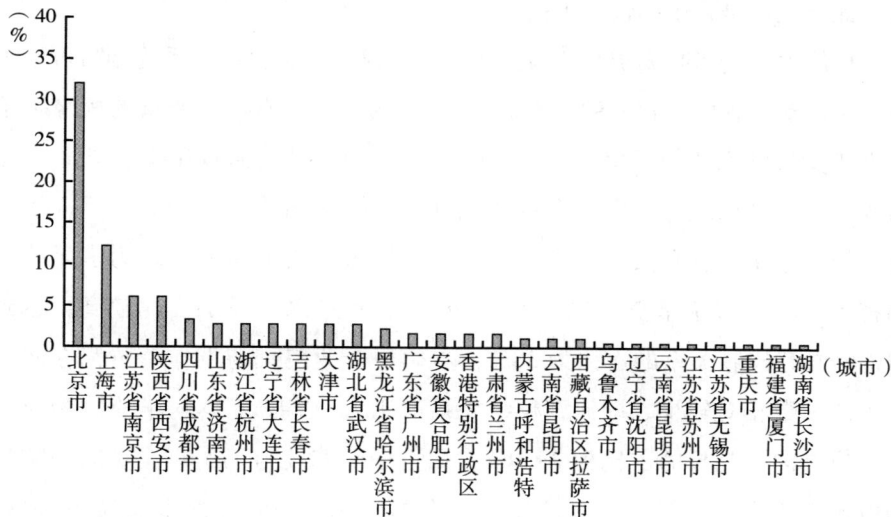

图 2　获奖者工作单位分布地区

---

① Florida R, Gates G, "Technology and Tolerance: The Importance of Diversity to High-Technology Growth", *Research in Urban Policy*, 2002: pp. 199-219.
② 宋永辉、马廷灿、岳名亮：《中国优秀青年科技人才特征研究——以 MIT TR35 中国区获奖者为例》，《中国科技论坛》2023 年第 5 期，第 99 页。
③ 张正严、李侠：《知识生产：性别、权力与条件——诺贝尔自然科学奖女科学家统计分析》，《科技进步与对策》2013 年第 8 期，第 141 页。

3. 职业流动分析与校缘关系分析

职业流动可以帮助科学家获取更多的学术资源和行业网络，进而促进职业进一步的发展，并由此产生积极的溢出效应。[①] 分析青年女科学家职业流动的路径可以了解青年女科学家的流动特征，为相关部门了解青年女科学家的流动方式并建构有利于培育和引进青年女科学家的人才机制。研究样本中中国青年女科学家奖获得者的整体职业流动率不高，目前所在工作机构与获奖时工作单位不同的仅占 13.1%，其余 86.9%的青年女科学家没有变化。职业流动路径上，除了在科研院所之间的流动之外，还有一些是职位上的上调，例如从大学教授转至担任政府部门的领导职务或者担任大学副校长、校长。此情况也符合中国情景下高层次人才流动性的现实情况。[②]

校缘关系会影响高层次科技人才的成长路径，以校缘关系为切口可以了解人才流动过程中所积累的学术资本和社会资本。[③] 本报告所指的校缘关系为青年女科学家的任职单位与毕业院校之间的关系，而青年女科学家个体的校缘关系共同组成了青年女科学家群体的校缘结构。如表 3 所示，尽管研究样本中中国青年女科学家奖获得者的校缘结构整体上呈现为多元的结构特点，但"近亲繁殖"现象也较为突出，有校缘关系的占比较高，达到64%，没有校缘关系的占比为 36%，本硕博毕业院校与工作单位都在同一院校的人数相对较少，即深度校缘关系占比为 20.4%。本科毕业院校与工作单位在同一院校的占比为 29.9%，硕士毕业院校与工作单位在同一院校的占比为 48.4%，博士毕业院校与工作单位在同一院校的占比为 50.3%，可见博士毕业院校所附带的校缘关系是影响青年女科学家职业发展的重要因素。

---

① Veugelers R, Van Bouwel L, "The Effects of International Mobility on European Researchers: Comparing Intra-EU and U. S. Mobility", *Research in Higher Education* 56, 2015: pp. 1-18.

② 高瑞、王彬：《中国杰出青年科技人才的成长过程及特征——基于"科学探索奖"获得者的履历分析》，《科学管理研究》2022 年第 2 期，第 139 页。

③ 李丽萍、沈文钦、赵芳祺：《精英大学教师的学缘结构及其十年变化趋势——以化学学科为例》，《教育学术月刊》2019 年第 10 期，第 78 页。

表 3　中国青年女科学家奖获得者的校缘结构

校缘关系	百分比(%)
本科毕业院校与工作单位相同	29.9
硕士毕业院校与工作单位相同	48.4
博士毕业院校与工作单位相同	50.3
本硕博毕业院校与工作单位相同	20.4
有校缘关系	64.0

（四）成长周期分析

本报告所分析的成长周期是指从博士毕业至获得中国青年女科学家奖个人奖的时间周期。高层次科技人才在博士期间的研究已经开始为之后的科研成就奠定基础，通常在自进入博士学习开始的 15 年左右时间完成科研深入并取得重要科技成果。研究样本中中国青年女科学家奖获得者的博士毕业平均年龄为 29.4 岁，并且近年来，博士毕业的年龄呈现下降趋势。从博士毕业到获得中国青年女科学家奖的时间周期平均为 12.3 年，最短的时间周期为 3 年，最长的为 20 年（见图 3）。

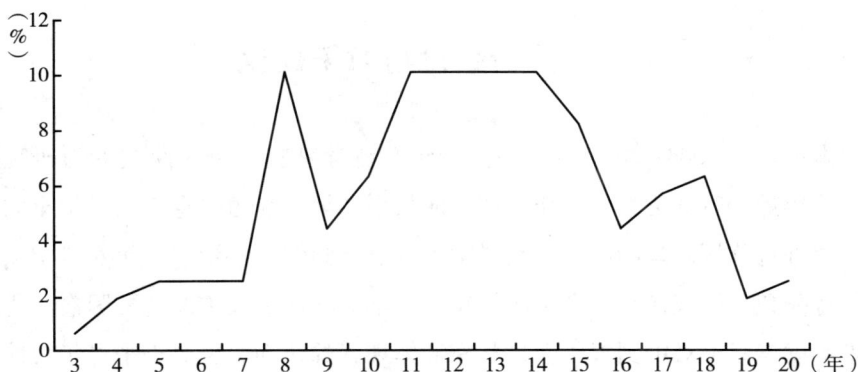

图 3　中国青年女科学家奖获得者博士毕业至获奖的时间周期

历届获奖者的成长周期差异明显（见图 4），第三届、第四届、第五届获奖者的成长周期最短，在 8 年左右，而近几届出现了增长趋势，第十七届

265

和第十八届分别为 14.3 年和 15.3 年，高于其他届获奖者的成长周期，显示出科技界竞争也日益激烈，青年女科学家获得社会认可所需要付出的努力时间也更长，与社会各行业所呈现的内卷程度不断增加的趋势一致。此外，通过博士毕业时间、教育背景的多元化、教育连续性以及海外留学经历等因素与成长周期的对比分析，发现以上因素对于中国青年女科学家奖获得者的成长周期并无明显影响。

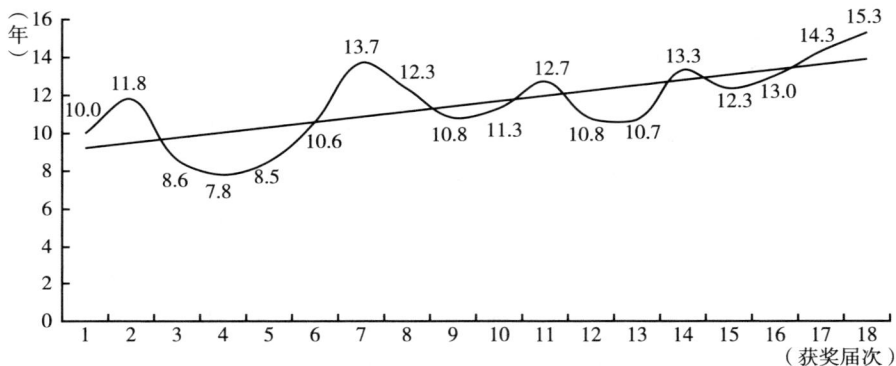

图 4　历届中国青年女科学家奖获得者成长周期

三　分析结论与对策建议

本报告以 2004~2023 年"中国青年女科学家奖"个人获奖者为研究样本，从年龄、教育背景、工作经历、成长周期等多视角对青年女科学家的成长历程进行分析，勾画出青年女科学家的群体画像，揭示了青年女科学家的群体特征和发展规律，识别影响青年女科学家群体成长中的重要因素。研究结果不仅丰富了对中国青年女科学家群体现状的认知，也对未来青年女性科技人才培养、合理配置科研资源等方面提供学理参考。

（一）营造符合青年女科学家特征特点的发展环境

本报告分析结果显示，青年女科学家取得重大学术成果和社会认可通常在 35~45 岁。女性科技人才获得博士学位在 30 岁左右，之后需要十余年的科研积累达到学术成果高产期。然而，30~40 岁既是科研事业的攀岩期和科研竞争力的高峰期，也是女性生育和抚育孩子的最佳时期，此外报告还显示，女性科技工作者的家务劳动时间多于男性科技工作者[①]，因此难免会出现兼顾家庭和事业发展的困境，女性科技工作者的家庭投入对科研投入有"挤出效应"，导致其学术产出水平显著偏低。[②] 由此可见，由于社会分工和性别定位等因素，青年女科学家要承担多重责任，在一定程度上会对工作和事业有所影响，如何平衡社会角色，保障科研工作的时间和精力是青年女科学家成长和发展中的难题。[③] 中国青年女科学家奖也充分考虑到女性的特点，2010 年开始将参评者申报年龄要求从 40 周岁调整至 45 周岁，获奖人数也相应增加[④]，申报年龄的放宽既与科学家创造力峰值年龄相符，也与女性科学家的成长规律一致，体现了对女性科学家的支持。

除此之外，科技人才在发展初期还常常面临获得科研资助较难的问题，因此对青年科技人才尤其是青年女性科技人才早期科研阶段的资金资助和奖励尤为重要，提供针对青年女性科技人才科研发展的特定基金支持，以及起步阶段的资金以扶持和鼓励科研创新，以此帮助青年女性科技人才做好前期的积淀。在早期成长阶段就开始为青年女性科技人才提供针对性的政策支持和科研资助支持是行之有效的方法，从而创造有利于青年女性科技人才安心专注于科学事业的发展环境。

---

① 朱依娜、卢阳旭：《性别、家庭与高校教师的时间分配——基于 2011 年全国科技工作者时间利用调查》，《妇女研究论丛，》2014 年第 5 期，第 24 页。
② 夏纪军：《学缘关系、性别与学术声誉——基于经济学领域 h 指数的实证研究》，《浙江社会科学》2014 年第 6 期，第 31 页。
③ 尚宇菲：《女性科技人才的成长经验：一个文献综述》，《山东女子学院学报》2022 年第 2 期，第 34 页。
④ 马缨、樊立宏：《我国女性科技人才现状、政策和展望》，《中国科技人才》2016 年第 3 期，第 62 页。

（二）高层次和多元化的教育背景是青年女科学家学术优势积累的重要基础

高层次的本科教育、硕士教育、博士教育能够提供给科技人才优质的师资资源和科研环境、先进的学科平台和科研设施，以及充裕的科研资金和广泛的学术交流。中国青年女科学家奖获得者在本科阶段主要在国内高校就读，有超过七成毕业于"211工程"院校，到了博士阶段科研机构成为其重要的学研平台，并且其中有近两成就读于海外的大学和科研院所。国内本科教育基础扎实，博士期间的海外学习又能进一步帮助青年科学家开拓学术视野、增强学术交流，有利于青年科学家的科研产出和持续成长，因此相关部门可以从政策和资金方面鼓励和推动青年女科学家参与国内和国际间优质平台的科研交流。

此外，研究结果显示，青年女科学家多具有多元化的教育经历，其中超过一半本硕博毕业于两所院校，超过八成本硕博毕业于三所不同院校，并且在博士阶段从非"985""211"院校转到"985""211"院校或中科院等科研机构，由此可见，青年女科学家在成长的道路上需要不断地学习和提升。此外，本硕博连续不间断就读也是学术优势积累的重要方式，可以实现学术研究的连贯性和深度积淀，缩短青年科学家的成长周期，连续的教育路径减少了学习不连贯造成的优势积累中断的情况。

（三）一流的工作平台能够促进青年女科学家的快速成长

高等教育阶段更多的是汲取知识和积淀，而工作阶段则是青年女科学家提升科研产出和构建社会声望的重要时期。中国青年女科学家奖获得者的工作地多为国内一线城市和经济发达地区，并选择任职于科研力量突出的知名高校和研究机构。经济文化发达地区和高水平的工作平台可以提供给青年女科学家更优质的学术研究资源和学术空间，一流的工作环境有利于青年女科学家学术优势的发挥，能够帮助青年女科学家加速成长。

中国青年女科学家奖获得者的工作机构和所在地区分布不均的情况也暴

露出目前教育和科研资源分布不均衡的问题，地区间科研资源分配机制仍存在优化空间，凸显了学术研究领域的马太效应。经济发达地区可以提供给高水平科技人才丰厚的待遇、充足的科研资助、先进的科研设施，科技人才在此条件下能够更专注地开展科研创新工作。一方面，地区的经济文化发展影响科技人才的选择；另一方面，科技人才是地区发展的重要资源和动力，人才的地区分布失衡会影响地区的创新能力、经济发展和教育水平。在发展地区经济的基础上，可以加强持续培养和留住本地区科技人才，与此同时积极优化高层次科技人才引进政策和措施，构建稳定和吸引科技创新人才的有效机制，并不断完善人才流动机制。了解科技人才的流动规律，有助于制定有利于地区发展的人才政策，解决一些地区科技人才不足的问题。相关政府部门可以通过政策和经费扶持推动不同地区和不同类型科研院所之间的人才流动，从人才流动的角度促进高层次科技人才资源的合理配置，同时科技人才工作所在的科研院所也需要提供宽松的学术环境，建立留人、用人的科技人才管理机制。科学研究需要较高的社会支撑条件，这个条件对于女性科学家而言尤为重要[1]，为青年女科学家创造投入科研创新的条件，并且形成持续的青年女科学家培养、激励和评估机制，突破学术思维和校缘关系的固化，鼓励访学交流和学术创新，营造有利于青年女科学家科学思想交流和科学研究的环境，营造利于青年女科学家发挥优势和产出国际一流科学成果的学术环境。

（四）海外学习和工作经历能够助推青年女科学家的成长

中国青年女科学家奖获得者中有 19.8%博士毕业于海外大学和科研院所，此外，有博士后经历的中国青年女科学家奖获得者在海外以及中外联合项目工作占比为 84.6%，海外学习和工作主要是在发达的国家和地区。有

---

[1] 张正严、李侠：《知识生产：性别，权力与条件——诺贝尔自然科学奖女科学家统计分析》，《科技进步与对策》2013 年第 8 期，第 141 页。

研究表明，留学经历有利于科技人才的成长①，拥有海外学习和工作的经历能有效促进青年女科学家的成长成才，帮助青年女科学家加强学术交流、拓宽学术视野、快速取得学术资源和人力资本等学术积累优势。因此，一方面，国内大学和科研院所需要持续开展海外人才引进和国际学术交流，支持青年女科学家到海外高水平研究平台交流合作，同时推动中外联合培养项目，建立相互交流的长效机制。另一方面，相关部门制定和完善利于青年女科学家海外学习和工作的政策和资助，满足多元化的人才需求，引进能解决重大科技创新的海外青年科学家，为国家科技创新做出贡献。

本报告通过对中国青年女科学家奖获得者的履历分析，发现青年女科学家的成长路径有迹可循，青年女科学家的成长和学术优势积累是一个持续的历程，受到教育经历、工作经历、海外科研经历等多重因素的综合影响。为促进培养更多青年女科学家，对此提出建议：国家和有关部门需要从政策、教育、科研环境等多方面提升青年女性在科学研究中的成长和发展，支持青年女科学家在科学研究中发挥积极作用并实现自我价值。积极推动青年女科学家的成长和发展有利于实现国家科技创新战略。

---

① 杨芳娟、刘云、侯媛媛、漆艳茹：《中国高被引学者的跨国流动特征和影响——基于论文的计量分析》，《科学学与科学技术管理》2017 年第 9 期，第 23 页。

B.10
中国女性科技人才参与科技强国建设的区域特征与变化研究报告

——基于R&D（研究与发展）人员分析

左　玲*

摘　要： 科技人力资源是建设创新型国家十分重要的战略资源，人才规模是创新的重要因素。本报告以中国女性R&D（研究与发展）人员规模为研究对象，对我国区域女性科技人才分布情况进行了梳理和分析，并结合国际经验，提出政策建议。研究发现，我国女性科技人才呈现"东多西少"的格局，并且以经济圈和中心城市人才集聚为主，中国拥有丰富的女性科技人力资源。从国际上看，科技领域男女比例失衡问题普遍存在。最后，结合国际经验从为女性科技人才的成长打造环境基础、重视女性科技人才培养的战略地位、建立女性科技人才职业生涯全周期的支持体系、鼓励女性科研人才走向高层次、建立女性科技人才职业发展数据库等方面提出政策建议。

关键词： 科技人才　R&D人员　区域比较　国际经验

人才是第一资源，人才规模是科技创新的重要因素。女性科技人才是科技人力资源的重要组成部分，是推动我国科学技术发展的重要力量。《中国科

---

* 左玲，中华女子学院全球女性发展研究院讲师，研究方向为发展经济学。

技人力资源发展研究报告（2020）》指出，截至 2020 年底，我国科技人力资源总量为 11234.1 万人，居世界首位。其中，女性科技人力资源占比提高至 40.1%，超过部分发达国家，性别比例更加趋于均衡。中国的女性科技人员已经成为人才强国战略的重要组成部分，在科技创新领域发挥着巾帼力量。

科学活动的重要环节是研究与发展（R&D，research and development），指在科学技术领域，为增加知识总量以及运用这些知识去创造新的应用进行的系统的创造性活动，包括基础研究、应用研究和试验发展这三类活动。衡量区域科技实力的关键要素是 R&D 人员的数量与结构。因此，本报告选择近十年的《中国科技统计年鉴》中 R&D 人员为样本，定性与定量分析女性 R&D 人员的相关特征，研究我国女性科技人才区域分布状况和变化趋势，以此揭示中国女性科技人才的发展走势与脉络，结合国际经验，提出相关政策建议。

一 中国女性科技人才的区域分布现状和变化趋势

（一）中国女性科技人才的总体情况和变化趋势

中国女性 R&D 人员是 R&D 人员队伍中的重要组成部分与中坚力量。本报告根据 2011~2021 年《中国科技统计年鉴》数据，绘制 2011~2021 年中国科技人才的总体情况和变动趋势（见图 1），反映中国 R&D 人员和女性 R&D 人员基本状况。

2021 年，女性 R&D 人数为 222.40 万人，R&D 总人数为 858.08 万人，女性 R&D 人数占 R&D 总人数的 25.92%，约为男性 R&D 人员的 1/3，女性 R&D 人员规模远低于男性。

从 10 年变动趋势来看，全国女性 R&D 人员呈现稳步增长趋势。2021 年，全国女性 R&D 人员较 2011 年增加了 120.7 万人，增长了 1 倍多，年均增长 8.14%，女性科技人才队伍规模持续扩大。其中，全国 R&D 人员较 2011 增加了 456.3 万人，年均增长 7.88%。因此，女性科技人才队伍年均增长速度大于男性科技人才年均增速。从占比来看，2021 年女性 R&D 人

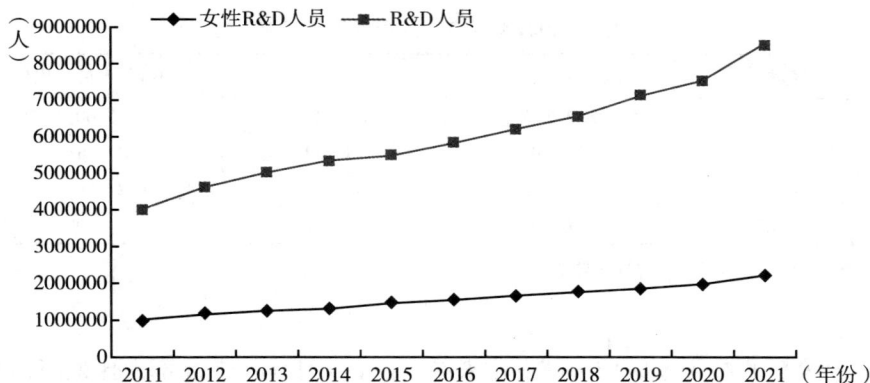

图1 我国科技人才的总体情况和变化趋势

资料来源：2011~2021年《中国科技统计年鉴》。

数占 R&D 总人数的比例为 25.92%，相比于 2012 年女性 R&D 人数占 R&D 总人数的比例为 25.13%，上升 0.79 个百分点。

研究发现，尽管女性 R&D 人员仅占总研发人数的 1/4 左右，人数稀缺。但是，10 年间女性 R&D 人员呈现稳步增长趋势，女性科技人才队伍年均增长速度大于男性科技人才年均增速，女性科技人才队伍规模持续扩大，发展态势良好。

（二）中国女性科技人才区域分布的总体情况

1. 女性科技人才区域分布现状

本部分重点对 2021 年东、中、西和东北部女性科技人才的总量进行定性和定量分析。从区域分布看，我国女性 R&D 人员分布总体呈现"东多西少"的格局。2021 年东部地区女性 R&D 人员为 138.20 万人，中部地区为 40.89 万人，西部地区为 32.26 万人，东北部地区为 11.05 万人（见表 1）。女性 R&D 人员聚集在政治、经济和文化较为发达的东部区域。由于东部地区聚集了高等学府、科研院所和大中型企业，强大的研发实力为女性 R&D 人员的成长提供了适宜的环境。而中西部与边远地区的科研资源与研发力量较为薄弱，经济发展也较为缓慢，女性 R&D 人员相对少。因此，合理配置研发人力资源，促进区域均衡与协调发展，是目前科技发展和科技创新的重要工作。

表 1 2021 年 R&D 人员的区域分布

区域	R&D 人员（人）	女性 R&D 人员（人）	女性 R&D 人员占比（%）
东部	5397687	1381992	25.60
中部	1666138	408932	24.54
西部	1166256	322559	27.66
东北部	350778	110501	31.50

资料来源：《中国科技统计年鉴 2021》。

从女性科技人才区域内部占比来看，如表 1 所示，东北部占比最高，中部占比最低。2021 年东部地区 R&D 人员总数为 539.77 万人，女性 R&D 人员占比为 25.60%；中部地区 R&D 人员总数为 166.61 万人，女性 R&D 人员占比为 24.54%，占比最低；西部地区 R&D 人员总数为 116.63 万人，女性 R&D 人员占比为 27.66%，居第 2 位；东北部地区 R&D 人员总数 35.08 万人，女性 R&D 人员占比最高，为 31.50%。就各地区内部占比，呈现东北部占比高，中部占比低的特点。尽管东北部 R&D 人员和女性 R&D 人员总量低，但女性 R&D 人员占区域内研究人员总数的比例并不低。肖军飞指出，虽然人才资源呈现以经济资本为支配的区域分布特点，但一些西部的女性科技人员在各项指标方面并不弱于东部地区。[①] 因此，客观经济要素并不是女性专业技术人员地区分布的决定因素，区域发展、文化理念、政策支撑和教育体系都是影响女性科技人才发展的重要因素，要对这些因素加以重视。

从 R&D 人员和女性 R&D 人员的构成占比来看（见图 2），东部地区集中全国近 2/3 的女性 R&D 人员。东北部地区女性 R&D 人员构成占比最少，仅占全国的 4.97%。中部 6 省和西部 12 省（区、市）女性 R&D 人员所占比重分别为 18.39% 和 14.50%。相比于全部 R&D 人员构成，东北部地区 R&D 人员占比为 4.09%，比东北部女性 R&D 人员构成低了 0.88 个百分点；西部地区 R&D 人员占比为 13.59%，比西部地区女性 R&D 人员构成低了 0.91 个百分点；而东部和

[①] 肖军飞：《我国女性专业技术人员发展结构性研究——兼以湖北省为例》，《黑河学院学报》2011 年第 4 期，第 30~34 页。

中部地区的 R&D 人员构成高于女性 R&D 人员构成，分别高了 0.76 个百分点和 1.03 个百分点。因此，虽然东部地区和中部地区女性科技人才 R&D 总量最多，高于西部和东北部地区，但女性 R&D 人员构成占比却偏低于西部和东北部地区。

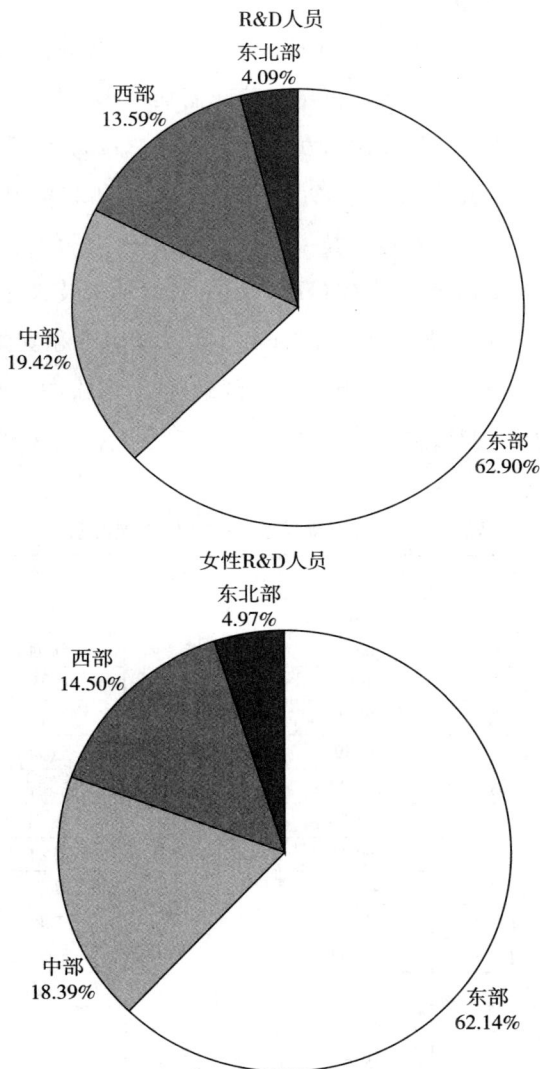

R&D人员

东北部
4.09%

西部
13.59%

中部
19.42%

东部
62.90%

女性R&D人员

东北部
4.97%

西部
14.50%

中部
18.39%

东部
62.14%

图 2 2021 年 R&D 人员和女性 R&D 人员的区域构成

资料来源：《中国科技统计年鉴 2021》。

2. 女性科技人才的区域分布特征

本部分结合全国 31 个省（区、市）2021 年女性科技人才的区域分布特征进行分析。

东部地区五大省份（广东、江苏、浙江、山东、北京）聚集了全国 48.4% 的女性科技人才。从 2021 年全国数据来看，女性科技人才超过 10 万人的省份全部集中于东部地区。其中，广东省居于第 1 位，女性科技人才总量为 28.52 万人；江苏居第 2 位，女性科技人才总量为 26.50 万人；浙江排名第 3 位，女性科技人才总量为 19.66 万人；山东和北京也都突破了 10 万人。另外，上海和福建，女性科技人才总量也接近 10 万人，分别为 9.83 万人和 9.46 万人。中部地区 6 个省份中，河南省女性科技人才数量居于首位，为 9.01 万人；湖北省排名第 2，为 8.64 万人；湖南省和安徽省排名第 3 和第 4，分别为 8.22 万人和 7.87 万人。西部地区 12 省份中，女性科技人才总量略显单薄，其中，四川省居第 1 位，为 8.22 万人；重庆和陕西分别排名

表 2　2021 年各地区女性 R&D 人员数量

区域	省份	R&D 人员（人）	区域	省份	R&D 人员（人）
东部	广东	285207	西部	四川	82227
	江苏	265043		陕西	50471
	北京	146000		重庆	51770
	山东	182659		广西	34025
	浙江	196594		云南	29605
	上海	98290		内蒙古	14943
	河北	59954		贵州	21057
	福建	94631		甘肃	15551
	天津	45753		新疆	11254
	海南	7861		宁夏	7775
中部	湖北	86362		青海	2716
	河南	90122		西藏	1165
	湖南	82256	东北部	辽宁	54562
	安徽	78742		黑龙江	24341
	山西	23541		吉林	31598
	江西	47909			

资料来源：《中国科技统计年鉴 2021》。

第 2 和第 3，分别为 5.18 万人和 5.05 万人，而其余的 9 省份女性 R&D 人员均低于 3.5 万人。东北部地区，辽宁排名第 1，女性 R&D 人员为 5.46 万人；吉林和黑龙江分别为 3.16 万人和 2.43 万人。

需要注意的是，地区女性科技人才占比和科技人才总量并不匹配。如图 3 所示，按照女性 R&D 人员占研究人员的比重由高到低排序，发现女性 R&D 人员数量多的省份，女性 R&D 人员占研究人员的比重不一定高。2021 年女性 R&D 人员数量广东省位居第 1，符合经济发达省份女性科技人才总量大的规律，但广东女性 R&D 人员占研究人员的比重却是倒数第 2；同时，江苏、浙江也存在明显的不匹配现象。北京不仅女性 R&D 人数总量大，而且女性 R&D 人数占研究人员的比重在全国也居于前列，大体上也相匹配；上海与北京相似，也相匹配。因此，女性科技人才发展的差距低于其经济发展差距，给不发达地区提供了科技人才赶超的空间与可能。不发达地区可通过改善文化理念、提供政策支撑和改革教育体系，结合区域发展提高科技人才的数量。

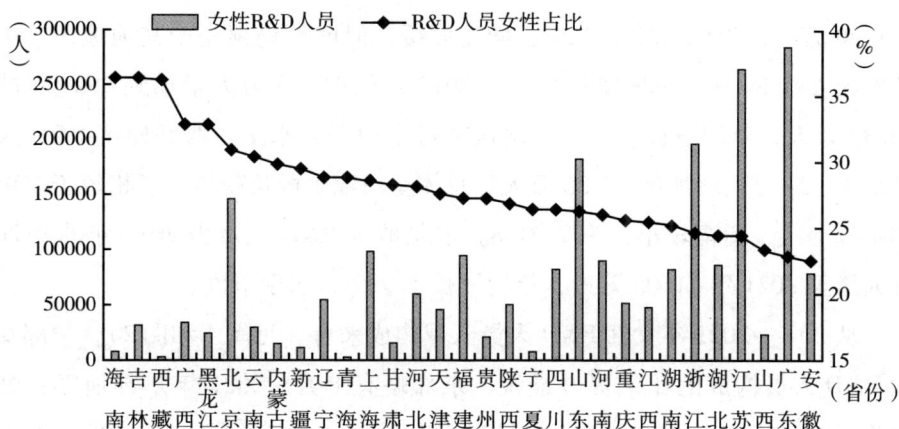

图 3　2021 年 R&D 人员女性占比和女性 R&D 人员比较

资料来源：《中国科技统计年鉴 2021》。

（三）中国女性科技人才区域分布的变化趋势分析

1. 女性科技人才区域变化趋势

从 2012~2021 年全国各区域女性 R&D 人员数量变化情况来看（见表 3），人数总体上都在持续增长，中部增速最快，东部其次，东北部最低。

表 3　2012~2021 年女性 R&D 人员的区域分布

单位：人

区域	2021 年	2020 年	2019 年	2018 年	2017 年	2016 年	2015 年	2014 年	2013 年	2012 年
东部	1381992	1237512	1154838	1112590	1033266	957323	897545	787222	762224	707804
中部	408932	355312	327679	292543	273099	251659	240757	214349	206124	181204
西部	322559	288348	274617	261559	256227	238508	220380	205848	186038	172443
东北部	110501	102691	96394	93548	97824	97742	97594	99155	95903	92576

资料来源：2012~2021 年《中国科技统计年鉴》。

东部地区女性 R&D 人员从 2012 年的 70.78 万人增加到 2021 年的 138.20 万人，年均增长 7.72%，增速放缓，但增量仍领先于其他地区。中部地区女性 R&D 人员增速较快，从 2012 年的 18.12 万人增加到 2021 年的 40.89 万人，年均增长 9.47%，增速超过全国平均水平。西部地区 R&D 人员从 17.24 万人增加到 32.26 万人，总体呈现稳步增长趋势，但相较于东部和中部地区，增幅较小，为 7.21%。东北地区 R&D 人员由 2012 年的 9.26 万人增至 2021 年 11.05 万人，年均增长 1.99%，居于末位。

从 2012~2021 年女性 R&D 人员区域构成来看（见图 4 和图 2），中部女性 R&D 人员构成的比例提升最快，东部略有上升。2021 年东部地区女性 R&D 人员构成的比例，相比于 2012 年增长 0.81 个百分点，东部地区的女性 R&D 人员构成比例持续稳步增长。2021 年中部地区女性 R&D 人员构成的比例，相比于 2012 年增长 2.69 个百分点；其中，2018 年之后中部地区加速增长，中部地区女性 R&D 人员占女性 R&D 人员总数的比例约为 18.4%。2021 年西部地区女性 R&D 人员构成的比例，相比于 2012 年下降了

0.44 个百分点；并且总体来看，是一个占比先上升再下降的过程，在 2017 年之前上升，2017 年之后下降。2021 年东北部地区女性 R&D 人员构成的比例，相比于 2012 年下降了 3.05 个百分点，是一个稳步下降的过程。

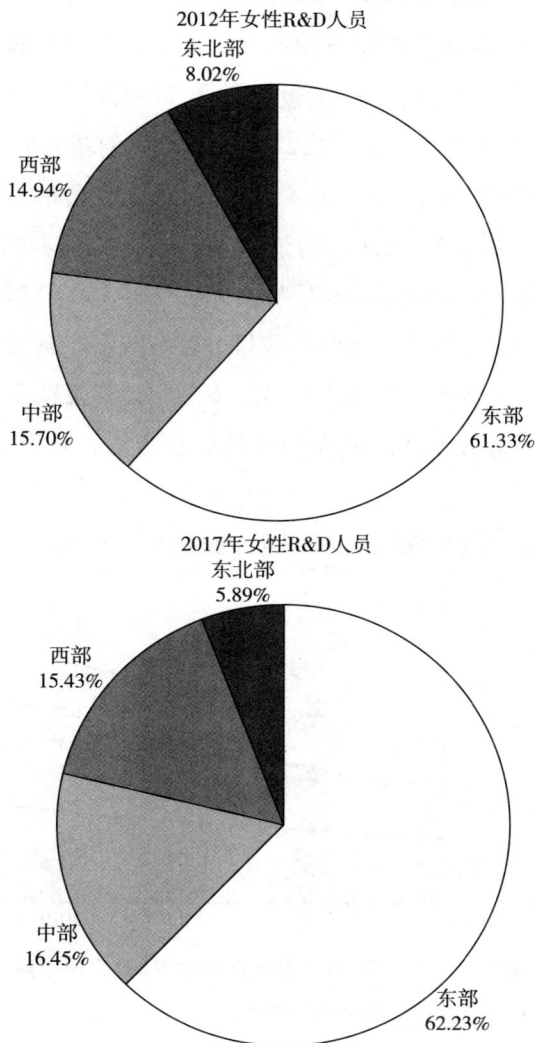

图 4　2012 年、2017 年女性 R&D 人员的区域构成

资料来源：2012~2021 年《中国科技统计年鉴》。

2. 分区域各省份女性科技人才的变化趋势

（1）女性科技人才向东部地区集聚

我国女性 R&D 人员主要集中在东部地区。统计数据显示，东部 10 省市女性 R&D 人员占全国女性 R&D 人员总量的 62.14%，占全国 R&D 人员总量的 16.11%。如图 5 所示，广东、江苏、浙江三省女性科技人才优势明显。广东 R&D 人员总量居全国首位，江苏和浙江紧随其后，居于第 2 位和第 3 位。《中国城市人才吸引力排名：2022》显示，在创新方面，每万人专利授权数量排名前十的城市是深圳、苏州、珠海、中山、广州、南京、无锡、常州、佛山、杭州，其中 5 个城市位于广东省、4 个城市位于江苏省，粤、苏两地创新活力较强。① 其中深圳每万人的专利授权数量达 126 个，苏州每万人的专利授权数量达 109 个，是其中数量过百的城市。浙江宁波在科创人才方面提升显著，每万人拥有研发人员数、专利申请量及授权量均位列全国城市前六。广东、江苏和浙江以强大的科技创新活力，吸引了大量女性科技人才。

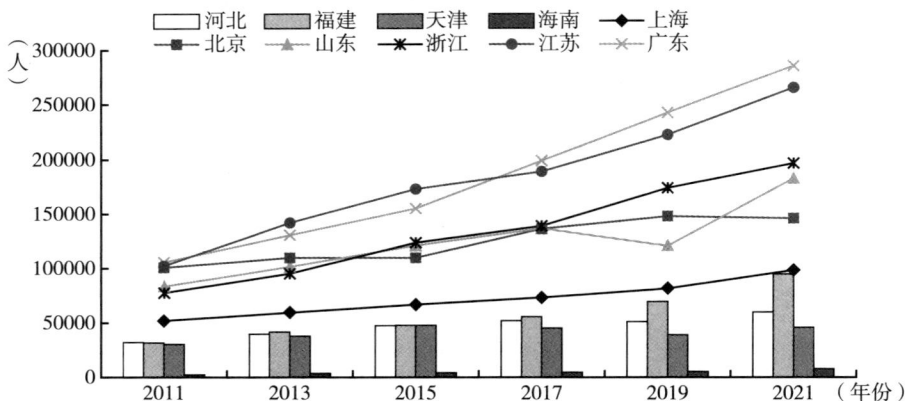

图 5　2011~2021 年东部地区女性 R&D 人员数量

资料来源：2012~2021 年《中国科技统计年鉴》。

---

① 智联招聘、泽平宏观课题组：《中国城市人才吸引力排名：2022》，先导研报，2022 年 8 月 11 日，https://www.xdyanbao.com/doc/501kvayn6z? bd_vid = 8922978891140610640，最后检索时间：2023 年 12 月 18 日。

从人数变动和比例变动来看，广东和江苏女性 R&D 人员增长了近 2 倍。北京、上海和天津人数略有增长，但相对缓慢。2020 中国人才指数显示，省会城市和直辖市中，北京、上海、广州的人才指数位列前三，表现出明显的引领作用。《2020 城市人才生态指数报告》综合分析了每个样本城市的人才生态现状与发展动态，报告显示，深圳、北京、上海、杭州、广州位列城市人才生态第一梯队。[1] 研究发现，北京和上海高层次人才集聚度高，对高层次人才更具有吸引力。2021 年，北京和上海女性 R&D 人员总量分别为 14.60 万人和 9.83 万人，虽然数量与广东、江苏、浙江相比有较大差距，但从结构上来看，高层次人才占比较多，北京和上海在吸引高层次科技人才方面具有独特优势。海南科技人才储备薄弱，但凭借自贸港建设发展吸引人才，呈现增长势头。[2]

（2）中部地区女性科技人才快速增长

2012～2021 年，中部地区各省女性 R&D 人员年均增长率为 9.5%，高于全国平均水平。从增长率来看：江西省女性 R&D 年增长率最高，达到 14.2%，2021 年女性 R&D 人员总量是 2012 年的 3.3 倍，但女性科技人才总量偏低；安徽居第 2 位，女性 R&D 人员年增长率达到 11.1%，2021 年女性 R&D 人员总量是 2012 年的 2.6 倍；湖南居第 3 位，年增长率达到 10.7%；河南和湖北分别居第 4 位和第 5 位，年均增长率分别为 9.0% 和 8.0%；山西省增速最慢，只增长了 2.6%，拉低了中部地区的女性科技人才增长速度（见图 6）。

2021 年，安徽、河南、湖北和湖南 4 个省份的女性 R&D 人员总量均达到 7.8 万人以上，女性科技人才总量稳步增长。其中，湖北和安徽拔得头筹。《2020 城市人才生态指数报告》显示，安徽合肥、湖北武汉和湖南长沙

---

① 微链、浙江大学全球浙商研究院、猎聘：《2020 中国城市人才生态指数报告》，三个皮匠报告，2020 年 9 月 27 日，https://www.sgpjbg.com/baogao/19868.html，最后检索时间：2023 年 12 月 18 日。

② 姜柏彤、蒋玉宏：《我国科技人才区域分布特征与变化趋势——基于 R&D 人员数据分析》，《中国科技人才》2021 年第 10 期，第 22～30 页。

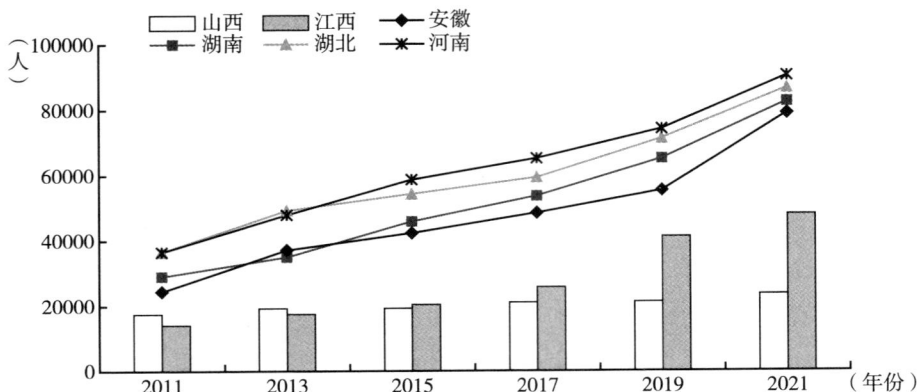

图6 2011~2021年中部地区女性R&D人员数量

资料来源：2011~2021年《中国科技统计年鉴》。

均进入人才生态前15强之列。湖北高校聚集，仅武汉市就拥有80余所大学，武汉地处主要经济带中心、九省通衢，人才来源地丰富。[①] 安徽依托中国科技大学以及中国科学院系统的院所，积极为女科技工作者们搭建平台，集聚了一批世界顶尖科技人才。

（3）西部地区女性科技人才分化明显

2012~2021年，西部地区女性R&D人员总量较少且区域内分布极不平衡。西部地区经济相对落后，科技创新能力较弱，人才向西部流动的意愿偏低，在养才、引才及留才方面都存在较多困难。西部地区除四川和重庆外，多数省份科技人才规模增长极为缓慢。

从2021年西部地区女性R&D人员来看（见图7），四川、陕西和重庆三省市约占西部地区的2/3。《2022全国职场女性发展洞察报告》指出，在以男性从业者为主力军的硬科技领域，女性从业者的比重同样正发生变化。在过去5年间，全国硬科技领域的女性从业者占比从34.88%上升到39.96%，成渝城市群女性在硬科技领域的占比上升幅度最大，为6.63个百

---

① 微链、浙江大学全球浙商研究院、猎聘：《2020中国城市人才生态指数报告》，三个皮匠报告，2020年9月27日，https://www.sgpjbg.com/baogao/19868.html，最后检索时间：2023年12月18日。

分点。2021 年，四川女性 R&D 人员达到 8.22 万人，自 2012 年以来，年均增长 8.2%，得益于成都市女性人才的发展。① 2020 中国人才指数显示，2019 年成都市外省籍就业大学生占比从 2017 年的 25.8%上升至 35%。② 成都高校云集，拥有先天人才优势；作为新一线城市领军，凭借浓厚的创业创新氛围、完善的城市基础设施和服务、较高的幸福生活指数等，成都对人才的吸引力在逐步增强，成为更多女性人才求职和就业的热门城市。成都率先推出"先落户后就业""人才安居工程"等举措，吸引了大量女性青年人才落户成都。

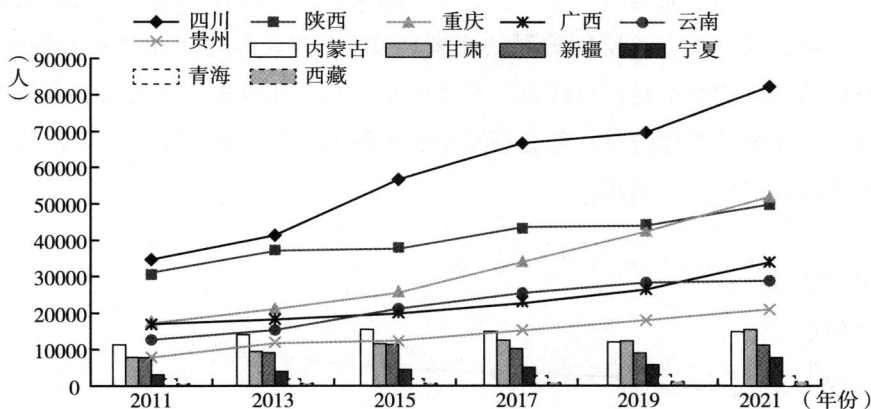

图 7　2011~2021 年西部地区女性 R&D 人员数量

资料来源：2011~2021 年《中国科技统计年鉴》。

2012~2021 年重庆女性 R&D 人员年均增长速度为 11.8%，在西部地区排名第一。西部（重庆）科学城组建科技创新女性联盟，专注打造高层次女性科技人才互动交流平台，吸纳优秀人才加入联盟人才库，团结

① 猎聘、励媖广州、励媖深训：《2022 全国职场女性发展洞察报告》，中国青年网，2022 年 3 月 8 日，https://t.m.youth.cn/transfer/index/url/finance.youth.cn/finance_gdxw/202203/t20220308_13510428.htm，最后检索时间：2023 年 12 月 18 日。
② 中国成都人力资源服务产业园：《2020 中国人才指数发布会在成都举行》，中国日报中文网，2020 年 11 月 2 日，https://qiye.chinadaily.com.cn/a/202011/02/WS5f9fc760a3101e7ce972ccd6.html，最后检索时间：2023 年 12 月 18 日。

引领广大女性积极投身建设具有全国影响力的科技创新中心。重庆市妇联依托西部科学城重庆高新区环大学城创新生态圈建设，着力提升女大学生创新创业能力，促进女性高校毕业生更充分更高质量就业，重庆女性科技人才队伍不断壮大。

（4）东北部地区女性科技人才规模略有后退

从十年趋势来看，东北部地区女性 R&D 人员整体略有后退（见图 8），黑龙江女性 R&D 人员人数出现负增长，年均增长率为-0.7%。2012~2021年，辽宁和吉林的女性 R&D 人员年均增长率分别为 3.4%和 2.0%，低于全国平均水平。杨孝丽指出，经济发展水平因素、文化教育因素和社会发展因素是影响女性科研人才空间分异的主要因素。[①] 东北部地区经济发展缓慢，科技创新资源相对不足，科技创新活动的平台及事业发展空间有限，高层次女科技人才数量总体较少，部分领域中女科技人才处于边缘地位，女科技人力资源没有得到充分利用。

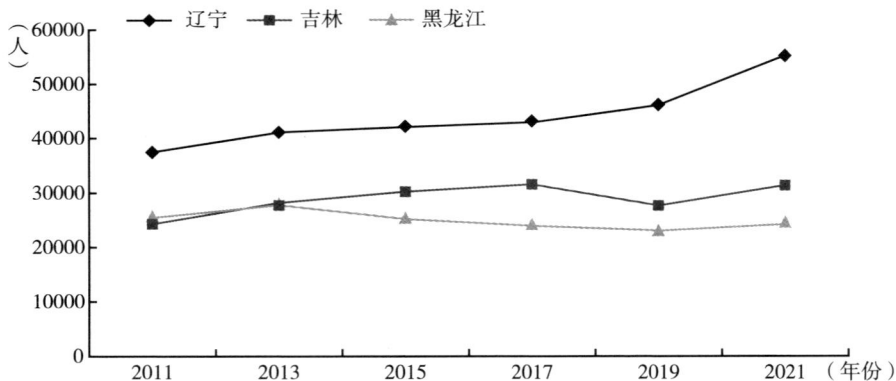

图 8　2011~2021 年东北部地区女性 R&D 人员数量

资料来源：2011~2021 年《中国科技统计年鉴》。

---

① 杨孝丽：《我国女性科研人才学科及地域差异研究》，南京师范大学硕士学位论文，2015，第 60 页。

二 国际借鉴比较和经验学习

（一）国际借鉴比较

1. 在国际上，科技领域男女比例失衡问题普遍存在

综合国内外来看，女性科技人员总数相对较少，女性仍是科技领域的少数群体。尤其是"越是高级的职位，女性占比越小"，女性科技人才存在"管道泄露"现象。《AI 2000 人工智能全球最具影响力女性学者报告（2020）》显示（见图9），在 AI 2000 上榜学者中，男性 1654 位，女性 179 位，男性与女性比例约为 9.2∶1，人工智能领域最具影响力学者存在男女比例失衡问题。[①] 从国家分布来看，179 位女性学者分布于全球 21 个国家，其中超过 60%的学者来自美国。虽然中国拥有 AI 最具影响力女性学者数量位居全球第 2，但与美国相比差距悬殊。上述研究数据表明，不同区域的科研领域普遍存在性别差异。

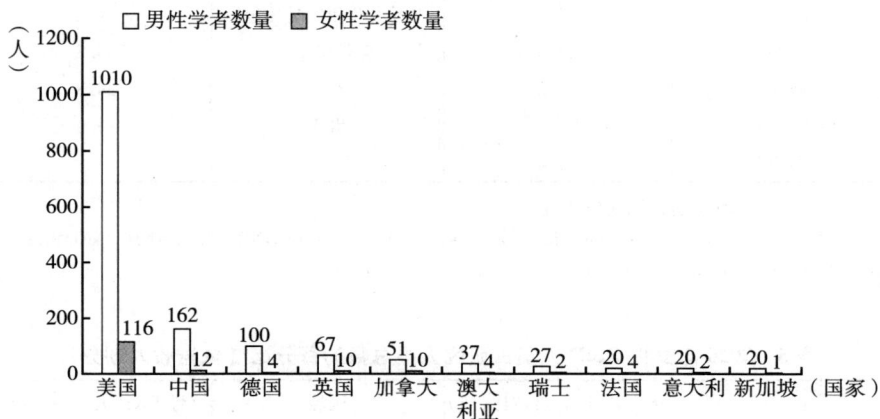

图 9   AI 2000 学者人数 TOP10 国家男性和女性学者数量分布

资料来源：清华大学《AI 2000 人工智能全球最具影响力女性学者报告（2020）》。

---

① 清华大学-中国工程院知识智能联合研究中心、清华大学人工智能研究院、北京智源人工智能研究院：《AI 2000 人工智能全球最具影响力女性学者报告（2020）》，2020 年 3 月，https：//static.amlner.cn/misc/pdf/ReportOfWomanInAI.pdf，最后检索时间：2023 年 11 月 13 日。

依据教科文组织的 2020 年女性 R&D 人员占全部 R&D 人员比重的数据，世界平均水平为 31.2%，不足 1/3（见表 4），表现出巨大的性别差距。亚洲中部地区女性 R&D 人员占比最高，为 45.4%；其次是拉丁美洲和加勒比地区，占比为 44.2%；亚洲东部和南部女性 R&D 人员占比偏低，分别为 22.3% 和 24.3%。从收入组别来看（见表 5），中低收入国家的女性 R&D 人员占比最高，低收入国家占比最低，而高收入国家的女性 R&D 人员占比为 29.1%，处于居中位置。相比而言，我国女性 R&D 人员占全部研究人员的比例约为 26%，中国处于中等略微偏下位置。

表 4　2020 年女性 R&D 人员占研究人员总数的百分比（依据区域划分）

区域	女性 R&D 人员占比（%）	区域	女性 R&D 人员占比（%）
内陆发展中国家	38.4	亚洲南部	24.3
欠发达国家	23.5	东亚和东南亚	26.6
小岛屿发展中国家	34.3	亚洲东部	22.3
撒哈拉以南非洲	31.3	亚洲东南部	41.5
北非和西亚	37.8	拉丁美洲和加勒比地区	44.2
北非	43.5	欧洲和北美	34.8
西亚	33.8	欧洲	34.8
中亚和南亚	25.3	世界	31.2
亚洲中部	45.4		

注：依据可持续发展目标划分区域。
资料来源：UNESCO Institute for Statistics，SCIENCE，TECHNOLOGY AND INNOVATION，http：//data. uis. unesco. org/index. aspx。

表 5　2020 年女性 R&D 人员占研究人员总数的百分比（依据收入划分）

区域	女性 R&D 人员占比（%）	区域	女性 R&D 人员占比（%）
低收入国家	23.6	中高收入国家	32.9
中低收入国家	33.8	高收入国家	29.1
中等收入国家	33.3		

注：依据世界银行收入组别划分。
资料来源：UNESCO Institute for Statistics，SCIENCE，TECHNOLOGY AND INNOVATION，http：//data. uis. unesco. org/index. aspx。

年轻的女性科研人员面临性别刻板印象带来的多重挑战，在进行科学研发活动中会遭遇各种或明或暗的歧视①，尤其是女科学家的晋升难之又难，只有4%的女科学家能晋升领导层。另外，由于生育或抚养孩子等原因，女性只能进行间断性的科研活动，科学事业发展缺乏应有的保障。② 因此，解决女性科研人才由生育或者抚养孩子等而造成的职业生涯中断，畅通女性晋升渠道，打破科技领域性别的藩篱，保障女性科技人才职业发展至关重要。

2. 中国女性科技人力资源总量丰富

《中国科技人力资源发展研究报告（2020）》显示，中国本科层次女性科技人力资源培养占比接近四成，超过了俄罗斯、日本与德国，其中工学女性占比超越多数发达国家。③ 分学科看（见表6），在理学培养的本科层次科技人力资源中，中国占比为49.9%，超过了德国、荷兰、日本。在工学培养的本科层次科技人力资源中，中国占比为29.9%，居第2位。在农学培养的本科层次科技人力资源中，中国的比例为53.4%，超过了日本、法国、韩国、德国和挪威。在医学培养的本科层次科技人力资源中，中国位于较低水平。

表6　各国培养本科层次核心学科（理工农医）科技人力资源女性占比

单位：%

国家	理学	工学	农学	医学	合计
瑞典	55.9	36.4	70.2	85.4	66.9
挪威	59.0	23.0	41.3	85.2	62.8
澳大利亚	51.9	21.2	64.2	75.6	56.8
法国	53.0	26.2	47.6	82.6	56.8
美国	54.3	21.4	53.8	84.9	55.9
芬兰	55.4	18.9	58.9	86.9	55.7
荷兰	45.1	17.4	54.0	78.4	55.5

① 董丽娟、徐飞：《中国女性科技人才政策的若干评价与思考》，《科学学研究》2016年第2期，第178~185页。

② 张今杰、张冬烁：《科学研究中的女性"相对不在场"现象——自然科学中的性别不平等问题研究》，《科技进步与对策》2008年第1期，第187~190页。

③ 中国科协调研宣传部、中国科协创新战略研究院：《中国科技人力资源发展研究报告（2020）：科技人力资源发展的回顾与展望》，清华大学出版社，2021，第62页。

国家	理学	工学	农学	医学	合计
加拿大	56.4	22.0	58.8	77.2	53.0
英国	53.5	18.8	70.4	76.8	51.4
韩国	50.0	24.3	44.7	72.1	41.1
中国	49.9	29.9	53.4	59.6	40.4
俄罗斯	53.6	29.3	55.3	83.2	35.2
日本	27.8	14.0	44.9	71.6	32.6
德国	46.0	19.4	28.9	80.9	31.1

资料来源：中国科协调研宣传部、中国科协创新战略研究院：《中国科技人力资源发展研究报告（2020）：科技人力资源发展的回顾与展望》，清华大学出版社，2021，第56页。

《全球人才流动趋势与发展报告（2022）》指出，世界人才中心从欧美向亚洲扩散的趋势较为明显。[1] 在世界人才竞争力指数排行榜中，中国居第8位。在人才规模方面，中国的人才规模指数是三个工业大国（德、英、法）之和的2倍多，具有明显的竞争优势。在人才环境部分，中国折合百分制得分为79.08分，居第2位。但在人才效能、人才质量维度，有所落后。中国在深化人才发展体制机制改革、培养高质量和高层次人才方面仍然任重而道远。因此，我国女性科技人力资源总量丰富，未来要继续打破体制机制和文化环境的藩篱，培养高层次女性科技人才，促进女性科技人才重要作用的持续发挥。

（二）经验学习

1. 为女性科技人才的成长打造环境基础

从国外政策来看，主要侧重于改善宏观、中观和微观环境来促进女性科研人员的成长和发展。美国科学基金委员会的 ADVANCE 计划用9年时间投入1.35亿美元，为超过100所科研机构与大学的女性科研人员创设良好科

---

[1] 全球化智库：《全球人才流动趋势与发展报告（2022）》，全球化智库CCG，2022年11月，http://www.ccg.org.cn/archives/72236，最后检索时间：2023年12月18日。

研环境。① 韩国政府通过扩大工科类在校女生的入学率和就业率来推进战略性人才队伍建设，通过培养新兴产业领域女性人才 3000 人、将理工类高校的女性教授占比提高至 20% 来加强对女性科技人才的培养，通过在科研与产业园区开办幼儿园等措施营造工作与家庭平衡的文化氛围。在职业上升的道路上，婚育是女性科技人才遭遇事业发展瓶颈的首要原因。欧盟国家为增强女性科技劳动力的稳定性，努力建造生育友好型科研环境。荷兰、英国、爱尔兰等国家明确为女性研究人才提供较长时间的带薪休假，并为休假归来的女性提供专门辅导，避免处在孕哺期和承担养育责任的女性面临职业中断等问题。

2. 重视女性科技人才培养的战略地位，建立女性科技人才职业生涯全周期的支持体系

当前，许多国家面临着低出生率和人口老龄化问题，中国也不例外。着重培养和充分使用女性科技人才，不仅是国家推进性别平等政策的重要举措，也是缓解劳动力短缺危机的重要途径。同时，在数字经济时代，"数字性别鸿沟"加剧②，因此需要更多的 STEM 女性科技人才，世界主要创新国家也高度重视女性 STEM 人才的培养与发展，并加快相关部署。

韩国政府将女性科技人才发展看作国家发展战略任务中的重要一环，女性科技人才政策覆盖了从步入科学技术领域到成长为优秀女性科技人才的整个过程（升学、入职、职业保留、职场晋升等各个阶段）。韩国政策主要分为培养、使用、基础建设三类：培养政策聚焦于将女性科技人才潜力人群、学生父母、教师等群体吸引到理工类学科，并使其具备高等教育资格；使用政策聚焦于在职以及职业经历中断停滞的女性科技人才等群体，使这些受过高等教育且具备科技人才素质的女性能够在科学技术领域顺利开展活动；基础建设类政策目的在于为女性科技人才的培养和使用提供适宜的社会环境、

---

① 杨丽：《大数据下的中国女性 R&D 人员群体状况计量分析》，《科技管理研究》2016 年第 12 期，第 261~266 页。

② 杨浩东、赵艺璇、王高峰：《数字经济背景下的研发人员性别结构研究：鸿沟加剧还是弥合》，《中国科技论坛》2023 年 4 月，第 178~188 页。

文化环境和政策环境。①

欧盟通过结构化改革，消除女性求职障碍。为了消除女性科技人才在求职过程中不平等现象，英国和爱尔兰对其多所高等教育机构的招聘程序进行修改，鼓励女性人才申请。以英国帝国理工大学为例，其生物科学学院在经过改革后，成功任职的女性占比从27%提升至67%。为了改变IT领域的女性人才数量少且增长缓慢这一现状，英国发起成立了女性编码学院，专门为女性学生提供无偿的IT类服务培训。捷克共和国的一所NGO组织为近2万名女性提供了数字化能力方面的培训，2/3的受培训女性在课程结束后进入IT领域工作。

3. 鼓励女性科技人才走向高层次，扩充管理层级女性科技人才队伍规模

从国际现状来看，女性科技人才呈现金字塔分布，初级职位女性人才过多，高层次女性科技人才数量偏低，高级职位的女性科技人才缺失，因此增加高层次女性科技人才的数量，提升女性科技人才的上升渠道至关重要。为改变这一现状，瑞士、荷兰、德国等国家通过为女性教授提供专门资金支持和其他倾斜性支持来助力女性走向"金字塔"顶端。例如，德国在2007~2017年，为女性设立了260个教授岗位。同时，德国政府创设奖金资助新任女性教授和吸引国际资深女科学家加盟。瑞士、比利时和立陶宛等国家则是在研究管理领域对女性人才进行定额，增加女性人才在管理决定层的席位。另外，在国外人才引进方面充分重视女性科学家的力量，搭建海外的女性科技人才国际交流平台网络。

欧盟国家鼓励女性科研人才参与工业合作，支持女性创业和商业领导力建设，搭建女性科技领导人才的发展阶梯通道。② 以色列创立学术与工业联合基金，专门指定青年女性科技人才参与与工业生产活动结合的研究项目，

---

① 叶京、魏华颖：《韩国女性科技人才政策的演进、成效及启示》，《全球科技经济瞭望》2022年第3期，第52~58页。
② 熊梓吟、王晴：《欧盟如何推动女性科技人才队伍建设：一个指标和六种案例》，澎湃新闻，2022年11月23日，https://m.thepaper.cn/baijahao_20724898，最后检索日期：2023年11月13日。

并鼓励女性投身于工业界的研发管理工作。希腊银行和欧洲投资银行联合注资 5 亿欧元为商业活动提供贷款，其中 1 亿欧元专门指定为女性创业家和女性领导力提供贷款。

4. 建立女性科技人才职业发展数据库

国外政策的出台，通常以实证数据为基础。2021 年，欧盟提出第九个框架协议（The European Union's 9th Framework Programme），斥资 955 亿欧元推动各领域女性科技人才的职业发展。为了科学监测女性科技人才发展动态和评估政策针对性，欧洲理事会开发了一系列反映女性科技人才群体发展的数据指标。其中，最具代表性为"她数据"（SHE figures），该数据测量范围涵盖潜在人才培育、人才求职、人才就业、工作条件、职业晋升、研发产出六大维度，较为全面地测量了欧盟地区的女性科技人才从职业萌芽阶段到职业发展阶段的总体质量，为后续政策制定提供实证和数据支持。[①] 我国相关的科研政策制定可以借鉴国外注重实证的手法，将性别观点嵌入所有计划和活动中，设立专门针对女性科技人才发展的数据库。

三 总结

促进科技领域性别平等是推动科学技术不断取得卓越成就的重要手段。科技领域的性别平等是提供可持续包容性增长、实现经济繁荣的基石。国内外都采用了一系列相关政策来推动女性科技人才的发展，具有重要的借鉴意义。

目前，我国女性 R&D 人员占总人数的比例呈现增长趋势，2021 年平均比例为 25.9%，相比 2012 年提高了 0.8 个百分点。我国女性 R&D 人员大都聚集在政治、经济、文化较为发达的东部地区，呈现"东多西少"的特点。从省份来看，东部地区的广东、江苏和浙江以强大的科技创新活力，吸引了

---

① European Commlssion, Directorate-General for Research and Lnnovation; She figures 2021-Gender in research and innovation-Statistics and indicators, Publications Office, 2021, https://data. europa. eu/doi/10. 2777/06090.

大量女性科技人才，女性 R&D 人员增长了近 3 倍，而北京和上海则以女性高层次人才的聚集为主。中部地区的安徽省女性科技人才发展势头良好，依托中国科技大学以及中国科学院系统的院所，集聚了一批优秀的女性科研工作者。西部地区的四川和重庆所在成渝经济圈的女性科技人才队伍规模较大，成都兼具创新创业氛围和高幸福指数，成为更多女性人才就业热门城市，重庆凭借西部科学城吸引了大批女性科技人才。虽然我国女性科研人员队伍庞大，但对比目前全球女性 R&D 人员 30% 的平均比例，中国处于中等偏下位置。

为解决女性科技人员在接受高等教育、科研表现与职务晋升等方面存在的问题，应充分借鉴国际经验，推进科技领域的性别平等。在培养政策方面，从招生入学到就业实现精准化女性科研人员培养流程，尤其是加强与数字经济密切相关的 STEM 领域人才培养。在使用方面，从职业早期适应阶段到职业维持与发展阶段，建立全方位的支持政策，着重针对生育后的职业生涯中断等特殊阶段，鼓励女性科技人才走向高层次。在复盘总结方面，设立女性科技人才发展数据库，定期发布女性科技人才培养质量和培养效果报告，持续改善科技人才政策，进一步提升女性科研竞争力。另外，女性的成才离不开其身处的区域经济环境和文化环境，区域间经济协调发展是各地区女性均衡发展的重要条件。因此，落后地区要积极学习发达地区经验，为中国女性科研人才"遍地开花"提供环境支持。

参考文献

董丽娟、徐飞：《中国女性科技人才政策的若干评价与思考》，《科学学研究》2016年第 2 期。

姜柏彤、蒋玉宏：《我国科技人才区域分布特征与变化趋势——基于 R&D 人员数据分析》，《中国科技人才》2021 年第 10 期。

肖军飞：《我国女性专业技术人员发展结构性研究——兼以湖北省为例》，《黑河学院学报》2011 年第 4 期。

熊梓吟、王晴：《欧盟如何推动女性科技人才队伍建设：一个指标和六种案例》，澎湃新闻，2022年11月23日，https：//m. thepaper. cn/baijiahao_ 20724898，最后检索时间：2023年7月15日。

杨浩东、赵艺璇、王高峰：《数字经济背景下的研发人员性别结构研究：鸿沟加剧还是弥合》，《中国科技论坛》2023年第4期。

杨丽：《大数据下的中国女性R&D人员群体状况计量分析》，《科技管理研究》2016年第12期。

杨孝丽：《我国女性科研人才学科及地域差异研究》，南京师范大学硕士学位论文，2015。

叶京、魏华颖：《韩国女性科技人才政策的演进、成效及启示》，《全球科技经济瞭望》2022年第3期。

张今杰、张冬烁：《科学研究中的女性"相对不在场"现象——自然科学中的性别不平等问题研究》，《科技进步与对策》2008年第1期。

中国科协调研宣传部、中国科协创新战略研究院：《中国科技人力资源发展研究报告（2020）：科技人力资源发展的回顾与展望》，清华大学出版社，2021。

附表 2011~2021 年中国各省（区、市）女性 R&D 人员数量

单位：人

省份	2021 年	2020 年	2019 年	2018 年	2017 年	2016 年	2015 年	2014 年	2013 年	2012 年	2011 年
广东	285207	263629	242621	233479	199245	160138	155186	135015	130690	124631	105593
江苏	265043	226407	222782	200280	189275	187357	173107	141950	142056	123919	102216
浙江	196594	191206	173930	156735	139175	128446	123749	100163	95204	87912	77576
山东	182659	139955	120658	139574	136877	128532	121049	106174	101483	94851	83448
北京	146000	152379	147982	138376	136525	124171	109723	114250	109747	109075	100727
上海	98290	91213	81307	78611	73298	70267	66899	60617	59526	55311	51731
福建	94631	74700	69607	64964	55775	55032	47919	42854	41794	38733	31859
河南	90122	77922	73988	64258	65092	60479	58657	51313	47921	41391	36504
湖北	86362	74701	71101	64183	59255	55027	54300	50206	49278	43025	36548
湖南	82256	70409	65005	59448	53593	49406	45825	36772	34995	32901	29117
四川	82227	75763	70156	67556	67167	60534	56952	55809	42216	40315	34510
安徽	78742	62136	55269	51810	48395	43042	42272	38300	37133	30621	24480
河北	59954	53582	51201	50039	52081	50094	47560	43488	39810	36217	32280
辽宁	54562	51708	46015	45703	42944	42185	41795	42832	40841	40240	37422
重庆	51770	43974	42671	40236	34203	29173	25292	22410	21156	19046	17468
陕西	50471	46723	44598	42152	44392	41956	38038	39234	37404	34479	30266
江西	47909	46255	41131	31887	25738	24017	20414	18583	17503	14499	14119
天津	45753	39054	39435	45392	46317	48578	48131	39329	38256	33927	30912
广西	34025	27142	26698	24972	23445	21837	20198	17558	18575	17418	17108
吉林	31598	28301	27409	25453	31121	30393	30338	28244	27300	26379	24001
云南	29605	29539	28854	26846	25698	23953	22089	17325	15967	15211	13506
黑龙江	24341	22682	22970	22392	23759	25164	25461	28079	27762	25957	25410
山西	23541	23889	21185	20957	21026	19688	19289	19175	19294	18767	17519
贵州	21057	19459	18262	16836	14991	13473	12290	11730	11588	9629	8130
甘肃	15551	12902	12370	11462	12563	11529	11575	10452	9455	9007	7863
内蒙古	14943	13983	12062	12710	14974	16221	15543	14052	14089	12063	11317
新疆	11254	9646	9006	9469	10219	11921	11399	10325	9094	8999	7800
海南	7861	5387	5315	5140	4698	4708	4222	3382	3658	3228	2413
宁夏	7775	5847	5764	5787	5022	4939	4462	4345	3926	3699	3046
青海	2716	2303	3020	2644	2690	2172	1900	1895	1885	1926	1924
西藏	1165	1067	1156	889	863	800	642	713	683	651	569

资料来源：2012~2021 年《中国科技统计年鉴》。

B.11
科协组织服务女科技工作者现状与思考

吕科伟*

摘　要： 中国科学技术协会作为科技工作者的群众组织，非常重视女科技工作者工作。设立专门机构，围绕女科技工作者的成长与发展，组织开展了大量卓有成效的工作。随着科技和社会的发展，女科技工作者成长发展过程中也面临着新的困难和挑战。科协组织要针对女性科技工作者现实需求，充分发挥组织优势，对女科技工作者提供多方面的支持和帮助。

关键词： 女科技工作者　中国科协　科协组织

中国科学技术协会（以下简称"中国科协"），是中国科学技术工作者的群众组织，是中国共产党领导下的人民团体，是党和政府联系科学技术工作者的桥梁和纽带，是国家推动科学技术事业发展的重要力量。中国科协由全国学会、协会、研究会，地方科学技术协会及基层组织组成；地方科学技术协会由同级学会和下一级科学技术协会及基层组织组成。科协组织指中国科协及所属全国学会。科协组织设立女科技工作者专门服务机构，围绕女科技工作者的成长与发展，开展了大量卓有成效的工作。

一　科协组织女科技工作者服务机构建设概况

中国科协作为科技工作者的群众组织，为女科技工作者服务是中国

＊ 吕科伟，中国科协创新战略研究院副研究员，博士，研究方向为科技群团、科技人才。

科协的职责和使命。中国科协建立完善女科技工作者服务机构及机制，中国科协常委会设有女科技工作者专门委员会；团体会员有中国女科技工作者协会，专门致力于女性科技工作者的成长和发展，并支持其组织发展壮大。中国科协推动在全国学会中设立女科技工作者工作委员会，以服务女性会员。

（一）中国科协常委会女科技工作者专门委员会

根据《中国科学技术协会章程》和《中国科学技术协会全国委员会常务委员会工作规则》，在深入调查研究和广泛征求意见的基础上，经中国科协七届八次常委会议审议通过，中国科协七届常委会增设女科技工作者专门委员会，协助常委会审议有关事项和开展工作。之后历届常委会均设女科技工作者专门委员会（以下简称"专委会"）。

专委会的主要工作职责包括：研究制定促进女科技工作者成长与发展的工作目标、重点任务并指导实施；审议中国科协开展女科技工作者工作的规划、年度工作计划；积极推动女科技工作者开展国内学术交流活动；推广普及科学技术知识，促进女性科学素质的提高；开展女科技工作者状况调查并提出相关政策建议，维护女科技工作者合法权益，反映女科技工作者的呼声要求；推动科协系统女科技工作者团体的组织建设，为加强女科技工作者队伍建设服务等。

近年来，专委会在中国科协常委会的领导下，定期组织相关活动，团结引领女科技工作者听党话、跟党走，助力女科技工作者建功立业，努力为全面建成社会主义现代化强国贡献巾帼力量。

（二）中国女科技工作者协会

中国女科技工作者协会由全国女科技工作者志愿组成，是党和政府联系女科技工作者的桥梁和纽带，是中华妇女联合会和中国科协的团体会员，是依法登记的全国性、非营利性的社会团体，办事机构设在中国科协。中国女科技工作者协会的前身为中国女科技工作者联谊会，成立于1993年7月；

2007 年 10 月经民政部批复，中国女科技工作者联谊会更名为中国女科技工作者协会。

中国女科技工作者协会的宗旨是：促进女科技工作者队伍的成长与发展，推动女科技工作者全面参与社会发展；加强与国内外科技妇女团体的交流与合作，提高综合素质，提升我国女科技工作者在科技创新和社会发展中的作用和地位。

中国女科技工作者协会自成立以来，大力加强组织建设，着力发展个人会员和团体会员，建立地方分支机构，围绕促进女科技工作者的成长与发展，搭建学术交流平台，组织一系列主题丰富、形式多样的继续教育培训和科技论坛活动，为女性科技工作者发展提供场站服务。中国女科技工作者协会（以下简称协会）积极开展女科技工作者状况调查和课题研究，主动加强同国外女性科技团体的交流合作。中国女科技工作者协会的活动受到广大女科技工作者的热烈欢迎，其对女科技工作者的吸引力、凝聚力不断增强。

二　科协组织服务女科技工作者现状分析

（一）团结引领广大女科技工作者奋进新征程

科协组织加强对女科技工作者思想政治引领，发挥桥梁纽带作用，致力于将广大女科技工作者团结在党中央周围，为完善国家创新体系，加快建设科技强国，实现高水平科技自立自强贡献巾帼智慧与力量。

1. 发挥桥梁纽带作用，团结引领科技工作者

党的二十大召开后，为引领广大女科技工作者深入学习贯彻党的二十大精神、在加快推进中国式现代化中更好发挥作用，中国科协召开女科技工作者学习贯彻党的二十大精神座谈会。联合中央党校等单位举办高层次科技领军人才学习贯彻党的代表大会精神专题研修班，邀请部分女科技工作者作为学员参加研修。

2019 年 6 月，中共中央办公厅、国务院办公厅联合印发了《关于进

一步弘扬科学家精神加强作风和学风建设的意见》。中国科协常委会女科技工作者专门委员会在中国航发北京航空材料研究院举办"新时代科技女性践行和弘扬科学家精神"座谈会，来自多个领域的女性科技工作者相聚一堂，畅谈成长历程，接力精神火炬，共话新时代科技女性的新担当、新使命。

2021年3月，由中国女科技工作者协会主办的女科技领军人才研修班在宁波举行。培训期间60余名女科技领军人才学员们除接受理论授课外，还深入宁波市的高校、企业和新型研发机构等进行实地考察对接。培训班得到参与者的广泛好评，达到了提高政治站位、培养大局意识的目标。

2. 开展女科技工作者主题宣传，坚定理想信念

在2021年"三八"国际劳动妇女节到来之际，中国科协常委会女科技工作者专委会组织开展"科技自立自强，奋斗有我巾帼"主题活动，激发广大女科技工作者的工作潜能，邀请屠呦呦、陈薇、向巧、乔杰等女科学家献上"三八"节寄语，引领女性为科技自立自强贡献力量，在全面建设社会主义现代化国家新征程上作出新的更大贡献。

2022年3月，中国科协十届常委会女科技工作者专委会、中国女科技工作者协会联合推出《她有一种力量》科技女性形象宣传片。王亚平、梁建英、次旦央吉、郭素萍、张弥曼、李静等六位科技女性闪亮登场，分别从热爱的力量、创新的力量、守护的力量、初心的力量、执着的力量、专业的力量等不同角度，展示自信、向上、知性、阳光、执着的新时代科技女性形象，以此向全国广大女科技工作者致敬，激励女科技工作者踔厉奋发，笃行不怠，巾帼不让须眉，撑起科技进步与科技为民的"半边天"。

2023年5月30日中国第七个"全国科技工作者日"来临之际，中国科协常委会女科技工作者专委会拍摄制作《如愿》女科技工作者主题MV，展现新时代中国科技女性大力弘扬科学家精神，立足岗位实干担当，面向世界科技前沿勇攀高峰、面向经济主战场创业创造、面向国家重大需求聚智献力、面向人民生命健康勇担使命，坚定科技自立自强信念、奋勇实现中华民族伟大复兴伟大梦想的家国情怀和巾帼风貌。希望全国广大女科技工作者紧密团结在以习近平同志为核心的党中央周围，坚定信心、奋勇前行，在全面建设社会主义现代化国家的伟大征程中继续贡献巾帼科技力量、再立新功。

3. 以项目形式推进对女科技工作者的团结引领

为贯彻落实中央人才工作会议和《关于实施科技创新巾帼行动的意见》《支持女性科技人才在科技创新中发挥更大作用的若干措施》等文件精神，加强女科技工作者组织建设，广泛团结联系服务女科技工作者，进一步激发女科技工作者创新创造活力，中国科协组织开展女科技工作者团结引领系列活动，通过申报评审方式遴选确定承担单位，并给予经费支持。

中国科协通过"中国科协巾帼科技领军人才国情考察暨服务地方行"活动，积极引导科技女性了解世情国情党情、服务基层，不断增强使命感责任感，把广大科技女性团结在党的周围，激发创新创造热情，以奋发有为的精神状态和卓有成效的工作业绩服务经济社会发展。该活动依托相关红色教育和科技产业集聚资源，将理论学习与实地考察、现场教学有机结合，服务巾帼科技领军人才准确把握世情国情党情科情，以更大的热情和激情投身科技强国建设。

（二）营造支持女性科技人才成长和发展的政策环境

长期以来，中国科协始终高度重视发挥女科技工作者的重要作用，把为女科技工作者提供优质高效服务作为重要职责，推动出台和落实有利于女科技工作者成长发展的政策措施。

2021年4月，由全国妇联、科技部、国务院国资委、全国总工会、中国科协、中国科学院、中国工程院7部门共同发起"科技创新巾帼行动"，研究制定了《关于实施科技创新巾帼行动的意见》。该意见从强化责任担当、大力弘扬科学家精神、矢志不移自主创新等8方面做出重要规划，激励广大女科技工作者坚持"四个面向"，弘扬科学家精神，支持其在自主创新、科技自立自强、建设科技强国中发挥"半边天"重要作用，为全面建设社会主义现代化国家贡献巾帼力量。

2021 年 6 月，科技部、全国妇联、教育部、工业和信息化部、人力资源和社会保障部、国家卫生健康委、国资委、中国科学院、中国工程院、中国社会科学院、全国总工会、中国科协、国家自然科学基金委研究制定了《关于支持女性科技人才在科技创新中发挥更大作用的若干措施》，以进一步激发女性科技人才创新活力，更好发挥女性科技人才在推动创新驱动发展、实现高水平科技自立自强、建设世界科技强国中的重要作用。

2015 年 4 月，为贯彻落实《国家中长期人才发展规划纲要（2010—2020 年）》，充分发挥女性高层次科技人才在实施创新驱动发展战略中的作用，引领激励广大女科技工作者为实现中国梦贡献智慧和力量，中国科协办公厅印发了《关于发挥全国学会作用促进女性高层次科技人才成长的通知》，从推动提高女性高层次科技人才的任职比例、鼓励设立女科技工作者委员会、举办适合女科技工作者学术活动等方面提出了指导性意见。

（三）搭建女科技工作者成长成才和更好发挥作用的平台

科协组织充分发挥科技团体优势，组织女科技工作者开展学术交流和培训，持续举办女科学家高层论坛、女科学家走基层活动，发挥女科学家作用为地方经济社会发展服务。中国科协及所属全国学会在重要学术活动中开辟女科学家论坛或开展女性学术活动。凡是成立了女科技工作者委员会的全国学会均积极响应，开辟了女性论坛或女性专题学术活动。

1. 持续举办女科学家论坛品牌活动

从 2008 年开始，科协组织以中国科协年会为依托，集结各行各业女科技工作者优势，持续举办女科学家高层论坛。聚焦科技女性与创新发展机制和环境、青年女科技工作者成长成才等内容，助力科技女性立足本职，勇攀高峰，在国家创新驱动发展战略中找准定位、贡献力量。女科学家高层论坛已成为科协组织的一项品牌活动，越来越受到广大女科技工作者的关注和欢迎。

2. 搭建女科技工作者交流平台

2021 年 10 月，由中国科协发起，中国女科技工作者协会主办的海峡两岸暨港澳青年女科学家论坛在南方科技大学举行。论坛以"海洋资源调查、环境保护与生态修复中的她力量"为主题。此次论坛吸引了来自中国科学院海洋研究所、自然资源部第二海洋研究所、北京大学、复旦大学、厦门大学、香港大学、澳门大学、台湾大学等中国内地及港澳台高校院所百余位海洋领域青年女科学家和学者线上线下参加，围绕海洋资源、环境与生态领域中的前沿交叉科学问题展开交流、研讨，共绘海峡两岸海洋强国蓝图，促进大湾区海洋生态环境健康发展。此外，论坛还组织了深圳龙头高科技企业腾讯的参观及在大鹏新区的向海而兴分论坛等活动，就海洋塑料垃圾问题及治理展开调研及讨论，促进社会各界通力合作，保障深圳海洋生态环境健康，助力大鹏新区实现建设世界级滨海生态旅游度假区的"十四五"战略目标。

2023 年 5 月，中关村论坛在成功创办 13 届后，首次开设女性平行论坛——科技女性创新论坛，面向全球科技女性搭建沟通对话和交流协作的国际化高水平开放平台，集中展示前沿科技领域女性的卓越风采和取得的突出成就。中国科协是主办方之一。论坛以"前沿科技她力量"为主题，发出"前沿科技她力量携手一起向未来"科技女性创新论坛倡议，呼吁全球科技女性更加广泛深入参与到科技创新事业中去，共同推动全球科技创新协作，共同塑造科技向善理念，共同以科技进步增进人类福祉。

（四）表彰奖励女科技工作者

中国科协及所属学会设立女科技工作者专门奖项，如中国青年女科学家奖、未来女科学家计划、女科技工作者社会服务奖和中国女医师协会五洲女子科技奖。此外，在中国青年科技奖、最美科技工作者、全国创新争先奖评选中大力表彰女科技工作者。支持鼓励全国学会、地方科协广泛开展包括女性科技人才在内的表彰奖励，激发创新热情，激励人才成长。[①] 中国青年科

[①] 黄园淅、赵奋加：《我国女性科研人员发展现状、挑战及政策演变》，《中国科学基金》2018 年第 6 期，第 625 页。

技奖截至 2022 年已开展 16 届，共 1595 名获奖者中有 216 名女科学家。在科技奖项评选中推动放宽对女科技工作者年龄限制，如中国青年女科学家奖的候选人年龄从 40 周岁放宽至 45 周岁，中国青年科技奖的女性候选人年龄也相应地从 40 周岁放宽至 45 周岁。

1. 中国青年女科学家奖

中国青年女科学家奖由中国科协、全国妇联、中国联合国教科文组织全国委员会共同主办，旨在表彰面向世界科技前沿、面向经济主战场、面向国家重大需求、面向人民生命健康，在相关科技创新领域做出突出贡献的青年女科技工作者和团队，激发广大女科技工作者的创新创业创造热情，大力弘扬科学家精神，为加快建设世界重要人才中心和创新高地、实现高水平科技自立自强贡献智慧和力量。

中国青年女科学家奖评选周期为 1 年，至 2023 年已开展 18 届，共有 184 位女科学家和 15 个科技工作者团队获此殊荣，获奖者活跃在科学研究和技术创新一线，瞄准学科发展前沿，在各自的研究领域取得了丰硕成果，是广大女科技工作者中的优秀代表。其中谢毅、黄如、于吉红、曹晓风、陈化兰、王小云、吴骊珠、朱美芳、陈薇等当选为两院院士。

自 2015 年起中国科协设立未来女科学家计划，是欧莱雅-联合国教科文组织设立的"世界最具潜力女科学家奖"在中国的发展和延伸。"未来女科学家计划"作为"中国青年女科学家奖"的延伸，也在为中国的科学事业不断输送新鲜血液。"未来女科学家计划"评选出的女性科研人员，将择优推荐入选者作为"世界最具潜力女科学家奖"中国区域候选人。

2. 女科技工作者社会服务奖

2015 年 6 月起，中国女科技工作者协会设立"女科技工作者社会服务奖"。该奖以精神鼓励为主，并辅以一定额度的奖金，专门用于奖励积极参与社会服务工作，并做出突出成绩，取得实际效果，社会反响良好的协会个人会员和单位会员。旨在鼓励广大女科技工作者发挥所长、勇于创新，积极服务基层、服务公众、服务环保、服务企业、服务女性及服务社会其他方面，鼓励和支持广大女科技工作者在实施创新驱动发展战略中发挥更大作用。首届"女科技工作者社会服务奖"获奖机构是福建省女科技工作者协会。

3. 中国女医师协会五洲女子科技奖

经科学技术部批准，中国女医师协会于 2008 年正式设立中国女医师协会五洲女子科技奖，对在医药卫生领域做出卓越成绩的女性科技工作者进行表彰。该奖项每两年评选一次，旨在奖励医学科学技术进步中做出突出贡献的女医务工作者，激励更多女性投身医学科学事业，在医学科学技术领域不断创新、发展。此奖项是面向全国女医师工作者的终身荣誉科学奖，一人只能获得一次。自奖项设立伊始至 2022 年底，中国女医师协会已完成了七届评审工作，获奖者为 174 人，她们已成为中国医学发展的中坚力量。

（五）支持女科技工作者参与国际交流与合作

中国科协支持女科技工作者参与国际交流并支持鼓励女科学家在国际学术组织中任职。加强与国外女性科技团体的广泛交流与合作，让我国更多的女科学家特别是青年女科学家在国际科技舞台上崭露头角。打造中日韩女科学家论坛等品牌活动，依托世界科技与发展论坛、世界顶尖科学家论坛等国际性平台举办女科学家论坛，助力女科技工作者参与国际交流。

中日韩女科学家论坛。2008 年，中国科协女科技工作者协会、日本女工程师与科学家国际网络和韩国女科技工作者联合会共同签署了关于三国轮流举办该论坛的"谅解备忘录"。中、日、韩三国科技女性团体轮值在本国举办"女性与科技"女科学家论坛，各派代表团参加。论坛围绕性别平等、女性在科技领域领导力、促进女性发展的政策实施等主题广泛交流，相互借鉴了经验，同时也进一步加深了中、日、韩三国女科学家、科技工作者间的友谊与合作。

2022 年 9 月 2 日，以"科技女性·共创未来"为主题的中日韩女科学家论坛在中国科技会堂举办。论坛采取线上线下相结合的形式举办，历届中国青年女科学家奖获奖者代表，教育部、中国科学院及中国科协有关部门领导，高校、科研院所女性科技领军人才代表以及日韩在华科研机构代表等 40 余人线下出席。论坛通过央视网海内外多平台面向全球双语直播，产生较大影响。

（六）加强调查研究为相关决策提供参考

调查研究是服务好女科技工作者的基础。中国科协高度重视调查研究工作，充分发挥组织和渠道优势，深入基层一线，开展女科技工作者状况调研，为推动促进女科技工作者成长政策的出台奠定基础。

1. 女科技工作者状况调查

开展科技工作者状况调查是科协履行好桥梁纽带职责的要求，是科协工作的一项重要制度安排。调查对于了解科技工作者队伍在工作、生活、继续教育、社会参与等方面的状况与需求，反映呼声诉求，维护合法权益，为党和政府制定有关政策提供参考，具有重要意义。中国科协至今已开展了四次（2003 年、2008 年、2013 年和 2017 年）全国科技工作者状况调查。调查有性别视角，并有持续性，对了解我国女科技工作者队伍发展情况，以及女科技工作者在职业发展、科研活动、学习交流、社会参与等方面的新情况、新变化和新问题，具有重要作用。2017 年 7~8 月开展的第四次全国科技工作者状况调查，依托全国 516 个科技工作者状况调查站点进行，覆盖全国除港澳台地区以外的 31 个省（区、市）和新疆生产建设兵团，涵盖高等学校、科研院所、企业和县域基层单位的科技工作者群体，此次调查共回收问卷 48099 份，其中女性样本 22115 份。[①] 以"团结引领科技工作者，服务高水平科技自立自强"为主题的第五次科技工作者状况调查正在进行，将全面描绘新时代我国科技工作者队伍整体面貌，呈现党的十九大以来科技人才队伍的新变化、新特征、新气象，为党和政府制定科技、人才政策提供参考和依据。

2. 女性科技人才的统计和测算

中国女科技工作者或科技人才队伍一直缺乏完整的统计数据，这给相关工作造成一定阻碍。中国科协一直关注女性科技人才队伍的发展状况，对所属领

---

① 全国科技工作者状况调查课题组：《第四次全国科技工作者状况调查报告（2017）》，科学技术出版社，2018，第 28 页。

域女性科技人才进行统计并对女性科技人力资源总量进行测算，通过《中国科学技术协会 学会 协会 研究会统计年鉴》和《中国科技人力资源发展研究报告》进行统计和发布。中国科协每年发布的《中国科学技术协会 学会 协会 研究会统计年鉴》中，对全国学会个人会员及女性会员情况进行统计，并对全国理科、农科、工科、医科和其他学会进行分类统计，还对全国学会理事会理事及女性理事人员数量进行分学科统计。自2010年起每隔两年发布《中国科技人力资源发展研究报告》，2010年、2013年、2016年、2018年、2020年、2022年中国科协分别发布《中国科技人力资源发展研究报告（2010）：科技人力资源与区域经济发展》《中国科技人力资源发展研究报告（2012）：科技人力资源与战略性新兴产业》《中国科技人力资源发展研究报告（2014）：科技人力资源与政策变迁》《中国科技人力资源发展研究报告（2016）：科技人力资源与创新驱动》《中国科技人力资源发展研究报告（2018）：科技人力资源的总量、结构与科研人员流动》《中国科技人力资源发展研究报告（2020）：科技人力资源发展的回顾与展望》，其中均有专门章节介绍女性科技人力资源的总量、比例等基本情况，并对其发展状况和问题进行分析。

根据历年《中国科技人力资源发展研究报告》测算的数据，以符合"资格"条件的女性人力资源为指标进行统计，女性科技人力资源的总数由2005年的1437万人上升到2019年底的3997.5万人，占具备"资格"的科技人力资源的40.1%。[①] 由于高等教育是科技人力资源来源的主要渠道，女性毕业生对科技人力资源中女性的数量和比例有重要影响。2015～2019年，我国高等教育招生（不含高自考）中女性比例总体稳定在53%以上，预计未来女性科技人力资源的总量和比重有望进一步提升。

3. 中国女科技工作者队伍现状分析

党的十八大以来，在党和政府的高度重视和支持下，我国女科技工作者

---

① 中国科协调研宣传部、中国科协创新战略研究院：《中国科技人力资源发展研究报告（2020）：科技人力资源发展的回顾与展望》，清华大学出版社，2021，第56页。

队伍不断壮大,大批女性活跃在科技工作的各个方面,成为建设创新型国家和世界科技强国的重要力量。一些优秀的女性科学家跨进前沿科技领域,并取得丰硕成果。2015 年屠呦呦获诺贝尔科学类奖项;2017 年刘红担任"月宫一号"总设计师。张弥曼和胡海岚分别获得 2018 年和 2022 年"世界杰出女科学家奖",截至 2023 年中国共有 7 位科学家获得世界杰出女科学家奖。特别是在抗击新冠疫情最紧要的时刻,女科技工作者勇担使命,充分展示了巾帼力量。陈薇等优秀女科学家,成为时代楷模。中国女科技工作者用自己的智慧和行动,勇敢应对挑战、努力攻克难关,用"她力量"撑起了中国科技的"半边天"。

女性在科技领域中所占比例虽然不断增加,但仍存在"高位缺席"现象。例如:2016 年国家自然科学奖、国家技术发明奖、国家科学技术进步奖等三大奖项中,得奖人共 1814 人,其中女性仅 269 人,占比为 14.8%;2018 年中国科学院院士共有 790 人,女性院士仅占 6%。女性科技工作者在科技活动决策过程中的话语权仍不够充分,例如,2010~2017 年,国家自然科学基金评议专家中女性比例仅为 13.3%,2017 年全国学会女性理事仅占 14.2%。

除了高层次科技群体中女性占比较低以外,女性科技人才还存在学科分布上的不均衡。2016 年国家培养本科层次科技人力资源中理学、工学、农学、医学学科中女性占比分别为 49.9%、29.9%、53.4% 和 59.6%。① 从具体学科分类来说,女性科技人才主要集中在生物学和临床医学领域,而从事天文学、力学等自然科学,机械工程、能源科学技术等工程技术学科的女性比例依然较少。

4. 开展科技工作者专项调研

科协组织围绕女性科技人才成长规律、女性科技人才成长影响因素开展调查研究,为相关政策建议提供依据。中国科协对中国青年女科学家奖获得者进行跟踪调查,并积极配合全国政协科协界提案开展专项调查研究,完成了全国政协科协界"更好发挥女科技工作者作用"提案调研,为完善女性

① 中国科协调研宣传部、中国科协创新战略研究院:《中国科技人力资源发展研究报告(2020):科技人力资源发展的回顾与展望》,清华大学出版社,2021,第 64 页。

科技人才成长环境提供了基础。近年来，中国女科技工作者协会组织开展了"女科技工作者成长影响因素"和"科技女性孕哺两期对职业影响"、"企业女工程师和女科技工作者状况调查"等课题研究，旨在通过课题研究，提出可操作性的政策建议，为促进女性科技人才的成长和发展营造良好的政策环境。

（七）关爱女科技工作者打造女科技工作者之家

中国科协关爱女科技工作者身心健康，组织开展形式多样的文化宣传和健康活动，寓教于乐，丰富女科技工作者生活。

1. 开展"女科学家乐跑健走"活动

自 2012 年以来，每年由中国科协举办春、秋两季"女科学家乐跑健走"活动，深受众多女科技工作者的欢迎，参与的人员越来越多。中国女科技工作者协会在上海、吉林、重庆、河南的单位会员也先后在当地组织开展此项活动，进一步扩大了活动范围和影响。活动为大家强身健体、丰富文化生活、促进沟通与交流、增进感情提供了机会。

2. 举办"科学与艺术——相约三八国际妇女节主题音乐会"

音乐会是中国女科技工作者协会联合中央音乐学院开展的品牌活动，旨在为女科技工作者提供一个相聚、交流、沟通的机会，也为大家带来一场文化、艺术上的欣赏和享受，密切科学与艺术的联系，促进科学与艺术相互交融和共同发展。

（八）营造女科技工作者成长成才的良好社会氛围

科协组织致力于大力宣传女科学家事迹，推动形成尊重知识、尊重女性的良好社会风尚。

1. 弘扬科学家精神，营造重视女性科技工作者的社会氛围与工作环境

科协组织大力宣传女科学家的崇高品格、感人事迹和科技成就，展示女性科技工作者的风采。通过主流新闻媒体对女科学家的先进事迹进行深入报道，反映鲜活的科研成果和多彩人生；向社会宣传了中国女科技工作者在科

技发展中的成就，充分展现了女科技工作者对科技工作的创新和热情，肯定成绩，激励人心。拓宽对女科学家的宣传渠道，扩大女科学家的社会影响，营造女科技工作者成长成才的良好社会氛围。

2. 开展女科学家进校园活动，弘扬科学精神

为帮助女大、中学生树立正确的人生观、价值观，激励她们自强自立、热爱科学、献身科学，协会多年来持续举办"女科学家进校园"品牌活动。通过女科学家结合自身成长经历作精彩报告，并与大学生面对面交流互动，回答师生的提问，引导更多的女性热爱科学，积极投身科技事业。

中国女科技工作者协会举办的"她·未来"——西部女童科技教育活动，旨在提高中西部女学生对于科学学科的兴趣。通过科普讲座、红色诵读、学生与女科学家面对面交流、互动科学课等形式，带领在校女学生体验弘扬科学精神的科普互动体验之旅。5年来"她·未来"系列活动成功举办，产生了良好的社会影响。

3. 通过学科竞赛激发女学生科学兴趣

全国青少年科技创新大赛是由中国科协、教育部、科技部、生态环境部、国家体育总局、国家知识产权局、国家自然科学基金会、共青团中央、全国妇联共同主办的一项全国性的青少年科技竞赛活动，每年约有1000万名青少年参加不同层次的活动，女学生参与积极。中国数学会创办的中国女子奥林匹克每年举行一届，此项活动的宗旨是为女同学展示数学才华与才能搭设舞台，增加女学生学习数学的兴趣，提高女学生的数学学习水平，促进不同地区女学生相互学习。每年组织200名女学生参加。中国物理学会举办的全国中学生物理学科竞赛，从省赛到全国赛都设有"女生最佳奖"。

三　思考与建议

科协组织在服务女科技工作者方面做了大量卓有成效的工作，但也存在组织覆盖面还不够广、活动方式不够新、活动影响力还不够大等问题。随着科技与社会的发展，女科技工作者会面临一些新的形势。科协组织要针对中央要求及科技工作者的需求，发挥组织优势，切实推动解决女科技工作者面临的各种实际困难和问题，对女科技工作者提供支持和帮助。

（一）女科技工作者成长发展过程中面临新的挑战

随着科技和社会的发展，面向实现高水平自立自强，建设世界科技强国的新征程，学术劳动力市场的竞争也日趋激烈。一些大学和科研院所已开始在科研人员聘用时试行"非升即走"制度，要求研究人员在一定聘期内完成职业晋升等，否则就转岗甚至解聘。而在面临更为激烈的学术竞争的同时，女性科学家，尤其是处于职业生涯早期的女性科学家还承担着因全面三孩生育政策来自家庭的压力，家庭与事业之间的矛盾更为突出。新形势的变化既为女性科学家的成长带来了新的机遇，也带来了新的挑战。

1. 女性科技人员的进修需求较为强烈，培训或学术交流机会不够充分

2017年全国科技工作者状况相关调查显示，女性科技人员对进修需求相对更为强烈。79.3%的女性表示非常需要或比较需要进修或学习，其中30~39岁的女性对进修学习的需求最强，占比为84.0%。从实际情况看，50.0%的女科技人员在过去一年参加过单位组织或出资的业务/技术培训，还有29.0%的女性利用业余时间自费参加过培训。34.9%的女性科技人员反映缺乏业务/学术交流是当前工作中遇到的主要困扰，跟不上知识更新速度的占34.4%。另外有25.7%反映职称/职务晋升难。女性科技人员反映的这三类工作困扰均高于男性科技工作者（32.4%、32.8%和25.0%）。[①]

2. "非升即走"制度使得女科学家面临竞争加剧

科协组织要继续学术劳动力市场的容纳力是相对稳定的，这导致国内学

[①] 全国科技工作者状况调查课题组：《第四次全国科技工作者状况调查报告（2017）》，科学技术出版社，2018，第412页。

术劳动力市场的竞争也日趋激烈，国内一些大学和科研院所已经开始在科研人员聘用时实行"非升即走"制度，该制度要求研究人员在一定聘期内接受考核、完成职业晋升，否则就转岗甚至离职。[①] 这一制度在激发研究人员创新活力、更有效地筛选科研人才的同时，也给科研人员带来了更大的压力。

3. 多孩生育政策使得女科学家更难兼顾事业与家庭

2015 年 10 月中共十八届五中全会公报指出，促进人口均衡发展，坚持计划生育的基本国策，完善人口发展战略，全面实施一对夫妇可生育两个孩子政策，积极开展应对人口老龄化行动。2021 年 8 月 20 日，全国人大常委会会议表决通过了关于修改人口与计划生育法的决定。修改后的人口计生法规定，国家提倡适龄婚育、优生优育，一对夫妻可以生育三个子女。三孩政策将对部分女性科研人员的研究工作产生较大影响，使其更难兼顾事业与家庭。二孩生育政策的实施无疑会使女性科学家，尤其是处于职业生涯早期的年轻女性科学家面临更加严峻的家庭－事业矛盾。[②]

4. 女性科学家在"科研社会资本"的积累上处于劣势

现代社会中的科学研究与创新活动已不再是少数天才独立思考和探索的活动，而更多地依赖于研究者与其他行动的互动及由这种互动形成的社会网络，有学者将这种有利于创新的交流互动网络称为推动科研和创新的"社会资本"。[③] 从调研看，女性科学家在科研网络建立和科研社会资本的积累上明显处于劣势，这对其项目申请、团队建设及职业发展都构成了长远的不利影响。女性科学家希望在组织层面和社会网络层面获得更多支持。

① 于巧玲、邓大胜、史慧：《女性科技工作者现状分析——基于第四次全国科技工作者状况调查数据》，《今日科苑》2018 年第 12 期，第 88 页。
② 张明妍、陈光、孙明杉、吕伟伟：《企业女工程技术人员发展现状、问题及对策》，《科学学研究》2022 年第 12 期，第 2240 页。
③ 赵延东、肖为群：《论创新型国家的社会结构基础：为创新积累社会资本》，《科学学研究》2009 年第 1 期，第 128 页。

（二）对策建议

1. 为女科技工作者服务，营造女性科技人才成长的良好环境

支持女性科学家成长是一项长期的、复杂的社会系统工程，需要政府、科学界和全社会的共同参与和努力，也需要根据形势变化不断调整政策。科协组织要进一步推动国家、社会关注和帮助女性科技人才成长，推进相关支持女科技工作者政策的出台和落实，对孕哺等支持女性科技人才政策的落实情况进行跟踪评估。开展女科技工作者状况调研，听取呼声建议，完善女性科技人才评价激励机制，优化女性科技人才发现、成长、支持机制，为广大女性科技人才人生出彩和梦想实现营造更好环境，培养造就更多高层次女性科技人才。

2. 搭建平台，助力女性科技工作者学术成长

科协组织要继续搭建学术交流平台，举办中国青年女科学家论坛和青年科学家沙龙，聚焦科技前沿，助力女科技工作者勇攀科技高峰。推进在科协组织举办的重大会议增加女性大会主席、主持人和主要学术报告人的数量，鼓励设立女性专场。加强高层次女性科技人才领导力培训。

3. 积极帮助女性科学家扩大其科研交流合作网络，积累科研"社会资本"

科研"社会资本"已经被许多研究证明对科研人员的成长发展有特别重要的作用。科协组织要积极帮助女性科学家扩大其科研交流合作网络，积累科研"社会资本"。

要继续在所属学会逐步提升常务理事、学会负责人、会员以及代表中的女性比例，鼓励设立女科技工作者专门委员会，扩大女科技工作者的朋友圈。

4. 支持女科技工作者参与国际科技交流与合作

中国科协一直是中国民间科技交流的主渠道。科协组织要积极融入全球创新体系，与国际组织及相关国家的科学组织合作，共建全球女性科学家开放交流、团结合作的桥梁和平台。需要一如既往地支持女科技工作者广泛参与国际性科技交流和合作，在参与前沿攻关、加强国际合作中彰显女性智

慧。支持女科技工作者在国际科技组织任职。

5. 在提升科学素养中彰显女性作用

科协组织是科普的主力军。科普工作中,发挥女性科技人才思维细腻、认真负责的优良品质,支持其在科学传播中发挥更大作用,为以中国式现代化全面推进中华民族伟大复兴贡献巾帼力量。

B.12
新时代媒体引导女性参与科技强国
建设路径和优化策略

蔡双喜 杨一帆*

摘 要： 如何引导新时代女性参与科技强国建设，是媒体需要关注和探索的重要议题。本报告以国内最具权威性和影响力的女性主流媒体——中国妇女报为例，选取 2012 年 1 月 1 日至 2023 年 7 月 31 日作为研究时段，以"妇女"和"科技"作为关键词在中国妇女报数字报中检索样本，并选取中国妇女报部分融媒体产品作为研究对象，在此基础上探析媒体引导新时代女性参与科技强国建设路径，并提出新时代媒体引导女性参与科技强国建设的优化策略。

关键词： 中国妇女报 媒体引导 女性参与 科技强国 优化策略

科技自立自强是国家强盛之基、安全之要。党的十八大以后，以习近平同志为核心的党中央创造性提出创新是第一动力、全面实施创新驱动发展战略、建设世界科技强国、加快推进科技自立自强，我国进入创新型国家行列。2016 年，习近平总书记在全国科技创新大会、两院院士大会、中国科协第九次全国代表大会上号召建设世界科技强国，成为世界主要科学中心和创新高地。2021 年，习近平总书记在两院院士大会和中国科协第十次全国

---

* 蔡双喜，中国妇女报编委、理论部主任，《新女学》周刊主编；杨一帆，中国妇女报融合运营中心负责人，主任记者。

代表大会上指出加快建设科技强国、实现高水平科技自立自强。2022 年，习近平总书记在党的二十大报告中强调："教育、科技、人才是全面建设社会主义现代化国家的基础性、战略性支撑""深入实施科教兴国战略、人才强国战略、创新驱动发展战略""加快建设教育强国、科技强国、人才强国"。①

我国科技事业的发展，离不开女性的参与和贡献，随着女性科技人才队伍不断壮大、本领显著提高、结构不断优化，许多高精尖的技术团队中、科技创新的奖项中，都有着女性的身影。但目前仍存在高层次女性科技人才数量较少、女性在科技人才队伍中所占比例相对较低、家庭生活与职业发展难以兼顾等问题。来自科技部 2021 年的数据显示，全国科技工作者中女性占比约 45.8%，但随着专业技术职务提高，女性占比逐级减小，女性科技领军人才匮乏。2019 年，中国科学院院士、中国工程院院士中女性占比分别为 6% 和 5.3%。有关国家级人才计划入选专家学者中，女性占比仅为 10% 左右。2023 年 8 月，中国科学院、中国工程院公布 2023 年院士增选有效候选人名单，中国科学院院士增选有效候选人 583 人，中国工程院院士增选有效候选人 655 人。根据公布的院士增选有效候选人名单，共有 100 位女性入选，女性占比不足 10%。

如何激发新时代女性参与科技强国建设的积极性，成为媒体需要认真思考和探索的重要议题。

一 新时代女性参与科技强国建设引导路径

作为中央主要新闻媒体之一，全国妇联机关报，全国唯一的妇女日报，中国妇女报已逐渐发展为最具权威性和影响力的女性主流媒体，担负着激发新时代女性参与科技强国建设的舆论引导责任。为探析媒体引导新时代女性参与科技强国建设的路径，本报告以笔者所在的中国妇女报为例，选取

---

① 习近平：《高举中国特色社会主义伟大旗帜 为全面建设社会主义现代化国家而团结奋斗——在中国共产党第二十次全国代表大会上的报告》，《党建》2022 年第 11 期，第 16 页。

2012 年 1 月 1 日至 2023 年 7 月 31 日作为研究时段，以"妇女"和"科技"作为关键词在中国妇女报数字报中检索样本。样本数量按照时间顺序分别是 392 条（2012 年）、393 条（2013 年）、299 条（2014 年）、438 条（2015 年）、437 条（2016 年）、624 条（2017 年）、680 条（2018 年）、580 条（2019 年）、490 条（2020 年）、822 条（2021 年）、988 条（2022 年）、592 条（2023 年 1 月~7 月）。此外，还选取了中国妇女报部分融媒体产品作为研究对象。以此我们梳理出媒体在引导新时代女性参与科技强国建设方面的 5 条路径：（1）宣传支持女性科技人才发展的法律法规和相关政策；（2）报道妇联组织等部门和机构举办的相关活动；（3）宣传榜样事迹激发女性在科技强国建设中发挥作用；（4）利用全媒体平台倡扬女性科技力量；（5）推动媒体形成引导新时代女性参与科技强国建设的合力。

（一）大力宣传支持女性科技人才发展的法律法规和相关政策

科技兴则民族兴。党的十八大以来，以习近平同志为核心的党中央把科技创新摆在国家发展全局的核心位置，我国科技事业发生了历史性变化。与此同时，我国女性科技人才队伍规模逐步扩大、结构不断优化、能力显著提升，在基础理论、应用技术、工程实践等各个方面都做出了杰出贡献。由此，不难看出未来投身科技领域的女性数量将持续增长是必然的历史趋势，女性在创新创业中发挥的作用也将越来越重要，为保障女性科技人才具有良好的成长成才环境，在科技创新中发挥更大作用，我国制定和实施了相关法律法规和政策。为进一步引导新时代女性参与科技强国建设，中国妇女报着力宣传支持女性科技人才在科技强国建设中发挥作用的法律法规和相关政策，用法律保障和政策扶持的力量激励新时代女性投身科技强国建设。

近年来，我国促进女性科技人才发展的法律和政策不断完善，如 2021 年修订的《中华人民共和国科学技术进步法》对女性科技人才培养作出专门规定，要求各级政府和企事业单位完善女性科学技术人员培养、评价和激励机制。《中国妇女发展纲要（2011—2020 年）》提出鼓励女性参与高科技领域研究、完善科技人才政策培养女性科技人才等。《中国妇女发展纲要（2021—

2030 年）》明确将培养女性科技人才作为主要目标，规定了制定实施支持女性科技人才在创新发展中发挥更大作用的政策措施等。《"十四五"时期妇联事业发展规划》将促进妇女在科技创新中展现作为的支持服务更加多样作为妇联事业发展的主要目标之一，提出在各类表彰中加大对女科技人才倾斜力度。2021 年，科技部、全国妇联等 13 个部门制定《关于支持女性科技人才在科技创新中发挥更大作用的若干措施》，明确在"十四五"和今后相当长时期内，要坚持性别平等、机会平等，为女性科技人才成长进步、施展才华、发挥作用创造更好环境，努力造就一批具有世界影响力的顶尖女性科技人才。2021 年，全国妇联、科技部等 7 个部门制定《关于实施科技创新巾帼行动的意见》，积极为女科技人才发挥作用提供支持和服务。2021 年以来，在国家政策的引导下，全国 15 个省（区、市）也先后出台了女性科技人才相关政策文件，着力构建促进女性科技人才发展全周期的支持体系。① 在这些法律法规和支持政策出台后，中国妇女报第一时间进行新闻报道，并邀请专家进行深度解读，让广大公众尤其是女性及时知晓这些法律法规和政策。

值得关注的是，新时代女性参与科技强国建设面临一些挑战，社会大众对女性科技人才的支持度仍然不够，女性科技人才通常会面临工作与家庭的双重压力，无法保证可支配科研工作时间，致使生育期和职业上升期难以同步等现实问题，阻碍了女性科技人才的职业发展。针对上述情况，相关部门及机构一直努力推动问题的破解，中国妇女报及时跟进宣传报道。比如，2023 年 7 月，国家自然科学基金委员会党组召开会议，明确从 2024 年起，将女性科研人员申请国家杰出青年科学基金项目的年龄由 45 周岁放宽到 48 周岁。国家自然科学基金始终重视女性科研人员的成长发展，采取了同等条件下"女性优先"、允许孕哺期女性延长项目周期、提升女性专家评审参与度等措施，特别是放宽女性申请青年科学基金项目、优秀青年科学基金项目的年龄限制，为更多女性科研人员获得项目资助、开展基础研究提供了有力

---

① 苏帆：《完善我国女性科技人才支持政策的思考和建议》，《中国科技人才》2023 年第 1 期，第 21 页。

支持。此次推出放宽女性申请国家杰出青年科学基金项目年龄限制的政策，将为广大女性科研人员提供更多申请资助机会，为培养造就更多女性科技领军人才提供有力支撑。

（二）加强对妇联组织等部门和机构举办的相关活动的报道

2018年11月，习近平总书记在同全国妇联新一届领导班子成员集体谈话时指出："要引导妇女发扬爱国奉献精神，自尊自信自立自强，以行动建功新时代，以奋斗创造美好生活，在祖国改革发展的伟大事业中实现自身发展，在人民创造历史的伟大奋斗中赢得出彩人生。"[①] 妇联组织作为党联系妇女群众的桥梁和纽带，要把联系和服务妇女作为工作生命线，成为妇女信得过、靠得住、离不开的"娘家人"。在女性科技人才的成长过程中，需要真正关注女性科技人才的生活情境、工作条件和思想状况，真正关心女性的成长，为她们提供更好的支持和保障。为此，妇联组织推动出台了一系列有助于女性科技工作者成长成才的政策举措，启动了"科技创新巾帼行动"等活动，激发广大妇女参与科技强国建设的热情。

其他相关部门和机构也开展了推动女科技工作者成长成才的活动，如女科技工作者协会作为党和政府联系女科技工作者的桥梁和纽带，注重团结和动员广大女科技工作者，带领女科技工作者们争做伟大事业的建设者、文明风尚的倡导者、敢于追梦的奋斗者，助力科教兴国战略、人才强国战略以及可持续发展战略的实施。

中国妇女报发挥自身的优势，加强对各级妇联组织和女科技工作者协会等部门和机构举办的活动的报道，依托组织的力量凝聚新时代女性投身科技强国建设。比如，2012年，报道全国妇联、科技部、农业部决定共同在全国创建"全国巾帼现代农业科技示范基地"。2014年，报道中国女科技工作者协会主办的"美丽人生·中国梦"系列活动。2015年，报道全国妇联、中国科学技术协会、中国联合国教科文组织全国委员会、欧莱雅中国实施

---

① 习近平：《习近平关于妇女儿童和妇联工作记述摘编》，中央文献出版社，2023，第32页。

"未来女科学家计划"。2016 年，报道国际女性科技互联网创业中国区决赛。2017 年，报道联合国妇女署设立"全球创新推进变革联盟"。2018 年，报道由深圳市科技创新委员会、深圳市妇联指导，宝安区人民政府主办的深圳首届女性创新创业大赛聚焦前沿科技，致力多领域创新。2019 年，报道中央宣传部、中国科协、科技部、中国科学院、中国工程院、国防科工局发布的"最美科技工作者"先进事迹。2020 年，报道由中国科协、中国科学院、中国工程院主办的第二届世界科技与发展论坛，论坛同步举办的女科学家、技术服务与交易等分论坛。2021 年，报道北京市妇联联合市科委、市科协等多家单位联合印发《科技创新巾帼行动——北京行动》。2022 年，报道陕西和新疆成立女科技工作者协会。2023 年，报道由全国妇联、科技部、中国科协、北京市政府主办，北京市妇联承办的科技女性创新论坛等。

针对某些媒体或平台过多地聚焦于年龄偏大的"大师"，忽视青年女科学家的情况，中国妇女报及时加大对青年女科学家报道的比重，如关注全国妇联、中国科协、中国联合国教科文组织全国委员会及欧莱雅中国联合设立的"中国青年女科学家奖"。该奖项于 2004 年设立，旨在表彰奖励在科学领域取得重大科技成果的女性青年科学家，激励她们继续从事科学事业，在科学技术领域取得更加丰硕的研究成果。作为目前国内唯一面向全国女性科技工作者的科技奖项，截至 2023 年共有 184 名女科技工作者获奖，其中 9 人当选两院院士，3 人获得世界杰出女科学家成就奖。2023 年 4 月 22 日，第十八届"中国青年女科学家奖"颁奖典礼在北京举行，于晓等 20 人、大气复合污染协同防控技术研究团队等 5 个团队获奖。

（三）积极宣传榜样事迹激发女性在科技强国建设中发挥作用

习近平总书记指出："我国要实现高水平科技自立自强，归根结底要靠高水平创新人才。"[①] 女性作为新时代科技强国建设的重要参与者和贡献者，

---

① 习近平：《加快建设科技强国 实现高水平科技自立自强》，《求是》2022 年第 9 期，第 13 页。

在建设科技强国的征程中贡献了巾帼力量，在高水平科技自立自强中持续发挥关键作用。在新闻传播中，中国妇女报注重从性别平等的立场出发，及时报道科技领域的女性新闻，讲好世界女科学家特别是中国女科学家的故事，用榜样的力量引导新时代女性。具体表现为以下几方面。

首先，中国妇女报注重打破性别刻板印象，努力呈现真实准确的女科技工作者形象。如2015年屠呦呦研究员荣获诺贝尔生理学或医学奖，成为第一位获得诺贝尔科学奖项的中国本土科学家。一时间，关于她的报道"铺天盖地"，但真正见到或采访过屠呦呦的媒体并不多，甚至个别媒体还在用采访女科学家时必然按照其对孩子歉疚之情的陈规套路进行报道，屠呦呦曾多次被提到，孩子无人照看，为了全身心投入工作，她就把不到4岁的女儿送到托儿所全托班，小女儿则一直在宁波老家由老人照顾。而中国妇女报记者与之不同，第一时间采访了屠呦呦，发布了原创性的非陈规定型的女性科学家形象，并制作了头版和四版相连的通版，获得了良好的宣传效果。此外，《中国妇女报》深知打破性别刻板印象需要从娃娃抓起，所以每年的"妇女和女童参与科学国际日"（2月11日）都会推出相关宣传报道，邀请女科学家分享科研经历来点燃女童科学梦想。

其次，中国妇女报注重运用性别视角，鼓励女性进入科技领域，激发其在科技强国建设中的作用。2016年、2017年、2018年，《中国妇女报·新女学周刊》连续3年推出"世界科技女杰群芳谱"专栏，邀请北京科技大学章梅芳教授担任主持人，以图文并茂的方式讲好女科学家的故事，呈现了玛利亚姆·米尔札哈尼、德博拉·金、邦尼·巴斯勒、英格丽德·谢弗、琳达·巴克、弗朗西斯卡·恩妮卡·奥科克、珍妮·古道尔、安妮·吕利耶、丽塔·列维-蒙塔尔奇尼、芭芭拉·麦克林托克、拉希卡·里迪、弗朗索瓦丝·巴尔-西诺西、法伊扎·哈拉菲、吉尔·法兰特、梅·布莱特·莫索尔、艾达·尤纳斯、西尔维娅·托雷斯-潘贝尔特、吴健雄、蕾切尔·卡逊、居里夫人、内蒂·斯蒂文斯、格蒂·特蕾莎·科里、玛丽亚·格佩特-梅耶、多罗西·克劳福特·霍奇金、罗莎琳·萨斯曼·耶洛、伊雷娜·约里奥-居里、伊丽莎白·布莱克本、卡罗尔·格雷德、安妮·德让-阿瑟马、乔治亚娜·西加尔·琼斯、克里斯汀·纽斯林-沃尔哈德等 30 多位世界杰出女科学家在科学世界的卓越成就，她们奋进不息的科学生涯、勇于创新的大师风范为新时代女性树立了榜样。

中国妇女报更是以自古至今的华夏科技女杰为榜样，引导更多女性投身科技强国建设。自 2021 年起，《中国妇女报·新女学周刊》推出"华夏科技女杰群芳谱"专栏，推介了义妁、陈宝光妻、班昭、鲍潜光、张秀姑、薛涛、楚女、朱克柔、黄道婆、谈允贤、王贞仪、金韵梅、许金訇、康爱德、石爱玉、杨崇瑞、沈骊英、苏祖斐、王淑贞、曹诚英、王明贞、何怡贞、陆士嘉、王承书、李敏华、蒋丽金、陈茹玉、张丽珠、谢希德、尹文英、张树政、夏培肃、陆婉珍、董玉琛、王业宁、徐晓白、叶叔华、屠呦呦等 30 多位中国女科学家在科学世界的非凡成就和贡献，以其孜孜以求的精神气质，给予新时代女性以更大的信心和鼓励，启迪女性发现科学的乐趣、感受科学的魅力。

（四）充分利用全媒体平台倡扬女性科技力量

进入全媒体时代，中国妇女报牢牢把握媒体融合发展大势，从一张主报发展成为集"报网微端屏"于一体的特色新型主流媒体全媒体传播平台。2021 年中国妇女报社加挂全国妇联网络信息传播中心牌子，形成以《中国妇女报》为主报的全媒体传播格局。置身全媒体时代，中国妇女报发挥中国妇女报微博、微信的性别议题设置优势，在社交媒体舆论场发出专业强音；将中国妇女网建设成为集新闻、政务、服务于一体的妇联系统旗舰门户；发挥"全国妇联女性之声"政务新媒体的引领优势；形成覆盖广泛、受众细分、分发精准的"妇字号"传播体系，推动新时代中国女性参与科技强国建设。

遵循"主流定位、特色表达、融合呈现"的编辑理念，中国妇女报充分利用全媒体传播平台倡扬女性科技力量，既坚持内容为王，又顺应深度媒体融合的需要，利用数字技术在发挥引导力的同时还凸显亲和力。引导力和亲和力是"孪生姐妹"，是你中有我、我中有你的关系。何谓亲和？亲和是"三贴近"的延伸，包含着信息内容上的亲和、体制机制上的亲和以及媒体形态上的亲和，这是一个关系到新闻业务和媒体技术的双重意义上的亲和。主流媒体一旦没有了亲和力，将有可能被受众冷落。中国妇女报新媒体视频产品在内容的制作上，注重贴近受众，让产品更接地气，扩大了传播力、影响力和引导力。

社交媒体时代，短视频成新赛道。中国妇女报官方微博在选题立意、叙事视角、创作语态上不断推陈出新，制作出一批高品质、融合态、正能量的短视频精品，以讲好中国女性故事为切入点，聚焦优秀的时代女性，特别是女科技工作者，挖掘其时代特质，通过女性的故事来弘扬时代精神。如中国妇女报微博刊发的《95岁女院士鼓励女性打破玻璃天花板》，对95岁中国科学院院士叶叔华进行视频报道。这位在第四届世界顶尖科学家论坛"她"论坛上全英文演讲的杰出女性，鼓励女性"如果你要什么，就要勇敢地争取"，这种自信、笃行的人生精神与榜样力量赢得网友的强烈赞同，#95岁女院士鼓励女性打破玻璃天花板#的话题阅读量超过6.7亿人次，网友纷纷留言表达对她的崇拜、学习之情："这才是我们该追的星""吾辈楷模""加油女孩们"。中国妇女报微博还策划开设了话题#中国女性力量#，阅读量达3亿人次，讨论量达8.1万条。此话题下，彰显女性科技工作者力量的各种策划报道霸屏网络，多次喜提"热搜"，引发关注，如：《祝贺！四位女青年科学家分获百万大奖》阅读量达1204万人次，主持话题阅读量达4613万人次；《曾是"清华最年轻教授"颜宁37岁攻克50年不解难题》阅读量达1637万人次，主持话题阅读量达1.2亿人次；《致敬！她们是老师也是科学大牛》视频混剪阅读量破百万人次，主持话题阅读量超过7000万人次等。再如开设#中国女科学家有多牛#话题，报道中国女科学家所获得的重大成就，介绍了享誉海内外的固体物理学家，中国半导体"破冰者"，为我国的原子能事业做出重要贡献的世界级科学巨匠、核物理学家等，证明女性在科学研究方面的能力和潜力，打破那些认为女性在科研领域难有作为的刻板印象和陈腐观念，同时，充分说明我国所施行的一系列男女平等政策，对女性发展和国家发展的双重推动作用。该话题阅读量超1000万人次。这些报道中女性科技工作者个案故事可亲近、可感知，构建起网络空间积极主流的

"半边天"形象，汇聚成向上向善的正能量暖流。

中国妇女报还推出原创纪录片《她改变的》，报道被网友称为"北斗女神"的中国科学院导航总体部副总工程师徐颖。该片讲述了北斗系统的建设对国家的价值与意义，也展示了女性科研人员的能量与无限可能。纪录片中，徐颖自身经历证明，"没有不适合做科研的性别，只有不适合做科研的人"。她说："判断自己能不能继续做科研的依据是，你是否对未知的世界充满好奇，是否在煎熬的时候选择继续。合不合适，由你自己来决定。不要因为一个女孩还在山脚下就看低她，也不要因为她以后到了某一座山峰，就神化她。"作为年轻的博士生导师，徐颖用实力和成就改变着大众对女性科研工作者的刻板印象，并鼓励更多的年轻人大胆逐梦，将个人追求与时代发展结合，完成自我获得与社会价值的双重实现。

这些现象级的作品，以直抵人心的传播，赢得网友一致好评，体现了融合之路上的女报担当与作为，成为网络舆论场报道女性科技工作者的佳作，形成了女性媒体和妇女群众的强互动、强连接，成为网上妇女思想政治引领的有效载体，为女性科技工作者发展创造良好的舆论环境。

（五）推动媒体形成引导新时代女性参与科技强国建设的合力

女性科技人才是科技人才队伍的重要组成部分，是推动我国科技事业发展的重要力量。近年来，女性科技工作者在科技创新中不断取得成就，这离不开广大女性科技工作者自身的不懈努力，也离不开媒体的正向宣传和引导。而营造促进女性科技人才发展的舆论氛围，主流媒体更是责无旁贷。中国妇女报秉持"向社会宣传妇女，向妇女宣传社会"的办报宗旨，大力宣传马克思主义妇女观、男女平等基本国策和先进性别文化，积极引导有利于女性科技工作者发展的舆论导向，提升女性科技工作者的公众形象，增强对她们的情感支持和精神激励，努力营造促进女性科技工作者发展的舆论氛围。

比如，中国妇女报持续关注了女性科技人力资源增速。2016年《中国妇女报》报道，中国科协调研宣传部和中国科协创新战略研究院联合发布的《中国科技人力资源发展研究报告（2014）》显示，截至 2014 年底，我国科技人力资源总量已达 8114 万人，仍然保持世界科技人力资源第一大国地位。从性别结构来看，女性科技人力资源约占我国科技人力资源总量的 36.6%，女性科技人力资源增速超过科技人力资源整体增长速度。2022 年《中国妇女报》报道，中国科协创新战略研究院发布《中国科技人力资源发展研究报告（2020）》显示，截至 2020 年底，我国科技人力资源总量为 11234.1 万人，继续居世界首位。其中，女性科技人力资源增长迅速，占总量比例从 2005 年的约 1/3 提高到 2019 年的 40.1%，性别比例更加趋于均衡。

值得关注的是，在引导新时代女性参与科技创新的过程中，中国妇女报社还连续 11 年联合中国社会科学院新闻与传播研究所、中国妇女发展基金会妇女新闻文化基金举办年度性别平等十大新闻事件评选。评选将女性参与科技创新作为一个重要参考维度，涵盖不少女性参与科技创新的新闻事件。比如：中国首位女航天员进入太空，填补我国女性航天空白入选 2012 年度性别平等十大新闻事件；屠呦呦获诺贝尔生理学或医学奖入选 2015 年度性别平等十大新闻事件；中国女航天员首次太空出舱，迈出中国女性舱外太空行走第一步入选 2021 年度性别平等十大新闻事件；胡海岚获颁"世界杰出女科学家成就奖"入选 2022 年度性别平等十大新闻事件。年度性别平等十大新闻事件评选的评委来自人民日报、新华社、光明日报、经济日报、科技日报、中国妇女报等中央新闻单位，以及部分传媒和社会性别研究领域专家学者。来自中央新闻单位的评委参与评选一定程度上会提升新闻媒体从业人员乃至全社会性别平等意识。自 2012 年启动以来，年度性别平等十大新闻事件评选活动的关注度和影响力不断提升。这有助于形成引导新时代女性参与科技强国建设的合力。

二 新时代女性参与科技强国建设引导路径分析

科技是国之利器，国家赖之以强，企业赖之以赢，人民生活赖之以好。

当今世界，科技创新更加广泛地影响着经济社会发展和人民生活，科技发展水平更加深刻地反映出一个国家的综合国力和核心竞争力。中国要强，中国人民生活要好，必须有强大科技。推动科技进步、建设科技强国，媒体的引导作用不容小觑。媒体在女性参与科技强国建设方面发挥了重要的舆论引导作用，但还有需要进一步提升和完善的地方。

（一）议题设置十分重要，还有提升空间

议题设置是一个社会科学理论，它以相当具体的细节描绘了在政治与公共事务方面传播媒介对人们头脑中图像的影响，其核心的理论观点是，媒介图像中的显著部分不仅会成为受众图像中的显著部分，而且会逐步被公众视为特别重要的部分。随着时间的推移，公众对待某个议题的意见趋势会被新的世代、外部事件和传播媒介塑造。传播媒介对某些议题的着重强调和这些议题在公众中受重视的程度构成强烈的正比关系。在大众传播中越突出某一事件，多次、大量地报道某一事件，就会使社会大众更加关注和议论这一话题。为了更好地引导新时代女性参与科技强国建设，媒体需要加强议题设置。

（二）先进典型及榜样仍有待进一步挖掘

媒体一直在宣传先进典型及榜样，但还有不少优秀女性科技工作者的事迹不为人知。中国有100多位女院士，也有许多有潜力的年轻女性科研工作者，她们的事迹和精神值得大力宣传。媒体要发力用更多榜样的力量，激发更多女性参与科技工作。特别要善于用正面的、典型的女性榜样引导社会，更多地关注和支持女科学家的成长，从小培养女生对科研的兴趣和信心。

（三）女科技工作者形象仍欠立体生动，应该在打破刻板印象的同时，注意塑造更多可亲可爱可敬的女性科技工作者形象

媒体要对显性和隐性的性别歧视现象给予及时的曝光和批评教育，还要及时报道先进做法，比如，报道有的学校为消除学科性别刻板观念对女学生

专业选择的不利影响，鼓励支持女学生参与科技竞赛活动，培养女学生爱科学、学科学的兴趣和志向，引导更多女学生选择科研作为终身职业。

（四）媒体格局正在改变，需要善用更多全媒体呈现形式，并注意与网民互动

媒体融合，创新为要。媒体要主动拥抱新技术，采用新传播方式，坚持理念内容创新和方法手段创新相结合，把握传播移动化、社交化、可视化趋势，处理好大众化和分众化、对象化的关系，综合运用文字、图片、图表、视频、音频、直播等传播手段，在掌握关键核心技术、占领传播制高点上下狠功夫，营造有利于女性科技人才成长的良好社会氛围。

（五）媒体合力十分关键，需要加强合作

新闻机构之间的互动能进一步塑造与规范新闻议程的演变。一家媒体的力量毕竟有限，如果奏响媒体大合唱，无疑将大大增强新时代女性参与科技强国建设的引导力。可以通过继续举办年度性别平等十大新闻事件评选活动，继续将女性参与科技创新作为一个重要参考维度，增加女性参与科技创新新闻候选条目，并通过加大报道力度，不断提升关注度和影响力。还可以通过举办培训班等形式，增强中央和地方媒体新闻从业人员特别是媒体高层的社会性别意识，增进媒体之间的合作。

三 新时代女性参与科技强国建设引导优化策略

当下，越来越多的女性科技人才在科技领域贡献"她力量"，而媒体在倡导女性参与科技强国建设方面的作用不容忽视。通过媒体的宣传和报道，与中国女科技工作者相关议题可以获得更多关注，并可能直接推动相应政策的拟定和出台。为了鼓励更多有志于科研领域的女性去发掘、追求并实现自我价值，在新时代科技强国建设中绽放奋进建功的"她力量"，笔者提出以下优化策略。

（一）加强女性参与科技强国建设的议题设置

近年来，媒体在鼓励女性参与科技强国建设方面下了不少功夫，以帮助女性更好地迈向科研之路，并保证其公平地得到相应的科研资源。今后在营造促进女性科技工作者发展的舆论中，媒体应把坚持正确的政治方向、舆论导向、价值取向与遵循新闻传播规律和网络舆论生成规律有机结合起来，加强议题设置，增强媒体的说服力，发挥引领作用；此外，还需要设置有影响力的议题，传递先进的性别价值观，发挥媒体信息传递的作用，讲好中国女性参与科技强国建设的故事，有效提升媒体传播效果。

新时代的中国，为女性参与科技强国建设提供了广阔的舞台，也为女性科技工作者创造了更多的机遇。全媒体时代，一代又一代的女性科技工作者感人肺腑的故事，通过媒体的报道传播，激扬着巾帼之志，凝聚着巾帼力量，成为网络空间的正能量也是大流量。其中，有效有力的议题设置尤为重要。媒体内容能否迅速"破圈"，即有没有触动人心的挖掘与切入，直接影响传播效果，这就要求媒体在选择议题、组织文本时，更多地考虑内容的组织是否具有"网感"，充分发挥传播速度快、受众面广、互动性强等优势。总之，在议题设置时，有"网感"的内容才能被公众主动传播，产生信息裂变。

比如，中国妇女报曾报道过吴明珠的事迹，吴明珠1930年1月出生于湖北武汉，1953年毕业于西南农学院（现西南大学）。1954年在中央农村工作部工作，1955年自愿要求到新疆，曾任鄯善县农技站副站长、吐鲁番行署副专员等职。她的人生是一个传奇，吴明珠院士在62年中培育了30多个品种。有我们耳熟能详的红心脆、香梨黄、"香妃"蜜瓜、"8424"西瓜等。她所育甜瓜、西瓜品种在新疆及全国大面积推广应用，为社会创造经济效益数百亿元。让不是甜瓜初生起源中心的我国，成为全球甜瓜分类系统中占有重要位置的甜瓜次生起源中心之一，填补了中国冬季不能生产哈密瓜的空白。她总挂在嘴边的话是："我的人生就是想结几个瓜，把瓜的甘甜献给人民。"

在报道吴明珠先进事迹时，中国妇女报在设置议题时，选择了吴明珠让中国人实现了吃瓜自由这个角度，#中国人能自由吃瓜离不开这位奶奶#话题登上热搜，阅读量达 6.6 亿人次，同时，吴明珠的事迹感动了万千网友，网友纷纷留言向吴明珠奶奶致敬："谢谢奶奶让我们吃到这么好吃的瓜。""瓜果那么甜，是因为有人帮我们吃了苦。太敬佩这些伟大的人了！""和袁爷爷一样，都是为我国农业发展付出伟大贡献的人呀。"正是因为有许许多多像吴明珠院士这样的科技工作者，在田间地头默默付出，我们才能碗中粮满、盘中果香。

一代人要有一代人的担当，勇攀高峰的青年女科学家也为科技工作者树立了榜样，激励她们将职业追求与国家和社会需求相适应，把人生理想融入党和国家事业中，志存高远、脚踏实地，树立科技报国的信心和决心，为我国实现高水平科技自立自强接续奋斗。

中国妇女报曾报道年轻女科学家刘明侦，这位"90后"副院长的履历堪称"传奇"：22 岁硕士毕业于剑桥大学，23 岁成为在国际权威期刊《自然》上以第一作者身份发表论文的最年轻中国女学者，24 岁博士毕业于牛津大学，25 岁回国工作并被聘为教授……如今，她仍不断用自己的科研成果刷新着"最年轻"的纪录。她说："我们应该为这个社会和国家多做一些事情，我们对这个社会和国家是有使命的，也是有责任的。"

中国妇女报在议题设置时不仅有这位女科学家优秀的履历，更体现了她的家国情怀与社会责任，勾勒出了新时代女科技工作者这道独特的风景线。这样的议题设置，值得推广。

（二）构建女性参与科技强国建设的多元形象

当下媒介对女性科技工作者形象的呈现有所改观，越来越多的媒体打破刻板印象，多元化地呈现女性形象。即便如此，长久以来，不管是现实社会中还是舆论层面，"女性不适合搞科研"等陈旧观念依旧存在。如何重构女性科技工作者的媒介形象值得深思。

比如，相比较而言，媒介对女性科技工作者的报道数量较男性偏少，而且由于报道对象的性别不同，媒介呈现的科技工作者形象也有差异，性别刻板印象在报道中依然存在。所谓性别刻板印象，主要包括对男女两性的性格、形象、智力、社会分工、家庭角色等方面的定型化。在对科技工作者的报道中，媒介的性别刻板印象主要有三种表现。第一，对科技工作者的性格描述，男性为理性、进取、勇敢、坚强、智力高、思维活跃等，而女性被描述为细腻、柔弱、温和、感性、知性等。第二，强调科研工作中女性的角色冲突，媒体在对女科学家进行描述时，更多地喜欢探讨女性所承担的妻子、母亲、女儿等多重社会角色之间的矛盾，以此来增加人物角色的冲突感。媒介呈现引导公众认知的成功女性科技工作者形象不仅要科研能力强、有杰出的科研成果，还得是贤妻良母，即要平衡好事业和家庭。第三，把科研领域塑造成天然应该是男性主导的领域。有报道认为女性从事科研工作，身体素质不如男性，努力渲染"高强度"的科研工作会带给女性的健康伤害。认为科研工作的性质与特点决定了其是男性的领域，女性从事科研工作是困难重重的。如从传统性别观出发报道，表面在刻画女性科技工作者的不易，实则会对女性从事科技工作产生负面作用。

新时代背景下，媒体应保持社会性别视角，传递先进的性别观，避免塑造刻板印象，构建女性参与科技强国建设的多元形象，讲好中国女性参与科技强国建设的故事，增强媒体的说服力，提升媒体的传播力。通过做好这些工作，促使更多的女性投身于科技界，为女性科技工作者的发展营造良好的舆论氛围和社会环境。

（三）引导女性科技工作者回应网络公众关切

全媒体时代，人人都有麦克风。社会公众与女性科技工作者之间的合理互动与情感联结至关重要，有利于打破社会公众对女性科技工作者的刻板印象及消除性别偏见，使得女性科技工作者的形象更立体、更生动。这也有助于女性科技工作者在科技自立自强的道路上发光发亮。

媒体应引导女性科技工作者及时回应网络公众关切。一方面，重大科技项目需要权威解读。比如，一些大科学装置离公众生活较远，如果缺乏权威的科普，公众很容易对这些装置产生"有什么用""浪费钱"等质疑。科技工作者能够对国家战略需求和重大科技项目进行准确、客观的解读，既能为公众答疑解惑，也有利于营造支持、参与创新的社会氛围。另一方面，社会民生热点需要专业回应。当前，从食品安全的保障到重大疾病的治疗，再到人工智能发展带来的影响，科学技术的发展、应用与公众生活越来越紧密相连。科技工作者能够凭借专业优势，让公众更好地了解这些科学技术的特点与优势，进而准确掌握、理性看待。①

为了及时回应网络公众关切，女性科技工作者应注意提升媒介素养。媒介素养是指人们对各种媒介信息的解读和批判能力以及使用媒介信息为个人生活、社会发展所用的能力。② 我们生活在被媒介包围的当今社会，每个与媒体打交道或者是从媒体获得信息的受众都具有一定的媒介素养，只是媒介素养高低不同；而受众媒介素养的高低，影响到受众对媒体信息的获取与解读。女性科技工作者，普遍受教育程度较高，能够理性地分析新闻报道，并不是完全受新闻报道左右；同时，她们不仅是被塑造、被呈现的对象，也拥有一定的话语权。在新时代中国女性参与科技强国建设议题设置中，女性科技工作者是议题设置的内容，也可能成为设置议题的主体，由此女性科技工作者提升媒介素养，她们通过媒体主动设定相关议题，也成为一种必要。

女性科技工作者的媒介素养对其形象构建也具有显性作用。女性科技工作者应重视媒介素养并培养自觉意识。科技工作者最为看重科研专业能力的发展，会自觉地在这方面投入大量时间和精力，但是在媒介素养方面却欠缺主动与自觉性，甚至有人会排斥与媒体打交道。女性科技工作者要重视媒介的作用，不惧触"媒"，参与塑造丰富多彩的女性科技工作者媒介形象，让媒介上的"她力量"和"她面孔"越来越丰富。女性科技工作者还应及时回应社会舆论关切，且增强与媒体沟通的意识。当媒体报道事件涉及女性科技工作者时，所涉及人员应主动将事件真相、来龙去脉告知公众，不能失语。

---

① 吴月辉：《期待更多科技工作者参与科普》，《人民日报》2023 年 7 月 31 日，第 19 版。

② 张志安、沈国麟：《媒介素养：一个亟待重视的全民教育课题——对中国大陆媒介素养研究的回顾和简评》，《新闻记者》2004 年第 5 期，第 11 页。

（四）增强新闻从业人员的社会性别意识

将社会性别意识纳入媒介话语系统至关重要。新闻从业人员担任了传播的角色，其社会性别意识是非常关键的因素。新闻从业人员对信息内容的搜集、组合、传播方式对传播起着决定性作用，关系到媒介传播能否秉持男女平等的价值理念，对于广大民众培育和践行先进性别文化影响深远。媒体要大力弘扬以男女平等为核心的先进性别文化，为中国特色社会主义妇女发展道路奠定文化基础，为新时代科技强国建设增添新的活力。新闻从业人员如果缺乏社会性别意识，造成的后果是媒体在内容生产过程中，继续将女性边缘化和刻板形象化。比如，有媒体在塑造科技工作者形象时，不同于男性，女性科技工作者的外貌描写是媒体呈现的主题之一。女性科技工作者的容貌、表情、身材等成为关注的主要内容。在报道女性科技工作者时做到家庭和工作领域分离的报道所占比例并不高，而且女性科技工作者仍以感性气质出现。换言之，若干无关科技领域的论述，如容貌、婚姻家庭等话题，喧宾夺主地成为报道焦点，而科技领域的主题反而为媒介所冷落。

因此，新闻从业人员在报道女性议题时，要自觉具备社会性别意识，以性别平等的视角，消除媒介出现的性别刻板表达及贬抑、否定女性独立人格的性别歧视现象，真实反映女性科技工作者的声音和生存状态。抓住全媒体融合的契机传播先进的性别文化，制定利于女性参与科技强国建设的传媒政策。一方面，建立多元化的传媒评估机制，相关机构、平台等定期发布监测评估结果，对存在性别歧视的媒体进行惩处，形成全社会对媒体的监督；在媒体机构内部也需制定相关的性别平等专业准则和行为手册，在媒介产品生产过程中监测其议题和语言的运用中，是否均衡地报道女性议题以及是否存在涉及性别歧视描绘女性等问题。另一方面，开展和普及"社会性别意识"教育，对全社会进行性别意识的培训，包括在学校开设社会性别教育的课程，平等的两性意识应该从娃娃抓起。针对大众进行社会性别意识普及教育和宣传，增强全社会的社会性别意识。当然，最关键的是增强新闻从业人员社会性别意识，强化新闻内容产出的把关程序，展现真实、客观、准确的女性科技工作者形象。

媒体从业人员的性别平等意识十分重要，中国妇女报一直重视这方面的内部培训，还把专家请进来，把员工送出去参加培训，比如邀请专家开展马克思主义妇女观专题培训，派员工参加中国妇女研究会的性别研究研习班，这些做法取得了良好效果。其他媒体及单位也可以借鉴。

（五）重视并善用全媒体呈现形式

随着信息传播方式的改变，媒介传播进入全媒体时代。融合报道是当今全媒体融合背景下的新闻报道样式创新，它以数字技术和网络技术的发展为前提，将文字、图片、音频、视频、动画、超链接、H5、AI、VR 等多媒体元素灵活运用、综合体现①，也是深度整合新闻内容和叙事方式，提升用户体验、契合用户阅读习惯、提升传播效率，多角度建构女性科技工作者形象的必然途径。做好女性科技工作者形象构建，要重视并善用全媒体呈现形式。一方面，全媒体传播速度快，可以在很大程度上保证女性科技工作者报道的鲜活性与时效性，也非常便于传播主体与受众之间的交互；另一方面，相比传统媒体，全媒体平台范围广、影响力大，女性科技工作者报道多渠道传播，势必会进一步扩大传播范围与增强传播效果。

相对于传统媒体传播路径而言，全媒体时代，其使用主体的多元性、交流过程高度的交互性、表达意见的充分自主性以及受众信息接收的自由性，使得媒体的议题设置功能发生了重大变化。因而，在女性科技工作者报道中，媒体应更多地贴合当前的时代环境，这就需要媒体把握议题设置的核心，抓准角度，充分挖掘网友的"共振点"，发挥舆论导向作用。同时，在报道过程中，一定要结合受众的需要去报道，报道公众感兴趣的话题，报道真正有价值的内容。女性科技人物报道需要做到更细腻，避免"脸谱化"，摒弃"模式化"，更要有"人情味"，突出报道中的情感、细节与人物个性

---

① 冯莉、丁柏铨：《融合报道：传播特点、呈现策略及叙事特征》，《新闻爱好者》2021 年第 11 期，第 17 页。

化等要素，构建女性科技工作者的多元形象，弘扬科学精神与科学理念，帮助大众更好地理解科学、热爱科学。

四 结语

实现建成社会主义现代化强国的伟大目标，实现中华民族伟大复兴的中国梦，必须具有强大的科技实力和创新能力。没有强大的科技，中国梦这篇大文章难以顺利写下去，我们也难以从大国走向强国。我们比历史上任何时期都更接近中华民族伟大复兴的目标，我们比历史上任何时期都更需要建设世界科技强国。

世界需要科技，中国需要科技；而科技依赖人才，科技需要女性。在中国加快建设世界科技强国的征途上，媒体应加大议题设置力度，加速创新报道形式，进一步宣传支持女性科技人才在科技强国建设中发挥作用的法律法规政策和活动，尤其要大力宣传男女平等基本国策，着重打破性别刻板印象，推动媒体形成引导新时代女性参与科技强国建设的合力，促进更多人关注女科学家群体，激励更多女性投身科技创新领域，释放科技创新活力，贡献磅礴巾帼力量。

参考文献

习近平：《论科技自立自强》，中央文献出版社，2023。

中国科协常委会女科技工作者专门委员会、中国女科技工作者协会编《大美中国女科学家》，科学普及出版社，2019。

赵永新：《与女科学家面对面：成为你自己》，东方出版社，2023。

〔美〕马克斯韦尔·麦库姆斯（Maxwell McCombs）：《议程设置：大众媒介与舆论》（第二版），郭镇之、徐培喜译，北京大学出版社，2018。

章梅芳、刘兵编《性别与科学读本》，上海交通大学出版社，2008。

董美珍：《女性主义科学观探究》，社会科学文献出版社，2010。

章梅芳：《女性主义科学编史学研究》，科学出版社，2015。

黄园淅、赵吝加：《我国女性科研人员发展现状、挑战及政策演变》，《中国科学基金》2018 年第 2 期。

张廷君、张再生：《女性科技工作者职业生涯发展模式与对策研究——基于天津的调查》，《妇女研究论丛》2009 年第 5 期。

黄千千、阎静：《困境与突破：新时代女性科技工作者的发展现状及对策研究》，《经济研究导刊》2022 年第 3 期。

李睿婕、赵延东、马缨：《新时期女性科研人员面临的发展机遇和挑战》，《科技中国》2018 年第 4 期。

张志安、沈国麟：《媒介素养：一个亟待重视的全民教育课题——对中国大陆媒介素养研究的回顾和简评》，《新闻记者》2004 年第 5 期。

冯莉、丁柏铨：《融合报道：传播特点、呈现策略及叙事特征》，《新闻爱好者》2021 年第 11 期。

吴月辉：《期待更多科技工作者参与科普》，《人民日报》2023 年 7 月 31 日，第19 版。

苏帆：《完善我国女性科技人才支持政策的思考和建议》，《中国科技人才》2023 年第 1 期。

实 践 篇

Practice Section

B.13
天津市妇女参与科技发展报告

唐 娜　滕玉鸥　韩 靖*

摘　要： 本报告研究和分析了天津市妇女在科技领域的参与情况，并提出相关政策建议。通过收集和分析大量数据，揭示了天津市妇女在科技行业中的现状和存在的问题。报告发现，天津市妇女在科技领域的参与度逐渐提高，但仍存在一定的性别差距。尽管女性在科技教育方面的接受程度不断提高，但在科技研究和创新领域的参与度相对较低。女性在科技企业的高层管理和决策岗位上的比例也较少。此外，性别歧视和职业生涯发展的困难也是妇女在科技领域面临的挑战。为了促进妇女在科技领域的参与，本报告提出了优化女性科技人才成长环境、加大女性人才培育力度、支持女性科技人才创新创业、强化女性科技人才服务保障等一系列政策建议。

* 唐娜，博士，教授，天津科技大学科技处处长，天津市女科技工作者协会会长，主要研究方向为海水和卤水资源综合利用、食盐与健康及盐产品高值化、膜分离技术；滕玉鸥，博士，教授，天津科技大学生物工程学院副院长，天津市女科技工作者协会秘书长，主要研究方向为肿瘤防治药物以及酒精性脂肪型肝炎、非酒精性脂肪性肝炎防治药物的临床前药理学、毒理学、药代动力学研究等；韩靖，天津市女科技工作者协会兼天津科技大学科技园文员。

关键词： 科技领域　女性科技工作者　女性职业发展　性别平等

一　引言

天津市位于中国北方，毗邻北京，拥有世界第四大港口——天津港。天津市的地理优势为科技发展提供了有利条件。它与北京紧密合作，利用区位、交通和资源优势，引进国际先进科技，推动科技创新和产业发展。天津市的城市规划和发展空间为科技企业和创新团队提供了良好的环境。天津市人口众多，经济发展活跃，在制造业、金融、物流和服务业等领域具有显著优势，致力于经济结构升级和创新驱动发展。

天津市妇女在科技领域具有巨大潜力和重要性，她们的参与对科技创新、经济增长和社会进步至关重要。妇女展现出了创新和创造力，提供了独特的视角和解决问题的方法，带来新的思维方式和创新的想法。妇女的参与丰富了科技产业的创新生态系统，推动科技领域的进步。

天津市是中国的重要科技创新中心，妇女在科技领域的参与和发展取得了一定进展。政府采取积极政策和措施，推动妇女科技人才的培养和发展，提高了她们在科技领域的参与度。天津市的科技领域广泛，妇女在信息技术、生物医药、新材料、环境保护等领域的科研、创新和管理等方面都有较多参与。政府鼓励妇女积极参与科技创新和创业，许多妇女成为科技企业的创始人、高级管理者和技术专家。政府提供创业支持和资金扶持，为妇女创业者提供良好的环境和机会。天津市建立了妇女科技组织和网络，如天津市女科技工作者协会，为妇女科技从业者提供交流、合作和资源共享的平台。这些组织和网络通过举办学术研讨会、培训课程和交流活动，促进妇女在科技领域的互动和合作。尽管取得了一定进展，天津市在促进妇女参与科技领域方面仍存在不足且面临挑战。性别平等意识仍需提高，女性科技人才的职业晋升和发展机会仍存在障碍。因此，继续加强性别平等政策的实施，提供更多培训和发展机会，推动妇女在科技领域的发展是当前的重要任务。

总之，妇女在科技领域的潜力和重要性不可忽视。通过性别平等政策、妇女科技人才培养计划、科技创新基金和科技企业支持政策等措施，促进妇女参与科技发展，推动科技创新、经济增长和社会进步，实现更加平等和包容的社会。

本报告旨在评估和总结天津市妇女在科技领域的发展情况，并提出相应的政策建议，以促进妇女在科技领域的参与和发展。研究填补了相关领域的研究空白，提供了妇女科技人才比例、在不同科技领域的分布、在科技创新和创业中的角色等方面的详细信息，为学术界和决策者提供全面的信息。通过对现状的探讨和问题，可以发现存在的不平等和不公平现象，并为制定促进妇女参与科技发展的政策提供建议。

此外，研究天津市妇女在科技领域的参与和贡献对科技创新具有积极的促进作用，可以带来创新的思维、多样化的观点。总的来说，研究的目的和意义在于填补研究空白、为政策制定提供依据、改善工作环境、提供培训机会、促进性别平等和促进科技创新，从而推动妇女在科技领域的发展，促进科技创新和社会进步。

二 天津市政府政策和支持措施

（一）天津市"十项行动"

天津市贯彻中央决策部署，按照市委部署要求，围绕全面建设高质量发展、高水平改革开放、高效能治理、高品质生活的社会主义现代化大都市的目标导向，聚焦事关天津长远发展的重点领域，组织实施"十项行动"。内容包括京津冀协同发展纵深推进行动、港产城融合发展行动、制造业高质量发展行动、科教兴市人才强市行动、滨海新区高质量发展示范引领行动、中心城区更新提升行动、乡村振兴全面推进行动、绿色低碳发展行动、高品质生活创造行动、党建引领基层治理行动。

其中科教兴市人才强市行动可以推动性别平等，为女性科技人员提供平等的发展机会。通过改善科技人员的培训、就业和晋升环境，激励和支持女性参与科技创新和研究工作。行动加强了对女性科技人员的培训和教育支持，提供专业知识和技能的提升机会，这有助于女性科技人员提升专业能力，增强在科技领域的竞争力，更好地参与科技创新和研究工作。

科教兴市人才强市行动可以通过宣传和推广女性科技人员的成功案例和榜样，改变社会对于女性在科技领域的刻板印象和偏见。这有助于激发更多女性对科技职业的兴趣和热情，鼓励她们选择从事科技工作，并为女性科技人员创造更加包容和公平的工作环境。同时鼓励女性科技人员参与解决社会问题和推动可持续发展。女性科技人员在关注社会问题、关心人类福祉方面往往具有独特的视角和贡献。通过支持她们的参与和发展，可以促进科技与社会问题的结合，推动科技创新，为社会带来更多的益处。

综上所述，"十项行动"中科教兴市人才强市行动对女性科技人员具有重要的意义和好处，可以促进性别平等、提升女性科技人员的专业能力、打破性别刻板印象，以及促进科技与社会问题的结合。这将有助于推动女性在科技领域的发展和参与，为科技创新和社会发展带来更多的多样性和创造力。

（二）巾帼科技创新海河计划

天津市妇联联合市科技局、市教委、市科协等10部门研究决定"十四五"期间实施"巾帼科技创新海河计划"。措施包含以下23点。

（1）大力弘扬科学家精神，强化对女性科技人才的政治引领，始终把学习宣传贯彻习近平新时代中国特色社会主义思想融入教育培训、工作实践、日常服务之中，把广大女性科技人才紧紧团结在党的周围。

（2）在各级科协组织中提高女性科技工作者比例，遴选在本地区、本领域、本行业具有较强影响力的女性科技人才担任科协兼（挂）职副主席、常委等职务，同等条件下，积极向科技社团（学会、协会、研究会）推荐女性科技人才担任相关职务，加强对女性科技人才的政治吸纳。

（3）积极向各级人大、政协推荐优秀女性科技人才，拓宽女性科技人才参政议政渠道，鼓励支持女性科技人才积极参与社会事务管理和民主决策。

（4）在天津市重大科技战略咨询、科技政策制定和科技计划项目指南编制等科技活动中，提高高层次女性科技人才参与度，积极吸纳符合条件的女性科技专家入选天津市科技专家库，鼓励科研单位设立女性科技人才研究专项。

（5）加强对女性工程技术人员的技术培训，提升其专业技术水平和职业技能。在天津市科技计划项目组织实施中，创造条件吸纳更多女性科技人才。

（6）积极支持更多女性科技人才参与国际科技合作项目，在因公出国（境）培训计划项目中加大对女性科技人才的支持力度。鼓励支持更多女性科技人才参与国际科技组织工作，提升其国际影响力和活跃度。

（7）对在科研、教学、技术服务等方面表现优秀的女性科技人才，在项目立项、职称评聘、职务晋升等方面，同等条件下，予以优先考虑。

（8）聚焦天津市人工智能、生物医药、新能源、新材料等重点新兴产业，装备制造、汽车、石油化工、航空航天等优势产业的科技探索与应用，建立重大课题项目库，鼓励支持女性科技人才"揭榜挂帅"。

（9）鼓励支持女性科技人才科技成果转化。鼓励支持女性科技人才加入企业科技特派员和农业科技特派员队伍，深入基层一线开展创业与技术服务。鼓励支持女性科技人才参与国家及本市工业、信息产业科技重大专项。鼓励支持女性科技人才在"科创中国"平台宣传展示技术服务能力和创新成果，做好后续跟踪服务。

（10）鼓励支持女性科技人才依托孵化器、大学科技园、"巾帼众创空间"等平台开展创新创业，鼓励支持女性科技企业家积极参与创新创业大赛等赛事活动。

（11）支持女医务工作者发扬伟大的抗疫精神，鼓励她们加强医疗卫生科学研究，攻克关键核心技术，开展医学科学推广应用。鼓励担任住院医师，规范化培训带教师资、质控专家，在继续医学教育中发挥重要作用。

（12）在天津市青年人才托举工程、青年科技奖、创新人才推进计划等评审中，适当放宽女性申报人年龄限制。鼓励更多优秀女性科技人才作为候选人申报"天津市杰出人才培养计划"，同等条件下女性优先考虑。服务本市优秀女科学家参加中国科学院、中国工程院院士增选，积极做好跟踪服务工作。

（13）在"劳动模范""天津市优秀科技工作者（标兵）""最美科技工作者""三八红旗手""巾帼建功标兵""巾帼文明岗"等奖项评选中，同等条件下，优先推荐女科技工作者。创新工作方法，多渠道做好女性科技人才先进集体和个人的宣传工作，进一步营造良好社会氛围。

（14）认真落实国家对女性高级专家的退休政策，符合条件的女性专业技术人员可自愿选择年满60周岁或年满55周岁退休。延长退休期间，按规定参加社会保险，退休时根据其在职期间缴费年限、缴费水平、退休年龄计发基本养老金，退休后确保按时足额发放。

（15）在考核评价、岗位聘用等环节，鼓励科研机构对孕哺期女性科技人才适当放宽期限要求、延长评聘考核期限，高校可由单位自主按一定量减免课时和减免考核工作量。鼓励各高校保留孕哺期女性科研人员在孕哺期的研究生招生资格。

（16）对由孕哺期女性科技人才承担的在研天津市科技计划项目，可于项目执行期结束前6个月申请延期一年。

（17）推进用人单位女职工哺乳室建设。推动用人单位落实《女职工劳动保护特别规定》，根据女职工需要建立孕妇休息室、哺乳室，为孕哺期女性科技人才回归和开展科研工作创造条件。

（18）加强心理疏导和健康服务。开展面向女性科技人才的心理健康宣传教育，依托天津市工青妇心理服务中心、天津市妇女法律心理帮助中心、12338热线、知工App等，为有需求的女性科技人才提供线上线下心理咨询、心灵成长等服务。推动机关、企事业单位、社会组织等每年定期组织女性科技人才身体检查。

（19）深入推进全域科普。加大科普基地认定支持力度，鼓励各类科普基地和科普活动面向中小学生开放，提高女学生参与度，培养女学生学科学、爱科学、用科学的兴趣和志向。鼓励高校组织女科学家开展学术讲座和科普活动，以及组织女大学生参与国际学术交流。

（20）成立巾帼科技志愿服务队。依托"中国科技志愿服务""天津志愿服务网"等平台，深入新时代文明实践所、站等基层科普阵地，开展常态化科技志愿服务，依托"科普中国""科普天津云"等平台，广泛传播科普信息。支持和鼓励女性科技人才利用专业优势，参与科技周、全国科普日、科技下乡等活动，面向不同人群，弘扬科学精神、传播科学思想、倡导科学方法、普及科学知识。

（21）成立天津市女性科技人才协会。加强与女性科技人才的紧密联系，把不同领域、不同行业、不同学科的女性科技人才集合起来，增进女性科技人才之间的交流与合作，实现思想跨界碰撞、科技跨界融合，不断凝聚女性科技人才的智慧与力量。

（22）建立工作协调联动机制。成立"巾帼科技创新海河计划"工作领导小组，定期召开会议、沟通情况、调查研究、总结经验、解决问题，为女性科技人才争取和对接政策、搭建平台、提供服务，帮助她们解决平衡事业和家庭等实际困难。

（23）加强调查研究。按照国家关于女性科技人才数据指标体系要求，配合开展国家科技统计。积极开展对女性科技人才从业状况等相关问题的调查研究工作，提出适应女性科技人才群体特点的支持措施和对策建议，帮助女性科技人才在科研从业领域能够扬长避短，充分发挥作用，引领女性科技工作者参与科技创新巾帼行动，在加快实现科技自立自强中大显身手。

"巾帼科技创新海河计划"涉及23条措施，为女科技工作者提供平等的机会参与科技创新。这将有助于打破性别壁垒，确保女性在科技领域享有公平的竞争环境。计划涉及人才培养方面的措施，包括提供培训、导师指导等支持，帮助女科技工作者提升专业技能和科研能力。这将有助于提高女性在科技领域的竞争力和发展潜力。家庭支持措施，例如灵活的工作时间安排、育儿假期等，以帮助女性科技工作者更好地平衡工作和家庭责任。对职称评审制度进行优化和改革，为女科技工作者提供更加公正和透明的评审机制。这将有助于激励女性积极投身科技研究，提高职称评审的公正性和科学性。提供职业发展支持，包括职业规划、岗位晋升等方面的指导和帮助。这将有助于女科技工作者在职业道路上获得更多的支持和机会，实现个人的职业发展目标。促进女性科技工作者之间的交流与合作，组织相关的学术会议、研讨会等活动。这将有助于搭建交流平台，促进经验分享和合作创新，提高女性的科技影响力和地位。

（三）天津市减轻青年科研人员负担专项行动

天津市为深入贯彻落实《科技部 财政部 教育部 中科院 自然科学基金委关于开展减轻青年科研人员负担专项行动的通知》（国科发政〔2022〕214号）部署要求，进一步减轻青年科研人员负担，充分激发青年科研人员创新活力，结合本市实际，制定了天津市减轻青年科研人员负担专项行动方案。

1. 支持青年科研人员担纲领衔

鼓励青年人才牵头申报项目，支持青年科研人员参与关键核心技术攻关，提高青年科研人员承担市级科技计划项目比例，市级科技计划项目组成人员中40岁以下青年科研人员占比原则上不低于50%。实施天津市杰出青年科学基金项目，支持青年人才开展前沿和基础研究。加大对青年人才的引进培养支持力度，提高市级人才培养项目对青年科研人员的支持比例。完善博士后支持项目，以新一代信息技术、生物医药、高端制造等前沿领域为重点，面向世界排名前列的高校和学科，遴选优秀博士来津从事博士后研究。采用"联合招收、联合培育、联合考核、联合使用"的校企协同共建方式，建设博士后创新联合体，培养创新后备人才队伍。支持重大创新平台聚集青年人才，鼓励重点实验室、技术创新中心、海河实验室等国家和天津市重大科技创新平台为青年科研人员创造挑大梁、当主角的机会。

2. 鼓励青年科研人员脱颖而出

支持有条件的科研单位面向职业早期青年科研人员设立青年人才培养专项，建立小额度、广覆盖、长周期、重过程的科研经费资助体系。实施创新人才培养专项，为青年科技人才举办科技大讲座、专题研修班等培训交流活动。实施青年科技人才中长期出国（境）培训项目，支持优秀青年人才拓展国际视野、提升能力素质。扩大青年人才支持规模，选拔一批自然科学和工程技术领域青年人才，探索科研导师和产业导师"双导师"培养模式，给予项目申报、学术交流、科研团队建设等支持。扩大高校师生海外交流规模，鼓励天津市中青年教师赴国外一流大学的科研机构进行访学进修。

3. 减轻青年科研人员考评负担

完善青年科技人才评价机制，推动科研单位对青年科研人员减少考核频次，实行聘期考核、项目周期考核等中长周期考核评价，简化、淡化平时考核。在考核评价、岗位聘用等环节，对孕哺期女性科研人员适当放宽期限要求、延长评聘考核期限。对由哺乳期女性科研人员承担的在研天津市科技计划项目，可根据需要申请延长项目执行期，最长延期一年零六个月。合理评价青年科研人员实际工作贡献，在科研相关绩效考核评价中，根据岗位特点分类设置评价指标，避免仅以有署名的成果作为考核评价依据，避免简单强调成果转化数量、金额。减少科研项目过程检查，市级应用基础研究项目（含青年项目）等不纳入年度监督抽查范围，项目在研期间"最多抽查一次"。合并科研项目财务验收和技术验收，实施一次性综合绩效评价。

4. 强化青年科研人员服务保障

建立让青年专职科研人员把主要精力放在科研上的保障机制，不要求青年科研人员参加应景性、应酬性活动、列席接待性会议，原则上不借调在一线从事科研工作的青年科研人员，确保青年专职科研人员工作日用于科研的时间不少于4/5。加大科研助理岗位开发力度，鼓励科研单位从应届高校毕业生中聘用科研助理。鼓励科研单位充分利用信息化手段，建立健全内部科研、财务部门和项目负责人共享的信息平台，提高科研经费管理效率和报销便利化程度。鼓励在津中央高校、科研院所申报中央财政科研经费无纸化报销试点，推动科研经费报销数字化、无纸化。组织编印科技创新政策要点汇编，面向企业、高校院所等加大政策宣贯力度。加强针对项目承担单位、项目负责人、项目管理服务机构、会计师事务所等单位和人员的综合性政策培训，提高其政策理解和把握能力。鼓励有条件的科研单位通过实行弹性工作制、建立母婴室、提供儿童托管服务等方式，为处于孕哺期的女性科研人员开展科研工作创造条件。

5. 优化青年科研人员成长环境

组织开展优秀青年人才高端培训，支持优秀博士后参加专业技术人才知识更新工程国家级高级研修班、院士大讲堂、专家大讲堂等活动。开展导师带培，建立博士后创新创业导师库，聘请国内外专家学者、知名企业家、创业成功人士等担任优秀博士后创新创业导师。推进科技工作者之家和网上科技工作者之家建设，开展"建家交友"等活动。探索开设心理健康课程，邀请专业心理咨询师开展心理辅导，强化心理健康服务。鼓励有条件的科研单位组织青年科研人员开展"每天运动1小时"活动。

专项行动将保障青年科研人员将主要精力用于科研工作，改善青年科研人员的科研环境，加快培养造就规模宏大的青年科技人才队伍，为促进教育科技人才一体化发展、推动科教兴市人才强市建设、全力打造科技创新高地提供高水平人才智力支撑。专项行动不仅为青年科研人员提供了保障，也确保了女性青年科技工作者能够平等参与科研活动并享受相应的支持。专项行动提供针对科技工作者的职业发展支持，包括培训、导师指导、职称评定等方面，可以帮助女性科技工作者提升专业技能和职业水平。专项行动关注改善科研人员的工作环境，包括提供更好的实验设备，提供研究经费、科研场地等，使科技工作者更容易开展科研工作。

三 妇女在科技领域的现状分析

（一）参与科技领域现状

1. 天津市妇女在各行业科技人才队伍中的比例

根据 2020 年科学研究和技术服务业事业单位女性占比情况（见表1）可知，女性在科学研究和技术服务业事业单位的占比为 44.04%。这说明女性在科学研究和技术服务领域的参与度较高。中央部门属科技活动人员共6222人，其中女性占比为45.60%；地方部门属科技活动人员共6301人，其中女性占比为42.50%。中央部门属的女性占比略高于地方部门属，表明中央部门属对女性科技人才的培养和吸引力较好。

表1 科学研究和技术服务业事业单位女性占比情况（2020年）

单位：人，%

项目	科技活动人员	女性	占比
合计	12523	5515	44.04
一、按机构隶属关系分			
中央部门属	6222	2837	45.60
地方部门属	6301	2678	42.50
二、按机构从事的国民经济行业分			
研究和试验发展	5550	2487	44.81
专业技术服务业	4657	1717	36.87
科技推广和应用服务业	2316	1311	56.61
三、按机构服务的国民经济行业分			
农、林、牧、渔业	637	316	49.61
采矿业、制造业	1459	475	32.56
电力、热力、燃气及水生产和供应业、建筑业	293	116	39.59
信息传输、软件和信息技术服务业、租赁和商务服务业	171	60	35.09
科学研究和技术服务业	8409	3715	44.18
水利、环境和公共设施管理业	511	251	49.12
卫生和社会工作	674	399	59.20
公共管理、社会保障和社会组织	369	183	49.59
四、按机构所属学科分			
自然科学领域	3199	1123	35.10
农业科学领域	949	476	50.16
医学科学领域	813	489	60.15
工程科学与技术领域	7025	3126	44.50
社会、人文科学领域	537	301	56.05

资料来源：《2021天津科技统计年鉴》。

根据机构从事的国民经济行业划分，科技推广和应用服务业的女性占比最高，为 56.61%，而专业技术服务业的女性占比最低，仅为 36.87%。这表明在不同的经济行业中，女性参与科技活动的比例存在差异。

按照机构所属学科划分，医学科学领域的女性占比最高，为 60.15%，而自然科学领域的女性占比最低，仅为 35.10%。这反映了不同学科领域中女性参与科技活动的差异。

综合来看，尽管在科学研究和技术服务业事业单位中女性的参与度整体较高，但在某些领域和行业的占比还有提升的空间。针对这些情况，可以进一步加强对女性科技人才的培养和吸引力，推动女性在科技领域的发展和创新，促进性别平等与科技发展的结合。

根据 2020 年科学研究和技术服务业事业单位 R&D 人员女性占比情况（见表2）可知，在科学研究和技术服务业事业单位的 R&D 人员中，女性占比为 44.24%。女性在该领域中的参与程度相对较高。在中央部门属的 R&D 人员中，女性占比为 43.25%；而在地方部门属的 R&D 人员中，女性占比为 45.39%，两者相差不大。

表2 科学研究和技术服务业事业单位 R&D 人员女性占比情况（2020 年）

单位：人，%

项目	R&D 人员	女性	占比
合计	6863	3036	44.24
一、按机构隶属关系分			
中央部门属	3706	1603	43.25
地方部门属	3157	1433	45.39
二、按机构从事的国民经济行业分			
研究与发展	5049	2360	46.74
专业技术服务业	1612	607	37.66
科技推广和应用服务业	202	69	34.16
三、按机构服务的国民经济行业分			
农、林、牧、渔业	439	229	52.16

项目	R&D 人员	女性	占比
采矿业、制造业	1197	544	45.45
电力、热力、燃气及水生产和供应业、建筑业	171	93	54.39
信息传输、软件和信息技术服务业、租赁和商务服务业	122	34	27.87
科学研究和技术服务业	3703	1378	37.21
水利、环境和公共设施管理业	348	167	47.99
卫生和社会工作	790	542	68.61
公共管理、社会保障和社会组织	93	49	52.69
四、按机构所属学科分			
自然科学领域	2425	1046	43.13
农业科学领域	473	247	52.22
医学科学领域	913	595	65.17
工程科学与技术领域	2727	984	36.08
社会、人文科学领域	324	164	50.62

注：R&D 人员指报告期内调查单位 R&D 活动单位中从事基础研究、应用研究和试验发展活动的人员。包括：①直接参加 R&D 活动的人员；②与 R&D 活动相关的管理人员和直接服务人员，即直接为 R&D 活动提供资料文献、材料供应、设备维护等服务的人员。不包括为 R&D 活动提供间接服务的人员，如餐饮服务、安保人员等，也不包括全年从事 R&D 活动工作量不到 0.1 年的人员。

资料来源：《2021 天津科技统计年鉴》。

在研究和试验发展领域中，女性占比为 46.74%。而在专业技术服务业与科技推广和应用服务业中，女性的占比分别为 37.66% 和 34.16%，相对较低。

按机构服务的国民经济行业划分，在卫生和社会工作领域，女性占比最高，达到 68.61%。其次是电力、热力、燃气及水生产和供应业、建筑业，女性占比为 54.39%。在农、林、牧、渔业与公共管理、社会保障和社会组织等领域，女性的占比也超过半数。

按机构所属学科划分，在医学科学领域，女性占比达到 65.17%。在农业科学领域和社会、人文科学领域，女性的占比也较高，分别为 52.22% 和 50.62%。然而，在工程科学与技术领域中，女性占比为 36.08%，相对较低。

根据2020年科学研究和技术服务业企业R&D人员女性占比情况（见表3）可知，在科学研究和技术服务业企业的R&D人员中，女性占比为25.93%。这表示女性在该领域中的参与程度相对较低。在中央属的企业R&D人员中，女性占比为23.94%；而在地方属的企业R&D人员中，女性占比为28.71%。其他类型的企业中，女性占比为38.35%。相比之下，其他类型的企业中女性的比例较高。

表3 科学研究和技术服务业企业R&D人员女性占比情况（2020年）

单位：人，%

项目	R&D人员	女性	占比
合计	3880	1006	25.93
一、按机构隶属关系分			
中央属	2535	607	23.94
地方属	1212	348	28.71
其他	133	51	38.35
二、按机构从事的国民经济行业分			
制造业	616	153	24.84
建筑业、批发和零售业及信息传输、软件和信息技术服务业	95	33	34.74
租赁和商务服务业、科学研究和技术服务业	3169	820	25.88
三、按机构服务的国民经济行业分			
农、林、牧、渔业及采矿业与建筑业、批发和零售业	103	34	33.01
制造业及电力、热力、燃气与水生产和供应业	1093	272	24.89
信息传输、软件和信息技术服务业	72	29	40.28
科学研究和技术服务业	2612	671	25.69
四、按机构所属学科分			
自然科学领域及医学科学领域	232	80	34.48
工程科学与技术领域及社会、人文科学领域	3648	926	25.38
五、按机构登记注册类型分			
国有企业	1512	365	24.14
股份合作企业	0	0	
有限责任公司	2368	641	27.07

资料来源：《2021天津科技统计年鉴》。

在制造业中，女性占比为24.84%。在建筑业、批发和零售业及信息传输、软件和信息技术服务业中，女性的占比为34.74%。相对来说，建筑业、批发和零售业及信息传输、软件和信息技术服务业的女性占比较高。

在农、林、牧、渔业及采矿业与建筑业、批发和零售业中，女性占比为33.01%。在制造业及电力、热力、燃气与水生产和供应业中，女性占比为24.89%。在信息传输、软件和信息技术服务业中，女性的占比为40.28%。在科学研究和技术服务业中，女性占比为25.69%。

在自然科学领域及医学科学领域中，女性占比为34.48%。在工程科学与技术领域及社会、人文科学领域中，女性的占比为25.38%。自然科学领域及医学科学领域中女性的比例相对较高。

在国有企业中，女性占比为24.14%。在有限责任公司中，女性占比为27.07%。

综合来看，科学研究和技术服务业企业中女性R&D人员的比例总体较事业单位低，造成这种现象的原因可能是科学研究和技术服务业企业往往包括更广泛的领域和行业，涉及不同的科技领域和技术服务。不同领域的性别比例存在差异，可能导致整体上企业中的女性R&D人员占比较低。科学研究和技术服务业事业单位通常是由政府或公共机构管理的，其招聘和人员配置可能受到性别平等政策的影响，更注重性别平等。而企业则受市场竞争和经济因素影响，招聘和人员配置可能更多地依赖于技能和经验，性别平等方面的考虑可能相对较少。

根据分析2020年规模以上工业企业R&D人员女性占比情况（见表4）得知，规模以上工业企业的R&D人员总数为65505人，其中女性人数为16376人，占比为25.00%。

大型企业的R&D人员中，女性占比为23.29%；中型企业中，女性占比为27.31%；小型企业中，女性占比为25.06%；微型企业中，女性占比为21.23%。中型企业中女性的比例相对较高。

在中央属企业中，女性占比为23.52%；在地方属企业中，女性占比为28.45%；其他类型企业中，女性占比为24.37%。地方属企业中女性的比例较高。

表4　规模以上工业企业 R&D 人员女性占比情况（2020 年）

单位：人，%

项目	R&D 人员	女性	占比
合计	65505	16376	25.00
一、按企业规模分			
大型	24002	5590	23.29
中型	18898	5161	27.31
小型	21564	5404	25.06
微型	1041	221	21.23
二、按隶属关系分			
中央	5948	1399	23.52
地方	11347	3228	28.45
其他	48210	11749	24.37
三、按登记注册类型分			
（一）内资企业	51312	12367	24.10
国有企业	403	108	26.80
集体企业	114	30	26.32
股份合作企业和联营企业	99	36	36.36
有限责任公司	23976	5528	23.06
股份有限公司	8915	2575	28.88
私营企业及其他企业	17805	4090	22.97
（二）港、澳、台商投资企业	5493	1438	26.18
合资经营企业（港或澳、台资）	1936	747	38.58
港、澳、台商独资经营企业	3291	619	18.81
港、澳、台商投资股份有限公司	239	68	28.45
合作经营企业(港或澳、台资)和其他港、澳、台商投资企业	27	4	14.81
（三）外商投资企业	8700	2571	29.55
中外合资经营企业	2624	747	28.47
中外合作经营企业	22	1	4.55
外资企业	5724	1731	30.24
外商投资股份有限公司	214	58	27.10
其他外商投资企业	116	34	29.31
四、按国民经济行业分			
（一）采矿业	3319	648	19.52

项目	R&D 人员	女性	占比
煤炭开采和洗选业	14	1	7.14
石油和天然气开采业	247	71	28.74
黑色金属矿采选业	0	0	0
非金属矿采选业	372	82	22.04
开采专业及辅助性活动	2686	494	18.39
（二）制造业	61527	15572	25.31
农副食品加工业	529	116	21.93
食品制造业	773	324	41.91
酒、饮料和精制茶制造业	268	120	44.78
烟草制品业与纺织业	519	231	44.51
纺织服装、服饰业	16	15	93.75
皮革、毛皮、羽毛及其制品和制鞋业	290	140	48.28
木材加工和木、竹、藤、棕、草制品业	23	4	17.39
家具制造业	1103	379	34.36
造纸和纸制品业	1184	229	19.34
印刷和记录媒介复制业	561	182	32.44
文教、工美、体育和娱乐用品制造业	485	107	22.06
石油、煤炭及其他燃料加工业	226	93	41.15
化学原料和化学制品制造业	3209	868	27.05
医药制造业	5131	2178	42.45
化学纤维制造业与橡胶和塑料制品业	2512	689	27.43
非金属矿物制品业	1816	343	18.89
黑色金属冶炼和压延加工业	3929	458	11.66
有色金属冶炼和压延加工业	958	159	16.60
金属制品业	3878	714	18.41
通用设备制造业	4300	842	19.58
专用设备制造业	6092	1436	23.57
汽车制造业	3119	580	18.60
铁路、船舶、航空航天和其他运输设备制造业	4238	1011	23.86
电气机械和器材制造业	4174	1046	25.06
计算机、通信和其他电子设备制造业	8821	2414	27.37
仪器仪表制造业	1560	341	21.86
其他制造业	1443	500	34.65
废弃资源综合利用业	93	27	29.03

续表

项目	R&D 人员	女性	占比
金属制品、机械和设备修理业	277	26	9.39
(三)电力、热力、燃气及水生产和供应业	659	156	23.67
电力、热力生产和供应业	501	115	22.95
燃气生产和供应业	22	3	13.64
水的生产和供应业	136	38	27.94
五、按企业控股情况分			
国有控股	15223	3708	24.36
集体控股	303	106	34.98
私人控股	28925	6804	23.52
港澳台商控股	4071	839	20.61
外商控股	7980	2583	32.37
其他	9003	2336	25.95

资料来源:《2021 天津科技统计年鉴》。

在内资企业中,女性占比为 24.10%,其中,国有企业女性占比为 26.80%;集体企业中,女性占比为 26.32%;股份合作企业和联营企业中,女性占比为 36.36%;有限责任公司中,女性占比为 23.06%;股份有限公司中,女性占比为 28.88%;私营企业及其他企业中,女性占比为 22.97%。在港、澳、台商投资企业中,女性占比为 26.18%,其中,合资经营企业(港或澳、台资)中,女性占比为 38.58%;港、澳、台商独资经营企业中,女性占比为 18.81%;港、澳、台商投资股份有限公司中,女性占比为 28.45%;合作经营企业(港或澳、台资)和其他港、澳、台商投资企业中,女性占比为 14.81%。在外商投资企业中,女性占比为 29.55%,其中,中外合资经营企业中,女性占比为 28.47%;中外合作经营企业中,女性占比为 4.55%;外资企业中,女性占比为 30.24%;外商投资股份有限公司中,女性占比为 27.10%;其他外商投资企业中,女性占比 29.31%。

在采矿业中,女性占比为 19.52%,其中,石油和天然气开采业中,女性占比为 28.74%；非金属矿采选业中，女性占比为 22.04%。在制造业中，女性占比为 25.31%。其中，食品制造业，酒、饮料和精制茶制造业，烟草制品业与纺织业、纺织服装、服饰业，皮革、毛皮、羽毛及其制品和制鞋业等行业中，女性的比例相对较高，超过 40% 甚至超过 90%。

在国有控股企业中，女性占比为 24.36%；在集体控股企业中，女性占比为 34.98%；在私人控股企业中，女性占比为 23.52%；在港澳台商控股企业中，女性占比为 20.61%；在外商控股企业中，女性占比为 32.37%。集体控股企业和外商控股企业中女性的比例相对较高。

综上所述，不同行业和企业控股情况下，R&D 人员中女性的比例存在差异。在纺织服装、服饰业、皮革、毛皮、羽毛及其制品和制鞋业等行业以及集体控股和外商控股企业中，女性的参与程度相对较高。然而，在一些行业如采矿业中的黑色金属矿采选业中，女性的比例较低甚至为 0。

根据 2020 年建筑业企业 R&D 人员女性占比情况（见表5）可知，建筑业企业的 R&D 人员总数为 9190 人，其中女性人数为 1047 人，占比为 11.39%。

表 5　建筑业企业 R&D 人员女性占比情况（2020 年）

单位：人，%

项目	R&D 人员	女性	占比
合计	9190	1047	11.39
一、按企业规模分			
大型	8437	921	10.92
中型	706	114	16.15
小型	40	10	25.00
微型	7	2	28.57
二、按隶属关系分			
中央	7453	782	10.49
地方	1197	153	12.78
其他	540	112	20.74
三、按登记注册类型分			
内资企业	9140	1034	11.31
港、澳、台商和外商投资企业	50	13	26.00

项目	R&D人员	女性	占比
四、按国民经济行业分			
房屋建筑业	2822	357	12.65
土木工程建筑业	4909	435	8.86
建筑安装业	991	157	15.84
建筑装饰、装修和其他建筑业	468	98	20.94
五、按企业控股情况分			
国有控股	8530	916	10.74
集体控股	0	0	
私人控股	377	84	22.28
港澳台商控股、外商控股和其他	283	47	16.61

资料来源:《2021天津科技统计年鉴》。

在大型企业中,女性占比为10.92%;在中型企业中,女性占比为16.15%;在小型企业中,女性占比为25.00%;在微型企业中,女性占比为28.57%。小型和微型企业中女性的比例相对较高。

在中央属企业中,女性占比为10.49%;在地方属企业中,女性占比为12.78%;在其他类型企业中,女性占比为20.74%。其他类型企业中女性的比例较高。

在内资企业中,女性占比为11.31%;在港、澳、台商和外商投资企业中,女性占比为26.00%。港、澳、台商和外商投资企业中女性的比例较高。

在房屋建筑业中,女性占比为12.65%;在土木工程建筑业中,女性占比为8.86%;在建筑安装业中,女性占比为15.84%;在建筑装饰、装修和其他建筑业中,女性占比为20.94%。建筑装饰、装修和其他建筑业中女性的比例较高。

在国有控股企业中,女性占比为10.74%;在私人控股企业中,女性占比为22.28%;在港澳台商控股、外商控股和其他企业中,女性占比为16.61%。私人控股企业中女性的比例较高。

综上所述,建筑业企业R&D人员中女性的比例相对较低,整体为

11.39%。然而，在小型企业，微型企业，其他类型企业，港、澳、台商和外商投资企业以及建筑装饰、装修和其他建筑业中，女性的参与程度相对较高。

根据 2020 年重点服务业企业 R&D 人员女性占比情况（见表 6）可知，重点服务业企业的 R&D 人员总数为 14953 人，其中女性人数为 4017 人，占比为 26.86%。

表 6　重点服务业企业 R&D 人员女性占比情况（2020 年）

单位：人，%

项目	R&D 人员	女性	占比
合计	14953	4017	26.86
一、按企业规模分			
大型	8849	2234	25.25
中型	3896	1157	29.70
小型	1891	563	29.77
微型	317	63	19.87
二、按隶属关系分			
中央	5480	1091	19.91
地方	967	329	34.02
其他	8506	2597	30.53
三、按登记注册类型分			
内资企业	13023	3459	26.56
港澳台商投资企业	614	159	25.90
外商投资企业	1316	399	30.32
四、按国民经济行业分			
交通运输、仓储和邮政业	655	114	17.40
信息传输、软件和信息技术服务业	4032	1077	26.71
租赁和商务服务业	458	121	26.42
科学研究和技术服务业	9401	2535	26.97
水利、环境和公共设施管理业	238	97	40.76
文化、体育和娱乐业与卫生和社会工作	169	73	43.20
五、按企业控股情况分			
国有控股	8439	1926	22.82
集体控股	141	26	18.44
私人控股	3884	1073	27.63

项目	R&D 人员	女性	占比
港澳台商控股	559	147	26.30
外商控股	966	353	36.54
其他	964	492	51.04

资料来源：《2021天津科技统计年鉴》。

在大型企业中，女性占比为25.25%；在中型企业中，女性占比为29.70%；在小型企业中，女性占比为29.77%；在微型企业中，女性占比为19.87%。中小型企业中女性的比例相对较高。

在中央属企业中，女性占比为19.91%；在地方属企业中，女性占比为34.02%；在其他类型企业中，女性占比为30.53%。地方属企业和其他类型企业中女性的比例较高。

在内资企业中，女性占比为26.56%；在港澳台商投资企业中，女性占比为25.90%；在外商投资企业中，女性占比为30.32%。外商投资企业中女性的比例较高。

在交通运输、仓储和邮政业中，女性占比为17.40%；在信息传输、软件和信息技术服务业中，女性占比为26.71%；在租赁和商务服务业中，女性占比为26.42%；在科学研究和技术服务业中，女性占比为26.97%；在水利、环境和公共设施管理业中，女性占比为40.76%；在文化、体育和娱乐业与卫生和社会工作中，女性占比为43.20%。水利、环境和公共设施管理业以及文化、体育和娱乐业与卫生和社会工作中女性的比例较高。

在国有控股企业中，女性占比为22.82%；在集体控股企业中，女性占比为18.44%；在私人控股企业中，女性占比为27.63%；在港澳台商控股企业中，女性占比为26.30%；在外商控股企业中，女性占比为36.54%；在其他类型企业中，女性占比为51.04%。其他类型企业中女性的比例较高。

综上所述，重点服务业企业 R&D 人员中女性的比例为 26.86%。在中、小型企业，地方属企业，其他类型企业，外商投资企业，水利、环境和公共设施管理业以及文化、体育和娱乐业与卫生和社会工作中，女性的参与程度相对较高。

总体来看，天津市妇女在科技领域的参与程度不低，但在不同行业、不同单位性质间存在明显差异。

2. 天津市妇女在不同学科领域的参与情况

根据 2020 年理、工、农、医类学科教学与科研人员女性占比情况（见表 7）分析，理、工、农、医类学科中 R&D 人员总数为 27045 人，其中女性人数为 15326 人，占比为 56.67%。

表 7　理、工、农、医类学科教学与科研人员女性占比情况（2020 年）

单位：人，%

项目	R&D 人员	女性	占比
合计	27045	15326	56.67
一、按现从事学科分			
自然科学	3235	1451	44.85
工程与技术	9595	3908	40.73
医药科学	12398	8864	71.50
农业科学	295	157	53.22
其他	1522	946	62.16
二、按最后学历分			
博士研究生	9114	3671	40.28
硕士研究生	8704	4940	56.76
大学本科	7655	5451	71.21
大学专科	1144	937	81.91
中专及以下	428	327	76.40
三、按年龄分			
30 岁及以下	3089	2224	72.00
31~35 岁	5641	3499	62.03
36~40 岁	6082	3460	56.89
41~45 岁	4222	2223	52.65

项目	R&D 人员	女性	占比
46~55 岁	5838	3180	54.47
56~60 岁	2095	723	34.51
61 岁及以上	78	17	21.79
四、按学校隶属关系分			
部委所属院校	6992	2771	39.63
天津市所属院校	20053	12555	62.61

资料来源：《2021 天津科技统计年鉴》。

在自然科学领域，女性占比为 44.85%；在工程与技术领域，女性占比为 40.73%；在医药科学领域，女性占比为 71.50%；在农业科学领域，女性占比为 53.22%；在其他学科领域，女性占比为 62.16%。医药科学领域中女性的比例相对较高。

在博士研究生中，女性占比为 40.28%；在硕士研究生中，女性占比为 56.76%；在大学本科中，女性占比为 71.21%；在大学专科中，女性占比为 81.91%；在中专及以下学历中，女性占比为 76.40%。在大学本科及以下学历中，女性的比例相对较高。

在 30 岁及以下年龄段，女性占比为 72.00%；在 31~35 岁年龄段，女性占比为 62.03%；在 36~40 岁年龄段，女性占比为 56.89%；在 41~45 岁年龄段，女性占比为 52.65%；在 46~55 岁年龄段，女性占比为 54.47%；在 56~60 岁年龄段，女性占比为 34.51%；在 61 岁及以上年龄段，女性占比为 21.79%。年龄较小的女性在 R&D 领域中的比例较高。

在部委所属院校中，女性占比为 39.63%；在天津市所属院校中，女性占比为 62.61%。天津市所属院校中女性的比例较高。

综上所述，理、工、农、医类学科中女性的占比为 56.67%。在医药科学领域、大学本科及以下学历、年龄较小以及天津市所属院校中，女性的参与程度相对较高。

根据 2020 年人文、社会科学类学科教学与科研人员女性占比情况（见

表8）分析，人文、社会科学类学科教学与科研人员的总数为16777人，其中女性人数为10389人，占比为61.92%。

表8 人文、社会科学类学科教学与科研人员女性占比情况（2020年）

单位：人，%

项目	R&D人员	女性	占比
合计	16777	10389	61.92
一、按现从事学科分			
管理学	3167	1886	59.55
马克思主义	913	617	67.58
哲学	194	97	50.00
逻辑学	11	3	27.27
宗教学	8	1	12.50
语言学	2379	1888	79.36
中国文学	353	231	65.44
外国文学	427	344	80.56
艺术学	2124	1198	56.40
历史学	318	128	40.25
考古学	10	4	40.00
经济学	1637	978	59.74
政治学	240	109	45.42
法学	742	439	59.16
社会学	174	108	62.07
民族学	12	6	50.00
新闻学与传播学	194	122	62.89
图书、情报与文献学	752	539	71.68
教育学	1731	1090	62.97
统计学	97	58	59.79
心理学	178	123	69.10
体育学	1116	420	37.63
二、按年龄分			
60岁及以上	116	20	17.24
55~59岁	1664	835	50.18
50~54岁	1551	847	54.61
45~49岁	2004	1195	59.63

续表

项目	R&D 人员	女性	占比
40～44 岁	3611	2274	62.97
35～39 岁	4120	2682	65.10
30～34 岁	2739	1850	67.54
29 岁及以下	972	686	70.58
三、按学校隶属关系分			
部委所属院校	2619	1298	49.56
天津市所属院校	14158	9091	64.21

资料来源:《2021 天津科技统计年鉴》。

在逻辑学领域,女性占比为 27.27%;在宗教学领域,女性占比为 12.50%;在历史学领域,女性占比为 40.25%;在考古学领域,女性占比为 40.00%;在政治学领域,女性占比为 45.42%;在体育学领域,女性占比为 37.63%,占比较低。而在管理学,马克思主义,外国文学,中国文学,语言学,艺术学,经济学,法学,社会学,新闻学与传播学,图书、情报与文献学,教育学,统计学,心理学等多个领域女性占比超过 50%,在外国文学、语言学以及图书、情报与文献学等学科领域,女性的比例甚至超过 70%。

在 60 岁及以上年龄段,女性占比为 17.24%;在 55～59 岁年龄段,女性占比为 50.18%;在 50～54 岁年龄段,女性占比为 54.61%;在 45～49 岁年龄段,女性占比为 59.63%;在 40～44 岁年龄段,女性占比为 62.97%;在 35～39 岁年龄段,女性占比为 65.10%;在 30～34 岁年龄段,女性占比为 67.54%;在 29 岁及以下年龄段,女性占比为 70.58%。年龄较小的女性在人文、社会科学类学科中的比例较高。

在部委所属院校中,女性占比为 49.56%;在天津市所属院校中,女性占比为 64.21%。天津市所属院校中女性的比例较高。

综上所述,人文、社会科学类学科教学与科研人员中女性的占比为 61.92%。在外国文学、语言学、心理学以及图书、情报与文献学等学科领域，以及年龄较小和天津市所属院校中，女性的参与程度相对较高。

天津市在学科教学与科研领域女性占比略高，原因可能是高等教育机构和科研机构提供了较为开放和平等的教育环境，鼓励女性参与学科教学与科研工作。这些机构可能采取了一系列措施，如提供平等的晋升机会、设立女性专项资助计划等，以吸引和留住更多的女性人才。

（二）天津市妇女在科技领域获奖情况

根据天津市妇女在科技领域获奖情况（见表9）可知：在津院士共有33人，其中女性仅有1人，占比为3.03%；全国创新争先奖共有17人获得，其中女性有2人，占比为11.76%；杰出人才（共三届）共有59人，其中女性有5人，占比为8.47%；2022年天津市优秀科技工作者标兵共有10人，其中女性有1人，占比为10.00%；2022年天津市优秀科技工作者共有100人，其中女性有22人，占比为22.00%，女性在该奖项中的比例较高。

表9　天津市妇女在科技领域获奖情况

单位：人，%

项目	人数	女性	占比
在津院士	33	1	3.03
全国创新争先奖（共3届）	17	2	11.76
杰出人才（共三届）	59	5	8.47
2022年天津市优秀科技工作者标兵	10	1	10.00
2022年天津市优秀科技工作者	100	22	22.00

资料来源：天津市科学技术局统计数据。

天津市妇女在科技领域获奖情况存在一定的差异。在津院士和杰出人才中，女性的比例较低；而在全国创新争先奖和2022年天津市优秀科技工作者中，女性的比例相对略高。

总体来看，天津市女性在科技领域的参与程度不低，但在科技创新中的作用尚未得到充分发挥，主要表现为高层次女性科技人才仍较为缺乏，女性科技人才在职业发展中仍面临瓶颈问题，生育友好型科研环境有待提升。

（三）成功案例分享

1.最美科技巾帼——孙媛霞

孙媛霞，中国科学院天津工业生物技术研究所党委委员、工会主席，二级研究员，博士生导师。主要从事糖生物学与糖工程领域的研究，面向国家健康糖、合成蛋白等食品科技创新重大需求，组织承担并完成了20余项包括国家自然科学基金、国家科技支撑、国家重点研发等科研项目，在糖工程及蛋白质工程领域取得了突破性进展，是中国稀少糖创新研发及产业化的带头人。

她不仅是一名出色的女科学家，还是中国妇女十二大代表、国务院政府特殊津贴获得者、科技部"十三五"食品产业科技创新规划编制组专家、首届京津冀精英女性及滨海新区优秀成功女性榜样库入选者、发展中国家妇女科学组织（OWSD）正式会员，任天津市滨海新区第一届党代会代表，天津空港经济区妇联第一届常务委员会副主席，为我国工业生物技术及区域化妇女创新发展做出了突出贡献。

作为一名有着深深爱国情怀的科研人员，让中国工业生物技术在国际学术舞台上大放异彩是孙媛霞矢志不渝追求的梦想。硕士毕业后，她远渡东瀛在日本爱媛大学开始了留学之旅，博士期间除了完成课题研究，还学到了日本先进的技术和管理理念，为从事工业生物技术研究奠定了扎实的基础。留学期间，她参与并承担了日本报告部省知识创新工程项目中"稀少糖为核心的糖质生物学开发""功能性特色糖在健康产业的应用"等科研工作，研究成果也分别被日本多家电视台、媒体报道，这些成果为稀少糖作为日本厚生省的特定保健品、美国食药局（FDA）的安全食品许可的申请提供了科学依据。2008年发表相关稀少糖的研究论文，被美国食品导航评价为最具潜力的糖尿病患者的蔗糖替代品，引起了西方媒体和相关企业的关注。时值中国科学院在天津筹建工业生物技术研究所，孙媛霞放弃了国外优越条件，毅然决定回国工作，加入中国科学院这个大家庭，开创属于自己的、祖国的生物科学研究事业。

回国后孙媛霞组建了功能糖团队，建立了以稀少糖生物转化合成为特色的糖生物工程研究平台。筹建初期，她奔走于各大学、研究机构，并亲自宣讲进行人才招聘，那一阵子她日夜兼程，为有志于工业生物科学研究的青年才俊聚集于研究所做出了很大贡献。在她的努力下，一支平均年龄只有28岁的功能糖研发创新团队诞生了。经过几年的发展，她带领的年轻团队先后获得了国家重点研发、地方及企业合作等科技创新项目20余项，从基础研究到应用开发制定了较为完整的技术路线图，为工业生物创新体系及新型健康糖的开发奠定了良好基础。孙媛霞具有国际视野和战略思维，她带领研发团队始终面向国家重大需求，围绕蛋白、糖等国家战略性物资，系统开展了传统农业生产及食品加工模式的变革性技术探索与研究，在短短几年间申请了中国发明专利50余件、国际PCT专利3件，从新酶基因挖掘发现、酶蛋白催化剂制备到颠覆性绿色工艺技术研发，突破了一个个难关，建立了具有知识产权的核心技术，开发了新型蛋白及低热量的健康糖，参与从CO_2到淀粉的人工合成研发，率先建立了合成蛋白、合成碳水化合物等颠覆性技术及绿色生物制造生产示范。

孙媛霞对科技创新具有执着追求及忘我钻研精神，并将这种精神播撒到她所带领的糖生物学及蛋白质工程团队中，培养了一批又一批优秀的工业生物科学研究新生代。在这个团队里，孙媛霞不仅承担着把握学科前沿、统领科研项目的任务，更是团队成员和学生们的良师益友。她深知为工业生物领域培养出一批批骨干栋梁，关系中国工业生物科学发展的延续和未来，是她肩负的职责和使命。她因材施教，结合每位学生的特点，为他们量身打造成长计划，搭建发展平台。如今，已经先后派出多名年轻骨干出国深造，培养了数十名研究生及博士后人才，为工业生物科研队伍注入了一批批新鲜血液。

党的十九大描绘了建设社会主义现代化强国的宏伟蓝图，为新时代科技工作者创造了前所未有的广阔天地和创新舞台。作为女性科技工作者，孙媛霞牢固树立"四个意识",具有高度的政治责任感和使命感,始终把自身的成长和实现科技创新驱动及国家新型产业发展紧密结合,发挥科研优势,注重成果转化,推动产业升级。孙媛霞的团队在生物工程及合成生物学领域、在基础研究与产业化开发方面均取得了重要的成果,其中健康糖及蛋白质工程领域的科研成果在国内外形成了较强影响力,已经与天津、山东、广西等地十余家企业进行合作及转化,利用车间化生物工程制造技术,实现了一条万吨级和两条千吨级生产示范线,其部分产品投入市场实现销售额超过亿元,绿色生物技术应用也大幅减少了二氧化碳、硫化物及粉尘排放,取得了良好的社会及经济效益。

孙媛霞带领团队建立了稀少糖及未来食品生物制造变革性技术,在 *ACS Catalysis*,*Biotechnol Adv*,*Cell Protein*,*Science* 等重要学术期刊发表论文 100 余篇,开发了理想的蔗糖替代产品——新型低热量、低升糖指数的健康糖,以及多项生物工程产品,获省部级科技进步奖、地方科技贡献奖、产学研成果创新奖等 5 项奖项,颠覆性技术创新推动了生物经济及产业发展。

作为中国科学院天津工业生物技术研究所党委委员、工会主席,天津空港经济区妇联第一届常务委员会副主席,她勇于担当,把每一个职务都看成一份责任,工作再忙也要抽出时间为职工群众做好服务。她以"用心生活,快乐科研"为理念,创新工作模式,着眼于职工所思所想,全力打造服务型、活力型工会。

她带领研究所工会聚焦"三性"(政治性、先进性、群众性),紧密围绕推动中心工作这一目标,充分发挥桥梁纽带作用。践行群团改革精神,在研究所率先推行党委领导下的四委联合工作模式,以职工需求为导向,建立了职工书屋、科技职工之家、半边天家园咖啡角、职工健身房、瑜伽活动室等五大职工活动阵地。组织开展弘扬爱国奉献精神和新时代科学家精神系列活动,发挥群众组织优势助力打赢疫情防控和脱贫攻坚两场战役,深化科技人员关爱工程,做好贴心惠民的精准服务,为职工解决了诸多实际问题。工会工作得到了职工的认可,也在上级组织开展的各类创先争优活动中取得了佳绩，研究所工会获得全国教科文卫体系统先进工会组织称号、2020 年获全国职工书屋示范点授牌，研究所也被评为第六届全国文明单位。

孙媛霞始终坚持"科技创新、勇于奉献"以及"家国情怀"的科学家精神，在科学道路上不断探索前行。曾荣获全国三八红旗手、全国巾帼建功标兵、天津市优秀党员、天津市优秀工会工作者、天津市三八红旗手等一系列荣誉，并于 2018 年当选中国妇女十二大代表，作为科技界杰出女性出席了盛会，为中国妇女儿童事业发展建言献策，为工业生物技术领域创新发展贡献自己的力量。

2. 最美气象女性——易笑园

易笑园，天津人，中共党员，博士，正高工二级，现为天津市气象局首席预报员，从事预报工作 34 年，2008 年承担预报服务把关工作。2010 年入选中国气象局"百名首席"，2020 年入选中国气象局高层次人才计划之首席气象专家。曾两次获中国气象局重大气象服务先进个人，获中国气象局优秀值班预报员、天津市三八红旗手、第九届大运会气象保障先进个人等省部级荣誉。作为专岗首席预报员全程把关第十三届全运会开幕式天气精细预报，参与 2021 年全部暴雨过程的会商研判，特别在"7·29"北上台风大暴雨的量级和"7·15"雷暴大风强对流天气落区的研判定夺上给出准确意见。曾主持国家自然科学基金面上项目两项，主持和参加省部级项目 10 余项；为市局"气象预报预警创新团队"负责人，并以渤海西岸中小尺度灾害性天气为研究方向，开展预报预警技术的研究和应用，在揭示渤海西岸强对流天气、暴雨、暴雪等灾害性天气的成因机理、提炼总结预报预警指标等方面取得了创新性成果。在核心期刊上发表文章 30 余篇，其中以第一作者在《气象学报》上发表论文 4 篇。为《天津天气预报员手册》主编之一。

易笑园曾在 2008 年被评为中国气象局优秀值班预报员；2010 年入选中国气象局"双百计划"——"中国气象局首席预报员"；2012 年获天津市第九届大运会气象保障先进个人；2017 年获天津市气象局第十三届全运会气象服务先进个人；2017 年获中国气象局重大气象服务先进个人；2017 年获天津市"最美惠农女性"；2018 年获天津市三八红旗手；2020 年入选中

国气象局高层次人才计划——"首席气象专家";2021 年获中国气象局重大气象服务先进个人;2022 年获天津市气象局 2021 年度的个人记功。

2021 年极端异常的大气环流形势给准确预报、精细服务提出严峻的挑战。天津地区汛期平均降水量较常年同期偏多八成,破历史极值;区域性暴雨达 4 次多（常年为 1~2 次）,且汛期延长至国庆期间,出现了罕见持续性降雨。首席预报员肩负着对突发性、灾害性、转折性天气和重要事件及高影响天气的预报把关,并协调组织各岗位预报员为政府、公众、专业用户做好气象保障服务工作。易笑园作为一名在预报岗位工作 34 年的首席预报员,在"烟花"台风大暴雨、"7·12"和"9·19"气旋大暴雨和国庆连阴雨等天气过程中,思路清晰、结论正确、积极主动,充分发挥了首席气象专家的关键作用。在担任值班岗、加强岗和参加各类会商时,应用凝练总结的科研成果,把握切入点准确研判,把关了"7·12"气旋大暴雨的首份重要天气报告,并最先提出了"受北上台风'烟花'影响,天津平均降水量将达90~120mm,局地省达 180mm",并在大暴雨临近时,再次建议加大降雨量级,为市政府及相关部门出色地完成防灾减灾工作提供了重要参考。在"9·19"气旋大暴雨中获得预报 8 个站中 7 个站满分的好成绩,为天津市暴雨成绩名列全国第一做出了积极贡献。

易笑园准确研判"烟花"大暴雨的降雨量,最先提出天津地区降水量上限将达 120mm。"烟花"台风从 29 日 0 时开始影响天津,全市平均降雨量达 124.5mm,最大达 216.6mm,全市 18.7% 个站暴雨,80.9% 个站大暴雨,为近 20 年来的极端降水事件。登陆台风北上移动过程中路径不确定性强,多家数值预报分歧较大。因此,预报服务难度之大,实属少见。针对这次过程,在 7 月 27 日,气象台组织所有首席预报员参加大会商。易笑园查阅近 20 年极端暴雨天气过程,比对北上台风历史个例,查阅相关文献,首次提出"天津地区平均雨量 90~120mm,局地 170~200mm"的预报意见。28 日根据台风来临前预报任务繁重的需要,作为加强岗连夜加入大暴雨的预报服务工作中。在夜班期间,认真研判了台风路径演变,结合积累的预报经验,建议值班首席将服务材料中原有预报雨量加大,并把建议告知值班台长，建议被采纳后，在 29 日早晨的第 119 期《气象信息快报》中将天津地区平均降雨量的上限提升至 120mm（实况为 124.5mm）。为决策层提供了准确的暴雨量变化趋势，为市政府及相关部门出色地完成防灾减灾工作提供了重要参考，取得很好的服务效果。

"7·12"气旋暴雨过程具有降雨持续时间长、累积雨量大、短时雨强大等特点，全市平均降雨量达 92.2mm，其中最大降雨量为中心城区，达 120.2mm。全市 293 个自动气象站中，大暴雨站占 38.2%、暴雨站占 55.6%。其中最大降雨量达 247.2mm，最大小时降雨量为 71.7mm。7 月 10 日，作为当班首席把关《重要气象信息专报》的预报内容，易笑园指出："11 日至 13 日天津及海河流域有暴雨，局部大暴雨，并伴有短时强降雨和 8~9 级阵风，最大小时降雨量达 70~100mm"，并分别于 10 日下午和 11 日早晨参加全国会商并发言。由于已经对气旋暴雨的形成机理、暴雨落区特点以及预报着眼点做过细致的总结，凝练了物理过程概念模型，会商时不拘泥于数值预报结果，而是结合科研成果指出：气旋云头部、尾部是出现剧烈降水地区，同时不能忽略主体移除后，西北气流下中小尺度对流系统造成的短时暴雨。会商内容和依据得到周边省市首席预报员（内蒙古、山西、河南、山东、中央气象台）的肯定，对将科研成果运用于预报研判给予赞赏。

2021 年汛期超长，极端天气频发，而首席预报员人员不足。常常是一人多岗，一人昼夜连续值班。在超负荷的紧张工作中，对"3·19 中雨"、"5·26 雷暴大风"、"7·5 武清大暴雨"和"9·4 滨海大暴雨"等灾害性天气主持总结复盘工作，对预报中存在的问题进行再思考、再认识。易笑园积极参与对预报员的培训，分别就"雷雨大风预报技术""秋冬季季节转换预报技术"和"人民至上、生命至上"的"降雪和相态预报技术"归纳总结，并主讲。另主笔完成了《2·14 华北暴雪中中尺度扰动涡旋的成因和水汽条件分析》论文。

3. 全国巾帼建功标兵——东丽

东丽，中共党员，博士后，享受国务院政府特殊津贴专家，全国巾帼建功标兵，天津市非公有制经济组织优秀共产党员，天津天隆科技股份有限公司总裁。她追随袁隆平院士、华泽田教授等育种专家的脚步从事粳稻科研育种工作，从一线科研人员开始，从田间地头到实验室，一步一个脚印，逐渐成长为一位科研实力与管理能力并重的实干企业家。

东丽博士带领团队，数十年如一日扎根粳稻育种和产业化技术开发一线，在优质粳稻品种选育和杂交粳稻制繁种技术开发方面取得了重大技术突破，选育出系列米质优、产量高、抗性强和适应性广的品种，包括适宜黑龙江稻区的"天稻""寒稻"系列品种，适宜京津冀稻区、黄淮稻区、西北稻区和云贵稻区的"天隆优""天隆粳"系列品种，在黑龙江第一积温带的寒地稻区成功实现了杂交粳稻的规模化推广。技术支撑多个优质米地域品牌和企业品牌持续发展，为我国优质米产业发展奠定品种基础，并因此荣获国家科技进步奖二等奖、天津市科技进步奖一等奖以及专利金奖等荣誉12项。东丽团队承担和参与了多项国家级和省级重大项目，申请发明专利25项，6项获得授权；参与编写了《中国杂交粳稻》《杂交粳稻理论与实践》《杂交水稻知识大全》《现代农业产业技术创新链案例研究》4部专著，发表论文14篇。

国以农为本，农以种为先。东丽博士的研究成果与乡村振兴、脱贫攻坚工作密不可分，在推动乡村科技振兴、优化农业产业结构方面做出了重要贡献。

4. 天津科学技术馆展示部

天津科学技术馆展示部现有员工40人，其中女职工28人，占总数的70%。自1995年开馆至今，展示部承担着面向社会各界公众开展接待服务、讲解演示、科普教育等职能。在27年的发展历程中，展示部集体始终秉承着全心全意为人民服务的宗旨，在各项科普工作和各类活动中以真诚的奉献、无私的付出、大爱的情怀为公众竭尽所能做好各项服务，大力弘扬天津市优秀妇女群体的担当作为、笃行不怠精神，唱响了推动全域科普、弘扬科学精神的主旋律。

天津科学技术馆展示部始终坚持以党建引领推动业务发展，压紧压实支部全面从严治党主体责任，筑牢支部战斗堡垒。党支部充分发挥党史学习教育头雁作用，推动党建与业务深度融合，带领支部党员干部在扎实开展"我为群众办实事"实践活动中践行为民初心、厚植为民情怀，努力做到学党史、悟思想、办实事、开新局，在支部形成"互学互比互促"的良好氛围；激励党员干部弘扬伟大建党精神，传承红色基因，赓续红色血脉，进一步坚定信念、振奋精神、奋发进取，创先争优。

党支部的主要阵地是科技馆展厅一线，与公众接触密切，党支部坚持将党史学习教育成果转化为工作动力和实效，为公众提供优质的服务，切实提升公众的科普获得感。据统计，2021年全年共开馆268天，常设展厅共接待观众391791人次，开展科普微讲堂、科学秀等各类科普活动及定时演示项目3586场，精心打造的一系列科普品牌活动在科技周、科普日为公众呈现，线上科普专栏《科普视窗》发布52期。同时，为了更好地服务公众，展区执行挂牌上岗制度，亮明党员身份，自觉接受监督，不断强化党员意识、责任意识、争优意识、服务意识，充分激发党员干部的荣誉感、使命感，切实提升服务公众的能力水平。

为了公众足不出户就能领略天津科学技术馆的风采，展示部还参与了央视科教频道科学实验栏目《实验现场》的录制，共研发录制《表面张力》《结构与承重》《视错觉》《静电的威力》4期科普节目，2021年4月26日、27日两天直播观看量突破15万人次，后期还剪辑成为每期半小时的节目在央视科教频道暑假档播出。最新研发的科普活动"'偏见'的世界"应邀到北京参加《实验现场》栏目重磅打造的《奋斗吧！科学少年》全国科普日大型科普直播秀，观看量再创新高，达到240余万人次。

积极创新可以说是天津科学技术馆展示部的一条重要工作思路。

在创新科普内容上，科普辅导员们开发了齿轮大不同、节肢类动物、结构承重等不同主题的科学活动，并设计了相关科学课程。为了满足广大公众对宇宙剧场的观影需求，部门员工及相关技术人员加班加点，保障电影设备的正常使用，同时联系影片公司购买和调配影片，保证了五一假期面向公众推出"伴随岁月的经典电影 重拾向往的科学初心"经典影片回顾月活动，并配合开展线上答题抽奖得观影券活动。回顾月期间放映电影 24 场，累计受众观影 2261 人次。

创新科普形式，配合"双减"政策落地，科普辅导员们与全市各中小学开展馆校共建活动，本着"走出去、请进来"的理念，持续开展视错觉、垃圾分类、静电与起火等不同主题的科学课。为了更好满足师生需求，多次与河西区教师发展中心共同探索学校科学教育的切入点，并结合小学科学课课标，研发推出了科学课程"齿轮大不同"，累计受众约 400 人次。

创新合作模式，展示部结合新时期科普工作的要求，积极与天津市科技局、南开大学开展项目合作，不断扩展科普工作的领域，加大科普覆盖的范围，在实践中迅速提升科普辅导员综合素质。比如与市科技局合作开展天津市科技创新成果运营展示中心数字化展厅建设项目，工作任务包括完成 280 件展品的解说音频录制及二维码转化、建设网上服务商城、开发配套的科技创新成果微课程等，以线上线下结合的形式，建设集成果交易、信息对接、业务培训、技术服务于一体的创新成果转化服务平台。

天津科学技术馆常设展厅是为观众服务的主阵地，自 2011 年综合改造重新开馆以来，年平均接待观众约 70 万人次。无论观众多与少，部门全体员工总是以专业的能力和积极的态度做好接待工作。

展厅中经常会遇到残疾人和老年人，科普辅导员们总是以温暖的服务向他们传递关爱。在参观过程中，每当有观众丢失手机、证件、衣服、现金等物品，科普辅导员们每次拾到都会立即送到总服务台并尽快找到失主。有的观众因为参观时太投入竟然丢了孩子，每当遇到这种情况，科普辅导员们总是耐心地安抚哭泣的小朋友，然后通过广播、打电话等方式寻找家长，直到焦急万分的家长找到孩子的那一刻，科普辅导员才放心离去。

耐心细致的工作屡屡受到观众好评。天津科学技术馆展示部的科普辅导员们可不仅满足于做好馆里的讲解、服务工作，她们凭借勇于挑战的精神和过硬的专业技术能力，一次次站上了更大的舞台。

展示部坚持长期面向科普辅导员开展业务能力提升培训，督促每日进行科学素质、语言基本功、形体礼仪等业务练习，并积极参与各类行业赛事，通过大赛达到以赛促学、开阔眼界、加强学习的目的。在 2021 年第七届全国科技馆辅导员大赛华北赛区选拔赛中，天津科学技术馆的科普辅导员获得了 3 个个人赛一等奖、实验赛一等奖、其他表演赛二等奖，及资源包项目一等奖、二等奖、三等奖各一个的优异成绩，并将角逐 2023 年的全国总决赛。在第五届全国防震减灾科普讲解大赛中，经过两轮激烈角逐，天津科技馆参赛选手过关斩将站到了全国总决赛的舞台上，展现了当代青年科普人的风采，最终获得三等奖的佳绩。

一群人、一个集体、一份科普事业，27 年的发展历程，天津科学技术馆展示部全体员工始终如一坚守科普一线的光荣岗位，恪尽职守，创新竞进，为新时期科技馆事业奉献着青春和智慧。

四　天津市妇女在科技领域现存问题

2023 年 6 月天津市通过问卷形式调查了天津市妇女在科技领域存在的问题，数据包括科研院所、高等院校、医疗卫生机构、国有（或国有控股）企业、私营企业、民营企业等多个部门在内的各年龄段、各学历、各职称人员，共计 854 人。问卷调查结果分析如下。

（一）女性科技工作者发展状况

1. 职业投入与家庭平衡

调查问卷统计显示，首先，女性科技人才工作时间投入度较高。77.2%的女性科技人才在工作中加班，其中 23.6%平均每周加班超过 10 小时。64.8%的女性科技人才工作中需出差，其中正高级职称群体出差 30 天以上的比例最高，为 15.7%，高出平均水平 9 个百分点。51%认为自身工作强度较大或很大。大学教师加班比例相对最高，其中 71.3%认为工作强度较大或很大。

其次，女性科技人才对家庭责任承担较多。55.6%的女性科技人才完全承担或大部分承担家庭中家务、育儿或赡养老人等工作，在工作和家庭冲突时，17.1%的女性科技人才明确表示以工作优先，76.2%会减少自己的休息娱乐时间，将更多时间用于工作和家庭。其中41~50岁女性科技人才完全承担或大部分承担家庭责任比例较高，为68.2%。

最后，女性科技人才压力较大，近四成认为工作压力大于男性科技人才。其中大学教师群体、正高级职称群体、博士学历群体认为工作中承担的压力比男性科技人才大的比例相对较高，分别为53.3%、52%和52.2%。94.5%的女性科技人才有压力感知，其中49.9%感知压力较大或很大。压力主要源于科研工作、经济收入、职称职务晋升三方面。

2. 科研工作方面

女性科技人才期待承担更多科研项目。参与调查的女性科技人才中，57.6%近三年承担过科研项目，这其中59.7%有产学研合作。关于主持项目的承担量方面，近三年承担过科研项目的女性科技人才中，50%认为主持项目数量较少，30.6%认为参与项目数量较少。此外，调查发现：46~50岁、36~40岁和51~55岁女性科技人才近三年承担过科研项目比例相对略高，分别为66.3%、65.1%和62.1%；其次为41~45岁，比例为58%。关于科技成果转化的主要障碍，多数认为激励机制不完善和缺乏资金支持。按机构类型分类发现：高等院校和科研院所缺乏经费支持问题相对更为突出，选择占比分别达到61.4%和54.7%；医疗卫生机构缺乏研究团队和研究水平有限的困扰相对较突出，选择占比分别达到51.8%和50.9%；企业难以了解科学前沿进展问题占比相对高，为21.7%。在成果转化方面，高校与科研院所是技术研发中心，企业是科技成果转化的实践场所。调查中，22.1%的女性科技人才的科研成果在近三年有转化为产品或应用与生产。其中来自民营、私营企业，国有企业和科研院所的女性科技人才科技成果转化比例相对较高，分别为36.3%、28%和26%，高等院校比例相对略低，为18.8%。有科研成果转化的女性科技人才认为阻碍科技成果转化的主要障碍为科技成果转化激励机制不够完善（43%）、难以获得足够的资金支持（40.7%）和科技成果成熟度不够，企业或市场难以接受（34.4%）等。

3. 职业发展状况

在职业发展满意度方面，16.1%的女性科技人才对当前职业发展状况不太满意 47.1%认为一般，36.8%很满意或比较满意。

在职业追求方面，女性科技人才职业追求中最为看重的是收入待遇，占比达到 59.7%，其次为工作和家庭的平衡、专业特长的发挥、社会价值与贡献和职称评定等，占比在 35.9%~39.1%。其中，来自企业的女性科技人才对收入待遇追求比例更高，高等院校对学术成就和声望以及社会价值、贡献看重比例更高，科研院所和医疗卫生机构对职称评定看重比例较高。

在职业规划方面，绝大多数女性科技人才有职业发展规划。21.7%的女性科技人才有长期职业发展规划，61.8%有短期职业发展规划，16.5%没有职业规划。其中 30 岁以下女性科技人才有长期职业发展规划的比例相对较低。45.1%的女性科技人才认为相较于男性，女性职业生命周期短，职业生涯规划更为重要。

在自我提升诉求方面，女性科技人才提升自我、学习交流诉求较高。女性科技人才最期望提升的能力素养是专业知识与技能（56.8%）和创新意识与创新能力（55.5%）。此外，来自高等院校和医疗卫生机构的女性科技人才分别对国际视野和解决问题能力提升比例相对较高，分别高于总体水平 8.6 个和 8.2 个百分点。女性科技人才希望通过参加学术、行业交流活动，参加专业进修或培训，赴相关单位访问交流学习等提升自身能力。

（二）女性科技工作者面临的主要问题

1. 主持参与项目数量不足，缺乏经费支持

六成左右女性科技人才近三年承担过科研项目，其中半数认为主持项目数量较少，三成认为参与项目数量较少。此外，有 24.6%的女性科技人才认为天津市科研项目较少。缺乏经费支持是女性科技人才科研工作中遇到的最大困难，占比达到 47.2%。高等院校和科研院所缺乏经费支持问题相对更为突出，选择占比分别达到 61.4%和 54.7%。

2. 职称、职务晋升难

在职业发展方面，问卷显示，职称、职务晋升难是女性科技人才面临的最主要困难，占总样本数的 40.7%，同时职业发展政策也是参与调查女性科技人才最为关注的内容。来自医疗卫生机构和科研院所的女性科技人才职称、职务晋升难选择比例较高，分别高于总体水平 13.7 个和 7.2 个百分点。

3. 收入偏低

调查中，50.1%的女性科技人才认为收入偏低，45.5%当前有经济收入压力，59.7%在个人职业追求中首要看重收入待遇方面。此外，35 岁以下和未婚女性科技人才，认为收入偏低、经济压力大和职业追求看重收入待遇的比例较高。

4. 性别、年龄区别对待

63.7%的女性科技人才在工作中遇到过男女性别区别对待状况，57.4%遇到过年龄歧视问题。来自民营、私营企业女性科技人才在择业就业和工资待遇方面遇到性别、年龄歧视的比例明显更高。

5. 家庭工作平衡难

超半数女性科技人才完全承担或大部分承担家庭中家务、育儿或赡养老人等工作，占比分别为 35.5%和 30.8%的女性科技人才生活中在教育子女和照顾老人方面遇到困难。女性科技人才在职业发展中遇到相对于男性突出的问题中，居于首位的是"女性在家庭中扮演重要角色，职场精力投入需要付出更多"，选择占比达到 71.5%。

6. 孕哺期对职业发展产生负面影响

62.9%有子女的女性科技人才认为孕哺期对其职业发展产生了负面影响。孕哺期带来的负面影响主要有自身工作专注度和效率的下降（71.7%）、职业发展速度减慢（41.6%）、职业发展机会变少（36.6%）等。

7. 参加培训进修等活动存在困难

84.8%的女性科技人才参加培训进修等活动存在困难，困难主要为单位工作忙（43.7%）、缺乏信息没有机会（41.8%）、缺少经费（35.4%）、家庭事务多（21.7%）等。

五 未来的挑战与建议

（一）天津市女性科技工作者未来可能面临的挑战

天津市作为中国的科技创新中心之一，女性在科技领域的参与度逐渐提高。然而，女性科技工作者在未来仍可能面临一系列挑战。

1. 性别不平等的挑战

女性科技工作者在晋升过程中可能面临性别歧视和偏见，限制了她们在职业生涯中的发展。政府和企业应建立公平的晋升机制，提供公正的晋升评价和机会。

研究表明，女性科技工作者的薪资往往低于男性。要解决这一问题，需要制定和执行性别平等的薪酬政策，确保女性获得公平的薪资待遇。女性科技工作者在职业发展中常常面临缺乏榜样和导师的挑战。建立导师计划，为女性科技工作者提供指导和支持，帮助她们充分发挥潜力。女性科技工作者在职业发展和家庭责任之间常常面临抉择困难，对家庭的付出更大。

2. 技术领域的性别差距

尽管女性在科技领域的参与度逐渐提高，但仍存在性别比例不平衡的问题。加强对女性科技工作者的支持和鼓励，提供平等的机会和资源，增加女性在科技领域的比例。女性科技创业者和科技领导者的比例相对较低。鼓励和支持女性创业者，提供创业培训和资金支持，培养更多的女性科技领导者。加强性别平等教育和宣传，改变社会对女性科技工作者的认知和评价标准。

3. 教育和培训挑战

缺乏性别平等的科学、技术、工程、艺术、数学多学科融合的综合教育（STEM 教育），STEM 教育中存在性别偏见，女性学生参与度相对较低。加强性别平等的 STEM 教育，鼓励女性学生参与科学、技术、工程和数学领域的学习。

学科偏见和性别角色刻板印象，一些学科被认为是男性主导的，女性学生可能受到学科偏见和性别角色刻板印象的影响。改变社会对学科的认知，打破性别角色限制，鼓励女性选择科技领域的学习和职业发展。

缺乏女性科技专业人才的培养和吸引，加强对女性科技专业人才的培养和吸引力，提供奖学金、实习机会和职业发展支持，鼓励更多女性选择科技专业。

（二）破解女性科技工作者职业发展问题的具体建议

1. 优化女性科技人才成长环境

第一，充分考虑女性科技人才特点和科研工作实际情况，推动出台细化项目立项、职称评聘、职务晋升等方面对女性科技人才优先支持政策措施。

第二，加大对孕哺期女性科技人才的支持力度。对于孕哺期女性科技人才参与实施的科技计划项目，在检查验收、续聘考核、终止项目等方面，可适当延长期限。有条件的高校和科研单位试点设立女性生育后科研回归基金，纳入女性科技人才专项经费，帮助女性科技人才生育后重返科研岗位，为孕哺期女性创造生育友好型工作环境。

第三，在各类评选表彰中加大对优秀女性科技人才的表彰和宣传力度。在"劳动模范""天津市优秀科技工作者（标兵）""三八红旗手（集体）"等评选中，不断提升优秀女科技工作人才的推选比例。广泛宣传优秀典型，营造有利于女性科技人才成长的良好社会氛围。

2. 加大女性科技人才培育力度

第一，支持女性科技人才作为带头人申报"杰出人才培养计划"，积极推荐高层次女性科技人才入选国家与地方科技专家库。

第二，放宽女性科技人才申请天津市自然科学基金杰出青年基金项目、青年项目等天津市相关人才项目年龄限制，探索对符合国家鼓励生育政策生育一孩、二孩、三孩的女性科技人才，递进式放宽项目申请年龄限制。

第三，鼓励有条件的科研院所、高校设立女性科研专项，鼓励设立女性科技创新专项基金，为女性科技人才在优化科研配套、提升科研能力、加大科技创新力度等方面提供有力支持。

第四，积极发挥各类科技平台作用，组织女性科技人才定期参加各类沙龙论坛、座谈会、专题研讨会等，提升女性科技人才综合素质。加强政校企社女性组织科技互动，并为青年女性科技人才和高层次人才的深度交流搭建桥梁，开阔女性科技人才思维视野，为女性科技人才在科技创新中发挥更大作用赋能助力。

3. 支持女性科技人才创新创业

第一，支持引导科技企业孵化器、众创空间为女性科技人才提供创业咨询、政策解读、产业链对接、上市辅导等一站式全周期服务。

第二，在有条件的区域通过投放金融资源，给予政策补贴等形式鼓励女性科技人才承担高层次和重大类型科技项目，推进产学研相结合和科技成果转化。

第三，开展巾帼科技创新、巾帼科技成果对接会等系列活动，为女性科技人才加强技术合作、推介科研成果、创新创业等创造条件和提供展示舞台，促进人才、资源、技术和项目的深度融合。

第四，鼓励女性创办的领军企业联合高校院所、产业链上下游企业等组建创新联合体，开展重大项目研发、科技成果转化及产业化，强化共性技术供给。

4. 强化女性科技人才服务保障

第一，推动用人单位注重女性职业安全防护，根据岗位、年龄等因素为女性科技人才安排定制体检内容，切实提高女性科技人才健康程度。

第二，关爱促进女性科技人才身心健康、家庭和谐，为女性科技人才提供健康指导、心理疏导、家庭教育、婚恋交友、人文关怀等服务，关爱女性科技人才及其家庭。

第三，鼓励用人单位通过实行弹性工作制，建设爱心妈咪之家、母婴室，提供儿童托管服务等方式为孕期和哺乳期女性科技人才开展科研工作创造条件。

参考文献

天津市统计局、国家统计局天津调查总队编《天津统计年鉴 2022》，中国统计出版社，2022。

《坚定高质量发展方向路径 提振信心真抓实干 奋力开创全面建设社会主义现代化大都市新局面》，天津市人民政府网，2022 年 12 月 30 日，https://www.tj.gov.cn/sy/tjxw/202212/t20221230_ 6064532.html，最后检索时间：2023 年 8 月 10 日。

《天津市妇联联合市科技局、市教委、市科协等十部门研究决定"十四五"期间实施"巾帼科技创新海河计划"》，天津市妇女联合会网，2021 年 12 月 31 日，http://www.xinddy.com/fnfz/cyjy/zcfg/index.shtml，最后检索时间：2023 年 8 月 12 日。

天津市教育委员会、天津市人力资源和社会保障局、天津市财政局：《市科技局 市财政局 市教委 市人社局 市科协 市妇联关于印发天津市减轻青年科研人员负担专项行动工作方案的通知》，天津市科学技术局网，2023 年 5 月 12 日，https://kxjs.tj.gov.cn/managecol/ZCWJ0923/kjjzcwj09233/202305/t20230512_ 6238245.html，最后检索时间：2023 年 8 月 12 日。

天津市科学技术局、天津市统计局、天津市教育委员会编《天津科技统计年鉴 2021》，科学技术文献出版社，2022。

B.14
浙江省女科技工作者发展报告

陈晓东　倪考梦*

摘　要： 浙江省经济社会持续健康发展、科技创新成果丰硕。这些成绩的取得，离不开女科技工作者们的奉献。回顾过去五年，浙江省女科技工作者协会加强职业培训，不仅在重视医养、药养等健康养生产业中发挥重要作用，而且关注儿童健康普及、助力儿童友好型城市的发展。此外，协会重视海洋科考工作，助力海洋经济的发展，积极参与国际医疗卫生事业与国际论坛，发挥先锋模范作用。在未来工作中，浙江省女科技工作者协会将坚持党对群团工作的统一领导，强化思想政治引领，实施科技经济融合行动。

关键词： 女科技工作者　先锋模范作用　思想政治引领

妇女事业始终是党和人民事业的重要组成部分。党的十八大以来，以习近平同志为核心的党中央从党和国家事业发展全局出发，高度重视和积极推进妇女工作，加强党对妇女工作的领导，坚持中国特色社会主义妇女发展道路，发挥妇女在各个方面的积极作用，推动我国妇女事业取得历史性成就。[①] 在习近平总书记的重要论述指引下，浙江省广大女科技工作者不负时代、拼搏奋进，在新时代新征程中不断创造新的业绩，贡献了巾帼之智，展

＊　陈晓东，温州理工学院外国语学院讲师研究方向为戏旅传播；倪考梦，温州市社会科学界联合会副主席（挂职）。
①　沈跃跃：《深入学习贯彻习近平总书记重要讲话精神 推动新时代妇女研究事业创新发展——在 2018 年中国妇女研究会年会上的讲话》，《妇女研究论丛》2019 年第 1 期，第 5 页。

现了巾帼风采，彰显了巾帼担当。浙江省女科技工作者协会深入学习贯彻落实党的二十大精神，发挥"四千精神"①，使女科技人才在创新驱动发展、实现高水平科技自立自强、促进浙江科技事业高质量发展中发挥重要作用。

一　浙江省女性科技人才发展状况

浙江省非常重视女科技人才的发展。2017年5月9日，浙江省女科技工作者协会在杭州正式成立。成立大会上，审议通过了《浙江省女科技工作者协会章程》，并选举产生了协会第一届理事会。浙江大学医学院杭州滨江医院原副院长田梅担任协会第一届会长，中国工程院院士李兰娟担任名誉会长。浙江省女科技工作者协会是由浙江省境内从事自然科学及相关领域的高等院校、科研院所、企事业等单位的女科技工作者为实现共同意愿组成的专业性、非营利性的社会团体。协会成员来自高校、科研机构、医院及其他企事业单位，其中有不少是民众熟知的"大咖"，如浙江大学医学院杭州滨江医院原副院长田梅教授、国家海洋二所海底科学重点实验室主任韩喜球研究员、中国美术学院设计艺术学院院长吴海燕等。

2022年8月18日，浙江省女科技工作者协会第二次会员大会在杭州召开。中国女科技工作者协会会长、中国工程院院士王红阳，浙江省女科技工作者协会名誉会长、中国工程院院士李兰娟，浙江省科学技术协会党组书记谢志远、副主席武传宇，浙江省妇女联合会主席佟桂莉、副主席方芳等领导出席大会。来自全省高等院校、科研院所、高新企业等300多位女科技工作者参会。经全体参会会员选举，产生浙江省女科技工作者协会第二届理事会和第一届监事会，国家眼部疾病临床医学研究中心主任吕帆教授当选协会会长。吕帆表示，当选为协会会长深感使命光荣、责任重大，她将认真履行会长职责，在上一届取得丰硕成果的基础上，团结带领全体会员强化思想引领、砥

---

① "四千"精神即当年江浙等地发展个体经济、发展乡镇企业所创造的走遍千山万水，说尽千言万语，想尽千方百计，吃尽千辛万苦的精神。

砺奋进前行，充分调动广大女科技工作者的积极性、主动性和创造性，发挥好协会桥梁纽带作用，致力于打造女科技工作者的交流、联谊、服务平台，在奋力推进"两个先行"中贡献巾帼力量。为加强浙江省女科技工作者协会与各类协会团体间的交流与合作，打造互为支撑的"发展共同体"，为科技强国提供支撑，会上还举行以"智汇科技办峰会、智汇乡村创共富、智汇巾帼展风采"为主题的三大板块战略合作签约仪式。现场，吕帆代表浙江省女科技工作者协会分别与世界青年科学家峰会执委会、浙江省青年高层次人才协会、中国茶叶学会等7个协会学会团体完成战略合作签约。

未来，浙江省女科技工作者协会将引导全省的女性科研工作者一起共同进入科研"深水区"、占领科技制高点，在实现科技强国梦，创造一流科技业绩中，谱写新篇章。协会的成立致力于加强女科技工作者之间的交流与合作，推动科技进步与创新，加速科技成果转化，促进浙江省科学技术事业的繁荣发展。

二　浙江省促进女性科技人才成长的做法经验

（一）出台措施，鼓励和支持女性科技人才发挥积极作用

党的二十大报告首次明确提出"加快建设农业强国"，这无疑对农业科技创新工作和农业科技人才的培养使用提出了更高要求。为进一步贯彻落实全国妇联、科技部等13个部门《关于支持女性科技人才在科技创新中发挥更大作用的若干措施》文件精神，加快女性科技人才成长培养，激发创新活力，推动女性科技人才在实施创新驱动发展战略和助力"两个先行"中发挥更大作用，继山东、湖北之后，浙江省农业科学院出台了《关于支持女性科技人才发挥更大作用的若干意见》（以下简称《意见》）。《意见》提出，对孕期和法定生育产假结束后哺乳期一年内女性科技人才，支持根据实际工作情况实行弹性工作制，并根据需要设立母婴室，为孕哺期女性科技人才开展工作创造条件；孕哺期女性科技人才在承担人才培养、成果转移转

化、示范推广、国际科技合作交流等院专项项目结题验收、聘期考核等方面，可根据需要申请延期，最长不超过 12 个月；在院学科建设等评估中法定产假期不计入考评工时等。《意见》还提出，女性科技人才申报有年龄限制的院人才培养项目，给予放宽 3 年；积极支持女性科技人才申报评选各类科研项目，以及成果转移转化、示范推广、国际科技合作交流等院专项项目；积极支持女性科技人才参加培训、访学和学术交流，提升学术影响力和活跃度。

此外，《意见》提到，同等条件下，优先推荐女性科技人才在各级人大、政协，各民主党派和人民团体中任职，优先推荐女性科技人才入选院专家库、导师库；鼓励女性科技人才积极参与"省科技创新巾帼行动"，积极参与创业创新交流，深入农业龙头企业和新型经营主体等开展科技服务活动；女性科技人才主持的具有产业化前景的项目，在申请入驻浙江省农业科创园时，同等条件下给予优先支持；对省巾帼农创基地负责人、优秀女性经营主体负责人和专业种养殖大户申报参加浙江农科院组织承办的各类技术培训活动的，优先予以支持，对省妇联与浙江农科院联合命名的省巾帼农创基地，在双方自愿基础上，建立"一对一"女性科技专家与基地负责人结对机制等。

为进一步激发女性科技人才创新活力，促进女性科技人才在构建"315"科技创新体系、实施科技创新和人才强省首位战略中发挥作用，2023 年 3 月 8 日，浙江省科技厅和省妇联联合印发《关于鼓励和支持女性科技人才更好发挥作用的若干措施》（以下简称《措施》），为广大女性科技工作者送上节日政策大礼包。《措施》含金量高，干货满满。就拿"加大对女性科技人才的培养支持力度"这一项来说，特别提到要适当放宽女性科技人才申请省自然科学基金项目的年龄要求，省自然科学基金杰出青年基金项目、探索青年项目均放宽到 42 周岁。对标"国标"的 40 周岁，浙江显著加大了放宽力度，将惠及众多女性科技人才。

针对科技决策层面女性比例偏低的现象，《措施》专门提出要提高高层次女性科技人才在重大科技战略咨询、科技政策制定、科技计划项目榜单编制、科技计划项目评审、科技奖励评审等科技活动中的参与度，逐步提高女性科技专家参与比例，力争在现有基础上提高至 15% 以上；并鼓励符合条件的女性科技人才进入省科技专家库，女性科技专家入库数量在现有基础上力争提高 10%。据悉，提高 15% 以上和提高 10% 这两个指标，是浙江首次在此领域提到的工作目标。

《措施》还有一项创新举措是在"支持孕哺期女性科技人才科研工作"方面，鼓励科研单位设立女性科研回归基金，资助女性科研人员生育后重返科研岗位。该条措施是女性科研人员广泛关注的举措之一，落地后将大大减少她们生儿育女的后顾之忧。

（二）设立荣誉奖项，鼓励有杰出贡献的女科技工作者

浙江省设立一系列荣誉奖项来表彰在科技领域获得杰出成就的女科技工作者，其中以设立"浙江省巾帼科技创新工作室"为代表。这一举措的目的在于激励在科技领域有杰出贡献的女性。尤其在医学与农学领域，浙江省女科技工作者表现卓越。

1. 医学领域的代表性巾帼科技创新工作室

协会会员张筱凤作为领衔人的工作室获评浙江省巾帼科技创新工作室。张筱凤消化疾病创新医疗工作室以杭州市第一人民医院消化内科为基础建设而成，主要目的是培养消化疾病临床及科研青年创新人才，解决消化疾病疑难危重临床问题。工作室现有成员 22 名，其中女性占比超过 50%。每年内镜诊治数量达 80000 余例次，开展项目全面，涵盖国际先进诊治技术和项目。在消化内镜治疗胆胰和胃肠道疾病方面具有优势，特别是在内镜治疗胆道系统结石、急慢性胰腺炎、重症胰腺炎、胆道胰腺肿瘤、改道术后 ERCP 和儿童胆胰疾病及内镜、消化道早癌、炎症性肠病等方面处于国内领先地位，目前 ERCP 数量居全省第一。

协会会员汤灵玲作为领衔人的工作室获评浙江省巾帼科技创新工作室。感染性疾病智慧医疗巾帼工作室由 6 位成员组成，其中女性 5 名，占比达 83.3%，均具有高级职称或博士学位。学科方向涵盖临床医学、感染病学、

信息学、生物工程、医学检验、人工智能、图像处理等，重点面向生命健康、应用智能计算等领域，在感染性疾病早诊早治、精准诊疗、智慧防控等方面进行科技攻关、技术创新、科学研究和临床救治。工作室成员已获得国家级、省部级立项 28 项；获得包括国家科技部进步奖特等奖、浙江省科技进步奖一等奖等奖项在内的省部级以上奖励 23 项；作为第一作者和通信作者发表 SCI 及 CSCD 论文超过 60 篇，总影响因子超过 200 分，其中单篇最高影响因子为 86.208 分。

协会监事长付彩云作为领衔人的工作室获评浙江省巾帼科技创新工作室。工作室现有专职研究人员 4 人，其中教授 1 名，女性专业技术人员 2 名，4 名成员均具有博士学位。工作室依托浙江理工大学生命科学与医药学院，吸引其他专家参与项目建设。为确保顺利运转，工作室设置有综合事务专员、对外交流合作专员和成果转化专员，各司其职，共同维护工作室的运作；还制定了《多肽及蛋白药物研究所章程》和《多肽及蛋白药物研究所运行管理制度》，确保规范运行。工作室的创新研究揭示了白血病和结肠癌诊治的新靶点、新机制，研制了相关多肽药物，创建了多肽药物在体条件下半衰期延长、实时动态监测和蛋白互作的合成生物学新技术；工作室成员《关于促进我省山区 26 县生物医药产业高质量发展的对策建议》的研究报告获省长的批示，并被评为"民进浙江省委会 2021 年度参政议政优秀成果二等奖"，这些成果有效助力浙江省生物医药产业发展。同时，工作室已直接转化专利应用 4 项，部分研究成果已在知名三甲医院开展临床转化研究。

协会秘书长王媛媛作为领衔人的工作室获评浙江省巾帼科技创新工作室。眼科光学智慧诊疗工作室主要致力于眼科光学成像技术及临床应用，完成了国家重点研发计划数字诊疗装备研发青年科学家专项"基于超声的视网膜血管多模态光学相干断层弹性成像技术研究"及 5 项省部级市厅级项目，成功研发了哈特曼原理测人工晶状体测量装置、渐变多焦点眼镜片光售度计、电子注视器、在体视网膜多模态成像设备等多项眼科光学诊疗设备。目前团队领衔人主持国家重点研发专项课题"鼠眼动物模型的超广角共聚焦成像应用"及浙江省重点研发专项"基于内窥镜与功能扫频

OCT 整合的新型视神经显微微创手术系统研发"等多项国家级省部级重大项目。

协会副会长杨波作为领衔人的工作室获评浙江省巾帼科技创新工作室。工作室长期致力于药物靶点发现和创新药物研究，围绕肿瘤等重大疾病发现 USP10、JOSD2、WSB1、DJ-1 等药物新靶点，于 *Nature Chemical Biology*、*Blood*、*Hepatology*、*Cell Research*、*Nature Communications* 等期刊发表论文 200 余篇，他引 5300 余次，得到了国内外专家的高度认可。获浙江省自然科学奖一等奖等奖励 14 项。团队入选"科技部重点领域创新团队——基于靶标的创新药物研究创新团队"，领衔人入选国家杰青、国家有突出贡献中青年专家、国家万人领军等，获浙江省三八红旗手、浙江省青年科技奖等荣誉；核心成员先后入选国家优青、青年长江学者、国家万人青拔等国家级四青人才 4 人，获省部级人才称号 14 人次，学术创新能力达到国际一流水平。

2. 农学领域的代表性巾帼科技创新工作室

协会会员袁凤杰作为领衔人的工作室获评浙江省巾帼科技创新工作室。大豆种质创新研究与育种应用工作室现有研究人员 6 名，女性科研工作者 3 人，均具有博士学位；其中研究员 1 人，副研究员 3 人，助理研究员 2 人。"十三五"以来，工作室主持承担各类项目 20 余项，累计经费 1500 万元以上，其中主持国家级项目经费近 800 万元。历年来获得国家科技进步奖 1 项，省部级各类奖项 6 项。

协会会员叶子弘作为领衔人的工作室获评浙江省巾帼科技创新工作室。农产品质量安全与计量检测工作室始建于 2005 年，围绕茭白等特色农产品，研究微生物-植物互作机制，形成危害物检测技术标准和计量溯源体系，从"农田到餐桌"的生产链及"危害物检测-溯源"的质量保障链提升特色农产品质量安全。工作室建立了较完善的运行和激励机制，取得良好成效。工作室获得科研成果奖 16 项，其中国家技术发明奖二等奖 1 项，省部级一、二等奖 10 项。近五年，新增省部级人才称号 8 人次；承担国家级科研项目 20 项，省部级重点重大项目 8 项；发表 SCI 论文 88 篇，TOP 论文 13 篇；授权发明专利 79 项。

协会常务理事徐秋芳作为领衔人的工作室获评浙江省巾帼科技创新工作室。土壤生态与健康创新工作室由省重点学科"农业资源与环境"带头人徐秋芳教授领衔，工作室共计11名教师。工作室立足于省"生命健康"科创高地和"双碳与环保技术"战略领域，主要开展生态安全与碳中和、土传病害发生与防控、耕地地力提升与水肥管理技术等3个研究方向的基础理论和应用技术研究。工作室围绕毛竹林生态系统，重点阐明了毛竹林土壤微生物群落组成、功能活性、土壤碳汇和温室气体排放对不同经营方式、林分时空演替的响应机制，科学评估毛竹入侵生态风险，开发了竹林生态系统提质增汇与土壤质量精准调控技术；针对浙江省山核桃、香榧、黄精、番茄等经济作物严重的土传病害问题，探究了抑病型根际（土壤）菌群装配特征及拮抗菌的作用机制；针对浙江省丘陵山地中低产田和新垦耕地土壤肥力较低、土质较差的问题，利用农林有机废弃物，研发出特效生物有机肥和土壤保水剂等新产品，并开发了土壤肥力快速提升、结构改良和水分保蓄等新技术；同时，已开发适合于丘陵山地的新型水肥一体化装置及应用技术，并分别在山核桃、香榧和茶园进行了示范。工作室成员共申获国家和省部级课题25项，获浙江省科学技术奖一等奖、二等奖，梁希科学技术奖二等奖等奖项。

（三）加强职业培训，推出系列服务，提升女性职场竞争力

浙江省历来重视提升女性职场竞争力，推出系列服务，加强女性职业培训。2022年11月6日~8日，浙江省科协党校"领航计划"青年科技人才研修班在杭州举行。活动由浙江省科协党校主办，浙江省科技服务中心、浙江省女科技工作者协会（以下简称"协会"）承办，来自省内50多位优秀女科技工作者、女企业家、女律师代表等参加了活动。

协会会长、国家眼部疾病临床研究中心主任吕帆表示，希望通过这次活动能为不同区域、不同行业、不同学科之间的女科技人才交流合作提供支撑，进一步分享女性智慧、贡献女性力量。协会副会长、党支部副书记，浙江大学附属口腔医院常务副书记兼副院长章伟芳同志作题为《踔厉奋发启

新程 勇毅前行向未来》报告，带领学员学习贯彻落实党的二十大精神。她表示，作为科技工作者，要用心学习、领悟党的二十大报告的精神实质和丰富内涵，以更加昂扬的姿态奋进新征程、建功新时代。

学员们认真聆听了中国科学院院士、生殖医学家黄荷凤，中国科学院院士、西湖大学校长施一公，阿里巴巴集团党委副书记、妇联主席、公共事务总裁闻佳分别作《科创逐梦与女性成长》《绽放"她"力量——科技创新与女性价值》《数字时代是女性就业创业的黄金时代》的主旨演讲，几位"大咖"从不同角度，肯定女性科创价值，激励女性科技创新。

（四）重视医养、药养在健康养生产业中发挥的作用

为奋力推行"两个先行"，浙江省尤其重视医养、药养在健康养生产业中的重要作用。比如由丽水市卫生健康委员会、丽水市市场监督管理局指导，丽水学院中医药与健康产业学院联合丽水市中医院、丽水市女科技工作者协会举办了中医药与健康产业跨界融合活动之系列公益讲座培训。第一课由丽水市卫健委三级调研员、长寿之乡绿色发展区域合作联盟常务副秘书长朱雪飞主任主讲，主题为"重视长寿之乡品牌在培育药养、医养等健康养生产业中的作用"。朱雪飞主任在会上提到，市委、市政府对丽水"中国长寿之乡"品牌建设高度重视，是坚定不移地走绿色发展战略的重要组成部分。要将丽水"中国长寿之乡"品牌打造成为"绿水青山就是金山银山"理念转化的通道、生态产品价值实现的抓手；要将资源、环境、文化转化为经济、发展和竞争力。朱雪飞主任还表示要抓住丽水的优越条件，加强合作、整合资源，打响"长寿之乡"品牌，发挥长寿之乡品牌在培育药养、医养等健康养生产业中的作用。

（五）关注儿童健康普及、助力儿童友好型城市的发展

浙江省积极发展儿童友好型城市，推广儿童健康普及。由浙江大学医学院附属儿童医院主办、浙江省女科技工作者协会协办的"天使助力·伴你童行"浙江省儿童健康教育行动计划入校科普推动官遴选大赛总决赛在杭

州成功举办。本次比赛设置了三大主题，覆盖当代儿童内分泌疾病中最常见的三种疾病：肥胖、矮小、性早熟。协会副会长、浙江大学医学院附属儿童医院常务副院长傅君芬，协会副会长陈晓君参加了此次活动。陈晓君在开幕式致辞中表示，浙江省女科技工作者协会一直秉持将科学普及放在与科技创新同等重要的位置，充分发挥协会的人才优势、专业优势和组织优势，积极开展公益科普服务，为提升全民科学素质贡献巾帼力量。少年强则国强，促进孩子的身心健康非常关键。近两年受新冠疫情的影响，儿童健康问题更应引起全社会的关注，肥胖、矮小、性早熟这三大领域也需要我们把科普走到疾病之前。

2023 年 3 月 18 日，浙江省舟山市女科技工作者协会和舟山市食品药品检测检验研究院共同在定海举行了"儿童友好让城市更美好——儿童海洋食品药品安全检测与科普宣传"启动仪式，来自市人大、市妇联、市科协、省海洋开发研究院等有关单位的领导和各行各业女科技工作者代表共 30 多人参加了启动仪式。市妇联副主席蒋肖琛作了讲话，重点阐述了舟山建设儿童友好城市的目的意义，充分肯定了女科协融合科技工作者专业优势，依托海洋类科研院所和教学实践基地，以项目为载体，成立儿童海洋食品药品安全检测与科普宣传队，开展务实、高效服务舟山儿童友好城市建设的做法。市女科协会长王萍亚宣布舟山女科技工作者协会儿童海洋食品药品安全检测与科普宣传志愿服务队成立，并对具体工作进行了部署。儿童友好项目为舟山市 2023 年民生工程，市女科协积极参与其中并发挥应有的作用，举办儿童海洋食品安全学术讲座，组织志愿者下海岛进学校入社区开展儿童海洋食品药品安全检测科普宣传，开展一系列"海洋食品药品安全检测"儿童友好参与活动，助力海洋气息浓郁的舟山儿童友好城市建设。

（六）重视海洋科考工作，助力海洋经济的发展

浙江省位于中国东南沿海，历来重视海洋科考工作，省女科技工作者积极助力浙江省海洋经济的发展。2023 年 3 月 26 日，"典赞·2022 科普中国"揭晓盛典特别节目在中央广播电视总台综合频道 CCTV-1 播出。其中省女科

协副会长韩喜球入选"2022年度十大科普人物"。作为我国大洋科考史上的首位女首席科学家，韩喜球走进学校、走向国际，分享深海科考成果，传递大洋科考精神。

2022年11月4日，浙江省舟山市女科技工作者协会举行了以"学习贯彻党的二十大会议精神，以科技创新塑造新动能"为主题的学术活动。这次学术活动由市女科协副会长、轮值会长王杏娣主持，来自全市各界近50位女科技工作者代表共聚一堂，聆听舟山市委、市政府政策研究室副主任何军作题为《舟山海洋经济发展资源要素支撑体系和重点产业重大项目演进逻辑路径》的报告。

（七）开展研讨会，发挥女科技工作者参政议政的作用

浙江省重视女科技工作者在参政议政中所发挥的作用。例如舟山市政协八届二次会议和第八届人民代表大会第三次会议于2023年1月31日和2月1日相继开幕。作为民营企业家，女科技工作者袁红波关注企业的发展。这次两会，她提出，在新时代，民营企业要深刻认识党建工作对企业高质量发展的重大意义，切实发挥党组织在民营企业中的先锋模范作用和战斗堡垒作用，进一步探索民营企业党建工作路径，以党建带好企业建设，促成"两建"同频共振，形成党建与企业发展相互促进的良性循环。

又如2022年11月10日，台州市女科技工作者协会在台州市妇女儿童服务中心召开了"逐梦新征程巾帼绽芳华"党的二十大精神学习会暨科技创新发展"她力量"专题研讨。台州市妇女联合会党组书记、主席范卫东，台州学院医化学院党委书记徐元红，台州市女科技工作者协会会长、台州学院医药化工学院副院长金燕仙及协会会员代表参加。会上，徐元红书记围绕"新征程新使命，新担当新作为"主题，深入系统地阐述了党的二十大精神的丰富内涵。协会会员围绕党的二十大精神展开积极讨论，一致认为在新时代新征程中应主动肩负起科技强国的重任，推动台州市科技不断创新与发展。金燕仙会长表示，将以党的二十大精神为指引，团结和带领台州市广大女科技工作者，踔厉奋发、勇毅前行。协会的未来发展应以"智汇巾帼在

台州、融合科创向未来"为重要目标，汇聚科技力量、汇聚温暖力量、汇聚社会力量，为台州科技的高质量发展贡献"她力量"。女科技工作者是推动科技创新不可或缺的重要力量，在新时代的伟大征程中，希望越来越多的女科学家和女科技工作者活跃在台州科技创新的各个领域，成为推动台州创新发展的重要生力军。市妇联将一如既往地支持台州市女科技工作者协会工作，为台州科技和产业创新注入生机活力。

再如，舟山市女科技工作者协会组织了学习贯彻党的二十大精神活动，来自全市各行各业的近50位女科技工作者代表参加了专题学习活动。学习会邀请中共舟山市委宣讲团成员何军作《贯彻党的二十大精神推进中国式现代化在舟山生动实践》讲座。讲座从党的二十大的重大历史意义、理论成果创新等角度进行了宣讲，结合舟山实际，坚持向海图强、向海开放，把舟山海洋经济打造成海洋强省未来增长极，力争率先实现海岛现代化。与会代表一致表示，学习党的二十大精神，增强了奋进新时代新征程的坚定信心，要把学习落到实处并内化为科技创新的新动能，在新发展进程中展现巾帼新担当新作为，奋力为中国式现代化在舟山落地生根贡献智慧和力量。

（八）积极参与国际医疗卫生事业与国际论坛，发挥先锋模范作用

浙江省积极融入国际医疗卫生事业，重视国际论坛，省女科技工作者发挥重要的作用。比如舟山市人大代表、女科技工作者协会理事、舟山市妇女儿童医院护理部副主任安静娜从事护理工作已近27年，她就参与中国援马里医疗队、疫情防控工作等谈了自己的感受和体会。她说，要用专业守护生命屏障。2018年8月，她被省卫健委选为"第26批中国援马里医疗队"一员。马里位于西非，当地的贫瘠让人震惊。作为中国政府派出的护理专家，她深知责任重大，为此，不顾时差影响，克服水土不服等不适，每天去各病区指导工作，处理了多起棘手病例。

又如，2022年12月17日~18日，以"平等·创新·成就：新时代的性别平等与妇女发展"为主题的第四届全球女性发展论坛在线上成功举办。国家眼部疾病临床医学研究中心主任、浙江省女科协会长吕帆教授受邀参

加。全国妇联副主席、书记处书记吴海鹰出席论坛开幕式并指出，党的二十大为做好党的妇女儿童工作和家庭工作提供了根本遵循和科学指引。浙江省女科协会长吕帆在会上作题为《科技创新赋能儿童眼健康》的主旨演讲。吕帆会长强调：眼健康是"健康中国"战略的重要部分；眼健康是人类生存和生活品质的重要标志，从出生开始，人类眼睛和视觉经历一个健康发育和成熟的过程，任何缺失都可能影响孩子一生的健康，针对儿童青少年的"主动眼健康"计划，就是将工作前移至农村、社区和边远内地，早发现早矫正早治疗，从儿童开始实现享有光明的权益。

再如，2022年11月22日，自然资源部第二海洋研究所海底科学重点实验室研究员、世界科技工作者联合会执委韩喜球教授代表世界科技工作者联合会及中国科协线上出席了在加拿大渥太华召开的联合国教科文组织（UNESCO）第13届非政府组织国际论坛并作主题报告。来自40个国家和地区的近百名代表线上线下参加了会议。此次论坛的主题是动员各非政府组织协力推动联合国"海洋十年"和"国际土著语言十年"行动计划。国际十年是联合国实施的战略性和重要的国际合作机制，被视为在提高全球对特定问题的认识和调动人力和财政资源以在全球、区域、国家和地方各级做出协调反应的关键。UNESCO负责组织的两个国际十年——2021～2030年的联合国"海洋十年"和2022～2032年的"国际土著语言十年"都制定了独特的战略框架，为利益相关者提供了开展联合行动的基本原则，以及关于概念框架、实施、监测和评估模式以及治理结构的指导。在渥太华举行UNESCO第13届非政府组织国际论坛旨在确定共同的切入点，以创造新的协同作用，发起联合倡议，并鼓励合作伙伴，特别是与联合国教科文组织有正式伙伴关系的非政府组织之间分享良好的做法。世界科技工作者联合会高度重视UNESCO推进的"海洋十年"计划，推荐韩喜球教授代表世界科技工作者联合会参加此次会议，以表示世界科技工作者联合会对保护海洋、合理利用海洋，推动实现联合国可持续发展目标的重视。受大会特邀，韩喜球教授线上参会并作了主题报告，报告针对当前可持续发展面临的主要问题，阐述了基于海洋的应对全球变暖和资源匮乏的措施、挑战与冲突，提出需加强科学传播、教育、终身学习和全球的团结和协作。来自 UNESCO 非政府组织联络委员会的 Marie‑Claude Machon‑Honore 表示，报告中有关海洋在可持续发展中的作用的见解对推动社会变革极为重要，法国代表 Stephanie Le Follic‑Hadida 表示，报告呼吁团结、协作和教育，是一个有深度、有启发、令人鼓舞的报告。

（九）推进高端人才服务乡村振兴战略，助力共同富裕

为积极推进乡村振兴战略，助力共同富裕，浙江省女科技工作者协会在省委、省政府领导下积极推进高端人才服务。比如协会联合平阳县科协开展战略合作系列活动，2022 年 11 月中旬，协会特组织农业专家组一行 8 人赴平阳开展专家服务基层活动，作为此次战略合作协议的年度工作任务，以更好地推进平阳农业主导产业稳步快速发展，扎实推进高端人才服务乡村振兴战略。本次活动的专家组成员主要有协会常务理事兼副秘书长陈素红，协会常务理事何润云、陈青英，协会会员吴江、杨秀芳，平阳县科协主席陈纪阳，平阳县科协党组成员陈瑞军，平阳县农业农村局党组成员、总农艺师董占波等陪同调研，近 20 家代表企业参加了此次活动。专家组在平阳县农业农村局相关领域负责人的带领下，深入田间地头，实地察看了粮油种植、黄汤加工、水果栽培、草药种植等多种农业领域技术，并在现场与企业代表进行交流。针对平阳黄汤和南麂大黄鱼（以下简称"双黄"）产业下一步的发展方向提出建议。专家组指出："双黄"产业要加大品牌推广力度，确立明星产品与主导产品的地位，提高品牌影响力；要培育专业领域人才，通过提高生产、加工标准进而提升产品产量质量；要积极为企业提供科学技术上的支持与帮扶，加强管理过程中的质量管控，让"大师经验"成熟起来，形成一套标准。

（十）加强与其他协会企业的联系，发挥女科技工作者在经济与社会发展中的作用

浙江省重视加强各类协会与企业之间的联系，领导女科技工作者为全省经济与社会发展贡献力量。比如 2022 年 11 月 7 日，省女科协与省女律协、

省女企协举办交流联谊会。省女科协会长吕帆发表热情洋溢的致辞，希望通过这次联谊活动能为不同区域、不同行业、不同学科之间的女性人才交流合作提供支撑，进一步分享女性智慧、贡献女性力量。联谊会上，省女科协执行副会长姜爱芹，以茶为媒，带大家了解茶文化、茶产业、茶科技，大家一边品茶，一边交流，分享了在科技创新和成果转化方面的一些想法，并约定将定期开展企业行活动，多方联合将助推解决科技成果转化"最后一公里"难题。省女科协与省女律协、省女企协均签订了战略合作协议，希望通过合作能充分凝聚巾帼力量，发挥女性人才优势。这次交流联谊会加强了姐妹协会之间的联系，将以此次活动为新起点，深化交流沟通，积极探索创新合作模式，为助推协会的发展搭建更大的平台。

又如，为积极响应浙江省科协"万名专家帮万企"促共富活动，2022年10月28日上午，省女科技工作者协会特组织协会专家，在协会副会长郑丽萍、章伟芳的带领下，赴杭州治木科技有限公司调研座谈，助力治木科技全品类产品的迭代升级。协会专家首先参观了杭州治木体验中心。随后的交流会上，协会理事、浙江省林业科学研究院竹类所所长李琴向大家详细讲解了基于水性环保漆的竹木制品生产关键技术，水性漆的应用现状及发展趋势，水性漆的种类与配制，水性漆的涂饰及干燥。大家跨界交流，从不同维度进行分析讨论，各界观点碰撞，相互启发，不时激起智慧"火花"。与会专家纷纷表示，通过此次走访调研，对目前家装行业的产品研发技术有了更深层次的了解，同时，也为进一步促进产学研深度融合、共同助推家装产业的创新发展打下结实的基础。

（十一）举办和参与各类高峰论坛活动，发挥女性科技工作者"半边天"的作用

浙江省重视发挥女科技工作者"半边天"的作用，鼓励女科技工作者参加各类高峰论坛活动。如2022年11月14日，"科技·健康·创新——她力量"高峰论坛在德清成功举办。本次活动作为长三角巾帼科技创新浙江行暨浙江省首届巾帼科技创新周活动之一，由浙江工业大学妇联/工会、浙

江省女科技工作者协会主办，围绕科技创新、海洋科考、医药健康、数字化智造等主题进行深入交流，旨在汇聚女性科技力量，搭建交流合作平台，加强创新成果共享，推动科技经济深度融合，绽放女科学家的独特魅力。活动共吸引了浙江工业大学女教授、女干部，浙江省女科技工作者协会会员，杭州女科技工作者协会会员等相关科研工作者近 100 人参加。世界需要科学，科学需要女性。科技、健康、创新，更是离不开巾帼力量。

又如，在 2022 年世界青年科学家峰会开幕之际，11 月 11 日~12 日，三场汇聚"她"力量、关注"她"成长的科学盛会在浙江温州如期举行。此次活动由中国科学技术协会常委会女科技工作者专门委员会、浙江省科学技术协会、浙江省妇女联合会、温州市人民政府主办，浙江大学、自然资源部第二海洋研究所、浙江省女科技工作者协会、温州市科学技术协会、温州市妇女联合会等承办。省女科协会长吕帆，副会长崔平、韩喜球等率队出席会议。女科学家高峰论坛以"科创未来她力量"为主题，女科学家们通过主旨演讲、高峰对话、圆桌会议、发布共识等形式，展开思想碰撞、经验交流，最大化地立足女科技工作者的独特视角，展示女性科技工作者在科学事业中的非凡创造力。吕帆会长和团队成员特别设计师生"三代"对话，接续讲述团队科研、成长和传承，将此次论坛推向高潮。她们表示，医学科研成果是一代又一代人奋斗来的，保持眼科和视觉科学研究的初心，走到临床一线，找到最重要的科学问题，通过探索，回到临床，为广大患者送去光明。崔平副会长通过线上对话，就甬江实验室的发展历程、发展现状以及发展前景进行了分享。韩喜球副会长和王媛媛秘书长分别主持两场圆桌会议，与十余位来自不同领域的女科技工作者代表围绕"海洋科技创新""女科技工作者成长成才"等主题分享独到观点。韩喜球副会长主持沙龙并作开幕讲话，她指出，本次沙龙旨在提升海洋碳汇能力、助力碳中和，充分发挥女科学家在"双碳"目标中的攻坚力量，引导鼓励更多女性从事科学技术工作。

再如，2022 年 11 月 8 日下午，第十三届中国·绍兴"名士之乡"人才峰会系列活动之一，"秒聚青科·共越未来"2022 绍兴青年科技人才开放论坛在绍兴举办。活动由中国科协组织人事部、浙江省科协主办，浙江省科技服务中心、中共绍兴市委人才办、绍兴市科协承办。论坛邀请了近几届中国青年科技奖获奖者代表及省市青年领军人才代表共 50 余位参与。浙江省女科技工作者协会会员、中国兵器科学研究院宁波分院李晓静博士作为青年女科技工作者代表，以"科技创新巾帼力量"为题作大会报告，结合新材料先进制造工艺技术及高端装备研发科研方向，分享了部分科技创新成果。她认为：首先，要以应用牵引问题导向倒逼基础研究；其次，多学科交叉融合是实现技术突破与创新的关键所在；最后，多维度推进技术与产业融合发展，加快实现成果的应用转化。李晓静的其中一项科研成果"离子束超精密制造技术"，在光学、半导体、医疗器械及汽车等行业相关产品制造的应用受到媒体广泛关注。

三　浙江省女科技者工作未来工作的挑战与对策建议

回顾过去五年，在省委、省政府的领导下，浙江省女科技者工作取得了喜人的成果。浙江省女科技工作者协会克服了人手少、事情多、经费不足等困难，取得了一些可喜的成效，但仍存在一定的挑战，如开展调研活动不够、服务的精准把握还不够、对基层输送科技资源不够、与外界交流学习开展不够等。基于过去五年的实践与遇到的困难，对浙江省女科技工作者的未来工作提出若干对策与建议。

（一）坚持党对群团工作的统一领导，强化思想政治引领

1. 高举伟大旗帜，坚定维护初心

浙江省女科技工作者需广泛开展系列学习宣传贯彻活动，深入开展爱党爱国教育、"四史"教育，坚决维护以习近平同志为核心的党中央，坚决维护党中央权威和集中统一领导。[①] 深入学习贯彻习近平总书记关于群团工作和群团改革的重要论述，自觉落实到协会工作全过程和各方面，转化为推动协会事业发展的生动实践。

---

① 刘宁：《以党的二十大精神为指引 努力在推进全面从严治党上取得更大成效》，《党建》2023 年第 1 期，第 8 页。

2. 持续加强党的建设

浙江省女科技工作者协会需进一步推进全省 11 个地市女科协成立理事功能型党支部，开展党的工作，切实发挥党组织在协会工作中的政治核心作用。扎实推进党建强会，面向巾帼科技领军人才、青年女科技骨干、广大基层女科技工作者和女科协系统干部开展理想信念教育、专题国情研修，以高质量党建把牢正确政治方向。

3. 肩负党和政府联系女科技工作者桥梁和纽带的职责

浙江省女科技工作者需深刻领会习近平总书记在中国科协"十大"上的重要讲话精神，协会要坚持为女科技工作者服务、为创新驱动发展服务、为提高全民科学素质服务、为党和政府科学决策服务，更广泛地把广大女科技工作者团结在党的周围，肩负起时代赋予的重任，用女性科技工作者的自立自强撑起国家高水平科技自立自强的半边天。

（二）聚焦"科创中国"，实施科技经济融合行动

1. 助力企业创新发展

浙江省女科技工作者协会秉承"让企业插上创新翅膀"的宗旨，依托浙江省"一家三站"创新平台体系，开展女科学家进企业活动，为企业与专家及其所在高校、科研院所、重点实验室牵线搭桥，促进科技成果转移转化，为企业的产业技术提升、品牌打造提供智力支持。

2. 科技助力乡村振兴

浙江省女科技工作者要参与科技助力乡村振兴工作，将理论学习与实地考察、现场教学有机结合，突出科技创新平台搭建、产学研合作等工作重点，积极开展乡村振兴特色人才培训、特色产业技术服务等帮扶活动，为农业插上"科技的翅膀"。

（三）以"科普中国"为引领，推动全民科学素质提升

1. 发挥全省纲要实施工作机构作用

浙江省女科技工作者协会应围绕 2025 年浙江省公民科学素质比例达到

18%以上的目标，积极配合省科协落实《浙江省全民科学素质行动规划纲要实施方案（2021—2025 年）》，面向未成年人、农民、产业工人、老年人、领导干部和公务员等人群开展提升行动，推动形成科学普及与科技创新协同发展。

2. 建立以志愿服务为重要手段的基层科普服务体系

浙江省女科技工作者以"五进"为抓手，积极开展志愿者服务基层活动，进一步拓宽"千名专家进万企""女科学家进校园"等品牌活动覆盖面。加强科普服务乡村振兴，精心策划各类主题科普活动，全面提升公众对科学的关注度。

（四）构筑学术交流新高地，助力"智汇中国"建设

1. 举办高水平的学术会议，提高学术交流实效

浙江省女科技工作者协会要积极配合省科协举办世界青年科学家峰会、绿色低碳技术创新发展大会、之江科技创新论坛等高端学术交流活动。发挥协会人才荟萃、学科齐全的优势，深入推进"女科学家系列讲座"，打造新的有影响力的品牌学术会议。

2. 汇聚巾帼智慧，推进科技服务和咨询研究

组织动员协会内有较高学术造诣和决策咨询能力的女科学家组成决策咨询专家团队，关注党委、政府科学决策的重点和经济社会发展中的热点、难点，开展专项课题调研、技术咨询、成果鉴定、科技评估和承接政府转移职能，打造协会决策咨询品牌。

（五）打造更有温度的"女科技工作者之家"

1. 为女科技工作者解难题、办实事

协会围绕女科技工作者最关心、最现实的问题，如参与科技计划项目和人才计划、科技管理和决策、女性平等和权益保护等开展专题调查研究。采取有效举措解决女科技工作者工作生活中的具体困难，帮助女科技工作者更好投身科技工作创新。

2. 积极举荐、培养女科技工作者

协会做好引领作用，在"全国优秀科技工作者"等重要奖项的选拔推荐工作中，发现、举荐浙江省更多的女性优秀科技人才。开展优秀女科学家学术成长资料采集工程，弘扬女科学家精神，进一步激发全省女科技人才创新创造热情。

3. 积极搭建横纵平台，助力女科技工作者良性发展

协会要持续密切与中国女科协、省科协、省妇联以及其他姐妹群团的合作协作，联动推进开展活动、实施项目、共享资源，为女科技工作者创新创业创造搭建广阔舞台。举办巾帼科技创新沙龙系列活动，邀请相关领域的战略科学家、科技领军人才、优秀青年科技人才等围绕女性科技人才成长的重要议题开展深入研究讨论，不断激发女科技工作者更大的内生动力。

（六）完善组织体系建设，提升协会自身能力

1. 完善协会组织架构

根据工作需要和行业发展需求，协会要考虑按职能或业务成立若干个专业委员会或工作委员会，完善体制机制建设，全面提升协会学术活动能力、社会服务能力和自我发展能力。加强对地区学会的工作指导，促进地区学会工作开创新局面。

2. 建立健全机构并规范运行机制

协会要发挥监事会作用，保障学会工作规范有序开展。加强财务预算管理，重视档案管理，提升学会内部规范化管理实效。加强学会系统的专（兼）职队伍培训教育，提升专兼职人员的专业理论和业务技能水平。继续加强学会信息化建设，优化系统平台架构、优化学会业务流程管理。

当今世界正经历百年未有之大变局，我国发展面临的国内外环境发生深刻复杂变化，科技创新成为国际战略博弈的主战场。浙江省女科技工作者必须坚持以习近平新时代中国特色社会主义思想为指导，全面贯彻党的二十大会议精神，以及省第十五次党代会精神，深刻认识"两个确立"决定性意义，忠实践行"八八战略"，坚决做到"两个维护"，认真落实习近平总书记赋予

社团组织的新要求新任务新使命，牢牢把握"四服务"职责定位。浙江省女科技工作者协会要团结引领浙江省女科技工作者积极进军科技创新和经济建设主战场，弘扬女科学家精神，加强作风和学风建设，为推动浙江省经济社会发展做出更大贡献。

B.15
广西壮族自治区女科技人才发展报告

陈映红　唐红梅　董婷梅*

摘　要：　党的十八大以来，广西壮族自治区高度重视女性科技人才培养，出台实施了一系列促进女性科技人才成长的倾斜性政策措施，推动女性创新创业环境不断优化，女性科技人才总量持续攀升，为广西科技创新发展做出了重要的贡献。但广西女性科技人才发展仍面临着女性高层次人才数量偏少、科研资源获取困难、职业成就偏低、整体创新创业热情不高等难题，建议从增强女性科技人才自身的信念和综合素质、优化女性科技人才发展的政策支持环境、完善女性科技人才发现培养激励机制、健全女性科技人才成长监督评估机制四个方面进一步促进广西女性科技人才的成长和作用发挥。

关键词：　女科技人才　人才成长　广西壮族自治区

党的十八大以来，以习近平同志为核心的党中央将科技创新提到了前所未有的高度，全面加强对科技创新的部署，系统谋划，推动我国科技实力跃上新的台阶。妇女作为新时代科技创新的重要参与者和贡献者，在科技创新诸多领域取得了重大突破，成为科技界不容忽视的力量。近年来，广西壮族自治区高度重视女性科技人才的培养与作用发挥，出台实施了一系列促进女性科技人才成长的倾斜性政策，推动女性创新创业环境不断优化，女性科技人才总量持续攀升，撑起了广西科技的"半边天"。

---

* 陈映红，广西壮族自治区妇女联合会原一级巡视员，研究方向为妇女工作；唐红梅，广西妇女干部学校讲师，研究方向为妇运史；董婷梅，广西科技情报研究所副研究员，研究方向为情报学。

一 广西女性科技人才发展状况

（一）女性科技人才总量稳步增长，行业分布日益丰富

1. 女性科技人才总量稳步增长

党的十八大以来，广西女性科技人力资源数量稳步增长，2011～2022 年《中国科技统计年鉴》显示，2021 年广西研究与试验发展（R&D）人员总量为103691 人，其中，女性 R&D 人员34025 人，占总量的32.81%。相较于2012 年，广西 R&D 人员总量增长59.68%，女性 R&D 人员总量同比增长95.34%，女性R&D 人员增速远高于同期男性和人员总量的增长速度（见表1）。

表1　2012～2021 年广西女性研究与试验发展（R&D）人员情况

项目	2012 年	2013 年	2014 年	2015 年	2016 年	2017 年	2018 年	2019 年	2020 年	2021 年
R&D 人员总数（人）	64935	65783	65382	64843	69091	71954	74996	82445	82409	103691
女性（人）	17418	18575	17558	20198	21837	23445	24972	26698	27142	34025
女性占比（%）	26.82	28.24	26.85	31.15	31.61	32.58	33.30	32.38	32.94	32.81

资料来源：2011～2022 年《中国科技统计年鉴》。

2. 女性专业技术人才队伍不断壮大

2010 年以来，广西持续加快女性专业技术人才队伍建设取得新进展，在女性专业技术人才总量显著增加的同时，高层次的女专家、女学者不断涌现。《广西壮族自治区实施中国妇女儿童发展纲要（2011—2020 年）终期评估总结报告》数据显示，广西公有经济企事业单位高级专业技术人员中，女性占比连续10 年超过四成。截至2020 年底，广西公有经济企事业单位高级专业技术人员中，女性占比为45.16%，较《广西壮族自治区妇女发展规划（2011—2020 年）》提出的35%目标要求提高了10.16 个百分点（见图1）。

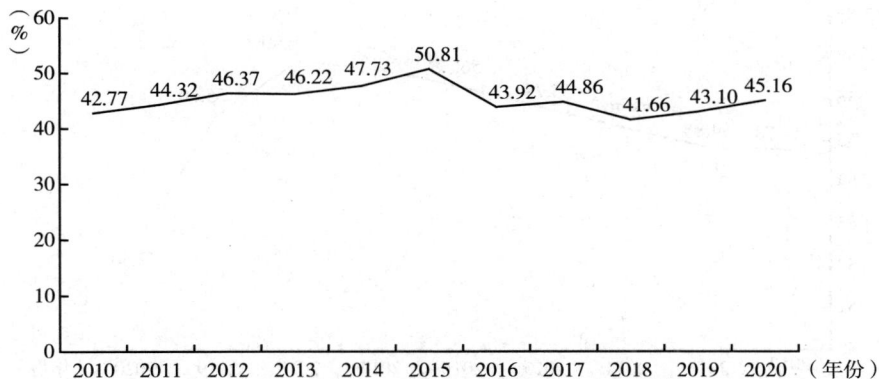

图 1　2010～2020 年广西公有经济企事业单位高级专业技术人员中女性占比

资料来源：《广西壮族自治区实施中国妇女儿童发展纲要（2011—2020 年）终期评估总结报告》。

3. 女性后备科技人才规模持续扩大

教育，尤其是高等教育是科技进步的必要条件，是培养后备科技人才的摇篮。党的十八大以来，广西接受高等教育的女性数量持续增加，为女性开展科技创新创业活动奠定了坚实基础。《广西壮族自治区实施中国妇女儿童发展纲要（2011—2020 年）终期评估总结报告》数据显示，2012～2020 年，女性接受高等教育的比例呈现稳定增长态势，2018 年达到了 56.9%，2019 年以后，女性占比稍有回落，但均在 52% 以上，一直高于同期男性占比（见图 2）。《广西壮族自治区人口普查年鉴 2020》显示，2020 年，广西户籍人口中，共有 589.75 万人接受过大学专科以上教育，其中，女性 294.88 万人，占比为 50%（见表 2）。

表 2　2020 年广西户籍人口受教育程度

受教育程度	总人数（人）	女性人数（人）	女性占比（%）
大学专科	3316171	1601843	48.30
大学本科	2440558	1275757	52.27
硕士研究生	126742	65577	51.74
博士研究生	14060	5647	40.16
合计	5897531	2948824	50.00

资料来源：《广西壮族自治区人口普查年鉴 2020》。

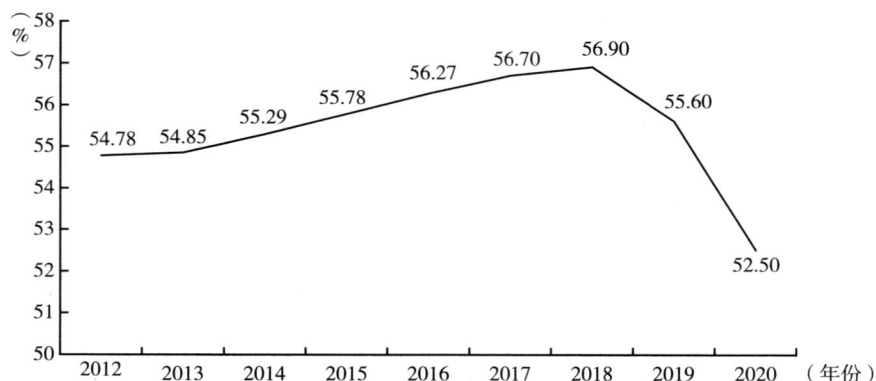

图2　2012~2020年广西女性接受高等教育比例

资料来源：《广西壮族自治区实施中国妇女儿童发展纲要（2011—2020年）终期评估总结报告》。

4. 女性科技人才行业分布日益丰富

随着女性受教育程度提高和科学技术发展，广西女性科技人才从事科学研究的领域不断扩展。除了传统的医药卫生、教育、信息科技、农业等领域外，广西已有不少女性科技人才跨入了高能物理、化工冶金与材料、微生物学等尖端科技领域，取得了令人瞩目的成就。广西大学化学化工学院教授赵祯霞首次提出原创性多孔材料孔内表/界面修饰策略，攻克广西等高湿地区挥发性有机化合物捕获能力差和再生能耗高的难题，为实现碳达峰碳中和做出突出贡献。[①] 广西科学院广西生物科学与技术研究中心副主任王青艳先后成功开发多种发酵产酶菌株、酶制剂和生物产品，作为主要参与者完成第一个国产微生物发酵法 α-乙酰乳酸脱羧酶产品的中试和产业化，作为主要研究者开发酶法转化木薯淀粉生产高纯度海藻糖的生产工艺，在我国首次实现酶法规模化生产海藻糖产品。[②]

[①] 《广西大学教授赵祯霞、桂林理工大学教授匡小军双双荣获青年科技杰出贡献奖》，广西壮族自治区科学技术厅网，2022年5月25日，http://kjt.gxzf.gov.cn/dtxx_59340/kjgz/kjtgz/t11936851.shtml，最后检索时间：2023年7月11日。

[②] 王巧贞：《做好"奋斗者、建设者、践行者"，立足本职岗位再创辉煌业绩——记共产党员、党的二十大代表王青艳》，广西科学院网，2022年5月13日，https://www.gxas.cn/djwh/ddjs/djgz/202205/t20220513_3985.html，最后检索时间：2023年7月11日。

（二）女性科技人才支持政策密集出台，女性干事创业环境更加优化

女性科技人才作为新时代科技创新的重要力量，在科技创新领域扮演着日益重要的角色。近年来，党和国家高度重视女性科技人力资源的开发与使用，将推动妇女参与科技创新纳入国家规划中同步实施，先后出台了系列促进女性科技人才成长的政策措施，为女性参与科技创新营造了良好的环境。2010年6月，中共中央、国务院印发的《国家中长期人才发展规划纲要（2010—2020年）》提出了"人才的分布和层次、类型、性别等结构趋于合理"的战略目标，为女性科技人才发展奠定了良好的政策基础。同年7月印发的《中国妇女发展纲要（2011—2020年）》明确提出，要"探索建立多层次、多渠道的女性科技人才培养体系，依托国家重点实验室、重大科研项目和重大工程建设项目，聚集、培养女性专业技术人才和技能人才"，并着重要求对纲要实施情况进行年度监测、中期评估和终期评估，保障女性科技人才政策的落地实施。2021年6月，科技部会同全国妇联等13个部门印发《支持女性科技人才在科技创新中发挥更大作用的若干措施》（国科发才〔2021〕172号），围绕培养造就高层次女性科技人才、大力支持女性科技人才创新创业、完善女性科技人才评价激励机制、支持孕哺期女性科技人才科研工作、加强女性后备科技人才培养、加强女性科技人才基础工作6个方面提出16条措施，破解女性科技人才发展瓶颈问题。2021年9月，国务院印发《中国妇女发展纲要（2021—2030年）》，明确将培养女性科技人才、提高女性科学素养作为主要目标。

广西十分注重加强女性科技人才的培养与作用发挥，先后出台《广西壮族自治区妇女发展规划（2011—2020年）》《广西壮族自治区妇女发展规划（2021—2030年）》《关于支持女性科技人才在科技创新中发挥更大作用的具体落实措施》等妇女发展专项政策（见表3），为女性科技人才成长发展保驾护航。广西各地市、各科研单位也纷纷响应国家和自治区文件要求，制定出台了相应的配套措施，为女性科技人才充分释放科技创新潜力营造了良好的政策氛围。如广西壮族自治区农业科学院出台了《关于支持女

性科技人才在科技创新中发挥更大作用的十条意见》，从各类人才培养计划、各级各类科研项目申报、科技培训与学术交流、职称评审与岗位竞聘、退休保障、孕哺期特殊支持等方面给予女性科技人才倾斜扶持。

表3　2012年以来广西出台的支持女性科技人才发展的政策情况

序号	政策名称	发布部门	支持女性科技人才发展主要政策内容
1	《广西壮族自治区妇女发展规划（2011—2020年）》	广西壮族自治区人民政府	加大女性技术技能人才培养力度。完善科技人才政策，探索建立多层次、多渠道的女性科技人才培养体系。依托自治区重大科研项目和重大工程建设项目，聚集、培养女性专业技术人才和技能人才。引导妇女积极参与科学研究和技术领域的发展，为她们成长创造条件
2	《广西壮族自治区妇女发展规划（2021—2030年）》	广西壮族自治区人民政府	提高女性科学素养；保障女性在各级各类教育中享有平等的权利和机会；加强女性科技人才、女性专业技术和技能人才培养；支持女性科技人才开展科技创业
3	《关于支持女性科技人才在科技创新中发挥更大作用的具体落实措施》	广西壮族自治区科学技术厅、广西壮族自治区妇女联合会等12部门	创造条件吸纳更多女性科技人才承担科研项目；提高女性专家参与科学决策咨询的比例；支持更多女性科技人才开展国际、国内科技交流合作；推动高级职称女性科技人才退休政策落实落地；搭建平台推动更多女性科技人才创新创业；提高推荐女性科技人才入选国家和自治区级高层次人才、各类科研评选表彰的比例；为孕哺期女性科技人才创造良好的科研和工作环境；加大女性后备人才培养力度；提高女性科技人才的群体意识和拼搏精神；加强女性科技人才发展研究
4	《广西大众创业万众创新三年行动计划（2021—2023年）》	广西壮族自治区人民政府办公厅	推动更多女性开展创新创业
5	《关于推动创新创业高质量发展打造"双创"升级版的实施意见》	广西壮族自治区人民政府	支持女性科技人才开展创新创业实践

（三）女性科技人才科研项目申报成功率不断上升，获科研奖励情况持续改善

1. 女性科技人才承担科研项目的比例明显提高

党的十八大以来，广西女性科技人才承担各级科研项目的数量和比例逐年增长，为女性科技人才充分发挥创新潜能提供了良好的条件。"十四五"以来，广西累计下达自治区级科技计划项目 3822 项，资助经费共计286905.71 万元。其中，女性科研人员作为项目（课题）负责人领衔担纲承担的项目 1334 项，占 34.90%，资助经费 60590.74 万元，占 21.12%。2023年，女性科研人员作为项目（课题）负责人承担科研项目 602 项，占38.81%，资助经费 21728.77 万元，占 27.30%。来宾市 2012 年以来共组织实施市本级科学研究与计划开发项目 412 项，其中由女性作为科研带头人的项目 102 项，占项目总数的 24.76%，为妇女在科学研究中发挥积极作用创造了有利条件。

2. 女性科技人才获得科研奖励的数量持续增加

科研奖励是对女性科技人才科技创新能力、科研成果质量和学术研究水平认可的最直接体现。2022 年，广西共有 161 项（含企业奖 2 项）科研成果荣获 2022 年度广西科学技术奖，其中，女性作为第一完成人牵头完成的科研成果 30 项，较 2015 年的 21 项增加 9 项，占同期科学技术奖总量的18.63%（见表4）。2022 年，广西第三届广西创新争先奖（含广西卓越工程师奖）获奖者中，女性获奖者 10 名，占获奖者总数的 16.67%，较 2018年首届获奖者女性占比 10% 提高了 6.67 个百分点（见表5）。

表 4 2015~2022 年女性作为第一完成人获得广西科学技术奖情况

年份	获奖项目数量（项）	女性作为第一完成人获奖项目数量（项）	占比（%）
2015	155	21	13.55
2016	155	26	16.77
2017	148	26	17.57

年份	获奖项目数量（项）	女性作为第一完成人获奖项目数量（项）	占比（%）
2018	148	34	22.97
2019	157	26	16.56
2020	160	31	19.38
2021	162	22	13.58
2022	161	30	18.63

资料来源：根据2015～2022年广西科学技术奖励公报获奖名单经性别鉴定、统计所得。

表5　广西创新争先奖（含广西卓越工程师奖）中女性获奖情况

单位：人

年份	创新争先奖获奖者人数	其中女性	卓越工程师奖获奖者人数	其中女性
2018年首届	30	4	30	2
2020年第二届	29	3	30	4
2022年第三届	30	7	30	3

资料来源：根据广西创新争先奖和广西杰出工程师奖历届获奖名单经性别鉴定、统计所得。

（四）女性参与科技创新创业取得巨大进步，"她力量"日益凸显

1. 女科技人才助推经济社会高质量发展取得新突破

党的十八大以来，广西在促进女性参与科技创新创业方面取得了长足进步，大批女性科技人才活跃在科技创新的各行各业，为广西科技进步和经济社会高质量发展做出了重要贡献，使"她力量"成为科技创新的强大引擎。在农业创新领域，广西农科院水稻研究所所长李丹婷从核心种质挖掘出211份优异稻种资源，定位了18个新基因，开发了20个分子标记，创制了45份新种质，育成并审定了5个水稻新品种；建立了广西首个地方稻种资源数据库，实现数字化管理和数据信息共享，向全国21个省（区、市）的39家单位提供共享，显著提升了广西地方水稻种资源利用效率，品种累计推广面积达515.45万亩，新增产值达10.30亿元。在工业领域，广西柳工机械股份有限公司装载机研究院院长兼电动产品与技术研究院副院长杨锦霞带领

团队开发了行业最大吨位静液压装载机 870HST；搭建了 NVH 数据库平台，建立了全面的 NVH 性能测试、评价标准；推进了新型定变量系统、液压制动系统、流量放大系统、行星箱电控换挡技术、电装智能管家等 20 多项基础研究项目，仅用 6 个月的时间，一举攻克电驱控制、电驱动专用变速箱、节能液压等核心技术，快速完成 856E-MAX 电动装载机的研发，成为国产电动装载机的标杆。南方电网广西电力科学研究院高级工程师祝文姬带领团队成功攻克了电动汽车无线充电供电技术，研制了驻停式电动车无线充电装置，成功建成国内第一条电动汽车无线供电小型试验车道，研制了国内首套输配电线路监测终端无线供电系统①，获评国务院国资委"十大工程师故事"。在生物医药领域：神冠控股集团有限公司董事局主席、总裁周亚仙带领团队打破了国外技术壁垒，成功研制出我国第一根胶原蛋白肠衣，带领企业成为中国胶原蛋白肠衣行业的龙头企业，成为全球最大规模的胶原蛋白肠衣生产企业之一，广西中医药大学副校长冷静带领团队研发获得了首件经过临床验证的Ⅱ类石墨烯医疗器械。

2. 女科技特派员助力乡村振兴取得新成效

2012 年，广西开始遴选科技特派员到全区各地农村开展科技助农、脱贫攻坚和创新创业服务，每年选派规模从 2012 年的 100 多人扩大到 2022 年的 5000 余人。2016 年以来，广西累计选派科技特派员约 2.9 万人次，其中，女性科技特派员约 0.9 万人次，占选派的科技特派员总量的 31%。科技特派员制度实施以来，广西女科技特派员充分发挥知政策、精技术、有成果的优势，在科技助力脱贫攻坚、乡村振兴中发挥了重要作用，涌现出了一批先进典型人物。广西乡村科技特派员黎炎作为广西脱贫攻坚贫困村科技特派员蔬菜产业科技服务团团长，根据自身蔬菜科研的优势，针对贺州市蔬菜育苗及栽培密度的现状，示范推广穴盘育苗技术和节瓜春提早栽培技术，使节瓜春季播种时间从原来农历正月初四至初十提早到上一年农历十二月二十

---

① 毛雨贤：《祝文姬：开启电动汽车无线供电的美好时代》，广西电力行业协会网，2016 年 8 月 30 日，http://www.gxepa.org.cn/front/article/2652.html，最后检索时间：2023 年 7 月 10 日。

日，收获时间提前 15 天；改种植密度从 2200 株/亩降至 2000~1800 株/亩，商品瓜的颜色更鲜、畸形瓜数量明显减少，大大提高一级瓜的比率，产值提高了 20% 以上。同时，引进筛选出适合粤港澳市场的毛节瓜、食苗豌豆、苋菜（大棚）等蔬菜新品种、配套新技术，在贺州成功建立广西第一个供港蔬菜基地，带动贺州市八步区铺门镇的蔬菜种植面积由 2014 年的 3000 多亩到如今有名的万亩供港蔬菜基地，年产蔬菜提高到 3.5 万吨，产值提高到近 1.5 亿元/年。广西乡村科技特派员唐丹萍筛选出了适合在柳州市柳南区气候条件下养殖的优新品种桂香鸡，研发了一套能够提高鸡只成活率、提升口感的菌种配方，发动农户以微生物菌种发酵饲料喂鸡，将菌水鸡成活率提高到 95%，带动贫困户的户均卖鸡收入超过 2 万元。

3. 女性参与科技决策话语权实现新提升

党的十八大以来，广西女性地位不断提高，各级人大代表、政协委员及各级政府领导班子中的女性比例稳步提升，企业中女董事、女监事以及女职工代表数量不断壮大，女性科技专家数量不断增加，在参与科技政策制定、科技战略咨询以及企业科技发展决策等科技决策中的话语权不断提高。

一是各级人大代表和政协委员中女性比例稳步提升。2020 年，自治区级、市级、县级人大代表中女性比例分别为 28.05%、30.45%、30.4%，分别比 2011 年提高 2.66 个百分点、3.35 个百分点、1.89 个百分点。2020 年，自治区级、市级、县级政协委员中女性比例分别为 27.23%、30.09%、29.83%，分别比 2011 年提高 4.04 个百分点、4.69 个百分点、2.66 个百分点。

二是各级政府领导班子女干部人数稳步增长。2020 年，自治区级政府领导班子成员中女干部比例为 9.1%；市级、县级政府领导班子成员中女干部比例分别为 21.3%、20%，比 2011 年的 11.59%、18.32% 分别提高了 9.71 个百分点、1.68 个百分点。

三是企业女董事、女监事及女职工代表比例稳中有升。2020 年，广西企业董事会中女职工董事占职工董事的比重为 15.21%，比 2011 年提高 4.01 个百分点。企业监事会中女职工监事占职工监事的比重为 24.44%，比 2011 年提升 7.24 个百分点。职工代表大会中女性比例为 31.8%，较 2011

年的 31.2% 略有提升。

四是女性科技专家人数不断增加。近年来，广西在重大科技战略咨询、科技政策制定、科技伦理治理和科技项目指南编制等科技活动中，提高高层次女性科技人才参与度；在自治区级、市级科技计划项目、科技奖励、人才计划等各类评审工作中，逐步提高女性专家参与比例，有效发挥女性科技人才在科技决策咨询中的作用。如 2023 年玉林市全市科技专家库人选共 694 人，其中女性专家 248 人，占总数的 35.73%。

二 广西促进女性科技人才成长的经验做法

（一）着重加大女性科技人才成长扶持力度，优化女性科技人才发展环境

1. 不断完善女性科技人才发展支持政策

近年来，广西不断修订/制定推动科技创新发展、优化科技创新环境、加强科技创新人才和高层次人才培养的政策文件，发布了一系列加强促进女性科技人才发展、支持女性创新创业的专项政策措施，各地市也都颁布实施了本地区的妇女发展规划以及其他支持女性科技人才发展的政策措施，为女性科技人才的成长和作用发挥提供了良好的政策环境。

2. 持续优化促进女性科技人才成长的社会环境

为加快推动女性科技人才成长，党的十八大以来，广西不断强化妇联组织建设，建立了自治区、设区市、县（市、区）、乡镇（街道）、村（社区）五级妇联组织体系，成立五级妇联 17844 个、新领域妇联 3904 个、"妇女之家" 18388 个、"妇女微家" 2334 个、"妇女小组" 12793 个、各级妇联团体会员 194 个[①]，为女性科技人才可持续发展提供了强有力的组织支持。建立了广西女性社会组织孵化基地，孵化培育社会组织 69 家，投入经

[①] 彭远贺、许茈文：《广西建立"妇女之家"18388 个》，人民网，2022 年 8 月 23 日，http://gx.people.com.cn/n2/2022/0823/c179430-40092078.html，最后检索时间：2023 年 7 月 13 日。

费 710 万元，组织开展丰富的女性科技人才成长培训、女性创新创业帮扶、女性特色活动等，使女性科技人才感受到了强烈的归属感。

3. 持续加大女性科技人才培养资金投入

一是建立稳定的财政资金支持制度。2011~2020 年，广西共安排妇女儿童事业相关经费 1831. 3 亿元，用于支持妇女和儿童发展。2020 年，广西各级妇联积极争取相关部门支持，出台"破难行动"相关政策措施 74 项，明确将各级妇女事业发展专项资金和工作经费纳入同级财政预算，并优先保障妇女工作经费。二是出台妇女创业担保贷款政策，着力解决妇女发展产业资金短缺难题，自 2016 年以来，累计面向全区 1. 8 万名妇女提供创业资金支持，发放创业担保贷款 9. 6 亿元。[①] 三是深入实施"春蕾计划"，为贫困女童提供受教育机会，自 1989 年至 2022 年 5 月 31 日，共筹集 1. 17 亿元，资助全区 30 多万名各族女童接受教育，仅 2022 年，广西 196 名春蕾女童圆梦大学，占当年参加高考的春蕾女童总数的 94. 23%[②]，为提高广西女性科学素养、培育后备女性科技人才做出了积极贡献。

（二）着重聚焦妇女参与科技发展需求，精准发力补齐女性科技人才发展短板

一是聚焦女大学生创新创业需求，实施"点凤成金·桂在行动"——广西女大学生创业就业行动，组织各行各业知名女企业家、优秀女科技创新人才进入高校开展创新创业宣讲，助力女大学生创业。二是聚焦妇女职业技能提升需求，广西妇联组织开展了"双学双比"、妇女技能培训与竞赛、粤桂"金绣球计划·东西部协作"、"巾帼科技助农直通车"、"领头

---

① 《非凡十年·叙说广西巾帼建功绽芳华 谱写八桂妇女发展新篇章》，澎湃新闻百家号，2022 年 10 月 25 日，https：//m. thepaper. cn/baijiahao_ 20446865，最后检索时间：2023 年 7 月 13 日。
② 陈香宇：《奋进七十载妇联有担当——广西壮族自治区妇女联合会成立 70 周年综述》，广西女性微信公众号，2022 年 8 月 28 日，https：//mp. weixin. qq. com/s？＿＿biz＝MzIwNjAwNTI3OQ＝＝&mid＝2650594435&idx＝1&sn＝63a63769f4a6cd5fedd4c487b3f16575&chksm＝8f2049f3b857c0e55feabe8fee08a69081d7b1e15f56d818 ddaa0965d04d3cd0ec95d7fd271a&scene＝27，最后检索时间：2023 年 7 月 15 日。

雁培训计划"等系列活动，针对不同产业特色、行业发展需求，面向女性开展全方位的技能培训，为推动广西经济社会高质量发展注入了强大的妇女力量，让广西创新创业舞台上涌现出更多的巾帼身影。其中，仅"领头雁培训计划"就每年投入400多万元资金，累计培养巾帼致富带头人20多万名。2012年以来，共举办5期广西女干部、女专业技术人才、女企业家、女能人"四支队伍"培训班，打造政策、技术、产业交融平台，3期女性专业技术人才培训班，推进专业技术人员之间的产学研合作。三是聚焦女性高层次人才对内、对外交流合作需求。广西区委组织部、广西妇联、广西科协2022~2023年连续两年举办广西高层次女性科技人才国情区情研究班，加强高层次女性科技人才之间的交流合作。广西妇联积极开展"走出去""请进来"活动，创造性开展"一带一路"巾帼聚力行动，打造以中国-东盟妇女论坛为标杆的对外交流工作品牌，并与多个国家的妇女组织建立紧密的合作联系，多次组织广西高层次女科技人才和女企业家参加国际性妇女会议、开展国际经贸交流，提高广西妇女在国际创新创业领域的影响力。

（三）着重完善女性科技服务平台体系，激发女性科技人才创新创业活力

一是搭建女性科技人才服务平台。组织成立广西女科技工作者协会、广西女企业家协会、地市女企业家协会、广西女能人协会等女性科技人才组织，为各类女性科技人才提供便捷的互动交流平台和针对性的科技服务。二是搭建女性科技人才展赛平台。近年来，广西妇联通过举办广西巾帼创业创新大赛、广西妇女劳动技能大赛、广西女性创业创新产品成果展，打造"桂姐姐"品牌等，搭建女性科技人才成长发展舞台，充分发挥女性科技人才在科技创新上的表率作用。截至2022年底，广西已举办5届广西女企业家、城乡女能人、女科技人员创业创新产品（成果）展，参展企业总数达到800多家，参展产品超过4000种，展会产品交易额超8000万元。

三 新时期加快推动广西女性科技人才发展面临的挑战及对策建议

（一）新时期广西女性科技人才发展面临的挑战

党的十八大以来，广西高度重视女性科技人才培养，取得了明显成效，在科技创新的各条战线涌现出许多优秀的巾帼人才，但由于社会传统观念中女性角色定位、政策扶持不足等，广西女科技工作者发展仍面临诸多挑战。

1. 女性高层次人才数量偏少，绝大部分女性处于科技人才队伍"金字塔"底层

虽然广西女性人才总量逐年增加，占广西科技人才队伍的比重也不断加大，但数据显示，广西女性科技人才层次分布极不均衡，女性高层次人才极度缺乏。截至 2022 年底，广西共有中国工程院院士 2 名，全部为男性。广西院士后备培养工程第一批和第二批人选共 12 人，其中无女性人选。广西认定的前四批八桂学者（自然科学类）90 名，其中女性仅 7 名，占总数的 7.78%。

2. 女性科技人才在科研资源获取和积累上仍处于劣势，职业成就偏低

科研成果的产出依赖于强有力的科研资源支撑。[①] 目前，广西女性科技人才在开展科研工作、从事科技活动中，仍会遭遇或明或暗的歧视，主要从事科研辅助性工作。与男性相比，女性在进修学习、学术交流、科研项目立项、科研奖励、职务提拔和承担重要科技工作等方面的机会相对较少，制约了女性科技人才的深度发展。加上科研产出黄金期与女性最佳生育期重叠，女性科技人才更多地面临着家庭和事业双重压力，科研成果产出较难，职业

---

① 苏帆：《完善我国女性科技人才支持政策的思考和建议》，《中国科技人才》2023 年第 1 期，第 19~28 页。

发展成就较低，存在较多的"漏管道"（即"中途下车"）现象。[1] 根据第三次广西科技工作者状况调查：26.5%的男性科技工作者曾以报告人身份出席过学术交流会议，女性科技工作者仅有18.4%；男性科技工作者近三年从事过研究/开发活动的比例为54.7%，高于女性科技工作者13.4个百分点；男性科技工作者近三年从事过研究/开发活动且获得相关科研成果的比例为72.5%，高于女性科技工作者3.5个百分点；男性科技工作者近三年获科技奖励比例为14.3%，比女性科技工作者的9.0%高出5.3个百分点。

3. 女性科技人才自我角色定位存在偏差，整体创新创业热情不高

受社会传统性别观念影响，部分女性科技人才对自身职业发展定位较低、自信心不足，缺乏拼搏进取精神，在科研工作遇到瓶颈或面临家庭与工作的抉择时容易退缩、让步，难以在科技创新创业领域获得更深层次发展。根据第三次广西科技工作者状况调查：男性科技工作者对自身业务水平/能力的认可度比女性科技工作者高，男性科技工作者认为自身业务水平/能力强的占比为74.3%，高于女性13.3个百分点；在自主创业方面，男性科技工作者自主创业想法更明显，29.3%的男性科技工作者表示已有初步的创业想法，高于女性科技工作者8.6个百分点，2.2%的男性科技工作者表示已经开始创业，高于女性科技工作者1.5个百分点。

（二）新时期加快推动广西女性科技人才发展的对策建议

1. 增强女性科技人才自身的信念和综合素质

打铁还需自身硬。要提高女性科技人才的社会地位，充分发挥女性在科技创新创业中的作用，归根到底还是在于女性自身。一是要坚持"四个面向"，增强女性主体意识和自信自立自强精神的培养，激励女性勇攀科学高峰。加强文化宣传教育，加大科技女性榜样的宣传力度，充分强调女性在科技创新中的重要作用，激发女性科技人员创新活力。开展性别公正的科学教

---

[1] 吕科伟、韩晋芳：《美国、欧盟与中国女性科技人力资源发展状况的比较研究》，《中国人力资源开发》2015年第3期，第62~69页。

育，将男女平等性别观教育贯穿到家庭教育和学校教育中，引导女性转变传统观念，提高女性对科学研究的认知，培养女性科学兴趣和钻研精神，增强女性发展的自我认同感和自信心，吸引更多女性进入科学研究领域开展科技创新活动。二是在全社会范围内树立终身学习的理念，引导女性科技人才不断充实自己的知识储备，积累深厚的科学知识，为开展科学研究、从事创新活动打下坚实的基础。三是提高女性科技人才自身综合素质。加大对女性科技人才的科学素养、领导能力和管理技巧的培养力度，提升女性科技人才职称晋升和职务晋升的进取心和积极性，促进女性科技人才向高层次发展。[①]

2. 优化女性科技人才发展的政策支持环境

一是加强女性科技人才发展顶层设计和政策接力布局。完善的支持政策和目标规划是促进女性科技人才成长、推动女性科技创新作用发挥的基础保障。目前，广西乃至全国均缺乏支持女性科技人才发展的纲领性政策，政策布局相对零散，政策合力不强。因此，建议加强顶层设计，完善相关法律法规，自上而下制定符合广西女性科技人才发展实际的规划、任务目标，同时加强相关职能部门的协调合作，根据职责分工制定出台具有实操性、针对性的具体行动方案、实施方案，形成紧密衔接、协同并进的"1+N+X"的政策支撑体系，推动促进女性科技人才成长的政策措施落实到位。二是构建贯穿女性科技人才职业生涯全周期的支持体系。[②] 建立从促进女性步入科学技术领域到成长全过程的支持政策体系，从升学、入职、职业保留、晋升聘用、退休等全阶段对女性科技后备人才培养、女性科技人才成长给予针对性、全方位支持，使女性科技人才在科技创新领域得到持续发展。三是探索建立符合女性生理需求的倾斜性政策。尊重女性发展规律，为女性科技人才提供更为广泛的倾斜性政策，面向生育后回归科研岗位的女性科技人才设立特殊基金，提供更多的承担科研项目、学习交流和培训机会，帮助女性科技

---

① 林佳甜、李志红：《我国女性科技人才发展问题探析》，《中国高新技术企业》2017年第9期，第295~296页。

② 叶京、魏华颖：《韩国女性科技人才政策的演进、成效及启示》，《全球科技经济瞭望》2022年第3期，第52~58页。

人才尽快回归工作状态。加快改善幼托和家政服务条件，创造生育友好型科研环境，促进女性科技人才家庭与事业的平衡。

3. 完善女性科技人才发现培养激励机制

一是充分发挥女性科技人才的性别优势和在重点领域的创新潜力。充分利用女性心思细腻、感知敏锐、性格坚韧的特性，结合广西重点产业科技人才需求，深化科教融合协同育人，重点在国际商务、电子信息、生命健康、农业科技、创业设计、教育、医药卫生等产业领域的教学和科研实践中，培养富有创新精神和浓厚科研兴趣的女科技人才。[①] 二是给予女性科技人才专项支持。建议增设专门面向女性科技人才不同发展阶段的培养培训、科研项目、科研奖励、科技成果转化扶持计划，提高创新创业大赛、科技创业基金等对女性的资助比例，帮助女性科技人才快速实现科研能力和学术地位的提升。[②] 三是动态划定女性参与科研活动和科技决策最低比例。在自治区科技厅、广西自然科学基金专家委员会等科技决策机构设立女性科技政策咨询委员会；在科技社团、各种专家委员会中划定女性最低比例；在各类项目评审、科技奖励评审、职称评聘以及学术评价等专家团队的组建中，提高评审组中女性评审成员的比例。进一步拓宽女性科技人才参与社会治理的渠道，搭建各级各类女性治理平台、创新激励载体等，激发女性科技人才参政议政的内生动力，拓展女性科技人才参政议政的广度与深度，提高女性科技人才在科技决策中的影响力。

4. 健全女性科技人才成长监督评估机制

一是加强女性科技人才的统计分析和研究。由政府主导定期对女性开展科技创新创业的状况进行统计分析和调查研究，调查分析女性科技人才发展最新问题、需求，并提供相应的研究报告和对策分析，为女性科技人才政策的完善提供决策依据。二是加强对女性科技人才支持政策落实落地情况的监

---

① 杨小朵、张依群、夏喜琼：《宁波市女科技工作者生存与发展研究》，《宁波通讯》2012年第7期，第52~53页。

② 袁万茂、康祖义：《打破女性科技人才职业天花板》，《人力资源》2022年第17期，第16~17页。

督评估。习近平总书记强调："政策实施后要跟踪反馈，发现问题及时调整完善。"① 建议成立女性支持政策评估小组，委托第三方专业研究机构，对广西出台的女性科技人才支持政策措施落实情况及实施成效进行定期的监测评估，及时发现政策落实过程中存在的问题，及时纠正，确保政策措施落到实处、细处。三是加快建立性别统计监测制度。建议统计部门牵头加强协调指导，调整完善性别统计监测指标体系，将与女性科技人才发展密切相关的统计指标纳入成员单位统计报表②，提高监测统计数据的及时性和准确性。

风劲帆满图新志，砥砺奋进正当时。党的十八大以来，广西在推动女性科技人才发展上取得了非凡的成绩，谱写了广西妇女参与科技发展的新篇章。面向新时代，广西将一如既往地促进女性科技人才成长成才，以更大的成就续写"半边天"在科技创新创业领域的新辉煌，为实现第二个百年奋斗目标、建设新时代中国特色社会主义壮美广西贡献巾帼科技力量。

---

① 孙振、何勇：《政策执行，务求落地生根》，《人民日报》2018年10月15日，第4版。
② 崔郁：《进一步加强完善性别统计，助推男女平等》，澎湃新闻，2019年3月6日，https：//m. thepaper. cn/newsDetail_ forward_ 3077645？from＝groupmessage，最后检索时间：2023年7月13日。

山东省女性科技人才成长发展
现状及对策建议研究

赵 真 李桂燕*

摘　要： 科技是第一生产力、人才是第一资源、创新是第一动力。党的十八大以来，以习近平同志为核心的党中央站在实现民族复兴、赢得国际竞争主动权的战略高度，坚持把创新摆在国家发展核心位置，我国科技事业发生了历史性、整体性、格局性重大变化。探究女性科技人才的成长发展现状，壮大女性科技人才的队伍规模和提升女性科技人才的产出，成为学界重要关注点之一。本报告以山东省女性科技工作者为调查对象，采用问卷和访谈的方式，广泛调研当前女性科技人才的工作现状，针对女性科技人才的成长、发展规律、发展障碍，从文化观念、宏观政策、单位管理机制以及女性自身状况等方面进行分析和提出对策建议。

关键词： 科技领域　女性科技人才　角色冲突　家庭支持

党的二十大报告指出，必须坚持科技是第一生产力、人才是第一资源、创新是第一动力，深入实施科教兴国战略、人才强国战略、创新驱动发展战略，开辟发展新领域新赛道，不断塑造发展新动能新优势。我们要坚持教育

---

* 赵真，山东省妇女创业发展服务中心研究室主任，研究馆员，研究方向为社会性别与公共政策；李桂燕，山东女子学院社会与法学院教授，研究方向为女性教育与公共政策。

优先发展、科技自立自强、人才引领驱动，加快建设教育强国、科技强国、人才强国，坚持为党育人、为国育才，全面提高人才自主培养质量，着力造就拔尖创新人才，聚天下英才而用之。

党的十八大以来，习近平总书记对科技创新工作作出一系列重要论述，要求山东"不断增强经济社会发展创新力"①。无论从国际大势、国内态势，还是从山东优势看，山东"走在前、开新局"，科技创新必须率先"走在前、开新局"。山东经济稳中向好、进中提质的一大"密码"就是科技创新。"加快推动科技自立自强"成为工作部署的重点任务之首，全力打造区域创新高地，要聚焦加快打造全国重要的科技创新高地战略目标，努力将山东打造成原始创新高地、人才创新高地、技术研发和转化高地、创新生态高地。科技支撑经济社会高质量发展能力不断增强。山东要实现由大到强的战略性转变，最重要的是用好科技创新这个"关键变量""第一动力"。

为进一步激发女性科技人才创新活力，更好发挥女性科技人才重要作用，2021年9月，山东省科技厅、省妇联等9部门联合印发了《关于转发科技部等部门〈关于支持女性科技人才在科技创新中发挥更大作用的若干措施〉的通知》，结合山东省实际提出10条创新举措。

1995年世界妇女大会后，特别是党的十八大以来，我国政府更加重视科技人才的重要性，科技领域的性别平等已取得显著进步，其中女性科技人才无论从数量还是学历以及职称和产出方面都取得了长足进步。但联合国教科文组织等机构的统计数据显示，在全球科研领域，女性研究者平均占比为33.3%，女性毕业生在工程专业和计算机科学专业里的占比不超过40%；女性进入职场后，也比男性更容易遇到"职场天花板"，发展空间受限。在学术研究方面，世界各地科研领域的女性研究人员数量一直较低。② 此外，女

---

① 《习近平总书记视察山东引发强烈反响（三）》，《大众日报》2018年6月17日头版。
② 温竞华：《专家研讨：如何更好彰显科技创新中的"她"力量》，新华社北京2022年9月22日电百家号，https://baijiahao.baidu.com/s? id=1744698881948766199&wfr=spider&for=pc，最后检索时间：2023年6月29日。

性研究者获得的研究经费往往比男性少，晋升空间较小。[①] 虽然女性科技人才总量上涨，但是女性科技精英占比很少，从全国两院院士的性别结构来看，根据2019年统计，中国科学院女院士占比为6%，中国工程院女院士占比为5%，高层次女性科技人才相对缺席现象非常明显。

科技领域的女性人才数量和比例是衡量中国妇女地位的重要指标之一，也是女性在政治、经济、教育等公共领域取得进步的主要标志之一。为充分了解科技领域女性人才的发展现状，研究探讨促进女性科技人才成长的政策措施，为女性科技人才的成长与发展创造良好环境，课题组对山东科技领域女性人才进行了专题调研。在省妇联和各级妇联的帮助下，课题组先后在济南、青岛、潍坊、淄博、德州等市开展调研访谈，收到有效电子问卷6373份，访谈42位不同职业和不同职称的女性科技人才。

一 研究意义和方法

（一）研究意义

1. 贯彻落实党和国家重大决策部署的需要

党的十八大以来，以习近平同志为核心的党中央将"坚持男女平等基本国策，保障妇女儿童合法权益"写入党的施政纲领，作为治国理政的重要内容，不断完善党委领导、政府主责、多部门分工协作、全社会共同参与的妇女工作机制，在出台法律、制定政策、编制规划、部署工作时充分考虑两性的现实差异和妇女的特殊利益，支持妇女充分发挥"半边天"作用，促进妇女全面发展加速行动。

2020年10月习近平总书记在联合国大会纪念北京世界妇女大会25周年高级别会议上发表讲话，提出帮助妇女摆脱疫情影响、让性别平等落到实

[①] 《科研领域性别差距呈"剪刀差"分布，女性科技工作者更容易遇到"职场天花板"》，联合国妇女署微信号，2022年7月29日，https://mp.weixin.qq.com/s/4X9zkSrqdpMTbjCqZkqNBw，最后检索时间：2023年7月1日。

处、推动妇女走在时代前列、加强全球妇女事业合作四项中国主张。落实男女平等基本国策、保障妇女合法权益上升为国家意志。在此背景下，开展山东省女性科技人才专项研究课题，对贯彻落实党中央、国务院决策部署，开发性别发展红利，实现高质量发展，意义重大，需要在理论和学术层面为女性科技人才成长发展提出更高要求和谋划跨越的路径。

《中国妇女发展纲要（2021—2030 年）》中提出，要大力加强女性科技人才培养。探索建立多层次女性科技人才培养体系，培养具有国际竞争力的女性科技人才。关注培养义务教育阶段女生爱科学、学科学的兴趣和志向。引导高中阶段女生养成科学兴趣和钻研精神，支持有意愿的女生报考理工类院校。加大女性创新型、应用型人才培养力度，鼓励女大学生参与科研项目，在实践中培养科学精神和创新能力。引导女性从事科学和技术相关工作，增加女性科技人才参与继续教育和专业培训的机会。

2. 服务山东地方社会发展的需要

2022 年 6 月，山东省委、省政府召开全省科技创新大会，强调持续深化体制机制创新，更大力度支持骨干科技型企业组织实施重大科技创新项目、建设高层次创新平台、引育高层次人才，促进更多企业成长为科技领军企业，引领全省科技型企业高质量发展。据统计：2020 年，山东省普通高等教育在校生中女生占比为 54.02%；就业人员中女性占比为 45.70%，城镇单位就业人员女性占比为 37.94%；公有制经济领域专业技术人员中女性占比为 50.49%，其中高级专业技术人员中女性占比为 38.62%；省人大女代表占比为 27.02%，省政协女委员占比为 22.75%；女公务员占比为 26.27%。妇女全面参与经济社会建设。但是妇女发展不充分不平衡问题依然存在，女性科技人才在某些科技领域高位缺席。本报告意图通过调研山东省女性科技人才的成长现状，找到阻碍因素，推动女性科技人才在"走在前、开新局"建设中发挥重要作用。

3. 促进山东女性科技人才全面发展的需要

从现实的角度出发，本报告以女性科技人才为研究对象，通过问卷调查和访谈以及对与同时期外省女性科技人才现状进行对比研究，揭示山东省女性科技人才现状，以期能引起社会对女性科技人才的广泛关注；另外，本报告在对当前中国女性科技人才现状影响因素进行剖析时不仅考虑到客观因素的影响，同时也关注了她们自身因素的影响，对于全面掌握影响山东女性科技人才现状的因素具有实际意义；最后在相关原因分析的基础上，本报告提出了一些有益于促进女性科技人才成长发展的建议和措施，在一定程度上也为未来中国教育发展和科学人才配置提供理论基础。

（二）研究方法

1. 文献检索法

文献检索法是在全面搜集、整理、鉴别著作，报刊、网络新闻以及政府工作报告和习近平总书记相关论述等资料基础上，在广泛查阅和收集与女性科技人才有关的文献等资料的基础上，了解国内外有关女性科技人才成长发展现状的相关研究、国内各级政府的相关政策，形成本报告的研究主题与研究思路，并界定科技工作者的内涵。

2. 问卷调查法

通过问卷调查收集当前山东省女性科技人才成长发展现状及成长需求；之后进行深度访谈直观了解女性科技工作者的创新创业意识、能力和环境，以及当前支持体系的运行现状。

3. 访谈法

课题组针对多所院校、社会多阶层科技领域女性人才、科研管理者进行调研，并对部分人员进行了深入的个案访谈，主要围绕科技领域女性人才的成长状况、发展规律、主要困难与障碍、政策需求与建议等内容进行。

（三）科技人才定义

目前，政策与法规、学者对科技人才的定义没有统一和规范的界定。《国家中长期科学和技术发展规划纲要（2006—2020 年）》中把科技人才定义为"从事或有潜力从事科技活动，有知识、有能力，能够进行创造性劳动,并在创造活动中做出贡献的人员"①。

本报告中的女性科技人才是以工作性质划分的女性职业群体,由从事科研创新活动的人员组成,具体为各企业、高校、科研院所以及部分政府部门研发机构中从事科技研发、科技管理的女性科技研究人员,以自然科学专业背景的科技工作者为研究主体,同时包括少量管理科学、社会科学专业背景的女性科研工作者。

二 研究发现

(一)基本情况

2022年6月25日,中国科协创新战略研究院发布《中国科技人力资源发展研究报告(2020)》。报告显示,截至2020年底,我国科技人力资源总量为11234.1万人,继续居世界首位。结构不断优化,39岁及以下人群约占3/4,年轻化特点和趋势明显;女性科技人力资源增长迅速,性别比例更加趋于均衡。十多年来,我国科技人力资源保持年轻化态势。截至2019年底,39岁以下科技人力资源占78.39%,50岁以上的仅占9.94%。可以看出,我国科技人力资源以中青年为主。我国科技人力资源多年来呈现以专科层次为主、本科次之、研究生最少的金字塔形学历结构分布,但本科及以上科技人力资源占比近年来不断提升。同时,女性科技人力资源增长迅速,占总量比例从2005年的约1/3,提高到2019年的40.1%②,显示出学历结构和性别比例在不断优化。

根据山东省科协组织的第三次山东省科技工作者状况调查,截至2017年,全省科技工作者总量为535.19万人,数量占全省总人口的比重为5.35%。其

① 肖军飞:《科技政策视野下的女性科技人才发展研究》,华中师范大学博士学位论文,2013,第1页。
② 中国科协调研宣传部、中国科协创新战略研究院:《中国科技人力资源发展研究报告(2020):科技人力资源发展的回顾与展望》,清华大学出版社,2021,第35页。

中，男性科技工作者占比为 67.56%，女性科技工作者占比为 32.44%。从各市科技工作者数量看，济南、青岛、潍坊、临沂、济宁科技工作者数量相对较多，主要与总人口数量多以及科技工作者密集度高有关。①

本报告针对山东省 16 市女性科技人才发放电子问卷，回收有效问卷 6373 份。其中 42.15% 的受访者年龄集中在 31~40 岁，31~50 岁的女性科技人才占到本次调查统计中的 70% 以上。83.53% 的受访者已婚，53.33% 的人学历是本科，30% 以上具有硕士及以上学位，专科及以下的比例不到 15%，这也和全国的调查数据一致。女性科技人才所在部门最多的是教育部门，其次是卫生保健部门，农业农村部门在本次调研中也有超过 10% 的比例，显示布局结构越来越优化。受访者职称结构超过 50% 为中级及以上，但正高级职称占比较少。本次调查中的女性 90% 以上没有海外学习的经历。近 40% 的受访者获得地市级及以上的表彰或者奖励，近 90% 受访者发表论文在 10 篇及以下，受访者的科研成果数量较少，多数集中在 2 项及以下，有 5 项以上科研项目的比例很低（见图 1 至图 9）。

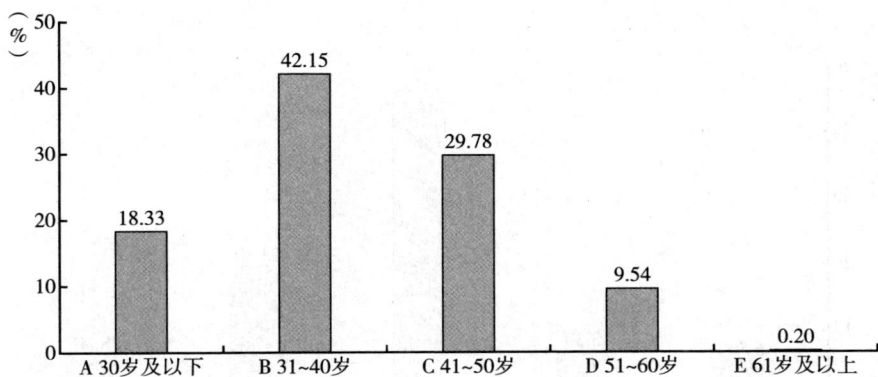

图 1　您的年龄

---

① 朱孔来、王雅冬、苏芳晨：《我省科技工作者总量增至 535 万人——来自第三次山东省科技工作者状况调查课题组的报告》，大众日报网站，2019 年 2 月 26 日，http://sd.dzwww.com/sdnews/201902/t20190226_ 18433470.htm，最后检索时间：2023 年 5 月 23 日。

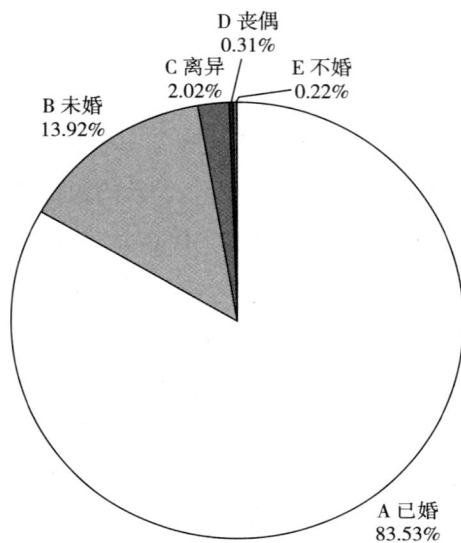

图 2　您的婚姻状况

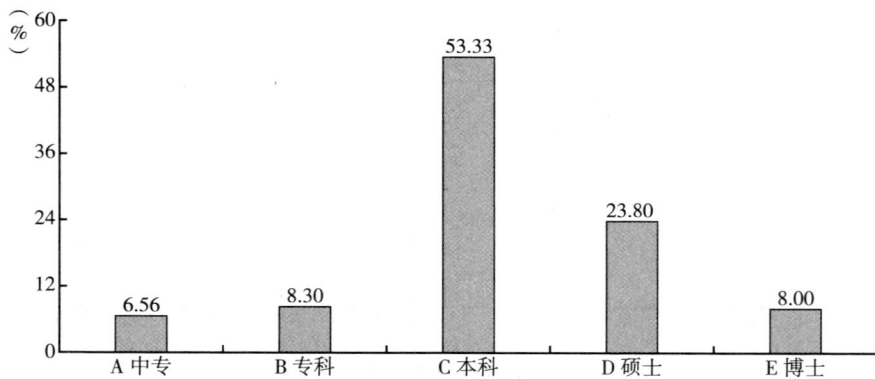

图 3　您的学历（学位）

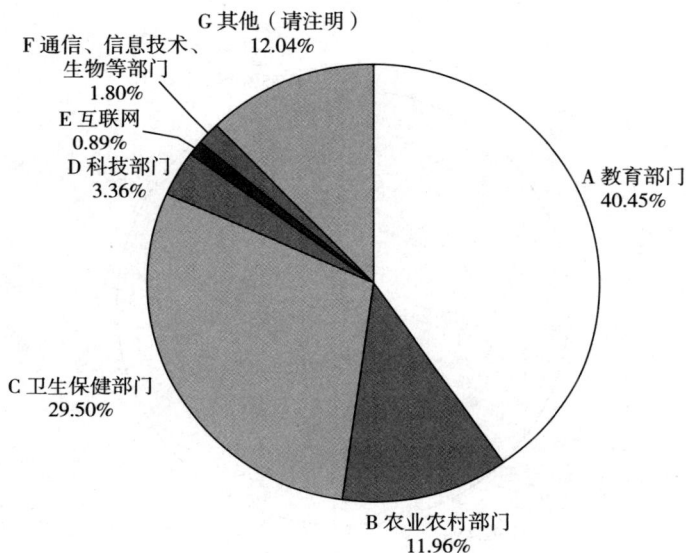

图 4　您所在的部门

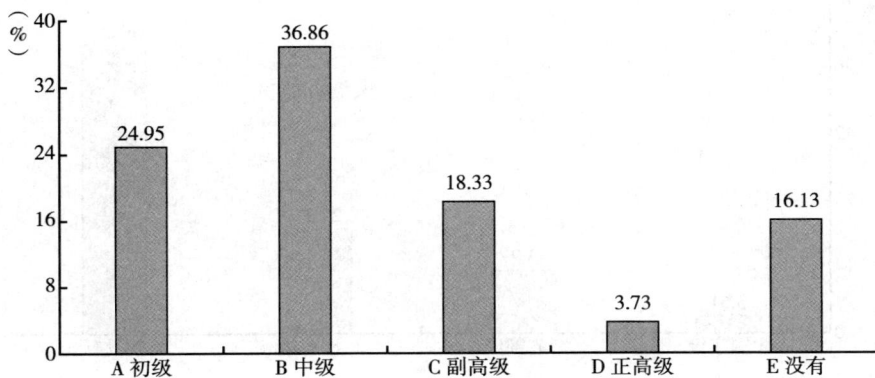

图 5　您的具体职称

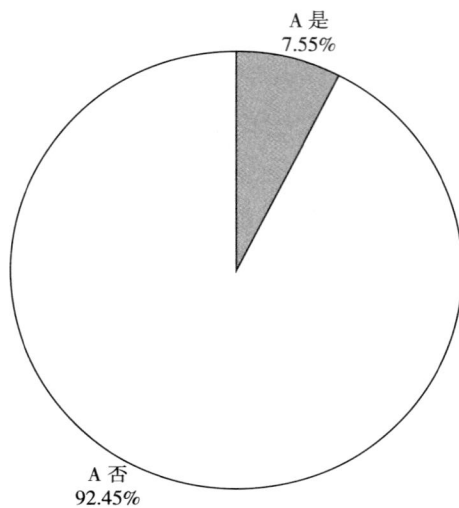

A 是
7.55%

A 否
92.45%

图6 您是否有出国留学、进修或访问等海外经历

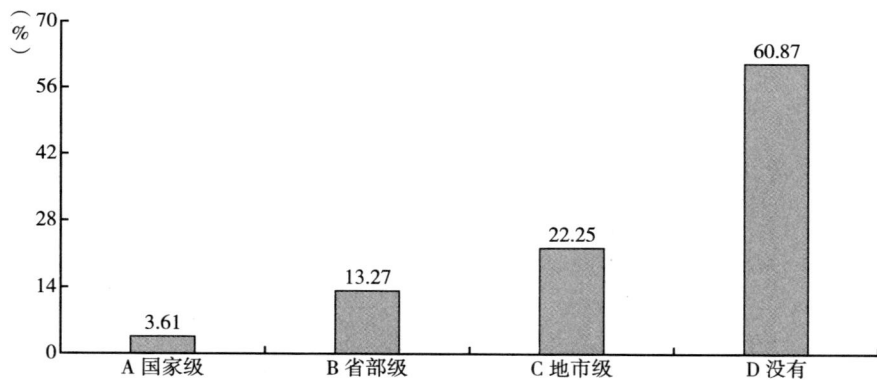

图7 您曾获得何种奖项

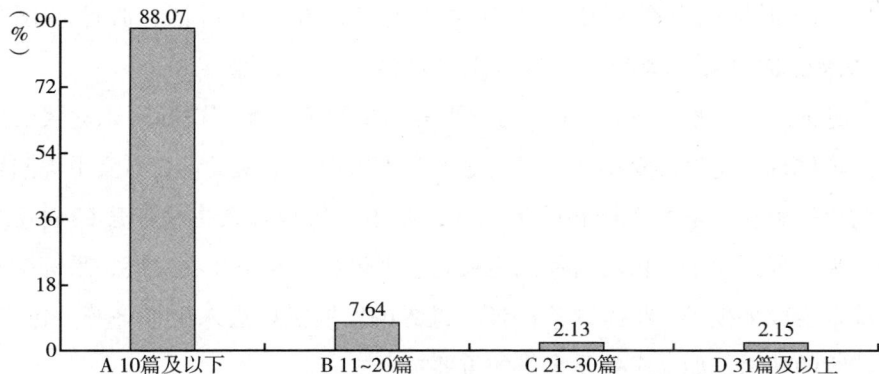

图 8　截至目前您已发表的科技论文数量

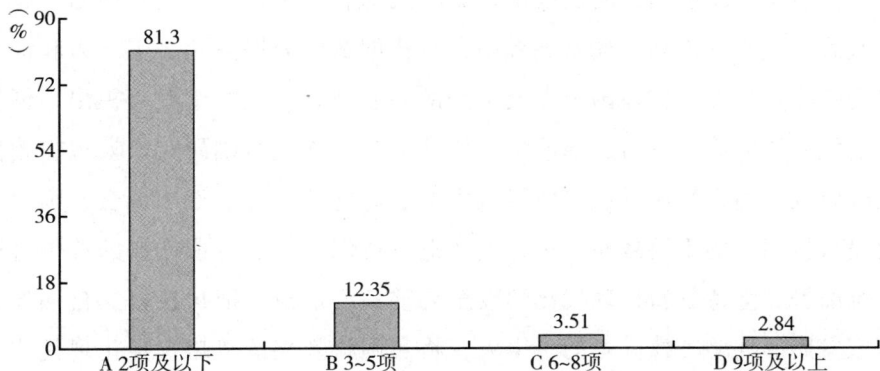

图 9　截至目前您已完成的科研项目数量

（二）女性科技人才成长的有利条件

1995 年世界妇女大会后女性科技人才是成长最快的群体之一，主要原因有以下几个方面。

1. 男女平等基本国策的贯彻实施

1954 年我国就把男女平等写入《中华人民共和国宪法》。2015 年 9月 27 日，中国政府与联合国妇女署联合举办了"促进全球男女平等和妇女赋权：从承诺到行动"的全球妇女峰会，习近平总书记主持并发表了题为《促进妇女全面发展 共建共享美好世界》的讲话，呼吁各国政府"为促进男女平等和妇女发展重申承诺、共谋未来"①。

党的二十大报告中，"坚持男女平等基本国策"第三次被写入党代会报告。这体现了党对妇女事业一以贯之的高度重视，反映了党在男女平等问题上的价值观念、基本立场和政治主张，是中国特色社会主义制度的创新之举，为实现妇女平等依法行使民主权利、平等参与经济社会发展、平等享有改革发展成果提供了根本政治保证。世界的发展需要进入更加平等、包容、可持续的轨道，妇女事业是衡量的重要标尺之一。

2. 科技创新战略的实施

在迈向创新型国家的征程中，党中央部署一系列科技创新战略。党的十八大，把实施创新驱动发展战略、科技创新作为提高社会生产力和综合国力的战略支撑，摆在国家发展全局的核心位置。党的十九大提出，创新是引领发展的第一动力，瞄准世界科技前沿，强化基础研究、实现前瞻性基础研究、引领性原创成果取得重大突破。党的十九届五中全会，确立了建设科技强国的重要战略目标，首次把科技创新摆在各项任务的首位进行专章部署，坚持创新在现代化建设全局中的核心地位，把科技自立自强作为国家发展的战略支撑。党的二十大，将实施科教兴国战略、强化现代化建设人才支撑作为独立章节进行谋划部署，提出科技是第一生产力、人才是第一资源、创新是第一动力，深入实施科教兴国战略、人才强国战略、创新驱动发展战略。

2009年起，全国妇联等11部门启动了"女性高层次人才成长状况研究与政策推动项目"，促进社会各界对女性高层次人才成长的关注，推动女性高层人才成长状况研究和政策执行；2011年底，科技部、全国妇联研究制定了《关于加强女性科技人才队伍建设的意见》；2021年4月，全国妇联等7部门共同研究制定了《关于实施科技创新巾帼行动的意见》；2021年7

---

① 《促进妇女全面发展，共建共享美好世界》（2015年9月27日），《习近平外交演讲集》第一卷，中央文献出版社，2022，第282页。

月，科技部会同全国妇联等 12 个部门印发《支持女性科技人才在科技创新中发挥更大作用的若干措施》。

调研数据表明，赞同女性参与和女性视角的加入为科技带来更多可能的受访者占 93.68%（见图 10）。

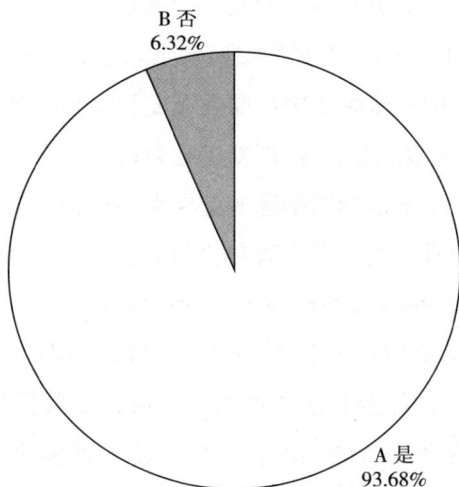

图 10　您是否认同数字时代女性参与和女性视角的加入为科技带来更多可能

3. 单位创设有利于女性成长的环境

全国老科学家学术成就材料采集工程项目（以下简称"采集工程"）中，572 名科学家的学术成长资料里有 32 位女性科学家。这 32 位女科学家的成长经验中，很重要的就是友好的性别、科研环境。调研发现，单位领导的关心帮助或者积极肯定，让女性科技人才会有更强的工作驱动能力。52.61%的受访者表示，总是或者经常得到上级的肯定。56.88%的受访者认为所在单位构筑了很好的发展平台。92.93%的受访者认为目前从事的工作与最初的期望值相似，比较满意目前的单位现状。69.99%的受访者能组织协调好各方面的关系。相比男性，单位对女性工作者的需求，29.03%的受访者认为比较高或更高，64.87%的受访者认为和男性一样。62.15%的单位专门组织过针对女性人才工作技能的培训。64.41%的人对本部门科技政策

429

执行情况总体评价较满意。79.21%的受访者认为主管部门对科技工作者反映问题的态度积极，多数能做出回应。57.57%的受访者认为单位能够支持孕哺期女性的科研工作，帮助其生育后顺利重返科研岗位。81.17%的受访者认为与以前相比，国家在加大面向女性科技工作者专项政策力度、建立提升女性对科技创新贡献的机制等方面支持力度很大。

2021年8月20日，山东省农科院出台十条意见，支持女性科技人才发挥更大作用，这在全国科研院所中尚属首个支持女性科技人才的意见。内容包括对孕哺期女性科技人才在承担创新工程科研类任务、人才工程、岗位聘用等方面，可根据需要申请延期结题或延期考核评价，最长延期1年。齐鲁农业科技奖设立巾帼科技奖。设立青年女性科技人才生育后科研回归基金，实行经费"包干制"，纳入女性科技人才专项管理……

好政策的实施及单位给女性科技人才提供的职业生涯规划、社会服务、岗位学习培训等，都给女性科技人才的成长发展提供了巨大的便利条件。正因为这些条件和平台的创设，她们有越来越多的优秀科技成果产出（见图11至图21）。

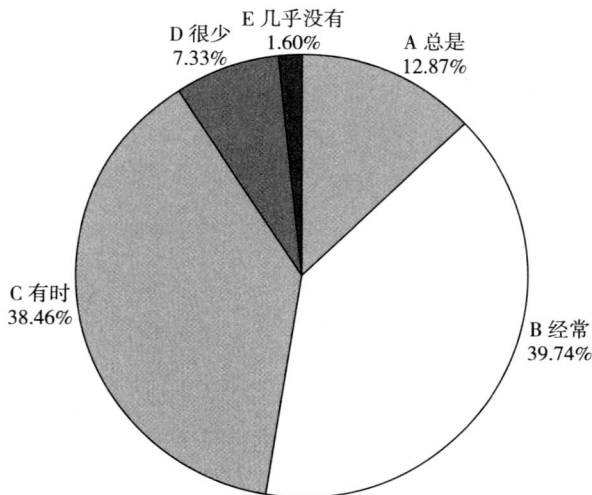

图11　得到上级领导的肯定

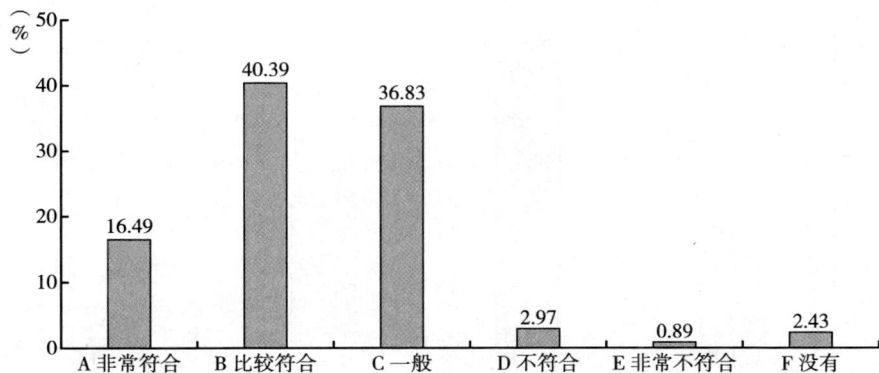

图 12　单位给予很好的发展平台

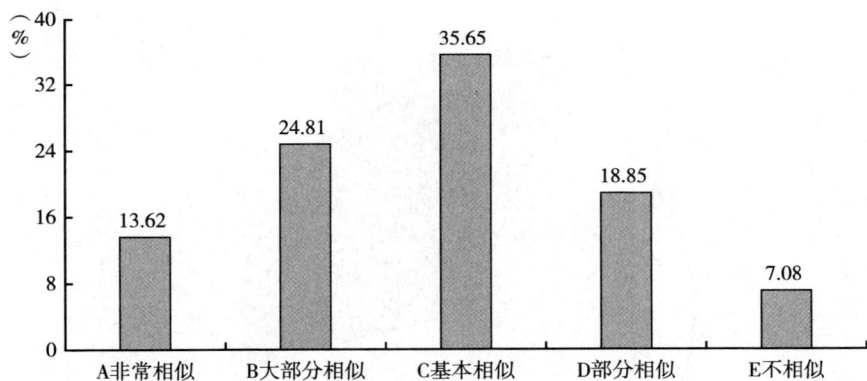

图 13　所从事的工作与最初的期望值

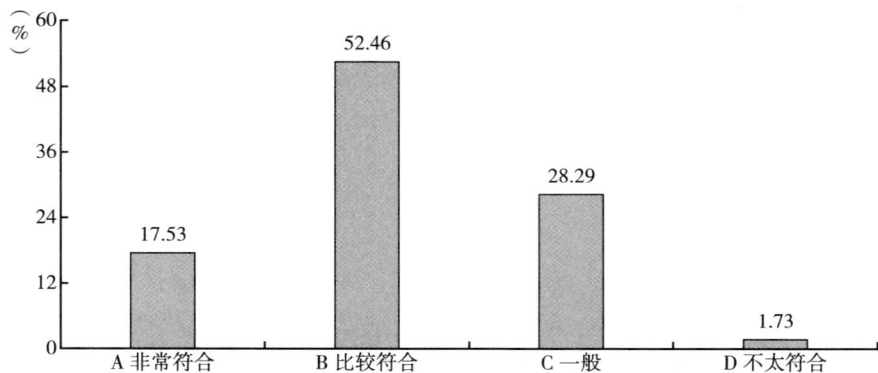

图 14 组织协调各方面工作

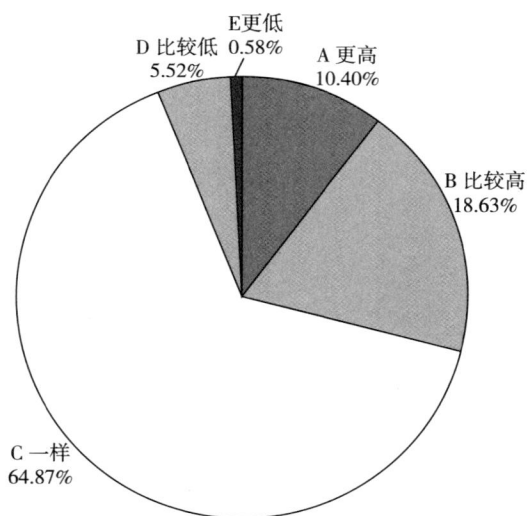

图 15 单位对女性的需求

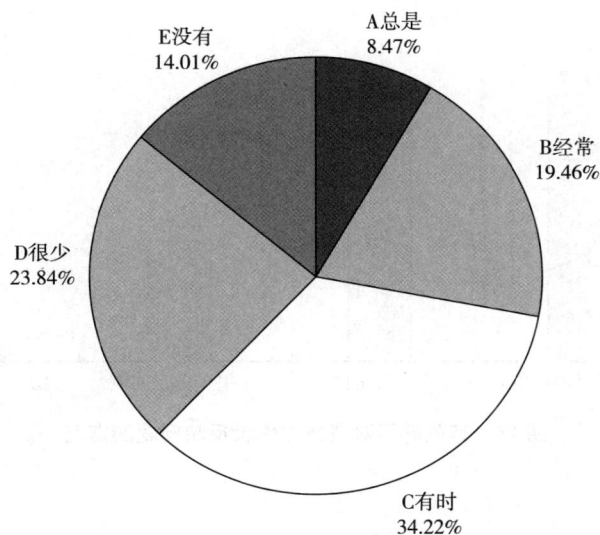

图 16　组织女性人才工作技能培训

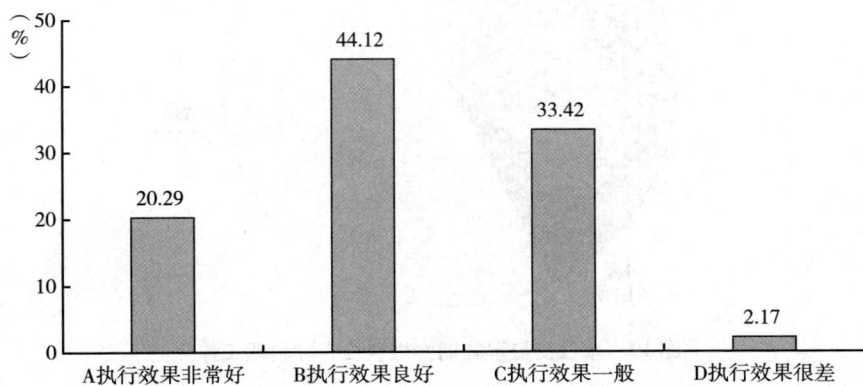

图 17　对本部门科技政策总体评价

433

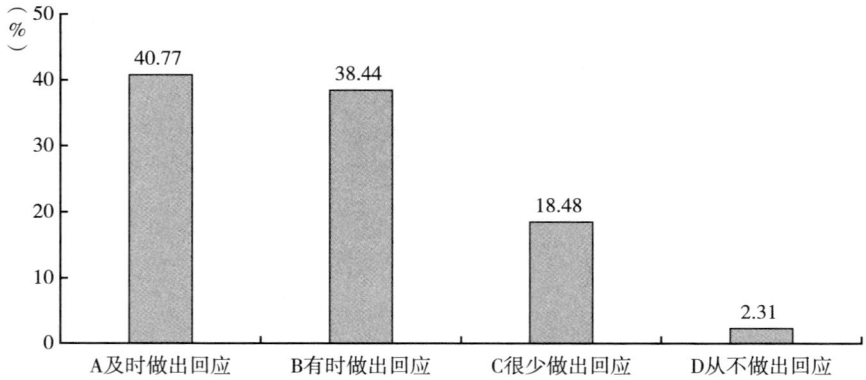

图18　有关部门对科技工作者反映问题的态度

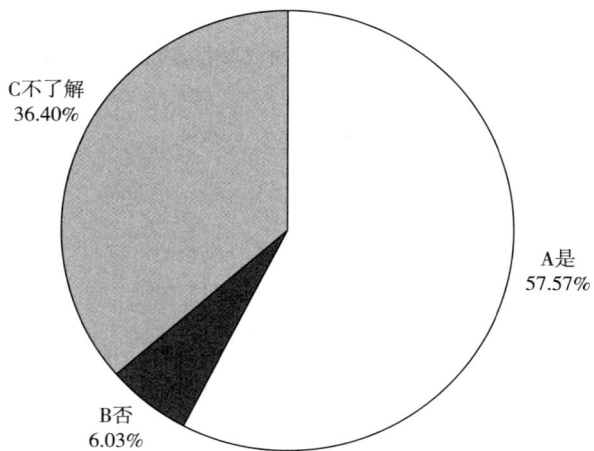

图19　单位支持孕哺期女性科技人才科研工作

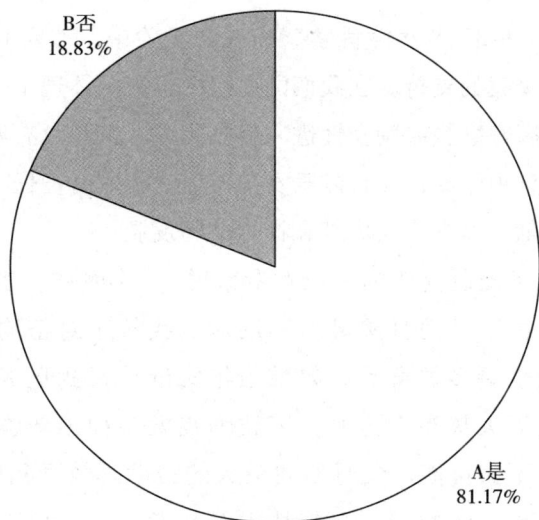

B否
18.83%

A是
81.17%

图20　国家加大女性科技工作者专项政策力度

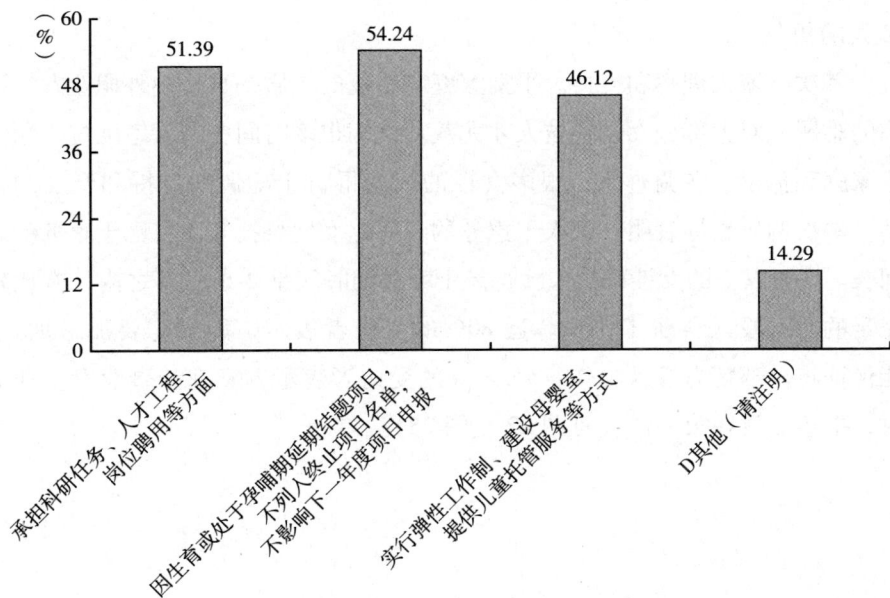

（%）

60

51.39

54.24

48

46.12

36

24

14.29

12

0

承担科研任务、人才工程、
岗位聘用等方面

因生育或处于孕哺期延期结题项目，
不列入终止项目名单，
不影响下一年度项目申报

实行弹性工作制、建设母婴室、
提供儿童托管服务等方式

D其他（请注明）

图21　对孕哺期女性科技人才的关爱（多选题）

4. 家庭支持女性成长

"采集工程"中 32 名女性科学家的成功经验中，首要的是原生家庭的支持、熏陶及小家庭的支持。在我们的调研中也充分体现了这几点经验。

首先，原生家庭家教鼓励女性进入科技领域。家长没有给孩子灌输男主外女主内的性别刻板印象，而且鼓励女孩不仅承担家庭责任，也承担社会责任，为社会做贡献，追求个人成就和社会共同发展。

山东农科院小麦研究所的一位女专家说："小时候，别的女孩在玩洋娃娃，我却在玩泥巴。而且父母从不反对。我从小对植物感兴趣，父母带我去野外，发现更多的奇美。如果当年父母禁止我玩泥巴，禁止我上蹿下跳，禁止我天天灰头土脸的，不鼓励我做各种创新尝试，我还会成为小麦专家吗？不大可能。父母给我最大的帮助是鼓励我申报农业学校，那个时候大家都想跳出农门，我却从农村又考进农田里，用村里人当时的话讲：'种地还用专门的大学培养吗？'我便是在这种质疑的声音中长大的。父母没有让我报考中专、师范或者卫生学校，那个年代，这需要多大的勇气。"

其次，家人理解和支持。平衡家庭和事业的矛盾一直是中外职业女性面临的难题，对大部分女性科技人才尤甚。她们很多时间在实验室度过，顾不上家庭和孩子。在调查中，很多女性的成功得益于配偶的支持和亲友的帮助。本次调研数据表明，家人干家务的时间比女性科技人才自己干家务的时间长。80%以上的女性科技人才每天干家务的时间是 2 小时及之内，有比较充足的时间投入科研工作中。近 80% 的受访者表示，如果需要加班加点，能保证将全部精力投入工作。51.26% 的受访者表示，家庭和事业发生冲突时，把事业放在第一位（见图 22 至图 25）。

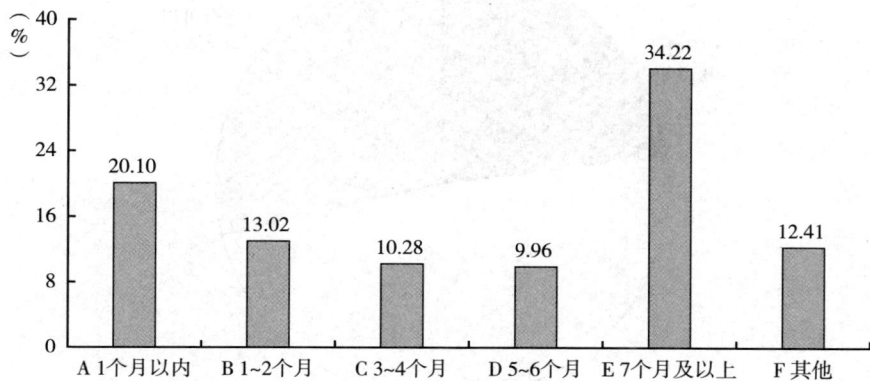

图22　一年从事家务的时间

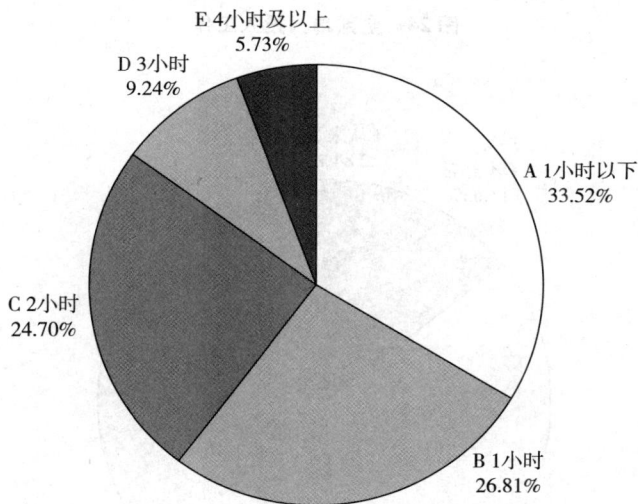

图23　每天家务劳动的时间

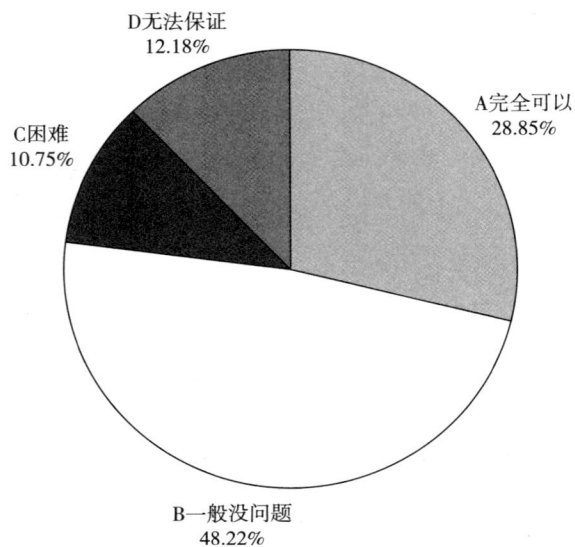

图24 全部精力投入工作

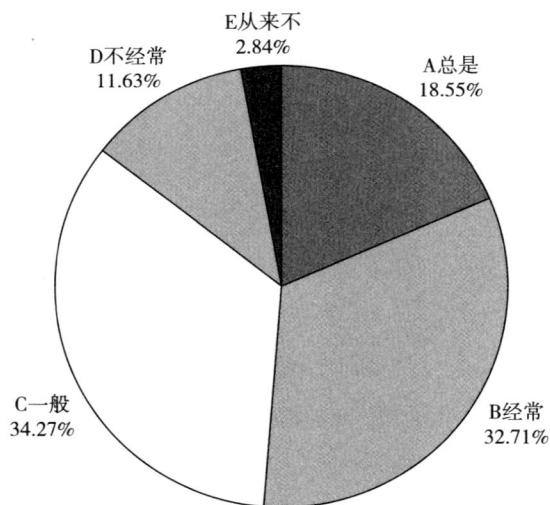

图25 把事业放在第一位

　　济南大学一位女老师说："实验室的工作，根本就不分白天和黑夜。很多人认为高校老师很轻松，其实高校老师最大的特点是工作时间和休息时间没有边界。别人上班的时候我上班，别人下班的时候我依旧在上班。"她是学院最年轻的教授，谈及个人经历时感到很幸运："孩子小的时候，老人帮忙带孩子、做家务。现在孩子学习很自律，不用操心，节省我很多时间。老公关键时刻能挺身而出，比如自己忙于实验，回家很晚，只要一个电话或者一个信息，老公就回家做饭带孩子，而且随时支持我外出学习、调研。"

5. 女性科技人才充分发挥自身主动性

　　女性科技人才积极发挥主观能动性，从兴趣热爱到专业选择再到职业规划，都有较清晰的认知。"采集工程"中32位女性科学家取得成就的另一个重要方面就是她们迎难而上的优秀品质。在我们的调研中，多数女性科技人才有清晰的职业发展规划，23%以上的受访者表示对工作目标非常清晰，53%的受访者比较清晰，她们习惯提前进行规划，并且工作后能利用自己的专业优势，借助国家政策，积极发展，同时有积极向上的性别认知。每天学习1小时及以上的受访者占比超过70%，近20%的受访者每天学习时间为3小时及以上。近90%的受访者认为，女性在科研方面更坚持和更有韧性，注重学科前沿以及平时知识储备。近50%的受访者近三年比较经常或经常参加相关的培训，扩大知识视野。80%以上的受访者认为培训对提高科研能力帮助大。她们通过学习政策读物、收看广播电视、参加线上线下会议培训等多种途径丰富知识储备。80%以上的受访者认为女性的科研劳动时间投入比男性多，只有多投入，才能有更多的产出。85.56%的受访者满意单位对女性科技人员的激励工作。在科研成果转化方面，50%以上的受访者都能将自己的科研成果进行转化。54.46%的受访者都认为精神奖励比物质奖励更重要。在工作中，近60%的人一直有创新的想法（见图26至图35）。

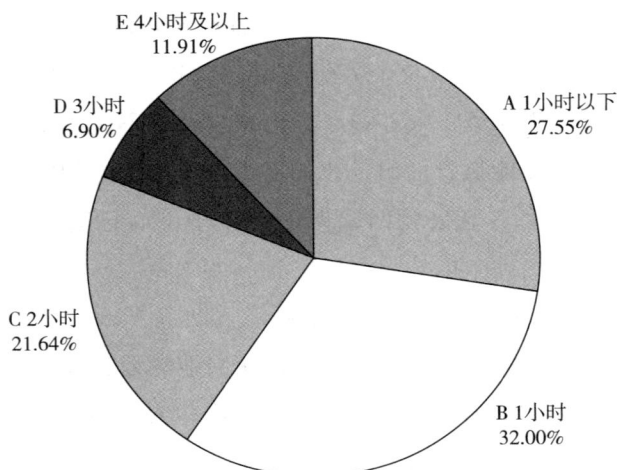

图 26　每天学习时间

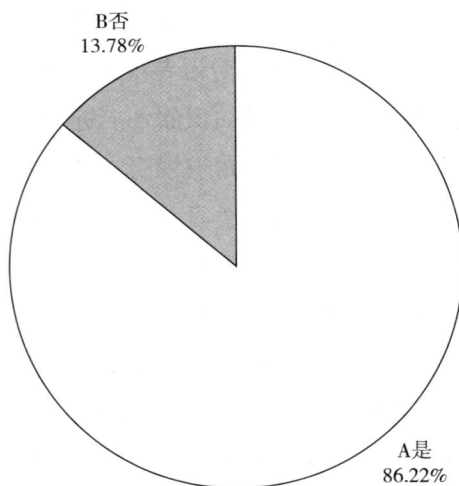

图 27　女性在科研方面更坚持和更有韧性

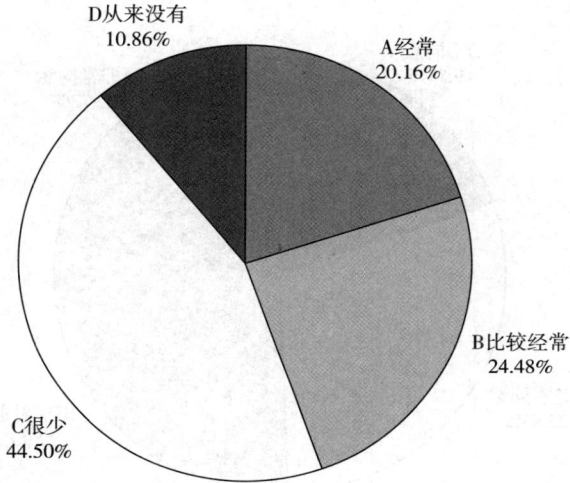

图 28 近三年进修、培训活动情况

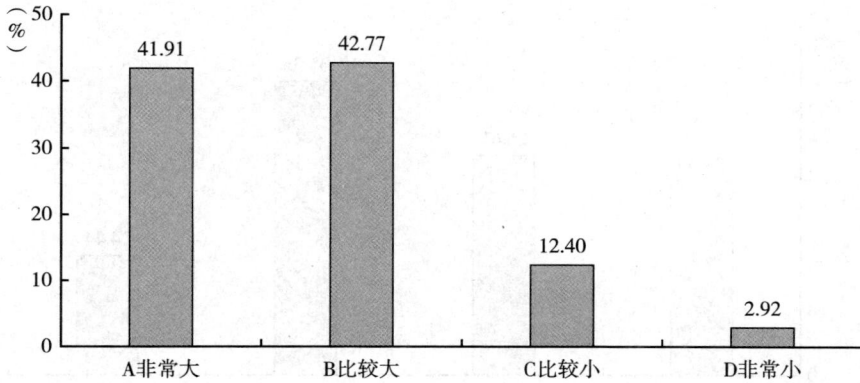

图 29 培训对提高科研能力的帮助

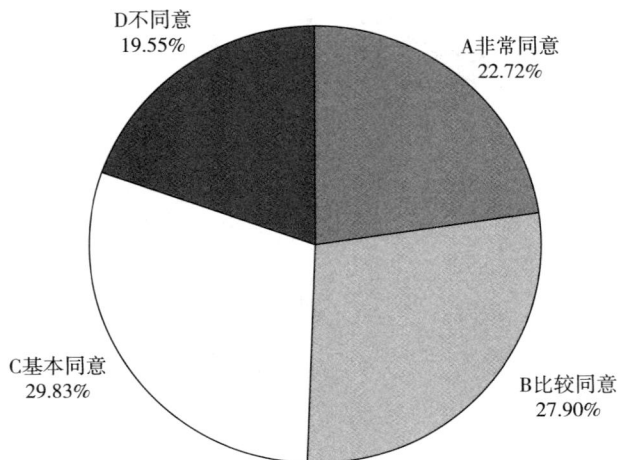

图 30　女性的科研劳动时间比男性多

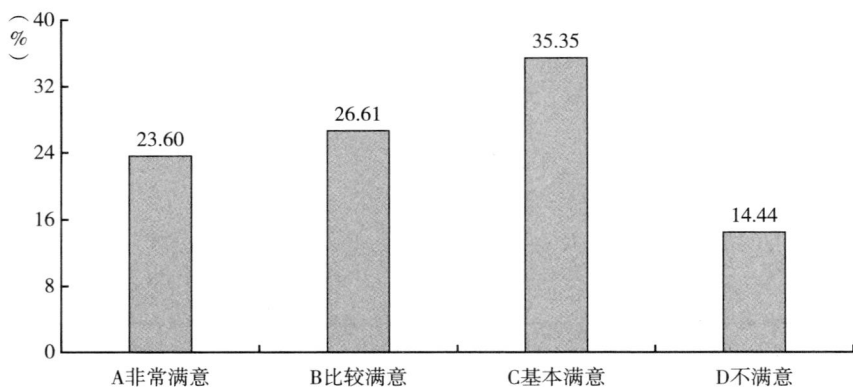

图 31　单位对女性科技人员的激励工作

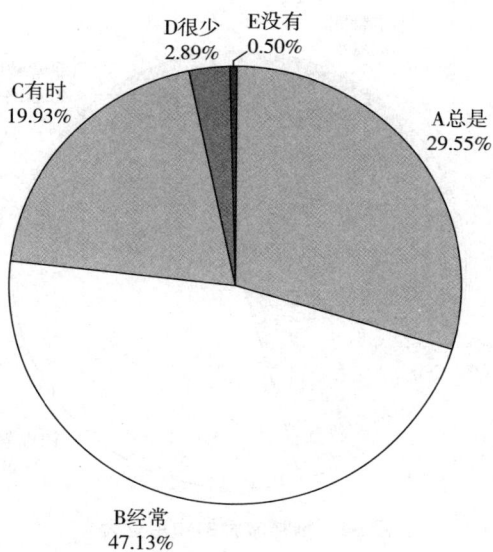

图 32 做事之前的规划

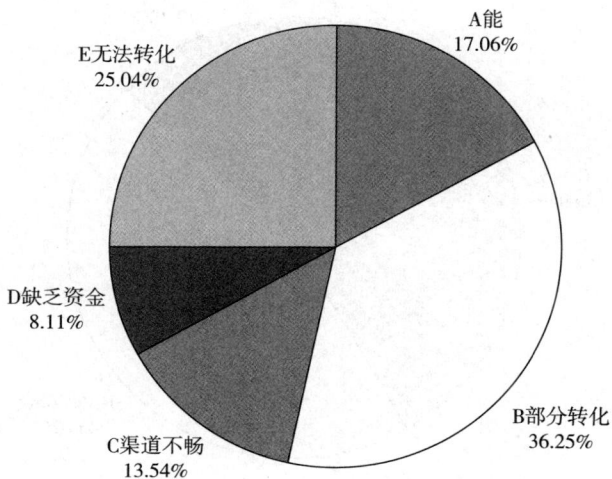

图 33 科研成果转化

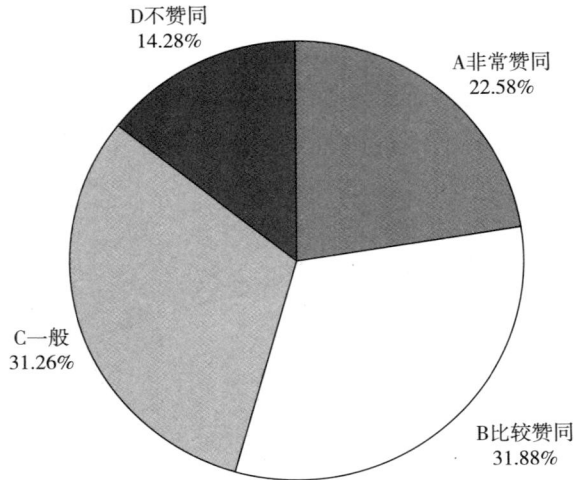

图34　精神激励的作用更大

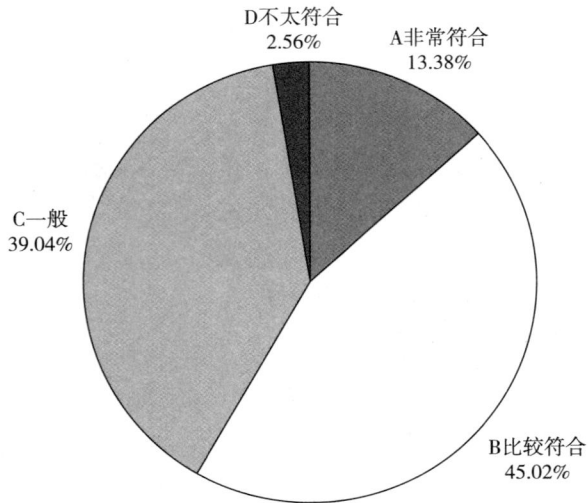

图35　有创新的想法

（三）女性科技人才发展的障碍

1. 传统文化的刻板印象导致对女性科技人才的偏见

传统文化的性别刻板印象认为，女孩适合学文科，男孩适合学理科，这导致很多女性在选择专业和就业方向的时候受影响。基于"首都大学生成长追踪调查"数据的研究发现，首都高校的女生就读理科、工科专业的比例分别仅为37.2%和28.8%。而且某些大学男教授在招收硕士或者博士研究生时，认为女性没有发展前景，所以在机械、物理、土木工程等领域女博士很少。山东省科学院一名女博导说："学院女教授很少，女学生更少。有的老师，几年都不收女生。有些时候明面上不直接拒绝女生，但是总是有办法只招收男性。"

角色冲突理论认为，职业发展的性别差异来自男女家庭与职业角色被定位和被期待的不同。男主外女主内的传统家庭分工模式使得男性的职业责任与家庭责任可以在某种意义上达成一致或者不冲突，家庭责任甚至仅是职业责任锦上添花的部分，男性在工作、事业上的快速发展，就可以满足"养家糊口"的家庭责任。而女性的家庭责任与职业角色是相冲突的或者是矛盾的，更多的是被要求在家庭中投入更多时间和精力，职业角色同样要求其投入更多的时间和精力。这反映出社会对女性的双重价值评判标准，既要贤妻良母，又要职场半边天，这对女性不公正，增加了女性的压力，造成科技人才中女性的双重角色冲突。

某些女性对自己的职业定位或者职业需求也不明确，调研发现，在人生的重要程度上，94.92%的受访者最重视的是身体健康，93.44%的受访者选择家庭幸福，84.26%的受访者选择子女发展，61.6%的受访者选择工作取得重大成就，29.5%的受访者选择科技成果，还有12.44%的受访者选择工作不出错就行，有"躺平"思想（见图36）。

2. 科技领域中的性别差距加大了女性科技工作人才就业或创业的难度和壁垒

根据智联招聘发布的《2022中国女性职场现状调查报告》[①]，从整体来看，20%以上的女性表示在就业中遭受性别歧视，在拥有硕士学位的女性群

---

① 《2022中国女性职场现状调查报告》，智联招聘，2022年3月8日，https://www.sgpjbg.com/info/31230.html，最后检索时间：2023年11月13日。

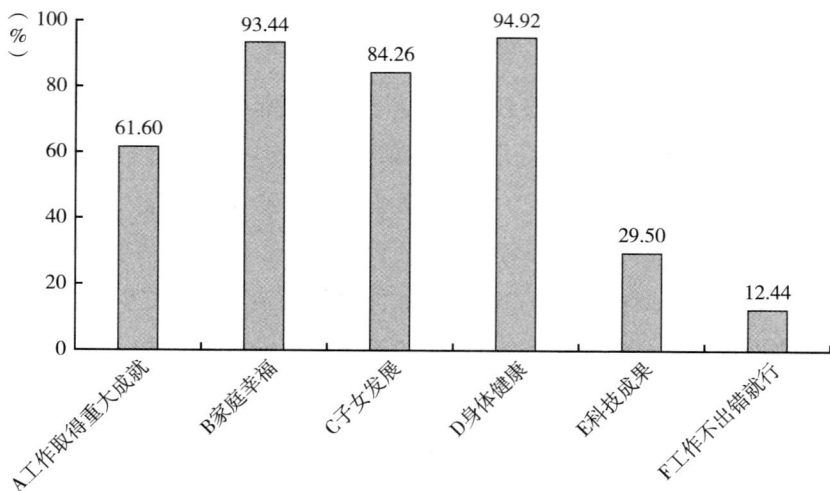

图 36　最重要的是几项（多选题）

体中则超过了40%；在应聘过程中女性被问及婚育状况的现象是男性的一倍还多，有59%的人认为招聘中存在的性别歧视是阻碍其就业的主要因素。有的用人单位在招聘时，考虑到女性的生理因素，以及女性承担的生育社会责任，在面试的时候会优先考虑男性。同时在大数据时代，人工智能还可以自动筛选简历，特别是将女性的简历筛选出来，并且为这些女性推荐薪酬和社会声望低的行业或者职位。

　　一科技公司的法人在谈及招聘的时候大吐苦水："私营企业不同于国企，员工的社保都是我缴纳，女性比男性要多承担很多费用；女性休产假，没有人替补。我们知道生养后代很重要，但是我们的效益也很重要。裁员，如果有男有女，在能力相当的条件下，肯定是女性受到裁减的概率更大。"

　　传媒在塑造女性科技人才的时候，常常侧重宣传女性的奉献或者母爱精神，对她们的科研产出或者科研成果关注较少，这也一定程度上造成了女性就业和择业中的困难。所以有的单位宁愿选择男硕士，也不要女博士。68.01%的受访者认为科技政策可能缺乏部门针对性，57.81%的受访者认为可能会维护特定的利益而忽视性别差异，64.46%的受访者认为可能存在重视短期利益而忽视长期利益（见图 37）。以上种种都在某种程度上制约了女性科技人才的全面发展。

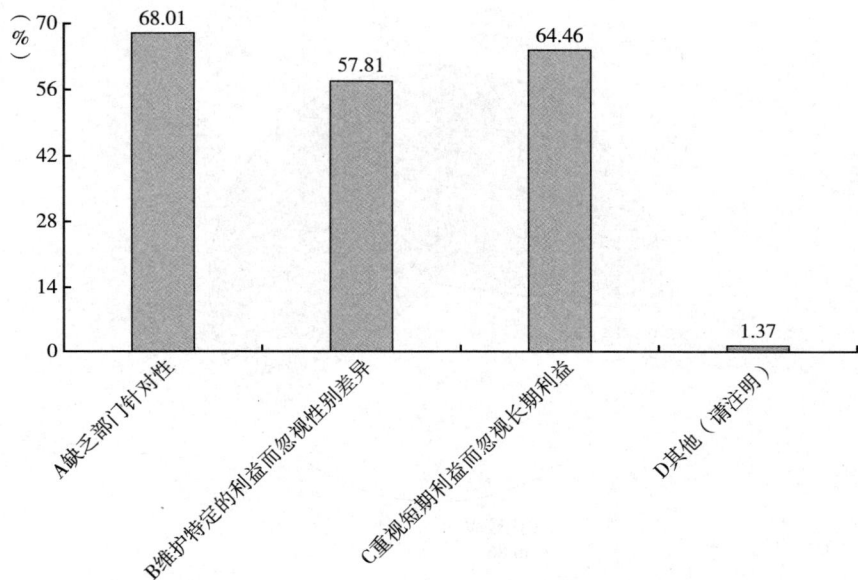

图 37　科技政策存在的问题（多选）

受到家庭照料责任等因素的影响，女性科技人才用于科研的时间相对较短，同时缺少相应的社会支持。在统计中 73% 的受访者认为工作以外的压力比男性大。52.89% 的受访者不会或不愿通过网络媒体来向政策执行者反馈科技政策中存在的问题。45.27% 的受访者不了解省内各类科技计划、人才项目向女性科技人才倾斜，同等条件下优先支持女性科技人才，只有 40.92% 的单位在重点科研任务、人才引育、出国研修、交流合作等科技工作中，注重提高女性科技人才参与比例。对目前的薪资水平，45.8% 的受访者非常满意或比较满意，43.43% 的受访者选择了一般，不满意的占 10.77%。对于省自然科学基金青年基金项目放宽至 38 岁、优秀青年基金项目放宽至 40 岁、优秀青年基金项目（海外）放宽至 42 岁的政策，51.94% 的受访者听说过，48.06% 的受访者不了解或者从未听说（见图 38 至图 43）。这些都在某种程度体现了女性科技人才缺少社会支持。

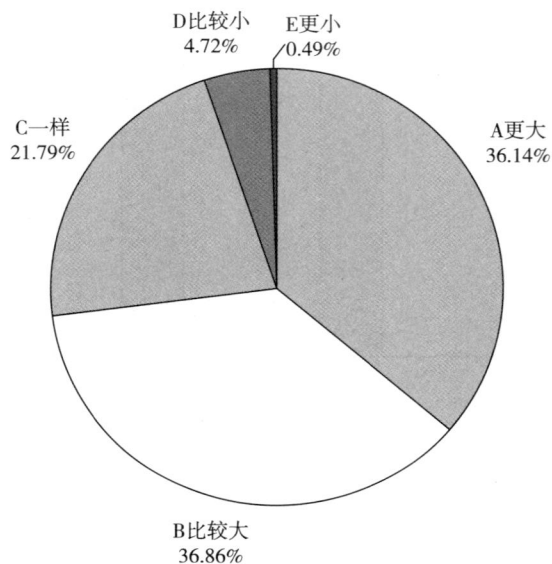

图 38　工作以外的压力

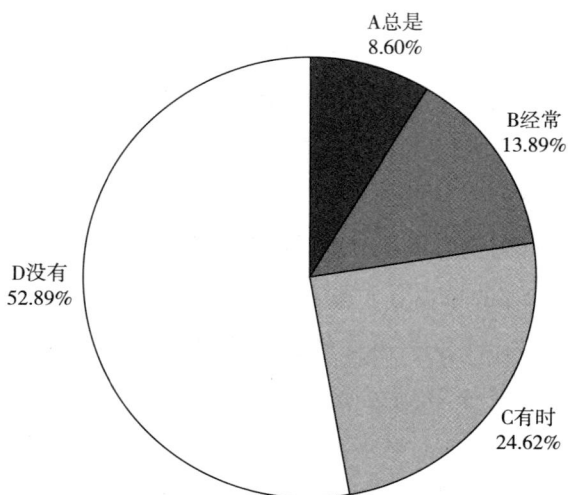

图 39　反馈科技政策中的问题

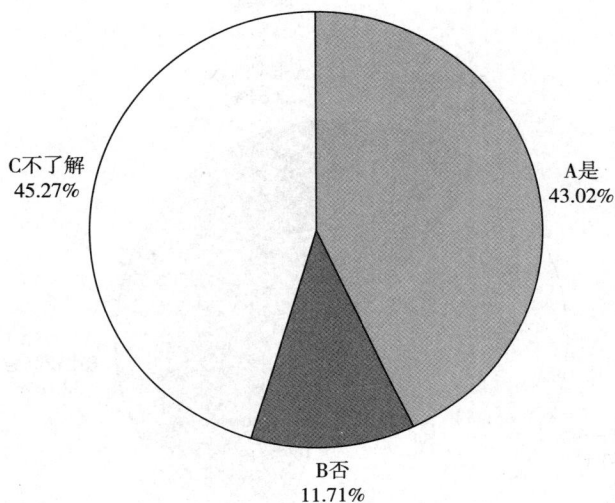

**图 40　支持同等条件下各类科技计划、人才项目向女性科技
人才倾斜并优先**

C不了解
45.27%

A是
43.02%

B否
11.71%

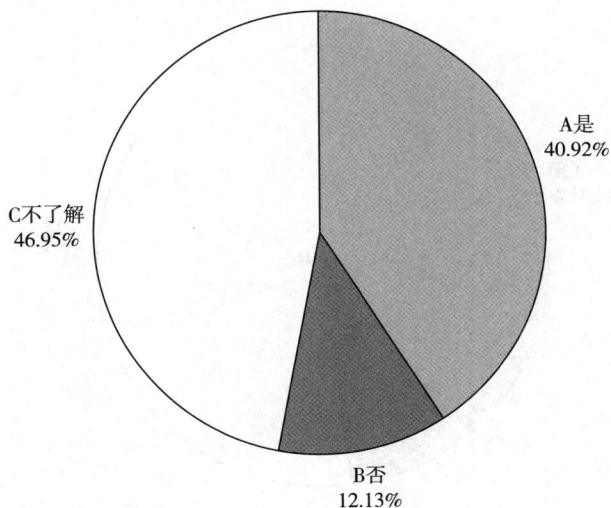

图 41　注重提高女性科技人才比例

C不了解
46.95%

A是
40.92%

B否
12.13%

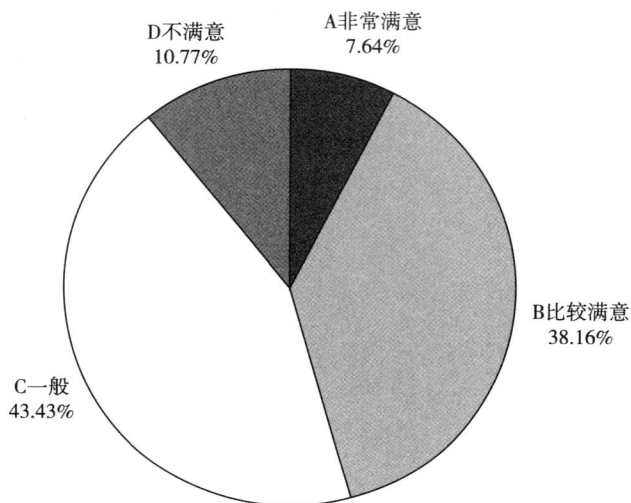

图 42　对薪酬水平满意度

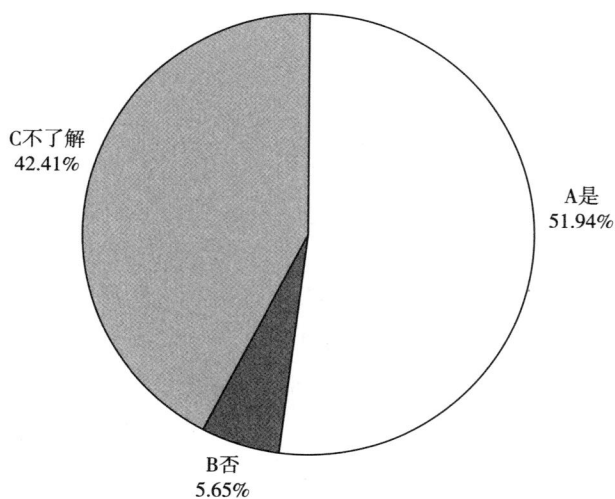

图 43　支持并执行放宽女性科技人才申请基金项目的年龄

职称结构及对女性科技人才科技成果重视程度问题，一定程度上限制、消磨了女性的科研能动性。科技人才职称结构与自身学历结构有很强的关联性。学历较高的科技工作者更容易获评高职称，无职称者多为青年或者基层科技工作者。多数单位或者企业更看重个人能力和个人成果，而不注重职称结构设计、专业技术人员职称申报规划等，这在一定程度上也影响了科技工作者对职称评定的积极性。职称不仅仅是荣誉及称号，也是个人能力的体现，相关单位应鼓励广大科技工作者进一步提升自身工作能力、重视职称的获取。

女性科技人才的科研成果受重视程度有待提高。某些单位在申请高级别奖项的时候，首先推选男性。女性科技人才可以选择55周岁退休（男性科技人才一般都是60周岁退休），这在一定程度上，让女性科技人才有松懈的借口和理由，甚至放弃职业追求。有一位55岁的女教授说："我们这一代不是独生子女，我父母都去世了，孩子还没有结婚，不需要我提供隔代照料，自己身体没有问题，完全可以干到70岁。现在我55岁，虽然单位没有明说让我退休，但是我不再有机会去承担重要项目。很多像我这样的女老师，不自觉地便准备自己的退休生活了。机会总要留给新生代。"

三 对策建议

山东省女性科技人才的成长发展中成就是主要的，但也有阻碍。综上所述，要从文化观念、宏观政策和单位管理机制以及自身状况等方面去完善。

（一）明确政府在科技领域中的职能定位

政府层面的政策支持与保障是女科技工作者个人能动性发挥的根基。

首先，完善女性科技人才能力提升的保障性政策。在我们的调研中，45.27%的女性科技工作者不了解、不清楚当下支持女性的好政策。2022年8月多部门联合出台《关于开展减轻青年科研人员负担专项行动的通知》，鼓励有条件的科研单位通过实行弹性工作制、建设母婴室、提供儿童托管服务等方式，为孕哺期女性科研人员开展科研工作创造条件。在考核评价、岗位聘用等环节，对孕哺期女性科研人员适当放宽期限要求、延长评聘考核期限。① 政府出台好的政策，要大力宣传，做到广为人知，同时监督政策执行的落地和实施情况；政府应提倡宽容的学术气氛，并加强学术独立性。倡导学习，督促落实，否则政策法规不落地。

"建立生育支持政策体系"被写入党的二十大报告，体现党和国家对这一问题的高度重视，是制度层面的重大进展。从治国理政的战略高度为生育提供支持，优化生育环境，将更好地为广大妇女及其家庭解决后顾之忧，对促进妇女全面发展也具有重大意义。由于科技工作的投入回报周期较长，科研成果与回报都具有时滞性，有些青年女性科技工作者往往面临极大的生活压力而无法潜心投入科研，失去创新潜力。三孩政策放开后，上有老下有小，每个年轻人都面临大量难题，这也是妨碍年轻女性科技人才投入工作的主要障碍。目前我国的家庭照料（包括家务承担）多数在女性身上，很多家庭的幼儿照料是隔代老人在承担，但现实中很多女性学术骨干的年龄在45~60岁，身体容易出状况。因此，建议政府制定向科技工作者职业群体倾斜的普惠政策，给予科技工作者尤其是青年科技工作者生活扶助。政府出资设立普惠性托幼机构、普惠性养老机构，解决一老一小的家庭照料难题。

其次，多出台女科技人才支持性政策。一方面，下放人、事、财权等，通过对事业单位，尤其是高校与科研院所的绩效工资改革，将绩效与收益挂钩，使高校与科研院所中具有高创新绩效的科技工作者的投入与成果获得补偿与合理回报；科技人才（包含女性科技人才）的创收，个人所占比例略高一点，学院和学校适当留存；国家、科研单位、企业等有机结合，保护并且鼓励积极促进科技人才的成果转换，这既能提高科技人才的工资薪酬满意度，也能获得一些非经济报酬的认可，这样科技人才的工作热情会大大提高。另一方面，加大资金投入，投资重点学科、重点专业、重点领域，鼓励

---

① 《科技部 财政部 教育部 中科院 自然科学基金委关于开展减轻青年科研人员负担专项行动的通知》，中华人民共和国科学技术部官网，2022年8月8日，https://www.most.gov.cn/ztzl/zdzx/tztg/202208/t20220816_ 6840.html，最后检索时间：2022年8月16日。

技术攻坚克难。此外，妇联发挥积极作用，联合有关部门制定针对女性科技人才发展的计划，建立重点研究领域的女科技人才专家智库，对她们开展有针对性的培训。

（二）创新科技领域就业创业的观念和机制

心理学上讲观念是行动的先锋军，政府、社会、个人对科技领域就业创业的观念认知决定了对其支持的力度。对女性科技人才及就业创业观念的认知对女性科技人才的发展至关重要。

"十四五"规划明确提出消除就业性别歧视，"消除影响平等就业的不合理限制和就业歧视"被写入党的二十大报告，上升到治国理政的层面，为促进妇女就业提供了更有力的制度保障。消除就业性别歧视，需要夯实政府有关部门责任，发挥社会各方面作用，共同推动解决。树立男女平等的观念，加大正面宣传力度，营造有利于女性科技人才发展的社会文化环境。媒体在塑造女性科技人才的时候，要侧重宣传主体意识强的女性，不要过多宣传女性的家庭责任，改变女性在科学领域中的边缘地位。每年"三八节"前后，对于女性科技人才的宣传，媒体不要过度重视她们的颜值、家庭，要着重宣传她们在科技领域做出的贡献和成就。不要宣扬女性科技人才怎么平衡家庭事业关系，或者因为自己的不顾家，怎么心生内疚。媒体的关注点要树立正面形象，引导年轻人从小立志，学习科学家榜样。

行政权力和学术权力在某种程度上有错位。个别科研单位受"官本位"思想影响，行政权力、学术权力出现错位，有"学术机构行政化"倾向，机构臃肿，工作效率低下，科研创新的自主权缺失，这在一定程度上影响了科研专家的科研优势，学科优势的布局也受到影响。习近平总书记指出，科技管理改革不能只做"加法"，要善于做"减法"，要拿出更大的勇气推动科技管理职能转变。[①] 给予科研单位更多自主权，赋予科学家更大技术路线决定权

---

① 《努力实现高水平科技自立自强》（2021年5月28日），《习近平著作选读》（第二卷），人民出版社，2023，第473页。

和经费使用权，让科研单位和科研人员从烦琐、不必要的体制机制束缚中解放出来。

（三）促进女性科技人才发展的政策措施需进一步细化落实

贯彻落实习近平总书记关于"在出台法律、制定政策、编制规划、部署工作时充分考虑两性的现实差异和妇女的特殊利益"指示精神①，在一系列科技政策、战略、规划中制定具有性别敏感、充分考虑女性科技人才特殊需求的政策措施。

《中华人民共和国科学技术进步法》《关于支持女性科技人才在科技创新中发挥更大作用的若干措施》《中国妇女发展纲要》《中华人民共和国妇女权益保障法》等为女性科技人才提供了政策基础，但仍需进一步细化落实，出台支持性措施。针对女性科技人才特殊需求的倾斜性政策仍相对较少。有些政策性规定针对性不够，需要进一步细化落实相关原则性规定。各部门在政策执行上需进一步统筹和协调推进。

同时，各地也出台了相关的通知或者文件，各级决策部门应该加大措施，细化并落实执行。探索实施家庭友好的女性科技人才政策，对女性科研人员的家庭照料支出予以一定的支持，允许受科学基金、项目等资助的女性科研人员将一定比例的经费用于托育子女等家庭支出。

（四）探索实施配额制的女性科技人才政策，加强女性的科技决策话语权

科技领域女性人才面临教育领域和职业领域的双重性别隔离。高层次人才以院士为例，集中在某些领域如医学、计算机学部。在科学、技术、工程和数学领域（STEM）的专业女性人才比例低。在科技管理和决策层面女性比例较小，与女性科技工作者的数量不相匹配。如 2020 年第八届国家自然

---

① 《始终把广大妇女作为推动党和人民事业发展的重要力量》（2013 年 10 月 31 日），习近平《论坚持人民当家作主》，中央文献出版社，2021，第 42~43 页。

科学基金全委会 25 位委员中，女性委员只占 20%。这在一定程度上阻碍了女性科技人才的发展进步。有关部门已经意识到应提高重大科技项目女性评审专家、参与资助决策的女性评审委员比例。如《关于开展减轻青年科研人员负担专项行动的通知》对青年人才担任项目负责人和骨干的比例做出规定。应制定女性科技人才比例的实施细则，女性在科技决策中掌握话语权，才能为女性发展提供更多机会。

（五）单位积极实施科学的管理机制

想要女性科技人才在创新型社会中发挥更大的作用，单位必须积极作为，从招聘与任用环节、留住人才环节、激励人才环节这三个环节去实施。

招聘与任用环节：单位要破除性别歧视的刻板印象，招聘时男女平等对待。人才的素质可以分为冰山上的部分和冰山以下部分。冰山上面的部分是指女性科技人才的自我技能、知识、毕业院校、专业等外在表现，容易测量、容易改善和提高，但是女性科技人才的自我价值观、工作动机这些个人内在品质，不易被测量，可通过组织培训等加以改善。后者包括自我定位、价值观和动机等个人内在特质，不易被观察与测量，但是相对前者比较稳定、有后劲。招聘面试时，单位的人力资源部门更应该根据冰山以下的部分，来确保科技工作者人尽其才，并且产出高绩效。招聘时一定要侧重女性人才的职业内驱力，创造挑战性工作。对于有明确工作目标和强烈的专业热爱的人才，要着重看待和录用；对于将专业提升与事业发展视为人生重要追求的人才，要全方位挖掘。

留住人才环节：综合考量薪水及非经济性薪酬因素，提高精神激励的比重。录用到优秀人才后，要采用有效和科学的薪酬管理机制，稳定科技人才队伍。在非物质性激励方面，要提供女性科技人才成长的平台和制度，给予她们成长的空间，为她们设计各种职业发展路径，特别是面对女性人才的怀孕期和哺乳期，单位要有温暖友好的氛围，要有哺乳室，有条件的话设育婴室。在调研中发现，女性科技人才将精神激励看得比物质激励更加重要，所以要建设好平台，充分体现对女性科技人才的尊重和支持。对于经济薪酬方面，要注意浮动的工资和固定工资的比例关系，要考虑到科技成果转化的周期性、滞后性和不确定性，要保障科技人才的住房等需求，减少通勤的时间，增加科研动力。

激励人才环节：人才的激励措施到位与否是企业发展的关键，要培养人才的认同感、责任感。对于不同类型的人才，要有不同的激励措施，对于成长型的科技人员，要开展技术培训，培育职业内驱力。在调研中，很多女性科技工作者缺乏培训的机会，好几年没有参加相关技术培训。对于成长型女性人才，要引导她们塑造积极的事业内驱力，提供针对性的业务培训，鼓励青年学者参加学术活动，老员工带新员工，共同成长。对于无效科研型员工，要积极沟通，健全转岗、退出与补偿机制。通过积极沟通找到无效科研的原因，并通过一定激励去改进，如改进无效、培训无效，便转岗或者退出。对于危机型科研人才，要采用股权激励等手段，培育责任感，同时建立预警机制，定期沟通，了解其内心需求，并组织相应人员替补。对于离职意向明确的员工，积极干预，避免突发离职造成单位损失。对于高效型科技人员，实施软硬环境改善，维护其高创造性，提高工作的兴趣，配备足够人员的科研团队，提高绩效水平，确保其工作责任感持续高涨。

（六）设立女性科技人才奖项，加大科研经费支出

设立专门的女性科技发明奖或者针对女性科技人才的专项奖励。根据联合国妇女署的资料，女性科技人才仅占全球科技人才的 33%，女性占诺贝尔奖获奖者人数的 3%。[①] 中国科学院仅有 6% 的女院士。通过设置专门的女性奖项，激励更多的女性主动投身科研工作中。同时增加科研经费的投入，足够的科研经费投入是实现科研产出的有力保障。

不断加大对科技事业的资金投入，同时实行倾斜性措施，拓宽女性科技人才资助范围。十年来，国家财政科技拨款由 2012 年的 5600 亿元增长至

---

① 《科研领域性别差距呈"剪刀差"分布，女性科技工作者更容易遇到"职场天花板"》，联合国妇女署微信号，2022 年 7 月 29 日，https://mp.weixin.qq.com/s/4X9zkSrqdpMTbjCqZkqNBw，最后检索时间：2023 年 7 月 1 日。

2021 年的 1.08 万亿元，增长了近 1 倍。国家自然科学基金实行倾斜性措施拓宽女性科技人才资助范围，对女性科技人才资金支持力度不断加大。2021年国家杰出青年科学基金项目有 46 名女性获得资助，占比为 14.6%，女性资助率为 9.4%，较男性高 2 个百分点；2021 年优秀青年科学基金项目有147 名女性获得资助，占比为 23.7%，女性资助率为 9.7%，较男性高 0.3个百分点，改变了女性资助率长期低于男性的局面。

随着鼓励社会资金投资研发活动、落实激励企业加大研发投入的税收优惠政策等的实施，企业研发投入主体地位不断增强，企业研发投入力度进一步加大。新时代科技投入力度空前，全社会研发（R&D）投入由 2012 年的1 万亿元增长到 2021 年的 2.8 万亿元，稳居世界第二位，企业成为研发经费投入的主要力量，占比达 77%。但是现实中有些女性科技人才由于不善交际等，很难获得经费支持，主要依靠政府资助，对国家拨款的科研经费的依赖性比男性研究者要大，而目前国家科研项目的经费，特别是国家自然科学基金项目，经费来源主要还是依靠行政拨款。女性在科技领域的职位较低，获得科研经费的难度较大，申请国家自然科学基金项目立项的难度更大。设立专门的女性人才奖项，加大女性科研项目的经费投入，能促进女性科技人才队伍的发展壮大。

（七）将培养女性科技领军人才作为重点，培养青年女性科技人才

培养领军人物，以点带面，带动女性科技人才全面开花。2011 年后，按照中长期人才发展规划纲要部署，国家实施了一系列人才工程和计划。如科学技术部等 8 个部门"创新人才推进计划"、中组部"青年英才开发计划""国家高层次人才特殊支持计划"等 7 项人才工程。在一系列人才工程中，选拔培养了一批女性科技领军人才，逐渐形成了衔接有序、梯次配备的女性高层次科技人才队伍。

把青年女性科技人才培养放在更加突出的位置。如 2012 年首次"创新人才推进计划"选拔了 22 名女性"中青年科技创新领军人才"，占 11%，推出陈化兰、谢毅、赵红卫、曹淑敏、颜宁等一批优秀女性科技人才，在前

沿科学领域起到引领科技发展的重要作用。2015 年，全国妇联、中国科学技术协会、中国联合国教科文组织全国委员会、欧莱雅（中国）实施"未来女科学家计划"，截至 2022 年共有 24 人入选。全国妇联、中国科学技术协会等联合设立的"中国青年女科学家奖"，截至 2022 年共发掘和表彰了164 名在基础科学、生命科学、计算机与信息等领域取得重大科技创新成果的青年女性科技领军人才，以及 10 个负责人和主要成员为女性科技工作者、取得创新性和系统性重大科技成果的团队，其中涌现出近 10 名院士，成为发掘高层次女性科技人才的重要平台。

（八）加强女性自身的积极作为

首先，要注重女性传统性别角色定位的转变。男女平等是我国的基本国策。但是由于传统文化影响根深蒂固，有些女科技人才生活和工作中仍然自觉或不自觉地会受到女性传统性别角色定位的影响。传统观念仍然认为女性不适合从事自然科学方面的研究，更适合学文科，进而不注重对女性科技能力的培养。有的女科技工作者坚持的性别分工模式依然是"男主外、女主内"，认为女性应该成为贤妻良母，相夫教子，而不应成为"争强好胜""抛家舍业"的科学家。

在日常的生活和科学教育中，要使女性认识到自身优势和潜力所在，要最大限度调动女性的主观能动性，培养她们自尊、自信、自立、自强，进而克服女性在科研方面的自卑感和依赖感。女性科技人才要意识到现代社会女性和男性不仅仅是平等的，在某些能力方面女性还更有优势。21 世纪是"她"世纪，特别是在电子科技化程度这么高的条件下，体力不再占优势。女性要善于挖掘自己的特长和优势，思想上不服输。

同时，社会和学校要积极营造友好的男女平等的氛围，树立女科学家的榜样，对于女性科技人才做出的成就要积极鼓励和宣传，让女性自觉摆脱传统的女性性别角色定位，并认识到自己在社会中的地位与作用，激发她们的内在动机和平等意识，在自我发掘的过程中，尽早促成自我完善，体现自身价值。

其次，科研意识的培养要从娃娃抓起。"公平竞争"，起跑线一致，已经为社会认可，机会平等、男女公平已经成为现实，在竞争中凭借的不再是身份、性别等，而是实力，信息技术、航天科技、现代生物等科学技术的发展已经改变了传统的分工模式，女性有机会与男性一样从事科研，树立"女性不仅可以进行科学研究，而且可以更出色"的科研意识观念。《中国儿童发展纲要（2021—2030年）》中就明确规定："必须从儿童早期着手，培养、造就适应新世纪需要的高素质人才队伍。"在儿童早期要给女孩子树立女科学家的榜样形象，激发她们对科学的兴趣。从思想观念上转变对女孩的性格期望，鼓励她们养成适合科学品质的思维。

（九）树立现代家庭理念，全面关注女性成长

对女性科技人才而言，家庭在她们的职业生涯中发挥了无法替代的重要作用。新中国成立后，获得院士称号的女性，90%以上都生活在开明的家庭环境中，家长给女孩子树立了很好的榜样。家庭影响的表现形式也并不是单一的，从整体上而言，家庭对女性在向科学家领域迈进的进程中的影响主要表现在两个方面，即女性成年前家庭教育的引导和女性成年后家庭成员的理解与支持。

首先，在女性少年阶段家庭要注意培养和引导。从培养角度来看，父母是孩子生活习惯、思维能力和价值观形成的最重要也是最早的影响者。父母是孩子的第一任教师，研究发现，获得高级别奖项的女性科学家，对科学的兴趣往往是从小由父母培养出来的。在女性成年之前，家庭培养和引导中要侧重以下几个方面：第一，坚决消除传统观念的影响，树立现代科学家庭理念，注重对女孩各方面的全面培养，破除落后的性别分工；第二，要注重对女孩子科学兴趣和科学能动性的培养，要结合孩子的兴趣，多指导、多鼓励、多肯定，并且要全面关注孩子的表现，对于孩子的小小科研兴趣要大力保护和引导；第三，家长要率先垂范，言传身教是对孩子最好的教育。孩子的思维习惯、价值观和兴趣爱好很多都是受到家长的影响和引导，榜样的力量是无穷的。

其次，在女性成年之后家庭要给予理解和支持，要建立友好的家庭关

系。对于女性而言，永远要平衡家庭和事业的关系。成为母亲，完成了人类自身的再生产，但是科技的再生产需要大量的精力和时间，哺育下一代也会消耗女性大量的时间和精力，而这也成为女性科技人才向科学家迈进的一个无法回避的巨大难题。面对抉择，有的科学家不婚或者晚婚，有的科学家不要孩子。第一，丈夫要转变传统观念，妻子有献身科研的权利，夫妻双方是平等的；第二，丈夫要主动参与家庭照料，以保障妻子有充分的时间和精力进行科学研究；第三，丈夫要对妻子的科学研究在精神上给予充分支持、帮助和鼓舞。家庭其他成员也要给予更多的理解和支持，使女性科技人才在精神层面获得更多的鼓励和动力。

四 结语

党的十八大以来，促进女性科技人才发展的制度政策不断完善，整体环境更加友好。数据显示，目前我国女性科技人员总量已接近 4000 万人，科技人力资源中女性约占 40%。2010~2019 年全国受表彰奖励的科技人员中，女性占比始终保持在 30% 左右。2021 年，《关于实施科技创新巾帼行动的意见》《关于支持女性科技人才在科技创新中发挥更大作用的若干措施》相继出台；2022 年浦江创新论坛 15 年来首次开设"女科学家峰会"……

女性是推动科技进步与发展的重要组成部分，支持女性参与科技发展已成为社会的广泛共识。习近平总书记强调，要遵循科技创新规律和人才成长规律，以激发科技人才创新活力为目标，按照创新活动类型，构建以创新价值、能力、贡献为导向的科技人才评价体系，引导人尽其才、才尽其用、用有所成。[1]

2022 年 9 月 5 日，全国人大常委会副委员长、全国妇联主席沈跃跃出席全国首期高层次女性科技人才研修班并与学员代表座谈交流，希望广大女

---

[1] 俞建勇：《健全新型举国体制 牢牢掌握创新发展主动权》，《光明日报》2022 年 9 月 30 日，第 11 版。

科技工作者深刻领悟"两个确立"的决定性意义,增强"四个意识"、坚定"四个自信"、切实做到"两个维护",牢记习近平总书记的嘱托,大力弘扬科学家精神,争做伟大事业的建设者、文明风尚的倡导者、敢于追梦的奋斗者,当好科技自立自强的排头兵,为加快建设科技强国贡献巾帼力量。[①]

山东省妇联积极发挥桥梁纽带作用,在全社会营造尊重女性科技人才的良好氛围。倡导建立相关部门联席工作制度,定期对各级各部门女性科技人才政策落实成效进行跟踪评估,支持女性科技人才发挥更大作用;结合全国科技活动周、全国科技工作者日、全国科学道德和学风建设宣讲教育、齐鲁最美科技工作者学习宣传等活动,加强对优秀女科学家典型事迹的宣传,充分发挥榜样引领作用。

虽然女性科技人才仍存在自然科学和高科技领域内席位较少、后备人才有待增加的现象,但是通过政府、社会、学校、个人等多方协同发展,未来会有越来越多的优秀女性加入科研队伍,发挥独特优势,矢志爱国奉献、勇攀科技高峰,为科学技术的进步和科学事业的健康发展贡献巾帼力量。

参考文献

董美珍:《试论科学女性的价值取向》,《科学技术与辩证法》2000年第6期。

肖政:《从女性科学家素质特点谈女性科学人才的培养》,《高等教育研究学报》2004年第4期。

陈劲、贾丽娜:《中外女科学家成功因素分析》,《科学学研究》2006年第12期。

杨丽、徐飞:《中国科学院女性院士特征状况计量分析》,《科学学研究》2008年第10期。

黄蓉:《建国以来我国女性高等教育入学机会研究》,《高教研究》2009年第3期。

徐飞、杨丽:《女性科学家科研产出之谜及原因初探》,《科学学研究》2009年第11期。

---

① 沈跃跃:《牢记习近平总书记嘱托 为加快建设科技强国贡献巾帼力量》,全国妇联女性之声,2022年9月6日,https://mp.weixin.qq.com/s/pqHJZIFUZgBisOUW_m-CSA,最后检索时间:2023年5月2日。

杨书卷：《女科学家高端人才缺位的深层探讨》，《科技导报》2009 年第 27 期。

孙欣：《高层次女性人才发展现状与对策分析》，《学理论》2011 年第 7 期。

刘薇：《新中国成立以来科技工作者队伍的发展》，《科技导报》2019 年第 9 期。

路振朝：《二十世纪五六十年代中国科学家的科研时间问题》，《科学文化评论》2004 年第 2 期。

沈梓鑫：《中国共产党百年科技思想与发展战略的演进》，《财经问题研究》2021 年第 12 期。

徐治立、范露芳：《新中国政策的持续创新及发展》，《科技导报》2019 年第 18 期。

张永凯：《改革开放 40 年中国科技政策演变分析》，《中国科技论坛》2019 年第 4 期。

全国妇联妇女研究所：《科技领域女性高层次人才成长状况及发展对策》，《妇女研究论丛》2011 年第 5 期。

Abstract

This report, authored by experts and scholars from various universities and research institutions, is an initiative by the Global Women's Development Research Institute at China Women's University & ACWF Executive Leadership Academy. It delves into the ambitious vision outlined in the blueprint created by the 20th National Congress of the Communist Party of China, aiming to comprehensively build a socialist modernization powerhouse and drive the great rejuvenation of the Chinese nation through Chinese-style modernization. Central to this endeavor is General Secretary Xi Jinping's crucial discourse on propelling women to the forefront of the era, actualizing gender equality, and fostering the synchronized development of women with the economy and society. The report provides an in-depth review of the latest advancements and challenges in gender equality and the comprehensive development of women in the new era. Drawing upon relevant gender-based information, it meticulously analyzes the overarching trend of women's involvement in scientific and technological development, acknowledging the significant scientific contributions made by female technological talents. The report also suggests targeted strategies and measures to further enhance the high-quality development of female scientific and technological talents. The book is structured into four parts—the General Report, the Policy Section, the Special Section, and the Practice Section. The "General Report" systematically explores the new achievements and challenges in women's development and the overall scenario of women's participation in building a scientifically and technologically strong nation. The "Policy Section" discusses the policies driving the growth of female scientific and technological talents. Furthermore, the "Special Section" delves into the participation of women in scientific and technological development across various fields and regions, detailing the current status of female scientific and technological talents, the support extended by science associations to female scientists, and the media's role in guiding women on the path to contribute to building a scientifically and technologically robust nation. The "Practice Section" presents the involvement of women in scientific and technological development in certain provinces, regions, and cities, along with the development status and suggestions of female scientific and technological talents.

This report argues that in the new era, the comprehensive implementation of strategies for technological innovation and the foundational national policy of gender equality has embedded a gender-specific and contemporary characteristic in China's high-quality development towards Chinese-style modernization—the path to becoming a scientifically and technologically strong nation. Policies supporting the growth and development of female scientific and technological talents have been introduced intensively at both the party and state levels. Region-specific policies, adapted to local conditions, have been continuously implemented, forming a strong foundation. Various policies have been instrumental in creating conditions, establishing platforms, and providing services for a large number of female scientists and technologists. This has solidly advanced the goal of "creating an institutional environment that promotes the development of female scientific and technological talents and inspires female scientists and technologists to shoulder their historical mission." Women's research capabilities have been consistently strengthening. Their contribution rates have steadily risen, actively contributing their efforts ("her" strength) to the construction of a scientifically and technologically strong nation within the context of Chinese-style modernization. The report highlights opportunities for female scientific and technological talents to participate in research projects that need further enhancement. Additionally, there is room for improvement in the development and evaluation mechanisms related to professional titles and job promotions. Moreover, the role of women in science and technology decision-making and consultation requires further strengthening. As the Party and the country continue to emphasize the development of female scientific and technological talents, it is anticipated that women's platforms for participating in scientific research will broaden, opportunities will become more abundant, channels will expand, and the overall environment will be more favorable. This will enhance the sense of honor, achievement, and recognition among female scientists and technologists.

Keywords: New Era; Technological Development; Women's Development; Female Scientific and Technological Talents

Contents

I   General Report

Abstract: General Secretary Xi Jinping's important statements on promoting
women to be in the forefront of the times, implementing gender equality, and
promoting the synchronous development of women and the economy and society
have provided fundamental guidance and scientific guidance for accelerating gender
equality and women's all-round development in the process of Chinese path to
modernization. This article carefully summarizes and refines the latest achievements
in gender equality and women's comprehensive development in the new era,
actively showcases China's social contribution of "women can hold up half the sky",
and fully demonstrates the institutional advantages of socialism with Chinese
characteristics in promoting women's comprehensive development; In accordance
with the requirements of the times for comprehensively implementing the basic
national policy of gender equality, an objective analysis is made of the new situations
and challenges facing the continuous promotion of gender equality and women's all-
round development in the process of Chinese path to modernization. It is pertinent
to point out that there are still some unfavorable factors and practical obstacles to the
development of gender equality, such as backward gender concepts and stereotypes,

and the improvement of laws and policies and the construction of institutional mechanisms need to be further promoted; continue to improve the system and mechanism for implementing the basic national policy of gender equality, further promote the synchronous development of women and the economy and society, and make the "half sky" women's human resources truly become the great human resources to promote the construction of Chinese path to modernization.

Keywords: Chinese Path to Modernization; Gender Equality; Women's Development

B.2 Report on the Road to a Strong Technology Country with Men and Women in the New Era
——*Analysis of the "Half Sky" Power in the Construction of a Strong Science and Technology Country* *Zhang Li* / 068

Abstract: Since the new era, the strategy of scientific and technological innovation and the basic national policy of equality between men and women have been deeply implemented, and the road of strengthening the country through science and technology with men and women has become the gender and era characteristics of high-quality development of Chinese path to modernization. This report carefully sorts out the relevant gender information materials that can be collected, analyzes and studies the overall trend, scientific contributions, and challenges faced by female technology talents in the new era, and proposes targeted strategies and measures to further promote the high-quality development of female technology talents. This report believes that the national and local governments have intensively introduced policies and measures to support the development and growth of female scientific and technological talents, providing a larger platform, wider channels, and better environment for women to participate in scientific research. Women's strength in participating in the construction of a strong scientific and technological country has significantly increased, and their contribution rate has continued to rise, actively contributing "her" strength to the construction of a strong scientific and technological country with Chinese path to modernization. At the same time, it is pointed out that the construction of institutional mechanisms for gender equality needs to be further strengthened, the channels for women to participate in technological innovation and development need to be further unblocked, and the social and cultural environment for gender equality needs to be further optimized.

Keywords: Chinese Path to Modernization; Science and Technological Powerhouse; Gender Equality; Women's Development

II   Policy Section

B.3   Analysis of National Policies to Promote the Development of

Female Science and Technology Talents   *Gao Ge* / 115

Abstract: Women are an important force in China's science and technology cause. Studying the policies on the national policy to promote the development of female science and technology talents has important theoretical value and practical significance for promoting the development of female technology talents in the new era and the strategy of scientific and technological powerhouse. On the basis of constructing a three-dimensional analysis framework of policy instruments, policy goals, policy process, this paper uses the content analysis method to make a quantitative analysis of the policy texts on the national policies to promote the development of female science and technology talents since 2010. The study finds that China has initially formed a relatively systematic institutional mechanism and a favorable social environment to promote the development of the development of female scientific and technological talents, however, there are still some issues such as the imbalanced structure of policy instruments, insufficient emphasis on policy objectives related to women's basic needs, lack of special policies to promote the development of female scientific and technological talents. Therefore, countermeasures and suggestions are proposed for the national policy to promote the development of female science and technology talents, such as optimize the structure of policy tools, further mainstream gender awareness in decision-making, timely and orderly introduction of special policies.

Keywords: Female Technology Talents; Talents Policy; Women Development

B.4   Policy Analysis on Promoting the Development and Growth of
        Female Science and Technology Talents in Local Areas
                                                    Li Huibo / 136

Abstract: The report of the 20th National Congress of the Communist Party of China pointed out that the strategy of revitalizing the country through science and education and strengthening the country through talent should be deeply implemented. Female technology talents are an important component of the high-level innovative talent team. Since 2021, various regions have introduced policies and measures to support the Women in Science and Technology Innovation Action, strengthen ideological guidance for female scientific and technological talents, increase the training of female scientific and technological workers, support more female scientific and technological workers to participate in various project plans and major issues, play the important role of female scientific and technological talents in the organization, decision-making, and consultation of scientific and technological activities, and cultivate female reserve scientific and technological talents; The relevant resources to support talent development are inclined towards female scientific and technological workers, establishing incentive and recognition mechanisms that are conducive to the development of female scientific and technological workers, encouraging and supporting female scientific and technological talents to participate in social affairs management and democratic decision-making, and increasing the publicity efforts for outstanding female scientific and technological workers; Pay attention to supporting female scientific and technological talents to fully play their innovative role, pay attention to the needs of female scientific and technological workers, and help solve their worries;

Local policies also actively explore long-term mechanisms for the growth of female scientific and technological talents. These policies reflect the importance attached to promoting the equal development of men and women in the field of science and technology in the process of Chinese path to modernization, the fairness, systematicness and accuracy of the development in the field of science and technology, and provide institutional guarantee for women's continuous participation in the construction of a scientific and technological power.

Keywords: Female Technology Talents; Talent Policy; Women's Development Environment

B. 5 Analysis of Promoting the Development of Female
Science and Technology Talents in the Process of
Implementing Local Policies *Li Huibo* / 162

Abstract: In order to implement the decision and deployment of the Party and the state on strengthening the country through science and technology, and promote female scientific and technological talents to better play the role of "half the sky" in sharing the burden of technological self-reliance and self-improvement, various regions and departments have taken multiple measures to create conditions, build platforms, and provide services for female scientific and technological workers. Firstly, strengthen the ideological guidance for female scientific and technological workers; The second is to promote the growth of female technology talents by building a learning and exchange platform, leveraging the role of a "think tank" for female technology talents, and strengthening the cultivation of female reserve technology talents; The third is to actively create an institutional environment conducive to the growth of female scientific and technological talents by increasing publicity and rewards, establishing research projects, creating conditions for recommendation and nomination, and improving evaluation mechanisms; Fourth, actively promote the transformation of achievements among female scientific and technological workers; Fifth, explore a long-term mechanism for the development of female scientific and technological workers through building bases and establishing associations; Sixth, pay attention to development needs, implement care actions, and address the concerns of female scientific and technological workers. These measures are of great significance for further strengthening the political position and mission of female scientific and technological workers, cultivating high-level female scientific and technological talents, promoting local economic development, cultivating local female scientific and technological talents, and enhancing their sense of achievement and gain.

Keywords: Female Technology Talents; Local Talent Policy; Technological Powerhouse

Ⅲ　Special Topic

B.6　Research on the Status of Female Science and Technology
　　　Workers in China: Analysis Based on Relevant Data

Zhang Mingyan / 183

Abstract: Through research and analysis of public data and thematic research, this report found that, with the increase in the number and proportion of female science and technology workers, their academic achievements and technological contributions are increasing as well. However, they still face many problems and challenges in terms of scientific research performance, career development, social participation, and living conditions. Countermeasures and suggestions are proposed to promote the development of female science and technology workers, including building work environment with humanistic care, helping to balance family and career development, and strengthening women's values of self-reliance and self-improvement.

Keywords: Female Science and Technology Workers; Career Development; Social Participation

B.7 Research on the Development of Female Science and

Technology Talents in the Field of Information Technology

Wang Li / 205

Abstract: In the current era, the rapid advancement of the new round of technological revolution and industrial transformation is bringing both unprecedented opportunities and challenges to the Chinese nation. Information technology is constantly evolving, so it is crucial for technological self-reliance and independent innovation in information technology to be achieved. More and more women with expertise in science and technology are actively engaged in various domains of information technology, becoming an important force in promoting the high-quality development of our country's information technology. To better harness the power of "her," it is suggested to strengthen policy support for female science and technology talents in the field of information technology, increase public awareness and publicity, implement evaluation and incentive mechanisms, and enhance public social services. These measures are needed to address the insufficient recognition, inadequate remuneration, lack of reserve talent, and constraints imposed by family responsibilities that women in the field of information technology face.

Keywords: Information Technology; Independent Innovation; Women in Science And Technology

B.8 Report on the Development of Female Scientific

and Technological Talents in the County District

Wei Kaiqiong, Ren Yuan / 235

Abstract: Since the new era, the Party and the state attach great importance to scientific and technological innovation, and issue relevant policies to promote the growth and development of scientific and technological talents. The favorable policies also provide a good environment for the development of female scientific and technological talents in the county district. With the implementation of the Rural Revitalization strategy, a large number of women in the county district are active in all aspects of science and technology. They are rooted in natural science, engineering and technology science, agricultural science, medicine, humanities and social sciences and other fields, directly engaged in front-line scientific research or technology application. Taking D, a county-level city in the eastern province, as an example, we find that female scientific and technological talents in the county district have made important contributions to the local economic and social development, which are reflected in the following aspects: dare to be the first, drive the deep development of local characteristic industries, link resources, explore the school-enterprise cooperative education mode; drive the masses, help the common prosperity with women; participate in grassroots governance, and play a role model. The interview found that the female scientific and technological talents in D city face many challenges, such as the construction of talent team, the improvement of talent evaluation system, the lack of ability to resist market risks, gender prejudice, and the balance between women's family and career. The key to solving these problems in country district is to deeply dismantle the structural factors that restrict the development of female scientific and technological talents. This report recommends that playing the role of home-school gatekeeper to protect girls in the basic education stage from the influence of outdated gender stereotypes, valuing the positive significance of "gender innovation" in the science and technology field, making relevant policies of science and technology innovation benefit more women, and exploring more suitable gender-friendly policies for female science and technology talents in the county district.

Keywords: County District; Female Scientific and Technological Talents; Scientific and Technological Innovation; Gender Prejudice

B.9　A Study on Growth Characteristics of Young Women

Scientists: Analysis of the Winners of the Chinese Young

Women in Science Award　　　　　　　　*Gao Ling* / 252

Abstract: Young women scientists, as the main force in the high-level scientific and technological talents, play an irreplaceably important role in national scientific and technological innovation and social development. Thus, an in-depth understanding of the group characteristics and growth patterns of young women scientists is of great significance in promoting the cultivation and development of young women scientific and technological talents. This research takes the individual winners of Chinese Young Women in Science Award established since 2004 as the research samples. Through multivariate data, such as curriculum vitae information etc., and statistical analysis methods, the research conducts in-depth analysis of the social attribute characteristics of young women scientists, accurately identifying the main factors that affect their growth, and further exploring the general pattern of the growth of young women scientists, so as to put forward recommendations on how to promote their future development.

Keywords: Young Women Scientists; Scientific and Technological Talents; Growth Characteristics; Curriculum Vitae

B.10　Research on Regional Distribution Characteristics and Changing

Trends of Chinese Female S&T Talents Participating in the

Construction of a Scientific and Technological Powerhouse

—*Based on the Analysis of R&D Personnel Data*　　*Zuo Ling* / 271

Abstract: Scientific and technological human resource is a very important strategic resource for building an innovative country, and the scale of talent is an important element of innovation. Taking the scale of female R&D personnel in China as the research object, this paper analyzes the regional distribution of female

474

scientific and technological talents in China, and puts forward policy suggestions based on international experience. It is found that that China has abundant female scientific and technological human resources, and presents a pattern of "more east and less west", and the talent cluster to the economic circle and the central city. Meanwhile, the imbalance between men and women in science and technology is widespread around the world. Based on international experience, this paper puts forward some policy suggestions from the aspects of creating an environment for the growth of female S&T talents, attaching importance to the strategic position of training female S&T talents, establishing a support system for the whole career cycle, encouraging female S&T talents to go to the top, and establishing a database for the career development of female S&T talents.

Keywords: Scientific and Technological Talents; R & D Personnel; Regional Comparison; International Experience

B. 11　The Current Situation and Reflection on the Service of Women Science and Technology Workers by the China Association for Science and Technology

Lv Kewei / 295

Abstract: As a mass organization of scientific and technological workers, the Chinese Association for Science and Technology attaches great importance to the work of female scientific and technological workers. A specialized agency has been established to organize and carry out a large amount of effective work on the growth and development of female scientific and technological workers. With the development of technology and society, female scientific and technological workers are also facing new difficulties and challenges in their growth and development process. The Association for Science and Technology should address the practical needs of female scientific and technological workers, fully leverage organizational advantages, and provide comprehensive support and assistance to female scientific and technological workers.

Keywords: Female Scientific and Technological Workers; China Association for Science and Technology; Association for Science and Technology Organization

B.12 The Path and Optimization Strategy for Guiding Women to Participate in the Construction of a Strong Technology Country in the New Era Media *Cai Shuangxi, Yang Yifan / 313*

Abstract: How to guide women in the new era to participate in the construction of a technological powerhouse is an important issue that the media needs to pay attention to and explore. This article takes *China Women's Daily*, the most authoritative and influential mainstream female media in China, as an example. The research period is from January 1, 2012 to July 31, 2023, and the keywords "women" and "technology" are used to search for samples in the digital newspaper of China Women's Daily. Some integrated media products of China Women's Daily are selected as the research object, and on which basis, the path of media guiding women to participate in the construction of a strong technology country in the new era is explored. Optimization strategies for guiding women to participate in the construction of a technological powerhouse in the new era of media are proposed.

Keywords: China Women's Daily; Media Guidance; Female Participation; A Technological Powerhouse; Optimization Strategy

Ⅳ   Practice Section

B.13 Tianjin Women's Participation in Science and Technology Development Report

Tang Na, Teng Yuou and Han Jing / 334

Abstract: This report examines and analyzes the participation of women in the field of technology in Tianjin and provides relevant policy recommendations. Through the collection and analysis of a large amount of data, it reveals the current situation and issues faced by women in the technology industry in Tianjin. The report finds that the participation of women in the field of technology in Tianjin is gradually increasing, but there still exists a certain gender gap. Although women's acceptance of technology education is improving, their involvement in technology research and innovation remains relatively low. The proportion of women in senior management and decision-making positions in technology companies is also limited. Additionally, gender discrimination and challenges in career development are obstacles faced by women in the technology field. In order to promote women's participation in the field of science and technology, this report proposes a series of policy recommendations, such as optimizing the growth environment for female scientific and technological talents, increasing the cultivation of female talents, supporting innovation and entrepreneurship of female scientific and technological talents, and strengthening the service guarantee for female scientific and technological talents.

Keywords: Technology Field; Female Scientific and Technological workers; Women's Career Development; Gender equality

B.14 Report on the Development of Women Science and Technology Workers in Zhejiang Province

Chen Xiaodong, Ni Kaomeng / 378

Abstract: Zhejiang Province has sustained great economic and social development, and achieved fruitful scientific and technological innovation results over past years. The achievement is inseparable from the dedication of women science and technology workers. Looking back on the past five years, Zhejiang Provincial Association of Female Science and Technology Workers has strengthened vocational training to enhance women's competitiveness in the workplace.

Emphasizing the important role of medical and pharmaceutical care in the health and wellness industry, the association paid attention to the popularization of children's health and promoting the development of children-friendly cities. The association also attaches great importance to marine scientific research work, assisting in the development of the marine economy through actively participation in international medical and health undertakings and international forums, and plays a pioneering and exemplary role. In future work, the association will adhere to the unified leadership of the Party over group work, strengthen ideological and political guidance, and implement the action of integrating science, technology, and economy.

Keywords: Women Science and Technology Workers; Exemplary and Vanguard Role; Ideological and Political Guidance

B.15　Report on the Development of Female Science and Technology Talents in Guangxi Zhuang Autonomous Region　　*Chen Yinghong, Tang Hongmei and Dong Tingmei* / 399

Abstract: Since the 18th National Congress of the Communist Party of China, Guangxi Zhuang Autonomous Region has attached great importance to the cultivation of female scientific and technological talents, introduced and implemented a series of preferential policies and measures to promote the growth of female scientific and technological talents, promoted the continuous optimization of the innovation and entrepreneurship environment for women, and the total number of female scientific and technological talents has continued to rise, making animportant contribution to the development of scientific and technological innovation in Guangxi. However, there are still challenges facing the shortage of high-level female talents, difficulties in obtaining scientific research resources, low career achievements, and low overall enthusiasm for innovation and entrepreneurship. It is recommended to strengthen the beliefs and comprehensive qualities of female scientific and technological talents, optimize the policy support environment for the development of female scientific and technological talents, and improve the incentive mechanism for discovering and cultivating female scientific and technological talents Further promote the growth and role of female scientific and technological talents in Guangxi through four aspects of improving the supervision and evaluation mechanism for their growth.

Keywords: Female Science and Technology Talents; Talents Development; Guangxi Zhuang Autonomous Region

B.16　The Growth and Development of Female Scientific and Technological Workers Talents in Shandong & Countermeasures and Suggestions

Zhao Zhen, *Li Guiyan* / 417

Abstract: Science and technology is the first productive force, talent is the first resource, and innovation is the first power. Since the 18th National Congress of the Communist Party of China, the Central Committee of the Communist Party of China, with Comrade Xi Jinping at its core, has stood at the strategic height of realising national rejuvenation and winning the initiative of international competition, and insisted on putting innovation in the core position of national development. China's scientific and technological undertakings have undergone major historical, integral and pattern changes. Exploring the growth and development of female scientific and technological talents, expanding the scale of female scientific and technological talents and improving the output of female scientific and technological talents have become one of the important concerns of the academic community. This topic takes the female scientific and technological workers in Shandong Province as the object of investigation, uses questionnaires and interviews to extensively investigate the current work status of female scientific and technological talents, and puts forward analysis and countermeasures and suggestions from the aspects of cultural concepts, macro policies, unit management mechanism and women's own situation in view of the growth, development rules and development obstacles of female scientific and technological talents.

Keywords: Field of Science and Technology; Female Scientific and Technological Talents; Role Conflict; Family Support

皮书网

（网址：www.pishu.cn）

发布皮书研创资讯，传播皮书精彩内容
引领皮书出版潮流，打造皮书服务平台

栏目设置

◆关于皮书

何谓皮书、皮书分类、皮书大事记、
皮书荣誉、皮书出版第一人、皮书编辑部

◆最新资讯

通知公告、新闻动态、媒体聚焦、
网站专题、视频直播、下载专区

◆皮书研创

皮书规范、皮书出版、
皮书研究、研创团队

◆皮书评奖评价

指标体系、皮书评价、皮书评奖

所获荣誉

◆2008年、2011年、2014年，皮书网均
在全国新闻出版业网站荣誉评选中获得
"最具商业价值网站"称号；

◆2012年，获得"出版业网站百强"称号。

网库合一

2014年，皮书网与皮书数据库端口合
一，实现资源共享，搭建智库成果融合创
新平台。

皮书网

"皮书说"
微信公众号

权威报告·连续出版·独家资源

皮书数据库
ANNUAL REPORT(YEARBOOK)
DATABASE

分析解读当下中国发展变迁的高端智库平台

所获荣誉

- 2022年，入选技术赋能"新闻+"推荐案例
- 2020年，入选全国新闻出版深度融合发展创新案例
- 2019年，入选国家新闻出版署数字出版精品遴选推荐计划
- 2016年，入选"十三五"国家重点电子出版物出版规划骨干工程
- 2013年，荣获"中国出版政府奖·网络出版物奖"提名奖

皮书数据库　　"社科数托邦"
微信公众号

成为用户

　　登录网址www.pishu.com.cn访问皮书数据库网站或下载皮书数据库APP，通过手机号码验证或邮箱验证即可成为皮书数据库用户。

用户福利

- 已注册用户购书后可免费获赠100元皮书数据库充值卡。刮开充值卡涂层获取充值密码，登录并进入"会员中心"—"在线充值"—"充值卡充值"，充值成功即可购买和查看数据库内容。
- 用户福利最终解释权归社会科学文献出版社所有。

社会科学文献出版社 皮书系列
SOCIAL SCIENCES ACADEMIC PRESS (CHINA)
卡号：335248837885
密码：

数据库服务热线：010-59367265
数据库服务QQ：2475522410
数据库服务邮箱：database@ssap.cn
图书销售热线：010-59367070/7028
图书服务QQ：1265056568
图书服务邮箱：duzhe@ssap.cn

法律声明

"皮书系列"（含蓝皮书、绿皮书、黄皮书）之品牌由社会科学文献出版社最早使用并持续至今，现已被中国图书行业所熟知。"皮书系列"的相关商标已在国家商标管理部门商标局注册，包括但不限于 LOGO（ ）、皮书、Pishu、经济蓝皮书、社会蓝皮书等。"皮书系列"图书的注册商标专用权及封面设计、版式设计的著作权均为社会科学文献出版社所有。未经社会科学文献出版社书面授权许可，任何使用与"皮书系列"图书注册商标、封面设计、版式设计相同或者近似的文字、图形或其组合的行为均系侵权行为。

经作者授权，本书的专有出版权及信息网络传播权等为社会科学文献出版社享有。未经社会科学文献出版社书面授权许可，任何就本书内容的复制、发行或以数字形式进行网络传播的行为均系侵权行为。

社会科学文献出版社将通过法律途径追究上述侵权行为的法律责任，维护自身合法权益。

欢迎社会各界人士对侵犯社会科学文献出版社上述权利的侵权行为进行举报。电话：010-59367121，电子邮箱：fawubu@ssap.cn。

社会科学文献出版社